应用型本科金融学系列精品教材

证券投资学

（第2版）

李杰辉　江东瀚　编著

扫码获取视频资源

厦门大学出版社
国家一级出版社
全国百佳图书出版单位
XIAMEN UNIVERSITY PRESS

图书在版编目（CIP）数据

证券投资学 / 李杰辉，江东瀚编著. -- 2 版. -- 厦
门：厦门大学出版社，2025.3
ISBN 978-7-5615-9227-4

Ⅰ．①证… Ⅱ．①李… ②江… Ⅲ．①证券投资-高
等学校-教材 Ⅳ．①F830.91

中国国家版本馆CIP数据核字(2023)第250931号

责任编辑　潘　瑛
美术编辑　李夏凌
技术编辑　朱　楷

出版发行　*厦门大学出版社*

社　　址　厦门市软件园二期望海路 39 号
邮政编码　361008
总　　机　0592-2181111　0592-2181406(传真)
营销中心　0592-2184458　0592-2181365
网　　址　http://www.xmupress.com
邮　　箱　xmup@xmupress.com
印　　刷　厦门集大印刷有限公司

开本　787 mm×1 092 mm　1/16
印张　23.5
字数　505 千字
版次　2021 年 1 月第 1 版　2025 年 3 月第 2 版
印次　2025 年 3 月第 1 次印刷
定价　58.00 元

厦门大学出版社
微信二维码

厦门大学出版社
微博二维码

前　言

党的二十大报告中指出,要"深化金融体制改革,建设现代中央银行制度,加强和完善现代金融监管,强化金融稳定保障体系,依法将各类金融活动全部纳入监管,守住不发生系统性风险底线。健全资本市场功能,提高直接融资比重。加强反垄断和反不正当竞争,破除地方保护和行政性垄断,依法规范和引导资本健康发展"。由此可见,证券投资学科的发展亦应与时俱进,即把资本市场的改革与变迁反映到教材中;同时,还应在教材中融入思想政治教育元素,积极推进专业课程的"课程思政"建设,向学生传达正确的人生观、价值观以及金融职业道德观。为使教材更符合当前形势,我们在忠于第一版框架及内容的基础上,新增了"思政目标",并借鉴和吸收了证券投资领域最新的研究成果和前沿知识,更换了大量的数据、案例和图表,使读者能够更好地理解和应对当今复杂多变的金融形势。

本教材是福建江夏学院精品自编教材,由证券与证券投资、证券投资工具、证券市场、证券交易概述、证券投资价值分析、证券投资基本分析、证券投资技术分析、证券投资组合分析、投资行为分析及量化投资分析十个部分组成。设计原则如下:一是系统性,内容包括证券投资工具的上市规则、交易规则、估值方法、投资技巧、风险防范等方面;二是有序性,内容编排上循序渐进;三是可读性,利用案例、视频等形式提高阅读的趣味性;四是实用性,力求贴近市场,注重实操,与业界合作,以强化学生的专业认知水平。具体而言,有以下几个方面的创新:

(1)校企合作编著。邀请行业人士参与编写,增加实际操作和讲解视频,同时利用兴业证券投资者教育基地的资源,补充最新最全的投资者教育的相关材料和案例。

(2)教材中增设二维码,将课外需要扩展的案例、相关课程视频等内容储存其中,打破了纸质教材在载体空间上的不足。

(3)注重定性分析和定量分析相结合。在教材结构的编排上,突出应用型人才培养特色,以贴近生活、实用为原则,力求通过数理公式去理解模型背后的金融思想,且所涉及的数学内容不超出线性代数和概率论的范畴。

(4)注重理论和实践相结合。在介绍经典理论的同时,也注重对证券市场的产品、制度、监管以及证券分析方法的介绍,力求贴近市场,注重实操。

(5)实效性强,反映现实。本教材数据多、图表多、案例新。教材中的图表、数据基本都是近两年的数据,实效性强,能反映近年来证券投资的变化、发展及其特点,同时增加三板市场、科创板等多层次资本市场及量化投资等知识。

本教材适合金融类各专业学生学习,也适用于非金融类本科学生选修课使用,同时还可作为投资者教育中宣传普及证券投资基本知识的通识读物。

全书由李杰辉总纂,各部分参编人员分工情况如下:李杰辉(第二、五、九章)、江东瀚(第一、三、四章)、李烜(第二、五章)、刘俊棋(第六章)、赖明发(第六章)、郭君默(第七章)、方杰(第八章)、谌坤(第十章)。

本教材配套视频课程由兴业证券投资者教育基地提供,同时在编写过程中参考了已出版的相关教材,在此向相关工作人员及教材的作者表示感谢!

在教材编写过程中,得到厦门大学出版社的大力支持,在此表示感谢!

由于编者水平有限,书中疏漏和错误在所难免,恳请同行专家、学者和读者提出宝贵意见和建议。

编者

2024 年 10 月

目　录

第一章　证券与证券投资

证券是商品经济发展的必然产物，无论是西方国家的市场经济还是中国特色社会主义的市场经济，证券市场对于经济发展的作用都是不容低估的。然而证券投资活动是一个复杂的过程，从证券的发行到流通，从投入资金到获得权益，其间要经过一系列的中间环节，也要承担一定的风险。为了便于全面了解和学习证券投资学原理，我们首先从证券与投资的相关概念开始学习。

第一节　证券与有价证券

一、证券的定义

从广义上讲，证券是一种书面凭证，用于证明或设定权利，表明证券持有人或第三者有权获得该证券所代表的特定权益，或证明某种行为的发生，可以是纸面形式，也可以是证券监管机构规定的其他形式。

证券按其性质不同，可以分为证据证券、凭证证券和有价证券三大类。

证据证券只是单纯地证明一种事实的书面证明文件，如信用证、证据、提单等。

凭证证券是指认定持证人是某种私权的合法权利者和证明持证人所履行的义务有效的书面证明文件，如存款单等。

有价证券一般是指标有票面金额的所有权或债权的凭证，其区别于上面两种证券的主要特征是可以让渡。

二、有价证券的定义

有价证券是证券的一种，是指标有票面金额，用于证明持有人或该证券指定的特定主体对特定财产拥有所有权或债权的凭证。这类证券代表着一定量的财产权利，持有人可以凭该证券取得一定量的商品、货币，或是取得利息、股息等收入，因而可以在证券市场上买卖和流通,客观上产生了交易价格。

有价证券是虚拟资本的一种形式。所谓虚拟资本,是指以有价证券形式存在,并能给持有者带来一定收益的资本。虚拟资本是相对独立于实际资本的一种资本存在形式。通常,虚拟资本的价格总额并不等于所代表的真实资本的账面价格,甚至与真实资本的重置价格也不一定相等,其变化并不完全反映实际资本额的变化。

三、有价证券分类

有价证券有广义和狭义两种概念。狭义的有价证券是指资本证券,广义的有价证券包括商品证券、货币证券和资本证券。

商品证券是指持有人拥有商品所有权或使用权的法律凭证。持有此类证券即意味着取得了相应商品的所有权或使用权,且该权利受到法律保护。属于商品证券的有提货单、运货单、仓库栈单等。

货币证券是指能够赋予持有人或第三者货币索取权的有价证券。货币证券主要包括两大类:一是商业证券,主要包括商业汇票和商业本票;二是银行证券,主要包括银行汇票、银行本票和支票等。

资本证券是指由金融投资或与金融投资直接相关的活动所产生的证券,持有人享有特定的收入请求权。资本证券是有价证券的主要表现形式之一,本书所讨论的有价证券特指资本证券。

一般地,我们可以把有价证券按以下不同角度和标准来进行分类。

1.按证券发行主体的不同,有价证券可分为政府证券、政府机构证券和公司证券。政府证券是指由中央政府或地方政府发行的债券。中央政府证券也称国债,通常由一国财政部发行。政府机构证券是指由经批准的政府机构发行的证券。如我国的中央汇金公司发行的债券,就属于政府机构证券。公司证券包括公司组织为筹集资金而发行的股票、债券及商业票据等形式的证券。

2.按是否在证券交易所挂牌交易,有价证券可分为上市证券和非上市证券。上市证券是指经证券主管机关批准发行,并经证券交易所同意,允许在证券交易所内公开买卖的证券。非上市证券是指未申请上市或不符合证券交易所挂牌交易条件的证券。非上市证券不允许在证券交易所内交易,但可以在交易所以外的场外市场发行和交易。我国的凭证式国债、电子式储蓄国债、普通开放式基金和非上市公司的股票属于非上市证券。

3.按募集方式分类,有价证券可分为公募证券和私募证券。公募证券是指发行人向不特定的社会公众投资者公开发行的证券,审核较严格,并采取公示制度。私募证券是指向特定的投资者发行的证券,其审查条件相对宽松,投资者也较少,不采取公示制度。目前,我国私募基金管理人发行的基金产品、信托投资公司发行的信托计划以及商业银行和证券公司发行的理财计划均属于私募证券。

四、有价证券的特征

(一)收益性

证券的收益性是指持有证券本身可以获得一定数额的收益,这是投资者转让资本所有权或使用权的回报。证券代表的是对一定数额的某种特定资产的所有权或债权,投资者持有证券也就同时拥有取得这部分资产增值收益的权利,因而证券本身具有收益性。

(二)流动性

证券的流动性是指证券变现的难易程度。证券具有高度的流动性必须满足三个条件:很容易变现、变现的交易成本极小、本金保持相对稳定。证券的流动性可以通过到期兑付、承兑、贴现、转让等方式实现。不同证券的流动性是不同的。

(三)风险性

证券的风险性是指实际收益与预期收益之间的偏差,即证券收益的不确定性。从整体上说,证券的风险与其收益成正比。通常情况下,风险越大的证券,投资者要求的预期收益率越高;风险越小的证券,投资者要求的预期收益率越低。

(四)期限性

债券一般有明确的还本付息期限,以满足不同筹资者和投资者对融资期限以及与此相关的收益率的要求。债券的期限具有法律约束力,是对融资双方的法律保护。而股票没有期限,可以视为无期证券。

第二节　投资与证券投资

一、投资的定义

投资(investment)是人们在日常经济活动中经常用到的一个概念,也是商品经济社会中普遍存在的经济现象。投资的含义非常广泛,而且不同的学科从不同方面对其定义也不尽相同。

经济学认为:"投资是投入当前资金或其他资源以期获取未来收益的经济行为。"[1]金融学认为:"投资是指货币借助投资媒介或者投资对象转化为资本的过程。"[2]

---

① 博迪.投资学[M].汪昌云,张永冀,译.北京:机械工业出版社,2012:1.
② 吴晓求.证券投资学[M].北京:中国人民大学出版社,2014:15.

财务学认为："投资是指投资人将从有关渠道取得的资金投入自身经营活动或他人经营的活动,以取得未来收益的行为。"投资学家威廉·夏普在其所著的《投资学》一书中将投资表述为："投资就是为获得可能的不确定性的未来值而做出的确定的现值牺牲。"《简明不列颠百科全书》将投资定义为："投资是指在一定时期内期望在未来能产生收益并将收入转化为资产的过程。"

根据我们的理解,将投资定义为:投资是指经济主体为了获得未来的预期收益,预先垫付一定量的货币或其他资源以经营某项事业的经济行为。对投资的定义可以从以下几个方面来认识:(1)投资是现在投入一定价值量的经济活动;(2)投资具有时间性;(3)投资的目的在于得到报酬(即收益);(4)投资具有风险性,即不确定性。

📖 阅读资料

风险和风险偏好

风险(risk)指"未来结果的不确定性或损失",进一步定义为"个人和群体在未来获得收益和遇到损失的可能性以及对这种可能性的判断与认知"。

风险偏好有三类:风险厌恶者、风险中性者、风险偏好者。

二、证券投资

(一)证券投资的定义

证券投资(securities investment),是指个人或法人对有价证券的购买行为,这种行为会使投资者在证券持有期内获得与其所承担的风险相称的收益。

在现代社会经济生活中,证券投资在投资活动中占有重要地位。它是目前发达国家重要的和基本的投资方式,是动员和再分配资金的重要渠道。证券投资可使社会上的闲散货币转化为投资,对促进社会资金合理流动,促进经济增长具有重要的作用。

(二)证券投资的分类

首先,证券投资按投资时间长短可划分为长期投资和短期投资两种。

长期投资是指投资期限超过一年的投资活动,如一年以上的定期存款和十年期国债等,这类投资的偿还期限相对较长。短期投资是指投资期限在一年以内的投资活动,其偿还期限相对较短,如活期存款和短期国库券,这些投资的期限通常为3个月、6个月或9个月。

其次,证券投资按收入性质可以划分为固定收入投资和非固定收入投资两种。

固定收入投资是指投资者购买的某种金融资产的应得收入,事前规定了一个确定的收益率,定期支付或到期支付,并在投资的整个期限内固定不变,如银行存款、债券、优先股投资等。这种投资一般风险较小。

非固定收入投资是指投资者购买的某种金融资产的应得收入，事前并不确定固定的收益率，也不确定按期支付，如普通股投资。这种投资一般风险较大，但获利机会也大。

（三）金融资产投资与证券投资

金融资产投资，也称为金融投资，是以金融资产为投资对象的投资活动，分为间接投资（indirect investment）和直接投资（direct investment）。投资者将资金存入商业银行或其他金融机构，以储蓄存款或企业存款、机构存款的形式存在，是间接投资，从筹资者的角度看，就是间接融资。投资者以购买股票、债券、商业票据等形式进行金融投资，是直接投资，从筹资者的角度看，就是直接融资。银行储蓄信贷是间接投融资最重要的形式，间接投融资的经营机构主要是商业银行。股票、债券是直接投融资最重要的形式，直接投融资的中介机构主要是证券经营机构。

证券投资是以有价证券的存在和流通为前提条件的，属于直接投资。

三、证券投机

（一）对证券投机的理解

"投机"一词在我国通常带有贬义，一提到投机，人们往往与欺诈行为联系在一起，认为投机是在经济活动中倒买倒卖、囤积居奇、巧取豪夺，甚至不顾法律谋取私利的活动，或者是在市场上扰乱秩序、操纵价格、垄断市场、内幕交易等不法行为。

实际上，这是对"投机"概念的一种误解。投机本身是一个中性的概念，它在英文中对应的是"speculation"一词，带有"预测""推断"的含义。从证券市场看，投机一般是指市场参加者根据证券市场价格波动状况，通过基本面和技术面分析等方法，对证券价格的未来走势进行预测，从低价买入和高价卖出中获取价差收益的行为。由于未来证券价格走势是不确定的，投机者既可能因判断正确而在交易中获利，也可能由于判断失误而受损。所以，投机其实是一种在不确定性投资环境中的风险投资活动。

在证券投资活动中，投机不仅是保持证券交易连续性的必要条件，也是活跃和繁荣证券市场的重要因素。许多证券市场的功能需要风险承担者的"勇敢"参与，才能发挥作用，比如金融衍生工具的套期保值交易者的对手方；还有在套利交易中不断寻找机会的投机者们，他们的参与使得证券价格回归价值等等。可以说，如果没有投机活动，就不可能有证券交易市场的存在。在西方国家，政府对于投机活动，无论是法律上，还是管理上，都没有任何禁止条款和措施。当然，由于投机活动毕竟风险较大，对其消极的一面也应有充分的认识。

（二）证券投机的积极作用

1.有助于投资者进行价格风险转移

在证券交易中，很多带有投机性质的交易，如期权交易、期货交易等，均可作为保存原有价值的手段，以避免承担价格变动的风险。但是，这种交易要是没有投机者的积极参与，就达不到目的。投资者保值成功，其结果必定会把价格变动的一部分风险转移给投机者来承担。由于市场机制的作用，高风险是与高收益预期相对应的，较高的预期收益率就是投机者向套期保值者收取的"保险费"。

2.有助于证券交易的流动

由于投机者进行证券买卖的主要目的是在交易中谋取差价利益，"只要有利可图""只要价格合适"，他们就会出售证券以满足买方的需要，或者买进以适应卖方的要求。这样，证券市场上的交易就能正常且持续运转。

3.有助于调节证券供求，平衡证券价格

当证券市场价格与投资价值相背离时，由于预期其迟早要回到投资价值的水平上，投机者必然要进行相应的买进与卖出，从而把不同市场、不同品种和不同时间上的证券价格不正常的高低拉平，使其稳定和均衡在投资价值附近，从而防止证券价格发生长时期、大幅度的剧烈波动。

（三）证券投机的消极作用

1.证券投机风气盛行容易造成市场虚假繁荣

当市场普遍预期景气度高涨，或者当某"风口"行业的股票供不应求时，必然会有旺盛的投机活动使得股票价格被炒作到远远超过公司的实际价值。这种股票价格高度脱离公司经营状况的现象风险极大，是一种虚假繁荣的"泡沫经济"现象。泡沫越大，一旦市场转向，破裂的危险越大；一旦破裂，将造成股价崩溃，给持有者带来巨大的损失，同时造成证券市场的动荡与紊乱，干扰正常的证券市场运行秩序。

2.一般投机者因知识、经验和时间的限制，往往在证券投机中受挫

美国经济学家萨缪尔森说："从事股票投机的人一般来说，他们买了又卖，卖了又买，他们赚的钱往往仅够经纪人的佣金。"证券市场价格经常波动，影响因素非常复杂：既有经济上的，也有政治上、心理上的；既有根本性的，也有偶然性的；既有长期的，也有短期的；既有可测的，也有完全意料不到的。甚至一个信息（或真或假）的传播，都会促使证券价格大幅度涨落。

从事证券投机活动需要具备丰富的证券知识、经验和充足的时间，以便深入研究证券价格的每日变化，并能够及时做出准确的预测和判断。但大多数人并不具备丰富的证券专业知识和投资经验（比如不了解金融衍生工具或量化投资模型等），也不可能有充裕的时间去时时关注和研究证券市场行情，因而在证券投机中往往带有盲目性、盲从性和随意性，这就为成功的投机制造了困难，造成众多投机者的失利。

📖 **阅读材料**

投资与投机的选择

在资本市场上,将投机理解为以资本利得为主要目的的短期资产买卖行为的观点非常流行。这种观点注重于投机的短期特征,从而将投机从投资中分离出来,专门代表投资的一种短期形式,而将投资的概念独立为长期的证券买卖,尤其是以获取股息、红利为目的的证券买卖。

一般来讲,银行、保险、企业年金、社保基金及养老金等机构因对管理资金的安全性的要求、持续稳定现金流的要求,更偏向于投资而非投机。它们会寻找风险较低的投资机会,如:银行的证券投资主要集中在债券类,很多国家不允许银行投资股票类证券;证券公司、基金公司、私募基金(private equity),因其对收益回报的追求,相对来说更加偏向高风险投资策略或是投机,如私募基金会通过杠杆收购等方式投资于非上市公司的股权,而这种投资往往周期长,风险高。理性的个人投资者一般会根据自身的风险厌恶程度、年龄、收入、支出预期、个人资产、知识结构等因素选择投机或投资。

第三节　证券投资理论发展概览

证券投资理论是围绕证券价格变化特征、证券估值、证券投资收益和风险控制而发展起来的一套理论体系。涉及证券投资领域的理论有很多,以下仅列举部分重要且有趣的证券投资理论。

一、凯恩斯选美论

选美论是由英国著名经济学家约翰·梅纳德·凯恩斯(John Maynard Keynes)创立的关于金融市场上投资的理论。凯恩斯用"选美"来解释股价波动的机理,认为金融投资如同选美,投资人买入自己认为最有价值的股票并非至关重要,只有正确地预测其他投资者的可能动向,才能在投机市场中稳操胜券。

"选美论"是凯恩斯在研究不确定性时提出的。他总结自己在金融市场上投资的诀窍时,以形象化的语言描述了他的投资理论,那就是金融投资如同选美。在有众多美女参加的选美比赛中,如果猜中了谁能够得冠军,你就可以得到大奖。你应该怎么猜?凯恩斯先生告诉你,别猜你认为最漂亮的女生能够拿冠军,而应该猜大家会选哪个美女做冠军。即使那个女孩不是你心中的冠军,但只要大家都投她的票,你就应该选她而不能选那个长得像你梦中情人的美女。这诀窍就是要猜准大家的选美倾向和投票行为。在金融市场投资问题上,无论是进行股票、期货交易,还是购买基金、债券,投资者应避免选择自己认为能够盈利但市场认可度低的金融产品,而应选择市场普遍看好的产品,即使这些产品的实际价值可能并不显著。这道理同猜中选美冠军就能够得奖是一模一样的。

二、随机漫步理论(random walk theory)

1827 年,苏格兰生物学家罗伯特·布朗(Robert Brown)发现水中的花粉及其他悬浮的微小颗粒不停地做不规则的曲线运动,继而把这种不可预测的自由运动,用自己的名字称之为"布朗运动"。1959 年,奥斯本(M.F.M.Osborne)以布朗运动原理作为研究视角,提出了随机漫步理论,认为股票交易中买方与卖方同样聪明机智,现今的股价已基本反映了供求关系;股票价格的变化类似于"布朗运动",具有随机漫步的特点,其变动路径没有任何规律可循。基于布朗运动的对数正态随机漫步理论,逐渐成为金融市场研究的经典框架,也为之后量化金融的发展奠定了基础。

三、现代资产组合理论(MPT)

1952 年,美国经济学家马科维茨(Harry M. Markowitz)在他的学术论文《资产选择:有效的多样化》中,首次应用资产组合报酬的均值和方差这两个数学概念,从数学上明确定义了投资者偏好,并以数学化的方式解释投资分散化原理,系统地阐述了资产组合和选择问题,标志着现代资产组合理论(modern portfolio theory,简称 MPT)的开端。该理论认为,投资组合能降低非系统性风险,一个投资组合是由组成的各证券及其权重所确定的,选择不相关的证券应是构建投资组合的目标。它在传统投资回报的基础上第一次提出了风险的概念,认为风险是整个投资过程的重心,而不是回报,并提出了投资组合的优化方法。马科维茨因此而获得了 1990 年诺贝尔经济学奖。

四、有效市场假说(EMH)

1965 年,美国芝加哥大学金融学教授尤金·法玛(Eugene Fama)发表了一篇题为《股票市场价格行为》的论文,并于 1970 年对该理论进行了深化,提出有效市场假说(efficient markets hypothesis,简称 EMH)。有效市场假说有一个颇受质疑的前提假设,即:参与市场的投资者有足够的理性,并且能够迅速对所有市场信息做出合理反应。该理论认为,在具备健全法律、良好功能、高透明度以及充分竞争的股票市场中,所有有价值的信息都会及时、准确且充分地反映在股价走势中,包括企业的当前价值和未来价值。除非存在市场操纵行为,否则投资者无法通过分析历史价格信息来获得高于市场平均水平的超额利润。有效市场假说提出后，便成为证券市场实证研究的热门课题，支持和反对的证据都很多，是目前最具争议的投资理论之一。尽管如此，在现代金融市场主流理论的基本框架中，该假说仍然占据重要地位。有效资本市场假说有三种形式：

（一）弱式有效市场假说

该假说认为在弱式有效的情况下，市场价格已充分反映出所有历史的证券价格信息，包括股票的成交价、成交量、卖空金额、融资金额等。

推论一：如果弱式有效市场假说成立，则股票价格的技术分析将失去作用，而基本分析可能帮助投资者获得超额利润。

（二）半强式有效市场假说

该假说认为价格已充分反映出所有已公开的有关公司营运前景的信息。这些信息包括成交价、成交量、盈利资料、盈利预测值、公司管理状况及其他公开披露的财务信息等。假如投资者能迅速获得这些信息，股价应迅速做出反应。

推论二：如果半强式有效假说成立，在市场中利用基本面分析则失去作用，获取内幕消息才可能获得超额利润。

（三）强式有效市场假说

强式有效市场假说认为价格已充分地反映了所有关于公司营运的信息，这些信息包括已公开的或内部未公开的信息。

推论三：在强式有效市场中，没有任何方法能帮助投资者获得超额利润，基金公司和有内幕消息者也一样。

2013 年 10 月 14 日，瑞典皇家科学院宣布授予美国经济学家尤金·法玛、拉尔斯·皮特·汉森以及罗伯特·席勒该年度诺贝尔经济学奖，以表彰他们在研究资本市场发展趋势时所采用的新方法。瑞典皇家科学院指出，三名经济学家"为资产价值的认知奠定了基础"。尽管几乎不存在能够准确预测未来几天或几周股市和债市走向的方法，但通过对市场进行深入研究，投资者仍有可能对未来三年以上的价格趋势进行预测。"这些看起来令人惊讶且矛盾的发现，正是今年诺奖得主分析做出的工作"，瑞典皇家科学院说。

值得一提的是，尤金·法玛和罗伯特·席勒持有完全不同的学术观点，前者认为市场是有效的，而后者则坚信市场存在缺陷。

五、行为金融学（BF）

1979 年，美国普林斯顿大学的心理学教授丹尼尔·卡纳曼（Daniel Kahneman）等人发表了题为《展望理论：风险状态下的决策分析》的文章，建立了人类风险决策过程的心理学理论，成为行为金融学发展史上的一个里程碑。

行为金融学(behavioral finance,简称 BF)是金融学、心理学、人类学等有机结合的综合理论,力图揭示金融市场的非理性行为和决策规律。该理论认为,股票价格并非只由企业的内在价值所决定,还在很大程度上受到投资者主体行为的影响,即投资者心理与行为对证券市场的价格决定及其变动具有重大影响。它是和有效市场假说相对应的一种学说,主要内容可分为套利限制和心理学两部分。由于卡纳曼等人开创了"展望理论"(prospect theory)的分析范式,成为 20 世纪 80 年代之后行为金融学的早期开拓者,瑞典皇家科学院在 2002 年 10 月宣布,授予丹尼尔·卡纳曼等人该年度诺贝尔经济学奖,以表彰其在综合运用经济学和心理学理论,探索投资决策行为方面所做出的突出贡献。现今成型的行为金融学模型还不多,研究的重点还停留在对市场异常和认知偏差的定性描述和历史观察,以及鉴别可能对金融市场行为有系统影响的行为决策属性上。

到 1980 年,经典投资理论的大厦已基本完成。在此之后,世界各国学者所做的只是一些修补和改进工作。例如,对影响证券收益率的因素进行进一步研究,对各种市场"异象"进行实证和理论分析,对期权定价的假设进行修改,等等。

📖 阅读资料

套利限制

套利限制是行为金融学对传统金融理论提出质疑和修正的重要工具。

传统金融理论架构中理性的交易者能够正确评估证券的价格,如果还存在很多非理性交易者,那么,一方面,如果非理性交易者的非理性行为相互抵消,则对市场的有效性没有影响;另一方面,如果非理性交易者的非理性方向是相同的,这时候由于套利的存在,短期内的价格偏离很快也会得到纠正,从而使市场能够恢复效率。

但是,行为金融学认为套利的力量不可能不受条件限制,在各种客观约束下,套利无法剔除非理性行为对理性行为的长期并且是实质性的影响,所以有效市场假说是不成立的。

金融市场上存在不按套路出牌的噪音交易者,这种噪音交易者可能会在短时间内加剧价格偏离,使得套利者反而失手蒙受损失。换句话说,价格高估了的资产可能会被追涨,低估了的资产会被杀跌,而套利者的逻辑是价格会回归价值。于是,如果套利者没能赢过噪音交易者的话,反而会亏钱。

同时,金融市场上套利交易的主要参与者由于受到法规和产品特性的限制,可能无法参与所有套利活动。市场上的机构投资者、基金经理等需要遵循各自管理产品的规定,因此并非所有的套利机会都能被他们所利用。此外,他们还受到各自投资者心理因素的影响,当投资者出现挤兑行为或赎回需求上升时,基金经理的操作也会受到一定的制约。所以行为金融学认为套利并不总是有效的、无风险的,套利者同样可能蒙受损失或者无法完全利用套利空间而实现无风险盈利。

第四节　证券投资学的研究对象和研究内容

一、证券投资学的研究对象

　　一切学科研究的目的,都在于揭示客观规律,研究矛盾的特殊性。因此,对于某一现象所在领域的矛盾特殊性的研究,便成为某一门科学研究的对象。证券投资是存在于金融领域中金融资产的投资活动,因此简单地说,证券投资学就是研究金融领域中金融资产投资活动的特殊规律性的学科。但是,证券投资学既是一门理论学科,同时也是一门应用性、实践性很强的学科。它既要研究金融资产投资活动的基本理论、基本规律,又要研究金融资产投资的决策方法、操作方法等应用技巧,而且还应研究证券投资的管理体制、管理方式、调控机制等问题。因此,完整的表述应是:证券投资学是研究证券投资的基本原理,即金融资产投资活动及其经济关系的规律性、证券投资的决策方法以及证券投资调控与管理的一门应用理论学科。

　　首先,证券投资学的研究对象是金融资产的投资活动。证券投资是资金在有价证券领域的运用,它不同于一般商品交易的资金运动,而是以货币增值为目的的资金运动,存在自身特殊的运动规律和运行机理。证券投资学应对这些规律性的问题进行充分的论述,揭示其经济关系的本质,这属于深层次的理论分析。

　　其次,证券投资学的研究对象是证券市场的运行机制。证券投资活动一方面是资金供给者为获取未来收益而在金融市场上买入金融资产投入货币资金的过程,另一方面也是资金需求者为购置固定资产或增加流动资产或其他融资目的而从金融市场上筹措资金的过程。这一相互联系、相互影响的过程在市场经济体制下都是通过证券市场进行的。如果没有一个宏观管理层对证券市场的融资与投资主体的行为规则、证券市场运作秩序进行法律法规的规范,以及对其运行活动实施必要的监督、管理和调控,必然会导致整个证券投资活动的无序化。因此,探讨证券投资中的管理体制及管理方式、方法等,便构成了宏观层次的调控分析,这也是证券投资学的重要研究对象。

　　本书作为证券投资学新锐教材,力求不断跟进中国证券市场的实际发展状况,将以下两方面内容结合在一起:证券投资的基础知识和基本理论;中国证券市场的业务发展、运行机制和制度变革。

二、本书的研究内容

　　广义上讲,证券投资学应将所有的金融资产,包括储蓄存款、贷款、股票、债券、证券投资基金、衍生证券等纳入研究之列。但本书的内容在体系安排上未将储蓄存款、贷款等纳入研究范围,而主要研究股票、债券、证券投资基金、期货合约、期权合约等有价证券的投资。这一安排主要是基于以下考虑:一是为了避免与金融相关学科的内容重复,如储蓄存款、贷款等内容在"商业银行经营管理"等学科中都有专门的论述;二是本书主要立足于投资者的金融资产投资选择,从这一点讲,股票、债券等资本市场投资品种最能体现证券投资的特点,也是最具代表性的证券投资活动,在证券投资学中占有重要的地位。为此本书将主要论述证券市场投资行为,主要研究股票、债券及衍生证券等有价证券的发行、交易、选择、定价、组织管理及证券市场的运行规律。

值得指出的是,本书注重理论分析的力度和深度,重点论述证券投资的基本理论、运行机制、决策理论和调控理论,既涉及证券投资技术分析,也侧重理论方法的阐释,以期在理论层次上体现出证券投资学作为一门学科的特点和要求。

本章小结

1.证券(securities)是指各类记载并代表一定权利的法律凭证,用以证明持有人有权依其所持凭证记载的内容而取得应有的权益。有价证券是指标有票面金额,用于证明持有人或该证券指定的特定主体对特定财产拥有所有权或债权的凭证。有价证券有广义和狭义两种概念。狭义的有价证券是指资本证券,广义的有价证券包括商品证券、货币证券和资本证券。资本证券是指由金融投资或与金融投资有直接联系的活动而产生的证券。持有人有一定的收入请求权。资本证券是有价证券的主要形式。本书中的有价证券即指资本证券。

2.按证券发行主体的不同,有价证券可分为政府证券、政府机构证券和公司证券。政府证券是指由中央政府或地方政府发行的债券。中央政府证券也称国债,通常由一国财政部发行。政府机构证券是指由经批准的政府机构发行的证券。如我国的中央汇金公司发行的债券,就属于政府机构证券。公司证券包括公司组织为筹集资金而发行的股票、债券及商业票据等形式的证券。

3.投资是指经济主体为了获得未来的预期收益,预先垫付一定量的货币或其他资源以经营某项事业的经济行为。对投资的定义可以从以下几个方面来认识:(1)投资是现在投入一定价值量的经济活动;(2)投资具有时间性;(3)投资的目的在于得到报酬(即收益性);(4)投资具有风险性,即不确定性。证券投资(securities investment),是指个人或法人对有价证券的购买行为,这种行为会使投资者在证券持有期内获得与其所承担的风险相称的收益。

4.证券投机的积极作用:(1)有助于投资者进行价格风险转移;(2)有助于证券交易的流动;(3)有助于调节证券供求,平衡证券价格。

5.证券投资理论是围绕证券价格变化特征、证券估值、证券投资收益和风险控制而发展起来的一套理论体系。其中,行为金融学(behavioral finance,简称 BF)是金融学、心理学、人类学等有机结合的综合理论,力图揭示金融市场的非理性行为和决策规律。

思政目标

党的二十大报告明确了贯彻新发展理念、推动高质量发展、构建新发展格局以及实施供给侧结构性改革的重要任务。为适应这一时代要求,我们需要学习和掌握证券投资学的基本理论和方法。本章作为全书的引言,旨在为后续章节奠定基础,概述了证券与证券投资的基本概念、证券投资理论的发展历程、主要内容,以及证券投资学的研究对象和范围。通过本章的学习,学生能初步了解并产生对证券投资学的兴趣,同时准确把握党的二十大关于原则和战略部署的重要性,以及它们对证券市场和个人投资的影响和指导意义。

基本概念

证券	有价证券	商品证券	货币证券
资本证券	投资	证券投资	证券投机
政府证券	政府机构证券	公司证券	上市证券
非上市证券	公募证券	私募证券	长期投资
短期投资	金融资产投资	直接投资	间接投资
证券投资理论	行为金融学	现代资产组合理论	随机漫步理论

视频材料

练习与思考

1.什么是有价证券?

2.有价证券的特征包括哪些方面?

3.什么是证券投资?

4.证券投机就是不好的吗? 为什么?

5.怎么理解凯恩斯选美论?

6.为什么说尤金·法玛和罗伯特·席勒持有完全不同的学术观点?

第二章　证券投资工具

股票、债券、证券投资基金以及衍生产品组成了投资产品大家庭。不同的投资产品具有不同的收益和风险特征。不同风险厌恶程度的投资者,宜选择适合自身特性的投资产品。

第一节　股　票

股票价格具有高度的波动性和吸引力,是证券投资领域中备受关注的主要对象。

一、股票的含义

股票(stock)是股份有限公司签发的一种有价证券,用以证明持有者的股东身份和权益,持有者可据以获取股息和红利。

股份有限公司的资本划分为股份,每一股份的金额相等并具有同等权利。将股份印制成一定的书面形式,记载表明其价值的事项及有关权利等条件的说明,就是股票。股票一经发行,购买股票的投资者即成为公司的股东。股票实质上代表了股东对股份公司净资产的所有权,股东凭借股票可以获得公司的股息和红利,参加股东大会并行使自己的权利,同时也承担相应的责任与风险。股票不是实际资本,它只是间接地反映了实际资本运动的状况,是资本市场上流通的一种有价证券,是虚拟资本。

股票作为一种所有权凭证,有一定的格式。从股票的发展历史来看,最初的股票票面格式既不统一,也不规范,由各发行公司自行决定。随着股份制度的发展和完善,许多国家通过相关法律对股票的票面格式做出规定,明确票面应载明的事项和具体要求。如果股票记载的内容欠缺或不真实,则股票无效。譬如我国《公司法》规定,股票采用纸面形式或者国务院证券监督管理机构规定的其他形式。股票应当载明下列主要事项:公司名称、公司成立的日期、股票种类、票面金额及代表的股份数、股票的编号。股票由法定代表人签名,公司盖章。发起人的股票应当标明"发起人股票"字样。现代股票通常不以纸质形式存在,而是由证券登记结算机构登记在投资者账户名下的计算机录入条目。

📖 阅读资料

"中国与股市握手"——邓小平送出的一张中国股票

1986年11月14日,邓小平会见了以纽约证券交易所董事长约翰·范尔霖为团长的美国纽约证券交易所代表团,在接受客人赠送给他的纽约证券交易所的证章和证券样后,邓小平将一张上海飞乐音响股份有限公司的股票回赠给客人。国际社会因此发出了"中国与股市握手"的惊呼。邓小平——中国改革开放的总设计师用这样一个举动向世界宣布:股票市场并非资本主义所专有,社会主义国家同样可以利用这一有效工具发展自己的经济。

曾任中国证监会首任主席的刘鸿儒回忆这段历史时说,当年范尔霖赠送给邓小平的精美证章,凭着它可以在华尔街股票市场中通行无阻;邓小平回赠的则是新中国首批公开发行的股票之一的"小飞乐"股票。范尔霖获得"中国的第一张股票"后非常兴奋,并亲自到中国工商银行信托投资公司上海静安证券业务部办理了过户手续。

资料来源:新华网上海2004年8月20日电[EB/OL].http://news.xinhuanet.com/newscenter/2004-08/20/content_1836920.htm

图2-1 新中国最早的股票——飞乐音响股票(600651)

二、股票的特征

股票具有以下几个方面的特征:

(一)不可返还性

股票是一种无限期的法律凭证,股票投资人一旦出资购买了某个公司的股票,投资者就不能向发行股票的公司提出退股,同时也没有到期还本的可能,只能到二级市场卖给第三方。股票的转让仅代表公司股东的改变,而不会对公司资产总额产生任何影响。当公司面临破产、清偿或因故解散的情况时,依据法定程序宣布结束,但这不能理解为股票到期,股东得到的清偿也不一定等于其投入的本金。因此,从期限上看,只要公司存在,它所发行的股票就存在,股票的期限等于公司存续的期限。

(二)参与决策性

股票持有人作为股份公司的股东,有权出席股东大会,选举公司董事,参与公司重大决策。股东参与公司决策权利的大小通常取决于其持有股份数量的多少,股东持有股份数量达到决策所需要的有效多数票时,就能掌握公司的决策控制权。

(三)收益性

股票可以为持有人带来收益的特性,是投资者持有股票的目的所在。股票的收益主要来源于两个方面:一是来自股份公司的股息红利,其数额取决于股份公司的经营状况、盈利水平以及红利分配政策。二是投资者通过在股票流通市场上低买高卖获取价差收益,这种价差收益又称为资本利得。

(四)价格波动性和风险性

通常股票是有票面价格的,但由于股票在交易市场上受到诸如公司经营状况、供求关系、宏观经济政策、大众心理等多种因素的影响,其买卖价格一般与票面价格不一致,具有较大的波动性。又由于波动有很大的不确定性,使得真正实现的收益有可能会高于或低于原先的预期,这就是股票的风险。这里的风险不等于损失,是一个中性的概念,高风险的股票可能给投资者带来较大损失,也可能带来较大的收益,即"高风险高收益"。

(五)流通性

股票是一种可以自由转让的投资工具。投资人购买公司股票后,虽不能退还股本,但股票可以拿到证券市场上去转让,因此股票持有人在出现资金紧张时,可以通过出售股票而换取现金,也可将股票作为抵押品向银行贷款。股票具备高度的流通性和变现能力,这一特性弥补了其期限上永久的不足,从而使得股份公司能在社会公众中广泛募集资金。流通性通常以可流通的股票数量、股票成交量以及股价对交易量的敏感程度来衡量。可流通股数越多,成交量越大,价格对成交量越不敏感,股票的流动性就越好,反之就越差。

三、股票的分类

随着现代股份公司制度的不断发展完善以及投资者不断提出新的投资要求,股票的形式与内容也发生了很大的变化。下面介绍几种最常见的分类方式。

(一)按股票持有者承担的风险和享有的权益分类

按股票持有者承担的风险和享有权益的不同,股票可以分为普通股与优先股。

1.普通股

普通股(common stock)是股票中最基本、最常见和最重要的一种形式,是构成股份有限公司基础的股份,其持有者享有股东的基本权利和义务。普通股的股利完全随公司盈利的高低而变化。在公司盈利较多时,普通股股东可获得较高的股利收益,但在公司盈利和剩余财产的分配顺序上列在债权人和优先股股东之后,故其承担的风险也比较高。与优先股相比,普通股是标准的股票,也是风险较大的股票。目前,在我国上海证券交易所与深圳证券交易所上市的股票都是普通股。

普通股股东之间的法律地位是平等的,不依股东的信誉、身份、财产状况和工作能力等人身条件的不同而改变。在股份有限公司存续期间,普通股股东享有下列权利:

(1)经营决策参与权

普通股股东有权参加股东大会,听取公司董事会的业务和财务方面的报告,并有建议权、表决权和选举权,也可以委托他人代表其行使股东权利。绝大多数股份公司对普通股的投票方式采用"一股一票制",即普通股股东每持有一股便有一个投票权,以体现股权的同一性。投票的方式有两种,一是直线投票制,二是累积投票制。

📖 阅读资料

直线投票制与累积投票制

所谓直线投票制,就是股东将自己的选票平均地投给自己的候选人。一般而言,除非公司章程或者股东会决议实行累积投票制,公司在选举董事或者监事时,采用直线投票的方式进行。从这个意义上讲,在公司选举董事时,直线投票制是原则,累积投票制属例外。作为传统的投票方式,直线投票制的操作权为简便易行,但其缺点亦显而易见,即大股东囊括所有席位,小股东一无所获。举例而言,假设某公司有两位股东,A股东占70%(70股)的股份,B股东占30%(30股),公司章程规定设5位董事。若采取直线投票制,A股东提名的5位候选人每人可以得到70票,而B股东提名的候选人每人只能得到30票。在此情况下,B的候选人将无一入选董事会。尽管从表面上看来,这种选举方式是公平的,符合"资本多数决"原则。然而,直线投票制的最大问题在于,持股较多的股东有可能囊括董事会的所有席位,这显然存在的不合理之处。

而累积投票制则对其做了改进,每一股都可代表一个表决权。譬如,某公司要选5名董事,公司股份共1 000股,股东共10人,其中1名大股东持有510股,即拥有公司51%的股份;其他9名股东共计持有490股,合计拥有公司49%的股份。若按直接投票制度,每一股拥有一个表决权,那么控股51%的大股东就能确保其推选的5名董事全部当选,而其他股东毫无话语权。但若采取累积投票制,表决权的总数就成为1 000×5=5 000票,控股股东总计拥有的票数为2 550票,其他9名股东合计拥有2 450票。根据累积投票制,股东可以集中投票给一个或几个董事候选人,并按所得同意票数多少的排序确定当选董事,因此从理论上来说,其他股东至少可以使自己推选的2名董事当选,而控股比例超过半数的股东也最多只能选上3名自己推选的董事。

可见,累积投票制是直线投票制的一种修正,其意旨在于能够增加中小股东的候选人当选公司董事的机会,而不至于使董事会成为大股东的"一言堂"。

（2）利润分配权

股东进行投资的最终目的是获得经济上的收益。因此,股东在取得董事会决定后,可以从公司利润分配中得到红利。股东的红利是公司经营过程中获得最终净利润的一部分,净利润即公司最初利润扣除公司员工工资、各项债务、税款、法定公积金以及优先股股息之后剩余的部分。一般而言,分红后净利润中还将剩余一部分作为公司的发展资金。

（3）优先认股权

股份有限公司为了扩大经营规模或者是其他方面的原因,往往会发行新股筹集资金。为了保障原有股东在公司中的权益,原股东享有优先认购权。然而,这种优先认购的比例仅限于其原持有股份在总股份中所占的比例。这样原股东可以保持其在总股本中所占的比例不变,原股东也可以将该权利转让给他人,从中获得一定的报酬,或放弃这样的权利。股份有限公司增发新股一般采取两种方式:一是有偿增发,即原股东可以根据票面价格平价或者折价购买普通股;二是无偿增发,即普通股股东优先无偿获得增发的普通股股票。

（4）剩余资产分配权

当股份有限公司因为经营不善或者其他原因需要破产或者解散清算时,公司需要先用剩余资产支付工人工资、各项税费、债务以及优先股财产,剩余财产归普通股股东进行分配。一般而言,普通股股东按其所占股份比例获得相应比例的财产。如果公司财产不能完全支付以上各项,普通股股东不负连带责任,仅以公司全部资产作为全部清算资产的最高限额。

除了以上提到的各项权益外,普通股股东还有权对公司的业务经营活动进行监督,提出建议或者质询;股东可以依照法律、行政法规及公司章程的规定转让自己手中的普通股股份;依照公司章程的规定获得有关信息以及法律、行政法规及公司章程所赋予的其他权利。

📖 阅读资料

科创板特别表决权知多少

一、特别表决权是什么？对投资者有何影响？

科创板允许发行人在普通股份以外,发行特别表决权股份,前者遵循"同股同权"的原则,后者一股却至多拥有 10 倍表决权。其结果是,特别表决权股份持有人即使持股很少,也能实现对上市公司的绝对控制。特别表决权对 A 股是新鲜事物,突破了市场多年来"同股同权"的基本框架,可能对中小投资者权益保护产生深远影响,需要投资者重点关注。

二、特别表决权制度的起源和发展

海外市场将"特别表决权制度"称为"双重股权结构",通俗地讲,就是"同股不同权"。这一制度最早流行于20世纪初期的美国,直到20世纪20年代美国学术界对这一制度进行了猛烈批判,导致美国主流交易所(如纽交所)在1926年至20世纪80年基本禁止了有特别表决权安排的企业上市。20世纪80年代敌意并购浪潮的到来,使得公司出于抵御敌意并购的需要,纷纷要求采用"双重股权结构"。在此压力下,多家交易所互相竞争,纷纷降低门槛,纽交所终于也在1984年做出改变,重新允许"同股不同权"企业上市。2004年谷歌上市采用"双重股权结构",其后上市的高科技公司纷纷效仿。2018年中国香港、新加坡先后允许"双重股权结构"企业上市,尤其是中国香港市场时隔近30年后对这一制度重新敞开大门,引起了新兴市场的普遍关注。

三、为什么科创板允许企业发行特别表决权股份

科创企业有其自身的成长路径和发展规律。公司治理上,存在表决权差异安排等特殊方式。因此,需要构建更加科学合理的上市指标体系,满足不同模式类型、不同发展阶段、不同财务特征,但已经拥有相关核心技术、市场认可度高的科创企业上市需求。基于上述考虑,《上海证券交易所科创板股票上市规则》(简称《上市规则》)制度设计大幅提升了上市条件的包容度和适应性。在非财务条件方面,允许存在表决权差异安排等特殊治理结构的企业上市,并予以必要的规范约束。

四、科创板对特别表决权有哪些制度约束

《上市规则》对如何合理设置差异化表决权,进行了必要的规范。一是设置更为严格的前提条件。主要包括发行人做出的表决权差异安排必须经出席股东大会的股东所持二分之二以上表决权通过;表决权差异安排在上市前至少稳定运行1个完整会计年度;发行人须具有相对较高的市值规模。二是限制拥有特别表决权的主体资格和后续变动。主要包括相关股东应当对公司发展或者业绩增长做出重大贡献,并且在公司上市前及上市后持续担任公司董事;特别表决权股份不得在二级市场进行交易;持有人不符合主体资格或者特别表决权一经转让即永久转换为普通股份;不得提高特别表决权的既定比例。三是保障普通投票权股东的合法权利。主要包括除表决权数量外其他股东权利相同,普通股份表决权应当达到最低比例,有权召开股东大会,提出股东大会议案所需持股比例及计算方式,重大事项上限制特别表决权的行使。四是强化内外部监督机制。主要包括要求公司充分披露表决权差异安排的实施和变化情况,监事会对表决权差异安排的设置和运行出具专项意见,禁止滥用特别表决权。

五、投资者如何应对滥用特别表决权的侵权行为

投资者首先要学习科创板制度规则,了解哪些规则跟A股现行规则有差异,充分认识投资"同股不同权"公司面临的风险,全面掌握法律赋予的股东权利;在买入科创板公司股票后,当自身合法权益受到侵害时,要积极行使知情权、质询权、建议权、表决权、诉讼权等股东权利,做到"全面知权、积极行权、依法维权"。

2.优先股

优先股(preferred stock)是相对于普通股而言的,由股份有限公司发行的在分配公司收益和剩余资产上享有优先分配权的股票。优先股股票一般是股份公司出于某种特定目的和需要而发行的,且在票面上要注明"优先股"字样。优先股具有以下主要特征:

(1)股息率固定

优先股具有固定的股息收入,不受公司运营效益的影响,且优先股股东可以先于普通股股东领取股息,因此优先股股东收益相对稳定,风险相对于普通股更小。可是当公司经营状况良好,利润较高的时候,优先股同时也不能分享利润增长的收益,所以优先股价格增长潜力要低于普通股。

(2)股息分派优先

在股份公司盈利分配顺序上,优先股排在普通股之前。各国公司法一般都规定:公司盈利首先应支付债权人的本金和利息,缴纳税金;其次是支付优先股股息;最后才分配普通股红利。因此,从风险角度看,优先股的风险小于普通股。

(3)剩余资产优先索取权

当公司因解散、破产需要清算时,优先股具有剩余资产优先清偿权,即优先股的索偿权优先于普通股,而次于债权人。

(4)一般无表决权

优先股股东一般不具有参加公司经营决策的权利,即优先股股票不包含表决权,股东无权参加股东大会、过问公司经营状况。这可以保证普通股股东在公司的权利不被分散。但涉及优先股股东权利的时候,优先股股东享有一定的表决权,比如公司长期不支付优先股股东股息,或者公司要将一般优先股股票改为可转换优先股股票。

按分类标准的不同,可以对优先股进行以下几种分类:

(1)累积优先股和非累积优先股。累积优先股是指在某个营业年度内,如果公司所获的盈利不足以分派规定的股利,日后优先股的股东对往年未付给的股息,有权要求如数补给。这种股票使得优先股股东的收益不因公司盈利状况的波动而减少,是一种常见的、发行很广泛的优先股股票。非累积的优先股以每个营业年度为界,当年结清。如果本年度公司的盈利不足以支付全部优先股股息,对其所欠部分,公司不予累积计算,优先股股票股东也不得要求公司在以后的营业年度中予以补发。

(2)参与优先股与非参与优先股。参与优先股是指优先股股东除了按规定分得本期固定股息外,还有权与普通股股东一起参与本期剩余盈利分配的优先股。非参与优先股是指除了按规定分得本期固定股息外,无权再参与本期剩余盈利分配的优先股。非参与优先股是一般意义上的优先股,其优先权不是体现在股息多少上,而是体现在分配顺序上。

(3)可转换优先股和不可转换优先股。可转换优先股是指股票持有人可以在规定的条件下把所持有股票变换成普通股股票或者是公司债券的一种优先股股票。一般而言,当公司前景和股市行情看好、盈利增加、有利可图时,可按规定的条件和价格,将优先股股票变换成普通股;当公司前景不明确、盈利明显减少、支付股息有困难的时候,可将优先股股票变换成公司债券,而优先股股东则变成公司的债权人。不可转换优先股是指发行后不允许持有者将它转换成其他种类股票的优先股。

(4)可赎回优先股与不可赎回优先股。可赎回优先股在发行时股份公司就做出决定,在将来公司不再需要此项资金时,公司有权按一定的价格将股份收回注销。这种优先股一般是在公司经营不利,一时急需资金,并且预计今后某一时期有能力也有必要用公司收益偿还股本的情况下发行的。一般来说,回购价格都定得很高,以补偿该类股票购买者因公司回购所遭受的经济损失。不可赎回优先股是指发行后根据规定不能赎回的优先股票。这种股票一经投资者认购,在任何条件下都不能由股份公司赎回。由于股票投资者不能再从公司抽回股本,这就保证了公司资本的长期稳定。

(5)股息率可调优先股和股息率不可调优先股。股息率可调优先股指的是股息率可以调整的优先股。这种股票的产生是为了适应国际金融市场不稳定、各种有价证券价格和银行存款利率经常波动的情况。这种股息率的变化一般与股份有限公司经营状况无关,而是随其他证券价格或存款利率的变化进行调整。这种优先股股票,对于保护股东权益,扩大股份公司的股票发行量具有一定的积极作用。反之,股息率不能调整的股票就是股息率不可调优先股。常见的优先股一般都是不可调优先股。

(二)按是否记载股东姓名分类

按是否记载股东姓名,股票可以分为记名股票和无记名股票。

记名股票指票面上载有股东姓名,并将股东姓名记载于公司的股东名册上的股票。记名的股票只有记名的股东可以行使股权,其他人不得享受股东权利。因此记名股票的买卖必须办理过户手续,这在很大程度上保护了股东的权利。证券交易所流通的大都是记名股票。

无记名股票持有人可直接享受股东资格,行使股东权利。由于股票不记名,因此可以自由流通,不需要过户。相对而言,无记名股票更具有市场流动性。但当持有者遗失股票时也就等于遗失股东地位和获利的权利。

(三)按是否在股票票面上标明金额分类

按是否在股票票面上标明金额,股票可以分为面额股票和无面额股票。

面额股票是指在股票票面上记载一定金额的股票。这一记载的金额也被称为票面金额、票面价值或股票面值。股票面值为公司资本的基本单位,是股东的基础出资额。大多数国家的股票都是有面额股票。我国《公司法》规定,股份有限公司的资本划分为股份,每一股的金额相等,通常是1元人民币。但也有极少数例外,如紫金矿业公司股票每股面值是0.1元人民币,洛阳钼业公司股票每股面值是0.2元人民币。

无面额股票是指股票票面上不载明股票面值,只注明它在公司总股本中所占的比例的股票。无面额股票也称为比例股票或份额股票,其价值随公司财产的增减而相应增减。公司净资产和预期收益增加,每股价值上升;反之,公司净资产和预期收益减少,每股价值下降。无面额股票淡化了票面价值的概念,与有面额股票的差别仅在表现形式上,即无面额股票代表着股东对公司资本总额的投资比例。无面值股票具有发行和转让价格较灵活、便于股份分割等优点。这种股票在美国比较常见,但大多数国家(包括我国)则不允许发行这种股票。

(四)按是否具有表决权分类

按是否具有表决权,可以将股票分为表决权股、限制表决权股和无表决权股。

表决权股指在股东大会上享受表决权的股票,持有者对发行公司的经营管理享有表决权。普通股一般都具有表决权。

限制表决权股指有的公司为了防止少数大股东拥有过多的表决权,形成对公司的绝对控制或操纵,对持有一定比例以上的普通股,在公司章程中明确限制其表决权。

无表决权股指在股东大会上不享有表决权的股票,优先股一般都是无表决权的。

(五)其他分类

按上市地点和投资者不同,股票可以分为 A 股、B 股、H 股、N 股、S 股、L 股、红筹股等。

按股票的收益能力和风险特征的不同,可以分为蓝筹股、成长股、收入股、周期股、防守性股票、投机性股票等。

按投资主体的不同,可以分为国家股、法人股、公众股和外资股。

以上分类具体含义我们将结合我国实际做进一步分析。

四、我国股票市场概况

20 世纪 90 年代初中国最不可思议的事情也许是推出了证券交易所。那时,"姓社姓资"的问题还在争论,此时出现了一个对于中国资本市场来说十分重要的日子——1986 年 9 月 26 日,这天中国第一个证券交易柜台——上海静安证券业务部开张,标志着新中国从此有了股票交易。截至 2020 年 8 月 26 日,中国股票市场中已经有了 4 022 只股票,其中上海证券交易所为 1 707 只,深圳证券交易所为 2 315 只,两个市场总市值为 742 553.39 亿元人民币。从市值角度来看,中国股票市场已成为仅次于美国股市的开放性股票市场。但与欧美发达国家相比,中国股市还很年轻,仍属于弱式有效市场,存在这样那样的问题也是可以理解的。这是因为中国股市是在不完全市场化条件下诞生的,一开始就带着太多的政府色彩。随着政府监管力度的加强和管理经验的积累,中国股市必将在规范中进一步成长。

(一)按投资主体分类

按投资主体的不同,我国的股票主要分为国家股、法人股、公众股和外资股。

1.国家股

国家股，又称国有资产股股票，是指有权代表国家投资的部门或机构以国有资产向公司投资形成的股份，包括公司现有国有资产折算成的股份。在我国企业的股份制改造中，原来一些全民所有制企业改组为股份公司，从性质上讲，这些全民所有制企业的资产属于国家所有，因此在改组为股份公司时，这部分资产就转化为国家股。另外，国家对新组建的股份公司进行投资，也构成了国家股。国家股由国务院授权的部门或机构持有，或根据国务院决定，由地方人民政府授权的部门或机构持有。

我国国家股的构成，从资金来源看，主要有三个方面：(1)现有国有企业改组为股份公司时所拥有的净资产；(2)现阶段有权代表国家投资的政府部门向新组建的股份公司的投资；(3)经授权代表国家投资的投资公司、资产经营公司、经济实体性总公司等机构向新组建股份公司的投资。

关于国家股的形式，在由国家控股的企业中，国家股通常采用普通股的形式，以便国家能够对该企业进行有效的控制和管理；在不需要国家控制的中小企业，国家股则可采用优先股或参加优先股，从而强化国家的收益权，同时弱化直接经营管理权。

国外一些国家的国家股，在国有企业中发挥着重要的控股作用。如法国的国有企业，全部实行股份制的管理和经营方式。国家有三种控股方式：(1)国家控制企业100%的股份；(2)国家控制企业50%以上的股份；(3)国家控制企业50%以下的股份。国家控股的程度，因企业与国计民生的关切程度不同而异。

国家股股权的转让，必须严格遵守国家的有关规定来进行。

2.法人股

法人股股票，是指企业法人以其依法可支配的资产投资于股份公司所形成的股份，或者具有法人资格的事业单位或社会团体以国家允许用于经营的资产向股份公司投资所形成的股份。

法人股是法人相互持股所形成的一种所有制关系。法人相互持股则是法人经营自身财产的一种投资方式。法人股股票，应记载法人名称，不得以代表人姓名记名。法人不得将其所持有的公有股份、认股权证和优先认股权转让给本法人单位的职工。

法人股主要有两种形式：一是企业法人股，即具有法人资格的企业以其所拥有的法人财产投资于股份公司所形成的股份。它体现了企业法人与其他法人之间的财产关系，因为企业是以法人身份认购其他公司法人的股票而获得的股权。在某些国家的公司法中，严格禁止企业法人持有自身的股权。二是非企业法人股，即具有法人资格的事业单位或社会团体以国家允许用于经营的财产投资于股份公司所形成的股份。

如果是具有法人资格的国有企业、事业单位及其他单位以其依法占用的法人资产向独立于自己的股份公司出资形成或依法定程序取得的股份，可称为国有法人股。国有法人股属于国有股权。

作为发起人的企业法人或具有法人资格的事业单位和社会团体在认购股份时，

可以用货币出资,也可以用其他形式的资产,如实物、工业产权、非专利技术、土地使用权等作价出资。但对其他行使资产必须进行评估作价,核实财产,不得高估或者低估作价。

3.公众股

公众股是指社会个人或股份公司内部职工以个人财产投入公司形成的股份。它有两种基本形式,即公司职工股和社会公众股。

公司职工股是指股份公司的职工认购的本公司的股份。公司职工认购的股份数额不得超过向社会公众发行的股份总额的 10%。一般来讲,公司职工股上市的时间要晚于社会公众股。社会公众股是指股份公司公开向社会发行的股票,向社会所发行的部分不少于公司拟发行的股本总额的 25%。这类股票是市场上最活跃的股票,它发行完毕一上市,就成为投资者可选择的投资品种。

4.外资股

外资股是指外国和我国香港、澳门、台湾地区投资者以购买人民币特种股票形式向股份公司投资形成的股份,它分为境内上市外资股和境外上市外资股两种形式。

境内上市外资股,是指经过批准由外国和我国香港、澳门、台湾地区投资者向我国股份公司投资所形成的股票。境内上市外资股又称为 B 种股票,是指以人民币标明票面价值,以外币认购,专供外国及我国香港、澳门、台湾地区的投资者买卖的股票,因此又称为人民币特种股票。国家股、法人股、公众股三种股票形式又合称为 A 种股票,是由代表国有资产的部门或者机构、企业法人、事业单位和社会团体以及公民个人以人民币购买的,因此又称为人民币股票。境内外资股在境内进行交易买卖。上海证券交易所的 B 股是以美元认购;深圳证券交易所的 B 股是以港币认购。

目前我国境外上市外资股有两种:

(1)境内上市外资股,原来是指股份有限公司向境外投资者募集并在我国境内上市的股份,投资者限于外国的自然人、法人和其他组织,我国香港、澳门、台湾地区的自然人、法人和其他组织,以及定居在国外的中国公民等,这类股票称为 B 股。B 股采取记名股票形式,以人民币标明股票面值,以外币认购、买卖,在境内证券交易所上市交易。上海证券交易所的 B 股以美元认购;深圳证券交易所的 B 股以港币认购。2001 年 2 月对境内居民个人开放后,境内投资者逐渐成为 B 股市场的重要投资主体,境内居民个人与非居民之间不得进行 B 股协议转让。

(2)境外上市外资股,是指股份有限公司向境外投资者募集并在境外上市的股份,采取记名股票形式,以人民币标明面值,以外币认购。在境外上市时,可以采取境外存股凭证形式或者股票的其他派生形式。境外上市外资股主要由 H 股、N 股、S 股等构成。在香港、纽约、新加坡、伦敦上市的外资股分别被称为 H 股、N 股、S 股、L 股。红筹股不属于外资股,红筹股是指在中国境外注册、在香港上市,但主要业务在中国内地或大部分股东权益来自中国内地公司的股票。

(二)股改新名词和新分类

中国股票市场刚成立的时候,主要都是国有企业上市股票,一般国有企业的控股股东是国家或各级国有资产管理部门,这也是国有股和法人股的由来。国有股和法人股不能像普通股一样上市流通。国有股、法人股、普通股三者形成了"同股不同权,同股不同利"的局面,不利于股票市场的发展。2005年4月,证监会出台《关于上市公司股权分置改革试点有关问题的通知》,正式启动股权分置改革。股改的目的是让国有股和法人股"享受"普通股的市场待遇,能够参与市场流通,通过全流通实现同股同权,同股同利。其中,在中国证券市场上出现了一些与中国证券市场的股权分置现象和"股改"进程密切相关的新名词。

1.G股与S股

G股,是指完成股权分置改革后恢复上市交易的公司股票。G是"股改"全拼"GUGAI"的头一个英文字母,由于试点方案实施之后股票简称前面都暂时冠以代码"G",所以业界称其为G股或G板,如G三一、G金牛等。标示G股的出发点是区分完成股改和未完成股改的两类公司,便于对完成股改的公司实施再融资等方面的优惠政策。

S股,是指未完成股权分置改革的公司股票。2006年10月9日,随着中石化完成股改,完成股权分置改革的公司还原原来名称,即去掉"G",而对尚未完成股改的公司在其股票名称前加上"S",所以业界称其为S股。

2.限售股与解禁股

限售股,是指股票持有人持有的,依照法律、法规规定或按承诺有转让限制的股份,包括因股权分置改革暂时锁定的股份,内部职工股,董事、监事、高级管理人员持有的股份等。

解禁股,是指限售股过了限售承诺期,可以在二级市场自由买卖的股票。解禁股分为大非解禁股和小非解禁股。

中国证监会2005年9月4日颁布的《上市公司股权分置改革管理办法》规定,改革后公司原非流通股股份的出售,自改革方案实施之日起,在12个月内不得上市交易或者转让;持有上市公司股份总数5%以上的原非流通股股东,在前项规定期满后,通过证券交易所挂牌交易出售原非流通股股份,出售数量占该公司股份总数的比例在12个月内不得超过5%,在24个月内不得超过10%,这意味着持股在5%以下的非流通股股份在股改方案实施后12个月即可上市流通。其中,"小非"是指持股量在5%以下的非流通股股东所持的股份;而"大非"则是指持股量在5%以上的非流通股股东所持有的股份。

(1)有限售条件股份是指股份持有人依照法律、法规规定或按承诺有转让限制的股份,包括因股权分置改革暂时锁定的股份、内部职工股、董事、监事、高级管理人员持有的股份等。具体包括:①国家持股;②国有法人持股;③其他内资持股;④外资持股。

(2)无限售条件股份是指流通转让不受限制的股份。具体包括：①人民币普通股，即 A 股，含向社会公开发行股票时向公司职工配售的公司职工股；②境内上市外资股，即 B 股；③境外上市外资股，即在境外证券市场上市的普通股，如 H 股；④其他。

(三)其他分类

1.ST 股

沪深交易所在 1998 年 4 月 22 日宣布，将对财务状况或其他状况出现异常的上市公司股票交易进行特别处理(special treatment)，由于"特别处理"的英文字头为"S""T"，因此这类股票被称为 ST 股。

ST 股的特别处理措施包括：(1)在公司股票及其衍生品种的证券简称前添加"ST"字样；(2)股票报价的日涨跌幅限制为 5%；(3)规则所规定的特别处理并不构成对上市公司的处罚，上市公司在特别处理期间的权利和义务保持不变。

2. ＊ST 股票

沪深交易所从 2003 年开始启用新标记"＊ST"警示退市风险。即交易所对存在终止上市风险的公司，对其股票交易实行"警示存在终止上市风险的特别处理"，简称"退市风险警示"，以充分揭示其股票可能被终止上市的风险。

3.PT 股票

PT 是英文 particular transfer(特别转让)的缩写。依据《公司法》和《证券法》规定，上市公司出现连续 3 年亏损等情况，其股票将暂停上市。沪深交易所从 1999 年 7 月 9 日起，对这类暂停上市的股票实施特别转让服务，并在其简称前冠以"PT"，称之为 PT 股票。

PT 类股票交易的方法如下：

(1)投资者只限定在周五 9:30 开市时间内申报转让委托(不是通常意义上的买卖，而是转让)。

(2)申报转让价格为上一次转让价的±5%。

(3)周五 9:30 开市后只接受申报委托，不进行买卖。待 15:00 收市后将有效申报按集合竞价方法进行撮合成交，然后再告知成交回报结果。因此，投资者成交的转让价不是在正常交易时间内的，也不是连续的，而是在周五 15:00 收市后一次性地撮合成交。未撮合成交的申报单无效，等待下周五再重新申报。

(4)转让信息在各证券营业部的行情显示栏中无显示，仅在周六指定证券报刊中公告。

(5)PT 股票的涨跌情况不计入市场指数，其成交数据也不纳入市场统计范畴。因此，PT 股的涨停、跌停与市场指数无直接关联。

(6)股票 PT 期间，公司其他权利义务不变，非流通股的协议转让及流通股的定价收购，仍按交易所规定执行。另外，委托方式、手续费及相关费用、交割方式均与股票交易相同。

第二节　债　券

一、债券的定义及特征

(一)债券的定义

债券(bond)是一种有价证券,是社会中各类经济主体为筹集资金而向投资者出具的,并承诺按一定利率定期支付利息和到期偿还本金的债权债务凭证。债券与一般的借款合同不同,它不是发行人对某个特定个人或法人所负的债务,而是发行人对全体应募者统一的债务,而且它保持着可以转手出售的证券形态。

1.债券是有价证券

债券有一定的票面面值,反映和代表一定的价值,债券持有人凭此可以按期取得利息,持有债券也就拥有了债券所代表的权利,而转让债券就是转让了债券代表的权利。

2.债券是虚拟资本

债券的本质是证明债权债务关系的凭证,在债权债务关系建立时所投入的资金已被债务人占用,当债券在二级市场流动时,它已独立于实际资本以外。因此,尽管债券有面值,代表一定的财产,但只是实际运用真实资本的证书,是一种虚拟资本。

3.债券是债权

债券的持有者是债权人,他不直接支配财产,不以资产所有权为表现。在债券没有到期且债务人无偷逃债务迹象出现的情况下,债权人对公司活动无权干预,仅仅有权按期取得本息。

(二)债券的特征

1.流动性

债券在未到期之前,投资者可以根据自己的需求在证券市场买卖债券,可以随时变现。各种债券的流动性高低,取决于债务人的信誉、债券的期限、利率的形式、债券交易的便利性等因素。

2.偿还性

债券到了规定的偿还期限,债务人必须归还本金。国家、企业、银行、地方政府等,发行了债券就要承担相应的义务,按事先规定的条件支付利息,到期向债权人偿还本金。债券的期限结构多种多样,市场上既有 3 个月的短期债券,也有 30～40 年的长期债券;历史上某些国家如英国、法国等,曾发行无期公债或永久性公债,这是特例。

3.安全性

债券发行时有一套严格的资信审查制度,国债、地方政府债券等有国家和地方政府的担保,债券本身又必须按期还本付息,不随发行者的经营效益而发生相应变化,因此,债券持有者的收益是稳定的。相比较而言,债券是风险较小、较安全的投资工具。

债券不能收回投资的风险有两种情况:一是债务人不履行债务,即债务人无法按时足额支付投资面临无法收回的约定的利息或者偿还本金。一般来说,政府债券违约风险最低;(2)流通市场风险,即债券在市场上转让时,可能因价格下跌而给投资者带来损失。许多因素会影响债券的转让价格,其中较重要的是市场利率水平。

4.收益性

债券可给投资者带来一定的收益。债券的收益来自两个方面:一是投资者在持有债券期间可获得的固定利息收入。通常国债的利率低于储蓄利率,而企业债券的利率高于储蓄存款利率。因为企业债的风险大于银行储蓄,因而利率较高。二是投资者买卖债券的差价收益。

一般来说,偿还性、安全性、收益性和流动性等特点不能同时兼顾,它们之间有一种互相替代的关系。通常,期限长的债券收益高,但安全性、流动性较差;期限短的债券流动性、安全性较好,但收益性较低。因此投资者只能在这几种特性中经权衡后有所侧重地加以选择。

二、债券的基本要素

债券作为证明债权债务关系的凭证,尽管种类多种多样,但一般要以一定格式的票面形式来表现,具体包括:

(一)票面价值

债券的票面价值是债券票面标明的货币价值,是债券发行人承诺在债券到期日偿还给债券持有人的金额。在债券的票面价值中,首先要规定票面价值的币种,即以何种货币作为债券价值的计量标准。确定币种主要考虑债券的发行对象。一般来说,在本国发行的债券通常以本国货币作为面值的计量单位;在国际金融市场筹资,则通常以债券发行地所在国家的货币或以国际通用货币为计量标准。此外,确定币种还应考虑债券发行者本身对币种的需要。币种确定后,则要规定债券的票面金额。票面金额大小不同,可以适应不同的投资对象,同时也会产生不同的发行成本。票面金额定得较小,有利于小额投资者购买,持有者分布面广,但债券本身的印刷及发行工作量大,费用可能较高;票面金额定得较大,有利于少数大额投资者认购,且印刷费用等也会相应减少,但使小额投资者无法参与。因此,债券票面金额的确定也要根据债券的发行对象、市场资金供给情况及债券发行费用等因素综合考虑。

(二)到期期限

债券到期期限是指债券从发行之日起至偿清本息之日止的时间,也是债券发行人承诺履行合同义务的全部时间。各种债券有不同的偿还期限,短则几个月,长则几十年,习惯上有短期债券、中期债券和长期债券之分。发行人在确定债券期限时,要考虑多种因素的影响,主要有:

第一,资金使用方向。债务人发行债券的目的可能是为了弥补临时性资金周转不灵,也可能是为了满足长期资金需求。在前者情况下,可以选择发行短期债券;在后者情况下,则可以选择发行中长期债券。这样安排的好处是既能保证发行人的资金需求,又不因占用资金时间过长而增加利息负担。

第二,市场利率变化。债券偿还期限的确定应根据对市场利率的预期,相应选择有助于减少发行者筹资成本的期限。一般来说,当未来市场利率趋于下降时,应选择发行期限较短的债券,可以避免市场利率下跌后仍须支付较高的利息;而当未来市场利率趋于上升时,应选择发行期限较长的债券,这样能在市场利率趋高的情况下保持较低的利息负担。

第三,债券的变现能力。这一因素与债券流通市场发育程度有关。若流通市场发达,则债券容易变现,因此长期债券更易于被投资者接受;如果流通市场不发达,投资者购买长期债券而后又急需资金时难以变现,这可能导致长期债券的销售情况就不如短期债券。

(三)票面利率及计息方法

债券票面利率也称名义利率,是债券年利息与债券票面价值的比率,通常年利率用百分数表示。利率是债券票面要素中不可缺少的内容,在实际经济生活中,债券利率有多种形式,如单利、复利和贴现利率等。债券利率亦受很多因素影响,主要有:

第一,借贷资金市场利率水平。市场利率较高时,债券的票面利率也相应较高,否则,投资者会选择其他金融资产投资而舍弃债券;反之,市场利率较低时,债券的票面利率也相应较低。

第二,筹资者的资信。如果债券发行人的资信状况好,债券信用等级高,投资者的风险小,债券票面利率可以定得比其他条件相同的债券低一些;如果债券发行人的资信状况差,债券信用等级低,投资者的风险大,债券票面利率就需要定得高一些。此时的利率差异反映了信用风险的大小,高利率是对高风险的补偿。

第三,债券期限长短。一般来说,期限较长的债券流动性差,风险相对较大,票面利率应该定得高一些;而期限较短的债券流动性强,风险相对较小,票面利率就可以定得低一些。然而,债券票面利率与期限之间的关系较复杂,还受到其他因素的影响,因此有时也会出现短期债券票面利率高于长期债券票面利率低的现象。

(四)发行者名称

这一要素指明了该债券的债务主体,既明确了债券发行人应履行对债权人偿还本息的义务,也为债权人到期追索本金和利息提供了依据。

需要说明的是,尽管上述四个要素虽然是债券票面的基本要素,但它们并非一定在债券票面上印制出来。在许多情况下,债券发行者会通过公布条例或公告的形式向社会公开宣布某债券的期限与利率。只要发行人具备良好的信誉,投资者通常也会接受这种形式的公告。此外,债券票面上有时还包含一些其他要素,如:有的债券具有分期偿还的特征,在债券的票面上或发行公告中附有分期偿还时间表;有的债券附有一定的选择权,即发行契约中赋予债券发行人或持有人具有某种选择的权利,包括附有赎回选择权条款的债券、附有出售选择权条款的债券、附有可转换条款的债券、附有交换条款的债券、附有新股认购权条款的债券等。附有赎回选择权条款的债券表明债券发行人具有在到期日之前买回全部或部分债券的权利;附有出售选择权条款的债券表明债券持有人具有在指定的日期内以票面价值将债券卖回给发行人的权利;附有可转换条款的债券表明债券持有人具有按约定条件将债券转换成发行公司普通股股票的选择权;附有交换条款的债券是指债券持有人具有按约定条件将债券与债券发行公司以外的其他公司的普通股票交换的选择权;附有新股认购权条款的债券表明债券持有人具有按约定条件购买债券发行公司新发行的普通股股票的选择权。

三、债券的种类

债券种类很多,在债券的历史发展过程中出现过许多不同品种的债券,各种债券共同构成了一个完整的债券体系。债券可以按不同标准从不同角度进行分类。

(一)按发行主体分类

1.政府债券

政府债券是指政府为弥补预算赤字、筹集建设资金及归还旧债本息等目的,面向社会公众发行的债券,通常也称为公债。政府债券包括国家债券、地方政府债券、政府机构债券。国家债券是中央政府财政部门发行的债券,俗称"金边债券",具有极高的信誉,并能享受免税待遇,具有流动性强、安全性高、收益稳定的特点。地方政府债券是由省市或州区等地方政府所发行的债券。政府机构债券,是由政府所属机构发行的债券,它一般由中央政府担保,但不享受中央和地方政府债券的利息免税。

2.金融债券

金融债券是商业银行或其他金融机构为筹集资金发行的债务凭证。与其他债券相比,金融债券信用较高,发行量大,持券者可在需要资金时随时转让,是证券市场上较受投资者欢迎的投资工具。金融债券包括中央银行票据、政策性银行债券、商业银行普通债券、商业银行次级债、商业银行混合资本债券、小微企业专项金融债券、证券公司债券、证券公司短期融资券、证券公司次级债券、保险公司次级债务、混合资本债、财务公司债等。

3.公司债券

公司债券是指企业按照法定程序发行,约定在一定期限内还本付息的债权凭证。公司债券的发行主体是股份公司,但有些国家也允许非股份制企业发行债券,所以归类时,可将公司债券和企业发行的债券合在一起,成为公司(企业)债券。公司发行债券的目的主要是为了满足经营需要,但由于公司的情况千差万别,有些公司经营有方、实力雄厚、信誉高,也有一些经营较差,可能处于倒闭的边缘。因此,公司债券的风险性相对于政府债券和金融债券要大一些。公司债券有长期的,也有中短期的,视公司需求而定。其中包括信用公司债、抵押公司债、保证公司债、证券抵押信托公司债、设备信托公司债、参与公司债、通知公司债、附有选择权的公司债(附有赎回选择权条款的债券、附有出售选择权条款的债券、附有可转换条款的债券、附有交换条款的债券、附有新股认购权条款的债券)等。

(二)按债券利息支付方式分类

1.零息债券

零息债券也称贴现债券,是指债券合约未规定利息支付的债券。通常这类债券以低于票面面值发行,到期仍按面值兑付的债券。债券持有人实际上是以买卖(到期赎回)价差的方式取得债券利息。

2.附息债券

附息债券是指券面附有息票,在规定时间内以息票兑现形式支付利息的中长期债券,也称为定息债券或剪息债券。其特点是在还本之前逐年分次支付利息。这种债券也有的不附息票,只是按规定的利率定期支付利息。

3.息票累积债券

息票累积债券也称一次性还本付息债券。与附息债券相似,这类债券也规定了票面利率,但是,债券持有人必须在债券到期时一次性获得本息,存续期间没有利息支付。

(三)按债券的利率是否浮动分类

1.固定利率债券

固定利率债券是指债券利率在偿还期内不发生变化的债券。由于其利率水平不能变动,在偿还期内,通货膨胀率较高时,会面临市场利率上升而价格下跌的风险。

2.浮动利率债券

浮动利率债券是指债券的息票利率会在设定的基准上定期调整的债券。一般以金融指数为基准,如伦敦银行同业拆借利率(LIBOR)、上海银行间同业拆借利率(SHIBOR)等;也有以非金融指数作为基准的,如按照某种初级产品的价格为基准。采取浮动利率形式可以避免债券的实际收益率与市场收益率之间出现任何重大差异,从而使发行人的成本和投资者的收益与市场变动趋势相一致。但债券利率的这种浮动性,也使发行人的实际成本和投资者的实际收益事前具有很大的不确定性,从而导致较高的风险。

(四)按债券的信用保证分类

1.政府担保债券。政府担保债券是指政府为附属的公共事业机构、公共团体或者公营公司等担保发行的债券。

2.抵押债券。抵押债券是指债券发行人以动产或不动产为抵押或担保而发行的债券,又称有担保债券。

3.信用债券。信用债券是指债券发行人没有任何财产抵押或任何担保,仅凭公司信用发行的债券,又称无抵押债券。

4.保证公司债券。保证公司债券是指除了债券发行人的信用外,还获得了其他公司信用担保的企业债券。例如,当附属公司发行债券进行筹资时,母公司或其他相关公司会为其提供信用担保。

(五)按债券期限长短分类

1.短期债券。短期债券是指期限在一年以内的债券,属于货币市场工具。

2.中期债券。中期债券是指期限在 1～10 年的债券。

3.长期债券。长期债券是指期限在 10 年以上的债券。

4.永续债券。永续债券是由非金融企业或金融企业发行的,通常没有明确到期时间或期限非常长(一般超过 30 年)的债券。永续债券最大的特点为期限长,没有明确的到期期限。然而实际上永续债并不一定是永久的,大部分永续债都带有赎回条款或续期选择权,并具有高票息率、利率调整机制和股债混合属性等特点。

(六)按债券发行的区域分类

1.国内债券。国内债券是指由本国政府或法人在本国境内发行,以本国货币标明票面金额,并以本国货币还本付息的债券。

2.国际债券。国际债券是由国际机构、外国政府或外国法人发行的债券,主要包括外国债券和欧洲债券。外国债券是以发行地所在国的货币进行计价的债券,如在美国市场上发行的美元债券和在日本市场上发行的日元债券。而欧洲债券则不以发行地所在国货币进行计价,如在英国市场上发行的美元债券。欧洲债券可用美元、英镑、日元、加拿大元等货币发行,甚至可以用特别提款权等一揽子货币进行发行。

(七)按债券是否记名分类

1.记名债券。记名债券是指债券券面上注明债权人的姓名,同时在发行者或登记公司的债权名簿上做相应登记的债券。记名债券较安全,可避免被窃、损坏和遗失而给投资者造成损失,但必须经过户登记才可转让,流动性较差。

2.无记名债券。无记名债券是券面上不注明债权人姓名,也无须在发行者或登记公司进行登记的债券。无记名债券如遗失、损坏,则不能够保全债权人利益,但转让流通极为便利。

四、我国债券市场概况

我国债券市场近几年发展迅速,截至 2020 年 9 月,债券市场余额 1 100 464.23 亿元,其中金融债占 23.18%,地方政府债占 22.71%,国债占 17.07%。

(一)我国债券的种类

依照发债主体标准划分,我国债券市场上发行的债券主要有:

1.国债

我国有计划地发行适度规模的普通型国债,不定期地发行一定数量的特殊型国债。

(1)凭证式国债。是一种国家储蓄债券,以"凭证式国债收款凭证"记录债权,可记名、挂失,可提前兑付,但不能上市流通,从购买之日起计息。

(2)记账式国债。由财政部通过无纸化方式发行的,以电脑记账方式记录债权,并可以上市交易的债券,可记名、挂失。

(3)储蓄国债。包括凭证式和电子式,是政府(财政部)面向个人投资者发行的,以吸收个人储蓄资金为目的的,满足长期储蓄性投资需求的不可流通记名国债品种。

(4)特别国债。特别国债是国债的一种,其专门服务于某项特定政策,支持某特定项目需要,因此被称为特别国债。

(5)长期建设国债。为克服亚洲金融危机的不利影响,扩大内需,维持经济增长,1998 年中央决定实行积极财政政策,并于 9 月向四大行定向发行 1 000 亿 10 年期国债。后续每年都有长期建设国债发行。随着国内经济复苏、通胀抬头,财政政策从积极转为稳健,长期建设国债发行规模逐渐减少,2008 年后《政府工作报告》不再提及长期建设国债。用途上,1998 年首次推出长期建设国债时,其资金定向用于基础设施建设项目,后又逐渐被用于企业技术改造、西部大开发、生态建设等项目。

2.地方政府债券

地方政府债券是指经国务院批准同意,以省、自治区、直辖市和计划单列市政府为发行和偿还主体的债券。按偿债资金来源划分,我国地方政府债券可分为一般债券和专项债券。

(1)地方政府一般债券。地方政府一般债券是指由省、自治区、直辖市政府(以及经省级政府批准自办债券发行的计划单列市政府)为没有收益的公益性项目发行的政府债券,约定在一定期限内主要以一般公共预算收入作为还本付息的资金来源。一般债券资金收支列入一般公共预算管理,其可发行期限包括 1 年、2 年、3 年、5 年、7 年、10 年、15 年和 20 年。2018 年 8 月 22 日,内蒙古自治区政府成功在上交所发行了第一只 20 年期地方政府一般债券。

(2)地方政府专项债券。地方政府专项债券是为有一定收益的公益性项目发行的,约定一定期限内以公益性项目对应的政府性基金或专项收入还本付息的政府债券。地方政府专项债可细分为项目收益专项债和普通专项债：项目收益专项债券是指地方在法定专项债务限额内，按照地方政府性基金收入分类发行的专项债券；项目收益专项债券直接对应项目资产和收益，实现项目收益融资自平衡。专项债券资金纳入政府性基金预算管理，可发行期限有 1 年、2 年、3 年、5 年、7 年和 10 年。根据财库〔2018〕61 号文，公开发行的普通专项债券增加 15 年、20 年期限，公开发行的项目收益专项债券合理确定债券期限。

📖 阅读资料

解经济之近渴，财政部共提前下达新增地方债限额超 1.8 万亿

疫情冲击下，财政部再出手。2020 年 2 月 11 日，财政部提前下达 2020 年新增地方政府债务限额 8 480 亿元，其中一般债务限额 5 580 亿元、专项债务限额 2 900 亿元。加上此前提前下达的专项债务 1 万亿元，共提前下达 2020 年新增地方政府债务限额 18 480 亿元，同比增长 30%。

稳增长必要性的体现。2020 年以来，地方债发行远超往年进度。财政部表示，今年 1 月，已发行专项债 7 148 亿元，占提前下达额度 12 900 亿元的 55.4%。为何在这个时机再次提前下达新增地方债务？

光大证券固收分析师张旭认为，本次新冠肺炎疫情与春节重合，对旅游、餐饮、娱乐等服务业造成了影响，延长假期和推迟开工，对工业生产和建筑业也会产生一些冲击。很显然，疫情会对中国一季度的经济活动造成扰动。此次新增地方政府债券限额的提前下达，可以确保地方债资金尽早到位，带动有效投资支持补短板扩内需，以地方债之水解经济之近渴。

天风证券首席分析师孙彬彬指出，疫情冲击中，不仅财政需要发挥救灾的应急作用，也是稳增长必要性的体现。此外，疫情冲击可能加剧地方政府的财政收支压力，增加了稳增长的必要性。

财政部在 2 月 10 日表示，下一步为更好发挥专项债券的作用，需加快工作进度。要求相关地区做好专项债券发行使用工作，早发行、早使用，确保今年初即可使用见效，尽早形成对经济的有效拉动。

按偿债来源来看，地方政府债可以分为一般政府债券和专项政府债券，专项政府债券中又根据不同项目的用途细分出诸多品类，如土地储备、城市地下管廊建设和棚户区改造等专项债。地方政府专项债券是为有一定收益的公益性项目发行的、以公益性项目对应的政府性基金或专项收入还本付息的政府债券，不计入赤字率计算。值得注意的是，2020 年提前下达的专项债资金投向与 2019 年有所不同，由土储和棚改转移至基建投资，并重点用于铁路、轨道交通、城市停车场等交通基础设施，城乡电网、天然气管网和储气设施等能源项目领域。

资料来源：澎湃新闻 2020 年 02 月 12 日。http://finance.sina.com.cn/roll/2020-02-12/doc—iimxyqvz2210057.shtml

3.金融债券

（1）政策银行债。即政策性银行在银行间债券市场上发行的金融债券，其应债对象主要包括中资商业银行、商业保险公司、城市商业银行、农村信用社联社以及邮政储汇局等金融机构。近年来，该类型债券的品种日趋丰富，体现在期限结构、利率确定、计息方式上的多样化，已成为金融机构重要的投资工具和中央银行重要的宏观调控工具。

（2）商业银行债。符合条件的商业银行可以向中国人民银行申请发行金融债券。商业银行债券有普通债券、次级债券、混合资本债券和小微企业专项金融债券。

（3）保险公司债、证券公司债和其他金融机构债等。

上述金融债券中，其中政策银行债发行规模最大，截至2020年2月19日，我国政策银行债的票面总额为158 665.88亿元。

4.企业债券

企业债券是指具有法人资格的企业按照法定程序发行的，约定在一定期限内还本付息的有价证券，其发行需经过国家发改委的审核。企业债始发于1983年，主要由产业债和平台债构成。

5.公司债券

我国的公司债券是指公司按照法定程序发行的，约定在一定期限内还本付息的有价证券。公司债券以证监会审核要求为基础，以交易所市场为上市场所，主要由交易所投资者进行投资。主要包括公司债券、可转换公司债券和可交换公司债券，见图2-2。

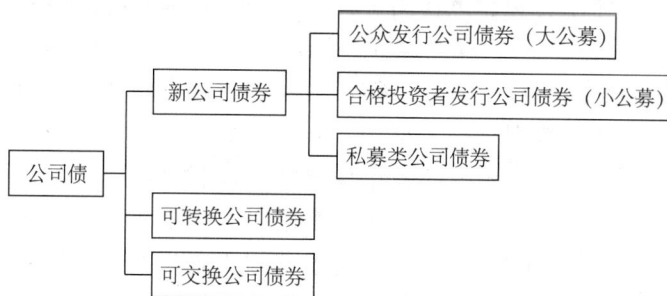

图 2-2　我国公司债市场的种类

企业债和公司债的区别见表 2-1。

表 2-1　企业债和公司债的区别

区别项	公司债	企业债
发行主体	股份有限公司或有限责任公司	中央政府所属机构、国有独资企业或国有控股企业
发行定价	由发行人和保荐人通过市场询价确定	发行利率不高于同期银行利率的40%
交易场所	交易所，普通投资人可以参与	银行间市场，个人难以参与

续表

区别项	公司债	企业债
发行制度	核准制,由证监会审核,对总体发行规模没有限制	审核制,由发改委审核,发改委每年会制定一定的发行额度
发行状况	可采取一次审核,多次发行	要求审批后一年内发完
发债资金用途	用途自由	基本用于基础设施建设和政府项目(主要限制在固定资产投资和技术革新改造方面,并于政府部门的审批项目直接相关)
信用来源	发债公司的资产质量、经营状况、盈利水平和持续盈利能力等	政府信用,而且通过行政强制落实着担保机制,以至于企业债券的信用级别与其他政府债券几乎一致。
发债额度	最低限额大致为1 200万元至2 400万元	发债数额不低于10亿元
管制程序	要求严格的债券信用评级和发债主体的信息披露,特别是发债后的市场监管	由国家发改委和国务院审批,要求银行予以担保,但审批部门在发行后不再对发债主体的信息披露和市场行为进行监管

(二)我国债券的市场结构

我国债券市场同样分为一级市场和二级市场(见图2-3),一级市场是债券的发行市场,二级市场是债券的流通市场。一级市场主要是通过招标的方式发行,二级市场主要包括交易所(上交所、深交所)市场、银行间市场和商业银行柜台市场三个子市场在内的统一分层的市场体系。按照交易场所划分,上交所和深交所市场属于场内市场,银行间市场和商业银行柜台市场属于场外市场。目前,场外市场的交易量占到我国债券市场的交易总额的95%以上;场内市场以上交所为主,占比达90%以上。

交易所市场是债券交易的场内市场,其市场参与者既包括机构投资者,也包括个人投资者,属于批发和零售混合型的市场。

银行间市场由同业拆借市场、票据市场、债券市场等构成。银行间市场有调节货币流通和货币供应量,调节银行之间的货币余缺以及金融机构货币保值增值的作用。银行间市场作为债券场外市场的主体,参与者限定为各类机构投资者,属于场外批发市场。银行间市场的交易品种最多,包括现券交易、质押式回购、买断式回购、远期交易、互换、远期利率协议、信用风险缓释工具等。

商业银行柜台市场又称OTC市场。和交易所市场完全不同,OTC市场没有固定的场所,没有规定的成员资格,没有严格可控的规则制度,没有规定的交易产品和限制,主要是交易对手通过私下协商进行一对一的交易。OTC交易方式以双方的信用为基础,交易双方需自行承担信用风险,交易价格由交易双方协商确定,同时,交易双方还需自行安排资金清算。商业银行柜台市场作为银行间市场的延伸,其参与者限定为个人投资者,属于场外零售市场。

| 债券一级市场 | 场外债券市场 | 债券二级市场 |

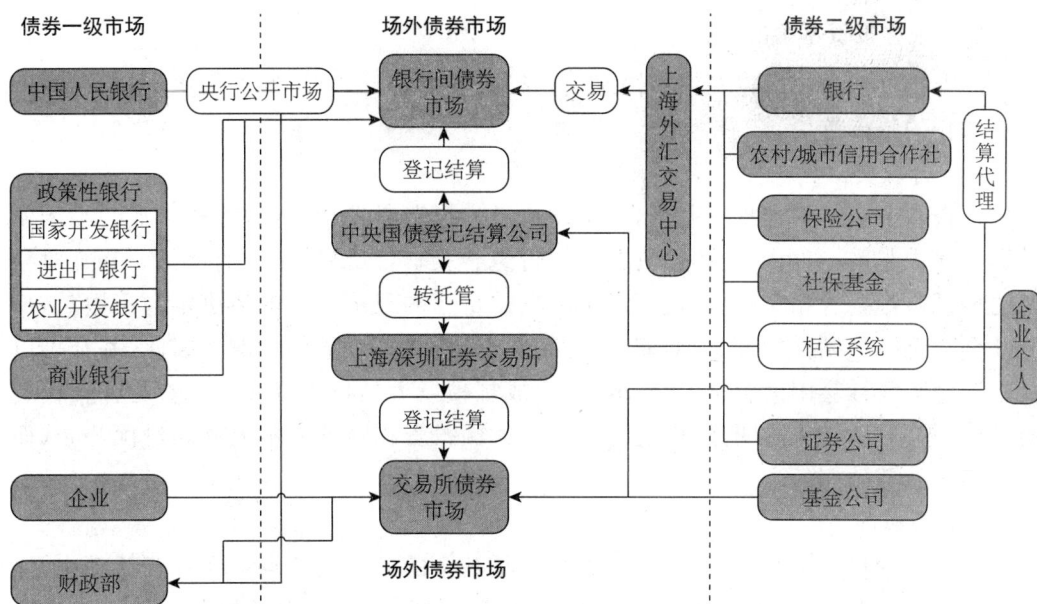

图 2-3 我国债券市场结构

资料来源：上证债券信息网

第三节 证券投资基金

如果投资者不懂股票，又想投资证券业务，可以购买投资业绩优秀的证券投资基金。

一、证券投资基金的定义及特征

(一)证券投资基金定义

证券投资基金(investment funds)是指通过公开发售基金份额募集资金，由基金托管人托管，并由基金管理人管理和运用资金，以资产组合方式进行证券投资，旨在实现基金份额持有人利益最大化的一种利益共享、风险共担的集合投资方式。

作为一种大众化的信托投资工具，各国对基金的称谓也有所不同。美国称为"共同基金"，英国及我国香港地区称为"单位信托基金"，日本和我国台湾地区称为"证券投资信托基金"，其他国家和地区有称为"互助基金""互惠基金""投资基金"的，也有称为"基金"的。虽然称谓不同，但内容及操作却有很多共性，在本书中，我们将其称为"证券投资基金"。

(二)证券投资基金的特征

证券投资基金之所以在许多国家受到投资者的广泛欢迎,发展迅速,与证券投资基金本身的特点有关。

1.集合投资

投资基金实行集合投资制度,它主要通过向投资者发行基金,将社会上的小额闲散资金集中起来,交由专业的投资机构进行组合投资,以谋取资产的增值。基金对投资的最低限额要求相对较低,投资者可以根据自己的经济能力灵活决定购买数量,部分基金甚至不限制投资额大小,完全按照基金份额计算收益的分配。因此,基金可以最广泛地吸收社会闲散资金,集腋成裘,汇成规模巨大的投资资金。在参与证券投资时,资本越雄厚,优势越明显,而且可能享有大额投资在降低成本上的相对优势,从而获得规模效益的好处。

2.分散风险

以科学的投资组合降低风险、提高收益是基金的另一大特点。在投资活动中,风险和收益总是并存的,因此,"不能将所有的鸡蛋都放在一个篮子里",这是证券投资的箴言。但是,要实现投资资产的多样化,需要一定的资金实力,对小额投资者而言,由于资金有限,将会很难做到这一点,而基金则可以帮助中小投资者解决这个困难。基金可以凭借其雄厚的资金实力,在法律规定的投资范围内进行科学的投资组合,将资金分散投资于多种证券,借助于资金规模的庞大和投资者数量的众多来降低每个投资者面临的投资风险,同时,利用不同的投资对象之间的互补性,达到分散投资风险的目的。

3.专业理财

基金实行专家管理制度,这些专业管理人员都经过专门训练,具有丰富的证券投资和其他项目投资经验。他们善于利用基金与金融市场的密切联系,运用先进的技术手段分析各种信息资料,能对金融市场上各种品种的价格变动趋势做出比较正确的预测,最大限度地避免投资决策的失误,提高投资成功率。对于那些没有时间,或者对市场不太熟悉,没有能力专门研究投资决策的中小投资者来说,投资基金,实际上就可以获得专家们在市场信息、投资经验、金融知识和操作技术等方面所拥有的优势,从而尽可能地避免盲目投资带来的失败。

4.共同收益

证券投资基金实行"利益共享、风险共担"的原则。基金投资者是基金的所有者。基金投资收益在扣除由基金承担的费用后的盈余部分全部归基金投资者所有,并依据投资者所持有的基金份额比例进行分配。为基金提供服务的基金托管人、基金管理人只能按规定收取一定比例的托管费、管理费,并不参与基金收益的分配。证券投资基金本质上是一种委托投资关系,投资者与经营者之间既有一荣俱荣、一损俱损的一致性,又有利益上此长彼消的对立性。因此,基金投资者还将面临基金经营者的道德风险。

二、证券投资基金与股票、债券的区别

基金、股票、债券虽然都是有价证券,对它们的投资均为证券投资。然而它们之间还是存在着很大的区别。

(一)投资者地位不同

股票持有人是公司的股东,有权参与公司的重大决策;债券的持有人是债券发行人的债权人,享有到期收回本息的权利;基金份额的持有人是基金的受益人,与基金管理人和托管人之间体现的是信托关系。

(二)收益与风险不同

一般情况下,基金和股票的收益是不确定的,而债券的收益是确定的。对中小投资者而言,由于受可支配资产总量的限制,只能直接投资于少数几只股票,当其所投资的股票因股市下跌或企业财务状况恶化时,资本金有可能化为乌有;而基金的基本原则是组合投资,分散风险,把资金按不同的比例分别投于不同期限、不同种类的有价证券,把风险降至最低程度;债券在一般情况下,本金得到保证,收益相对固定,风险比基金要小。

(三)所筹集资金的投向不同

与股票、债券的投资者不同,证券投资基金是一种间接的证券投资方式,基金的投资者不再直接参与有价证券的买卖活动,而是由基金管理人具体负责投资方向的确定和投资对象的选择。而股票和债券是直接投资工具,筹集的资金主要投向实业。

(四)价格取向不同

在宏观政治和经济环境相同的情况下,证券投资基金的价格主要取决于其资产净值,而债券价格主要受利率影响,股票价格则受供求关系和公司基本面(如经营、财务状况等)的影响。

(五)投资回收方式不同

债券有一定的存续期限,期满后收回本金;股票一般无存续期限,除公司破产、清算等法定情形外,投资者不得从公司收回投资,如要收回,只能在证券交易市场上按市场价格变现;投资者投资基金则要视所持有的基金形态不同而有区别:封闭式基金有一定的期限,期满后,投资者可按持有的份额分得相应的剩余资产,在封闭期内还可以在交易市场上变现;开放式基金一般没有期限,但投资者可随时向基金管理人要求赎回。

三、证券投资基金的分类

证券投资基金在世界范围内经过上百年的发展,其种类较为繁杂,按照不同的分

类方法可将其分为若干种类。

(一)按照投资基金的组织形式分类

按照证券投资基金的组织形式,可将基金划分为公司型投资基金和契约型投资基金。

1.公司型投资基金

公司型投资基金(corporate investment fund)是由具有共同投资目标的投资者依据《公司法》组成以营利为目的、投资于特定对象(如各种有价证券、货币)的股份制投资公司。这种基金通过发行股份的方式筹集资金、是具有法人资格的经济实体。基金持有者既是基金投资者,又是公司股东,按照公司章程的规定,享受权利、履行义务。公司型基金成立后,通常委托特定的基金管理公司运用基金资产进行投资并管理基金资产。基金资产的保管则委托另一金融机构,该机构的主要职责是保管基金资产并执行基金管理人指令,二者权责分明。基金资产独立于基金管理人和托管人的资产之外,即使受托的金融保管机构破产,受托保管的基金资产也不在清算之列。

公司型基金的特点是基金公司的设立程序类似于一般股份公司,基金公司本身依法注册为法人。但不同于一般股份公司的是,它是委托专业的财务顾问或基金管理公司来经营与管理。基金公司的组织结构与一般股份公司类似,设有董事会和持有人大会,基金资产由公司所有,投资者则是这家公司的股东,承担风险并通过持有人大会行使权利。美国的基金以公司型基金为主体。

2.契约型投资基金

契约型投资基金(contract investment fund)又称信托投资型基金,是指依据一定的信托契约原则,由委托人、受托人和受益人三方订立信托投资契约而组建的基金。该基金不具有法人资格,委托人及基金管理人作为基金的发起设立者,负责设计基金种类,筹集资金并管理运用资金。受托人即资金托管人,主要负责保管基金财产,并进行会计复核,同时监督基金管理人的投资运作等。

契约型基金起源于英国,后来在日本及我国香港、台湾等地区十分流行,我国颁布的《中华人民共和国投资基金法》所规定的基金也是契约型基金。

3.公司型投资基金与契约型投资基金的区别

(1)法律依据不同。契约型基金是依照基金契约组建的,《信托法》是契约型基金设立的依据;公司型基金是依照《公司法》组建的。

(2)法人资格不同。契约型基金不具有法人资格,而公司型基金本身就是具有法人资格的股份有限公司。

(3)投资者的地位不同。契约型基金的投资者作为信托契约中规定的受益人,对基金如何运用所做的重要投资决策通常不具有发言权;公司型基金的投资者作为公司的股东,有权对公司的重大决策进行审批、发表自己的意见。

(4)融资渠道不同。公司型基金由于具有法人资格,在资金运用状况良好、业务开展顺利,又需要扩大公司规模、增加资产时,可以向银行借款;契约型基金因不具有法人资格,一般不能向银行借款。

(5)经营财产的依据不同。契约型基金凭借基金契约经营基金财产;公司型基金则依据公司章程来经营。

(6)基金运营不同。公司型基金像一般的股份公司一样,除非依据公司法到了破产、清算阶段,否则公司一般都具有永久性;契约型基金则依据基金契约建立、运作,契约期满,基金运营也就终止。

从投资者的角度看,这两种投资方式没有太大的区别,至于一个国家采取哪一种方式,要根据具体情况进行分析。目前,许多国家和地区都采用两种形态并存的办法,力求把两者的优点都利用起来。

(二)按照投资基金能否赎回分类

按投资基金设定后能否追加投资份额或赎回投资份额,可以将投资基金分为封闭式和开放式投资基金。

1.封闭式投资基金

封闭式投资基金(closed-end fund)是指基金的发起人在设立基金时,限定了基金单位的发行总额,筹足总额后,基金即宣告成立,并进行封闭,在一定时期内不再接受新的投资。基金单位的流通采取在证券交易所上市的办法,投资者日后买卖基金单位,都必须通过证券经纪商在二级市场上进行竞价交易。

2.开放式投资基金

开放式投资基金(open-end fund)是指基金发起人在设立基金时,基金单位或者股份总规模不固定,可视投资者的需求,随时向投资者出售基金单位或者股份,并可以应投资者的要求赎回发行在外的基金单位或者股份的一种基金运作方式。投资者既可以通过基金销售机构购买基金,使得基金资产和规模由此相应的增加,也可以将所持有的基金份额卖给基金公司并收回现金使得基金资产和规模相应的减少。为了满足投资者赎回资金、实现变现的要求,开放式基金一般都从所筹资金中拨出一定比例,以现金形式保持这部分资产。这虽然会影响基金的盈利水平,但作为开放式基金来说是必需的。

3.封闭式投资基金与开放式投资基金的区别

(1)期限不同。封闭式基金有固定的封闭期,通常在 5 年以上,一般为 10 年或 15 年,经受益人大会通过并经监管机构同意可以适当延长期限。开放式基金没有固定期限,投资者可随时向基金管理人赎回,若大量赎回甚至会导致基金清盘。

(2)基金单位的发行规模要求不同。封闭式基金在招募说明书中列明其基金规模,其规模是固定的,在封闭期内未经法定程序认可不能增加发行。开放式基金没有发行规模限制,投资者可随时提出申购或赎回申请,基金规模随之增加或减少。

(3)基金单位交易方式不同。封闭式基金的基金单位在封闭期限内不能要求基金公司赎回,只能在证券交易所出售给第三者。开放式基金的投资者则可以在首次发行结束一段时间(多为 3 个月)后,随时向基金管理人或中介机构提出申购或赎回申请,绝大多数开放式基金不上市交易,交易在投资者与基金管理人或其销售代理人之间进行。

(4)基金份额的交易价格计算标准不同。封闭式基金与开放式基金的基金份额除了首次发行价都是按面值加一定百分比的购买费计算外,之后的交易计价方式都有所不同。封闭式基金的买卖价格受市场供求关系的影响,并不一定反映公司的净资产值。开放式基金的交易价格则取决于基金的每单位资产净值的大小,其申购价一般是基金单位资产净值加5%左右的申购费,赎回价是基金所代表的资产净值减去一定的赎回费,基本不受市场供求影响。

(5)投资策略不同。封闭式基金在封闭期内基金份额不变,资本不会减少,因此基金可进行长期投资,基金资产的投资组合能有效地在预定计划内进行。开放式基金因基金份额可随时赎回,为应付投资者随时赎回兑现,基金资产不能全部用于投资,更不能将全部资本用来进行长线投资,必须保持其流动性,因此在投资组合中应保留一部分现金和可随时变现的金融工具。

(6)交易费用不同。投资者在买卖封闭式基金时,除了基金价格之外,还需支付手续费;而在买卖开放式基金时,则需支付申购费和赎回费。

(7)基金份额资料净值公布的时间不同。封闭式基金通常每周或更长时间公布一次净值;开放式基金一般在每个交易日连续公布净值。

(三)按照投资基金的投资标的划分

按照投资基金的投资标的不同,可以将投资基金分为股票基金、债券基金、货币市场基金和衍生证券投资基金。

1.股票基金

股票基金是指主要投资于股票,或基金资产的大部分投资于股票的基金。股票基金的投资目标侧重于追求资本利得和长期资本增值。基金管理人拟定投资组合,将资金投放到一个或几个国家甚至全球的股票市场,以达到分散投资、降低风险的目的。股票基金是最重要的基金品种,它的优点是资本的成长潜力大,投资者不仅可以获得资本利得,还可以通过它将较少的资金投资于各类股票,从而实现在降低风险的同时保持较高收益的投资目标。根据投资目标和投资风险不同,股票投资基金又可进一步细分为价值型股票基金、成长型基金和平衡型基金。从2015年8月8日起,我国《证券投资基金运作管理办法》规定股票型基金的最低股票投资比例由原来的60%提高到80%。

2.债券基金

债券基金是指主要投资于各种国债、金融债券及公司债的证券投资基金。由于债券的年利率固定,因而债券基金的投资风险小于股票基金,但投资回报率也比股票低,适合于稳健型投资者。债券基金的收益会受市场利率的影响,当市场利率下调时,其收益会上升;反之,若市场利率上调,其收益将下降。我国《证券投资基金运作管理办法》规定80%以上的基金资产投资于债券的基金被归类为债券基金。

3.货币市场基金

货币市场基金是指发行基金证券所筹集的资金仅投资于货币市场工具的基金。主要投资于大额可转让定期存单、银行承兑汇票、商业本票等货币市场工具。货币市场基金主要有以下特点:一是该基金以货币市场上流动性较强的短期融资工具为投资对象,因此具有一定的流动性和安全性;二是该基金的价格相对稳定,投资成本低,且投资收益通常高于银行存款;三是该基金通常没有固定的存续期限。

4.指数基金

指数基金是指以特定指数(如沪深 300 指数、标普 500 指数、纳斯达克 100 指数、日经 225 指数等)为标的指数,并以该指数的成份股为投资对象,通过购买该指数的全部或部分成份股构建投资组合,以追踪标的指数表现的基金产品。其理论基础是建立在有效市场假说上的随机漫步理论,该理论认为,在有效的市场中,股价永远是这个时点公司投资价值的最佳体现,因此,除了幸运之外,投资者无法通过选择股票获得超越市场的收益。

5.衍生证券投资基金

衍生证券投资基金是一种以衍生证券为投资对象的基金,包括期货基金、期权基金、认沽权证基金等。由于衍生证券通常属于高风险的投资品种,因此,衍生证券投资基金的风险也相对较高。

6.混合基金

混合基金同时以股票、债券等为投资对象。根据中国证监会对基金类别的分类标准,投资于股票、债券和货币市场工具,但股票投资和债券投资的比例不符合股票基金、债券基金规定的为混合基金。一般来说,依据资产配置的不同,混合基金可划分为偏股型基金、偏债型基金、股债平衡型基金和灵活配置型基金等。

(四)按募集与流通方式分类

按照投资基金的募集与流通方式的不同,可以将投资基金分为私募基金和公募基金。

1.私募基金

私募基金是指以非公开方式向特定投资者募集基金资金,并以证券为投资对象的证券投资基金。由于私募基金对投资人的风险承受能力要求较高,其监管又相对宽松,所以,各国的法律法规明确限定了私募基金持有人的最高人数(如 100 人或 200人)和投资人的资格要求,否则私募基金不得设立。在证券投资领域中,典型的私募基金是对冲基金。

私募基金一般以合伙制企业组织形式组建,因此其不能够公开发行,而是向特定投资对象募集基金资金,而最低投资金额一般较高。私募基金分为主要合伙人与一般合伙人:主要合伙人是基金管理者,可以收取管理费用并且收取投资利润分成;一般合伙人是投资者,主要享受投资收益的分配,但也要承担投资风险。

2.公募基金

公募基金是指以公开发行方式向社会公众投资者募集基金资金,并以证券为投资对象的证券投资基金。公募基金可通过各种媒体披露发行信息,投资者人数一般不受限制,每个投资者的最低投资数量一般没有限定。与私募基金相比,公募基金有着如下几个特点:

(1)公开性。公募基金向社会公众募集资金,遵守"公开、公平、公正"原则,各种相关信息不仅必须公开披露,而且应及时、准确、完整。

(2)可变现性。公募基金的投资者人数众多,各个投资者各有不同的资金流动性要求,如若不能有效解决投资本金的变现问题,将严重限制投资者的人数和募集资金的数量,使基金的设立遇到困难。因此,公募基金证券一般有着较强的可变现性。在采取封闭式基金方式的场合,公募基金一般通过基金单位上市的途径来解决投资本金的变现问题;在采取开放式基金方式的场合,公募基金一般通过"赎回"方式来解决投资本金的变现问题。

(3)高规范性。公募基金面向社会公众投资者募集资金,在信息不对称条件下,为了保障基金持有人的权益,各国对公募基金的发售、设立、运作、托管、变现、解散等都制定了相当详细严格的法律法规予以规范。

(五)按投资理念分类

按照投资理念的不同,可将投资基金分为主动型基金和被动型基金。

1.主动型基金

主动型基金是以寻求取得超越市场的业绩表现为目标的一种基金。

2.被动型基金

被动型基金(通常被称为指数型基金)一般选取特定的指数成份股作为投资的对象,不主动寻求超越市场的表现,而是试图复制指数的表现。被动型基金因始终保持即期的市场平均收益水平,因而收益不会太高,也不会太低。

被动型基金的优势有:

(1)费用低廉。这是指数基金最突出的优势。费用主要包括管理费用、交易成本和销售费用三个方面。管理费用是指基金经理人进行投资管理所产生的成本;交易成本是指在买卖证券时发生的经纪人佣金等交易费用。由于指数基金采取持有策略,不用经常换股,这些费用远远低于积极管理的基金,这个差异有时达到了 1%— 3%,虽然从绝对额上看这是一个很小的数字,但是由于复利效应的存在,在一个较长的时期里累积的结果将对基金收益产生巨大影响。

(2)分散和防范风险。一方面,由于指数基金广泛地分散投资,任何单个股票的波动都不会对指数基金的整体表现构成影响,从而分散风险。另一个方面,由于指数基金所盯住的指数一般都具有较长的历史可以追踪,因此,在一定程度上指数基金的风险是可以预测的。

（3）延迟纳税。由于指数基金采取了一种购买并持有的策略,所持有股票的换手率很低,只有当一个股票从指数中剔除的时候,或者投资者要求赎回投资的时候,指数基金才会出售持有的股票,实现部分资本利得,这样,每年所交纳的资本利得税（在美国等发达国家中,资本利得属于所得纳税的范围）很少,再加上复利效应,延迟纳税会给投资者带来很多好处,尤其在累积多年以后,这种效应就会愈加突出。

（4）监控较少。由于运作指数基金不用进行主动的投资决策,所以基金管理人基本上不需要对基金的表现进行监控。指数基金管理人的主要任务是监控对应指数的变化,以保证指数基金的组合构成与之相适应。

（六）按投资来源和运用地域分类

根据投资来源和运用地域的不同,可将投资基金分为国内投资基金、国际投资基金、离岸基金以及海外基金等几种类型。

1.国内投资基金

国内投资基金是指资金全部来自国内投资者并投资于国内金融市场的投资基金。一般而言,国内基金在一国的基金市场上应占主导地位。

2.国际投资基金

国际投资基金是指基金资金来源于国内但投资于境外金融市场的投资基金。由于各国经济和金融市场发展的不平衡,不同国家会提供的投资回报存在差异。通过国际基金的跨国投资,本国投资者可以获得更多的投资机会,并在更大范围内分散投资风险。然而,国际基金的投资成本和费用一般也相对较高。

3.离岸基金

离岸基金是指一国的证券基金组织在他国发行证券基金单位并将募集的资金投资于本国或第三国证券市场的证券投资基金。离岸基金的特点是两头在外,资产注册登记不在本国,为了吸引全球投资者的资金,离岸基金一般都在素有"避税天堂"之称的地方注册,如卢森堡、百慕大群岛、开曼群岛等。

4.海外基金

海外基金是指由国外投资信托公司发行的基金。通过海外基金的方式进行投资,不但可分享全球投资机会和利得,亦可达到分散风险、专业管理、节税与资产转移的目的。

（七）特殊类型的基金

1.LOF 投资基金

LOF 投资基金（listed open-ended funds）,即上市型开放式基金。在发行结束后,投资者既可以在指定网点申购与赎回基金份额,也可以在交易所买卖该基金。通过份额转托管机制,LOF 将场外市场与场内市场有机地联系在一起,成为开放式基金在交易方式上的创新。国内第一只 LOF 南方积极配置基金于 2004 年 12 月 20 日在深圳证券交易所上市。

2.ETF 投资基金

ETF 投资基金(exchange traded funds),即交易型开放式指数基金,是一种在交易所上市交易的、基金份额可变的开放式基金。ETF 的基金经理并非根据个人意愿进行买卖决策,而是根据指数成份股的构成被动地确定投资股票的种类和比例。交易型开放式指数基金属于开放式基金的一种特殊类型,它结合了封闭式基金和开放式基金的运作特点,投资者既可以向基金管理公司申购或赎回基金份额,同时又可以像封闭式基金一样在二级市场上按市场价格买卖 ETF 份额,不过,申购赎回必须以一揽子股票换取基金份额或者以基金份额换回一揽子股票。由于同时存在证券市场交易和申购赎回机制,投资者可以在 ETF 市场价格与基金单位净值之间存在差价时,利用这一差价进行套利交易。套利机制的存在,使得 ETF 避免了封闭式基金普遍存在的折价问题。上证 50ETF 于 2005 年 2 月 23 日开放申购赎回并在上海证券交易所上市交易。

LOF 与 ETF 相同之处是同时具备了场外和场内的交易方式,二者同时为投资者提供了套利的可能。此外,LOF 与目前的开放式基金不同之处在于它增加了场内交易带来的交易灵活性。

二者区别表现在:首先,ETF 本质上是指数型的开放式基金,是被动管理型基金,而 LOF 则是普通的开放式基金增加了交易所的交易方式,它可能是指数型基金,也可能是主动管理型基金;其次,在申购和赎回时,ETF 与投资者交换的是基金份额和"一篮子"股票,而 LOF 则是与投资者交换现金;再次,在一级市场上,即申购赎回时,ETF 的投资者一般是较大型的投资者,如机构投资者和规模较大的个人投资者,而 LOF 则没有限定;最后,在二级市场的净值报价上,ETF 每 15 秒钟提供一个基金净值报价,而 LOF 则是一天提供一个基金净值报价。

📖 阅读资料

美的停牌引发 ETF 套利交易,分级基金渐成主流工具

ETF 存在的套利空间,一直是吸引投资者不断入场的重要原因之一。近日美的电器(000527,收盘价 13.39 元)的套利门又将投资者的目光重新聚焦到这一市场机会上。

《每日经济新闻》记者了解到,在从事套利投资的相关人士看来,美的电器的案例仅属于基金经理操作失误给市场带来的偶然性套利机会。而在事件性套利中,大量对手盘交易带来的套利机会在资本市场更为常见。

近年来,传统模式在套利投资者交易中所占比重逐渐下降,主流套利模式正发生着改变。而分级基金因时效性要求不高,逐渐成为个人投资者和阳光私募喜爱的主流投资工具。

4月1日,停牌已久的美的电器复牌涨停,但敏锐的套利资金还是找到了买入美的电器的通道。当日博时200ETF将美的电器的现金替代标志由"必须"改成了"允许",这意味着套利资金可以用现金申购博时200ETF份额,然后在一级市场上赎回ETF份额,换成一揽子成份股,再将美的电器及其他成份股在二级市场上抛售,实现ETF事件性套利。套利资金的疯狂涌入使得博时200ETF一开盘就遭遇巨额赎回。尽管博时基金于当日10:32起暂停200ETF一级市场的赎回,但在暂停前的一个半小时内,基金成交量已经高达1 300万。全天交易结束,博时200ETF创下了2.11亿元的天量成交纪录。

每当套利事件爆出后,背后隐现的套利者收益及其操作过程也备受市场关注。"当时的溢价率平均在0.67%左右,按1日的PCF权重计算,所谓的'套利力量'其实是按照溢价37%以上的成本买入了美的电器。"某券商金融工程分析师称,而按照美的电器4个涨停板计算,套利资金获利面其实并不大。

某位参与美的电器套利的阳光私募人士称,事实上,整个套利过程及其成本计算比市场想象得要复杂,不过由于自己参与不多,最终收益也并不大。这类套利只是基金经理操作失误带来的偶然性套利机会。

资料来源:每日经济新闻2013年4月15日[EB/OL].http://www.nbd.com.cn/articles/2013-04-15/732488.html.

3.QFII基金

QFII是英文qualified foreign institutional investors(合格的境外机构投资者)的简称。在QFII制度下,合格的境外机构投资者将被允许把一定额度的外汇资金汇入并兑换为当地货币,通过严格监督管理的专门账户投资当地证券市场,包括股息及买卖价差等在内的各种资本所得,经审核后可转换为外汇汇出,实际上就是对外资有限度地开放本国证券市场。

4.QDII基金

QDII是qualified domestic institutional investor(合格的境内机构投资者)的首字缩写。它是在一国境内设立,经该国有关部门批准从事境外证券市场的股票、债券等有价证券业务的证券投资基金。和QFII一样,它也是在货币没有实现完全可自由兑换、资本项目尚未开放的情况下,有限度地允许境内投资者投资境外证券市场的一项过渡性的制度安排。2007年我国推出了首批QDII基金。

5.保本基金

保本基金是指在一定时期后(一般是3~5年,最长也可达10年),投资者会获得投资本金的一个百分比(例如100%的本金)的回报,而同时如果基金运作成功,投资者还会得到额外收益。由于保本基金有一定的封闭期,即投资者如果在封闭期内赎回份额的话将得不到基金公司的保本承诺,所以保本基金也被称为"半封闭基金"。保本基金属于低风险、低回报的基金产品。

6.分级基金

分级基金又叫"结构型基金",是指在一个投资组合下,通过对基金收益或净资产的分解,形成两级(或多级)风险收益表现有一定差异化基金份额的基金品种。它的主要特点是将基金产品分为两类或多类份额,并分别给予不同的收益分配。分级基金中,各个子基金的净值与其占比的乘积之和等于母基金的净值。

7.对冲基金

采用对冲交易手段的基金称为对冲基金(hedge funds),也称避险基金或套利基金。对冲交易的方法和工具很多如卖空、互换交易、现货与期货的对冲、基础证券与衍生证券的对冲等。对冲基金旨在通过对冲的方式避免或降低风险,然而实际效果往往不尽如人意。由于潜在风险较大,因此对冲基金被界定为私募基金的一种,而不是公募的共同基金。

8.FOF 基金

FOF(fund of funds)是一种专门投资于其他投资基金的基金。FOF 并不直接投资股票或债券,其投资范围仅限于其他基金,通过持有其他证券投资基金而间接持有股票、债券等证券资产,它是结合基金产品创新和销售渠道创新的基金新品种。一方面,FOF 通过将多只基金捆绑在一起,使得投资 FOF 等于同时投资了多只基金,且相较于分别投资,其成本显著降低;另一方面,与基金超市和基金捆绑销售等纯销售计划不同的是,FOF 完全采用基金的法律形式,按照基金的运作模式进行操作;FOF 中包含对基金市场的长期投资策略,与其他基金一样,是一种可长期投资的金融工具。

9.MOM 基金

MOM(manager of managers),管理人的管理人基金,是指该基金的基金经理不直接管理基金投资,而是将基金资产委托给其他的一些基金经理来进行管理,直接授予他们投资决策权限,MOM 本身的基金经理仅负责挑选和跟踪监督受委托基金经理的表现,并在需要的时候进行更换。与 FOF 模式不同,MOM 模式通过直接投资于基金经理,将母基金产品的资金分设为多个子基金,每个子基金委托一位优秀的投资管理人来管理,从而实现了资产管理从"产品的组合"向"基金经理组合"的转变;且由于投资管理人是由 MOM 管理人利用多维度、定量与定性相结合的方法从市场精心优选,所选的基金经理需具备个人特质、业绩表现、投资行为及投资理念等多方面的综合素质,实现"四位一体"。除业绩优秀且稳定外,不同投资管理人相互之间风格互补。

四、投资基金的参与主体及其关系

(一)投资基金的参与主体

证券投资基金作为一种间接的证券投资方式,投资者是通过购买基金而间接投资于证券市场的。基金发起人、基金份额持有人(投资人)、基金管理人与基金托管人都是基金的当事人。

1.基金发起人

基金发起人是指发起设立基金的机构,它在基金的设立过程中起着重要作用。国外基金的发起人大多数为有实力的金融机构,可以是一个也可以是多个。在我国,根据《证券投资基金管理暂行办法》的规定,基金的主要发起人为按照国家有关规定设立的证券公司,信托投资公司及基金管理公司,基金发起人的数目为两个以上。

2.基金份额持有人

基金份额持有人也就是基金投资人,指基金单位或受益凭证的持有人。基金份额持有人可以是自然人,也可以是法人。基金份额持有人作为基金资产的最终所有者,享有本金受偿权、收益分配权及参与持有人大会表决的权利。

3.基金管理人

基金管理人是指凭借专业的知识与丰富的经验,运用所管理的基金资产,依据相关法律法规及基金章程或基金契约的规定,按照科学的投资组合原理进行投资决策,旨在实现基金资产持续增值,并为基金持有人创造尽可能多的收益。在我国,基金管理人由依法设立的基金管理公司担任。

4.基金托管人

基金托管人依据基金运行中"管理与保管分开"的原则,对基金管理人进行监督,并负责保管基金资产,是基金持有人权益的重要代表。在我国,基金托管人由依法设立并取得基金托管资格的商业银行担任。

(二)当事人之间的相互关系

1.持有人与管理人之间的关系

基金份额持有人与基金管理人之间的关系是通过信托关系而形成的所有者与经营者之间的关系。前者是基金资产的所有者,后者是基金资产的经营者;前者可以是自然人,也可以是法人或其他社会团体,后者则是由职业投资专家组成的专业经营者。

2.持有人与托管人之间的关系

基金份额持有人和基金托管人的关系是委托与受托的关系。基金发起人代表基金份额持有人把基金资产委托给基金托管人保管。对持有人而言,基金资产委托专门的机构保管,尤其是公开募集的基金持有人比较分散,以其单个力量无法有效保护资产的安全,通过基金托管人的介入,有利于保证基金资产的安全。反映在不同的基金类型上:封闭式基金由发起人代表基金持有人委托托管人;开放式基金由管理人以设立人的身份代表持有人委托托管人。

3.管理人与托管人之间的关系

管理人与托管人的关系主要因各国法律、法规和基金类型的不同而存在差异。在国外,有的基金由托管人担任受托人角色,托管人与管理人形成委托与受托的关系;有的基金由管理人担任受托人的角色,管理人与托管人形成委托与受托的关系。在我国,管理人和托管人是平行受托关系,即基金管理人和基金托管人受基金持有人的委托,分别履行基金管理和基金托管的职责。

在业务运作关系上,基金管理人和基金托管人都是为基金提供服务的专业性机构,同时,二者之间具有互相监督的关系。基金管理人运作基金资产,但不实际持有基金资产。基金托管人保管基金资产,依据基金管理人的指令进行清算交割,并监督基金管理人的投资运作是否合法合规。基金管理人和基金托管人均对基金持有人负责。二者的权利和义务在基金契约或基金章程中有明确规定,任何一方有违规之处,对方都有权监督并及时制止,直至请求更换违规方。这几种相互制衡的运行机制,有利于保证基金财产的安全和基金运用的高效。

第四节　金融衍生工具

金融衍生工具是 20 世纪 70—80 年代全球金融创新浪潮中的高科技产品,是金融创新工具的重要组成部分,金融衍生品交易已经成为资本市场最重要的规避和对冲风险的手段。

一、金融衍生工具概述

(一)金融衍生工具的概念

金融衍生工具(derivatives)是指根据某种相关资产的预期价格变化而进行定价的金融工具。这种相关资产可以是货币、外汇、债券、股票、商品等资产,也可以是资产的价格如利率、汇率、股票价格指数等。

金融衍生工具最大的特征是它的"衍生"性。以基础和衍生关系分析,凡是能独立成为交易对象的金融商品,就是基础商品,如股票、债券、存单等;凡是由基础产品派生出来的金融商品,就是衍生商品,如股票期权、利率期权等。基础商品和衍生商品的关系是后者基于前者的基础产生,但后者具有独立的交易市场和价格走势,两者的价格会互相影响。

(二)金融衍生工具的种类

金融衍生工具按照基础工具的种类、交易形式以及自身交易方法,有不同的分类。

1.按基础工具不同分类,分为股权、货币、利率和商品四类

股权衍生工具,指以股票或股票指数为基础工具的金融衍生工具,主要包括股票期货、股票期权、股票指数期货、股票指数期权等合约。

货币衍生工具,指以各种货币为基础工具的金融衍生工具,主要包括远期外汇合约、货币期货、货币期权、货币互换等合约。

利率衍生工具,指以利率或利率的载体为基础工具的金融衍生工具,主要包括远

期利率协议、利率期货、利率期权、利率互换等合约。

商品类衍生工具,是指各类以大宗实物商品为基础的金融衍生品。

2.按基础工具的交易形式不同分类,分为交易双方必须履行交易义务的金融衍生工具和交易一方有履约选择权的金融衍生工具。

交易双方必须履行交易义务的金融衍生工具,如远期外汇合约、远期利率协议、货币期货、利率期货、股票期货、股票指数期货、货币互换、利率互换等。

交易一方有履约选择权的金融衍生工具,如货币期权、利率期权、股票期权、股票指数期权等,另有期权的变通形式,如:认股权证、可转换债券、利率上限、利率下限、利率上下限等。

3.按衍生工具交易特点分类,分为远期、期货、期权和互换四大类

期货合约和远期合约都是交易双方约定在未来一段时间以某一特定的价格买卖某一特定数量和质量资产的交易形式。

期货合约是期货交易所指定的标准化合约,对合约到期日及买卖资产的种类、数量、价格做出了统一规定。远期合约是根据买卖双方的特殊需求由买卖双方自行签订的合约,也就是说期货合约是标准化的远期合约。

期权合约即合约双方按约定价格,在约定日期内就是否买卖某种基础工具所达成的契约,期权合约交易的是买卖的权利。

互换合约即两个或两个以上的当事人按共同商定的条件,在约定的时间内,交换他们认为具有相等经济价值的现金流的合约,主要有货币互换和利率互换两类。

(三)金融衍生工具的特点

1.杠杆性

这是金融衍生工具交易最显著的特征之一。在金融理论中,杠杆性指的是通过较少的资金成本来获取更多的投资,从而提高投资收益的一种操作方式。金融衍生工具的交易以基础资产的价格为基础,交易时无需缴纳相关资产的全部价值,仅需缴存一定比例(通常为5%至10%)的押金或保证金,即可获得相关资产的管理权。在交易到期日,交易双方需对已交易的金融衍生工具进行反向交易,并进行差价结算。因而,金融衍生工具交易只需投入较少的成本,即可实现巨额交易,由此可能给交易者带来高收益。

2.高风险性

风险性指资产或权益在未来发生无法预期损失或收益的可能性。金融衍生工具是一种为投资者提供抵补或规避风险的金融创新工具,其初衷在于实现交易保值和风险防范。但金融衍生交易一经产生,它所具有的"以小搏大"的特殊诱惑力就刺激着一批甘冒风险的投机者涌入市场,充分利用衍生工具的杠杆作用以小额成本进行巨额运作,导致金融衍生工具严重脱离了交易保值的初衷,蕴含了巨大的风险。

金融衍生工具具有高风险的原因如下：首先，金融衍生工具交易与传统金融工具的最大区别在于，其经济业务的发生并非一个单一的交易时点，而是一个时间跨度和过程，这一过程中蕴含着诸多变数，因此自然涉及了多种风险。其次，金融衍生工具杠杆性的特征赋予了其收益放大的功能，这能够刺激投机行为，引诱人们以小博大。在交易额几十倍甚至几百倍地扩张的同时，风险也随之被显著放大。再者，金融衍生工具将分散在社会各个领域中的风险集中起来，在特定的市场上进行释放。由于衍生工具交易的高度集中性和交易量的巨大，相互联系的交易对手中任何一方出现问题，都可能引发连锁反应，进而波及整个金融市场。

3.虚拟性

虚拟性指证券所具有的独立于现实资产运动之外，却能给证券持有者带来一定收入的特征。金融衍生工具本身并不具备实际价值，而是代表了一种获得收入的权利，即收入所有权证书。这种证书是按照利息资本化的原则进行设计的。金融衍生工具的虚拟性不同于其他具有虚拟性的基础资产：具有虚拟性的基础资产（如股票、债券等）所有权的获得需要缴付足额的现值货币资本，如某种股票的市场价格为30元，则获得1股需要缴入30元才能取得该单位股票的所有权。而在进行金融衍生交易时，投资者仅需缴付一定比例的保证金即可获得对其基础资产收益的所有权。因此，金融衍生工具的虚拟特征更强于基础资产。当金融衍生工具的基础资产为股票、债券等虚拟资本时，它将呈现出更强的双重虚拟性，从而导致其收益与风险的变化更加剧烈。

这种虚拟性所产生的市场后果是：金融衍生工具市场的规模大大超过原生市场的规模，甚至远远脱离原生市场。例如，我国在1995年试办国债期货市场期间，国债期货的日交易额曾高达8500亿元人民币，这一数字是其相关资产（国债）价值的几百倍，甚至几千倍。

4.联动性

金融衍生工具的价值与基础资产或基础变量紧密联系、规则变动。通常金融衍生工具与基础变量相联系的支付特征由衍生工具合约规定，其联动关系既可以是简单的线性关系，也可以表达为非线性函数或者分段函数。不同衍生工具的价格之间也会相互影响。

5.跨期性

金融衍生工具是交易双方根据对价格（例如商品价格、利率、股价等）变化的预测，约定在未来某一确定的时间按照某一条件进行交易或有选择是否交易的权利，涉及基础资产的跨期转移。每一种衍生工具都会影响交易者在未来某一时间的现金流，其跨期交易的特点非常明显。

二、期货

(一)期货及其种类

1.期货的概念

期货(futures)是指交易双方在期货交易所通过公开竞价的方式达成交易,并承诺在未来某一特定日期或时间段内,以事先约定的价格交割某种符合特定标准的商品数量的契约。在各类金融衍生工具中,期货是出现较早的一种,相对而言,也是人们较为熟悉的一种。期货的出现改变了传统的现货交易的模式,为风险的转移和规避提供了新的方式。

期货交易是一种特殊的交易活动,其特殊性表现在:交易对象是特殊"商品"——标准化期货合约;上市商品是代表性商品,必须满足大宗交易、品质易于划分、便于贮藏、价格波动频繁等条件;交易目的不是为了让渡商品的所有权或使用权,而是为了规避风险或投机;交易采用保证金方式进行,有较强的杠杆作用。

2.期货的种类

当今世界上的期货按基础商品不同大致可分为商品期货和金融期货,其中金融期货主要包括汇率期货、利率期货和股权类期货,商品期货则由大宗商品构成。其中:

汇率期货以各种可以自由兑换的货币作为交易对象。如美元、英镑、日元和欧元等。

利率期货以各种利率的载体作为合约标的物。债券是利率的主要载体,故利率期货主要是附有利率的债券期货。如短期国库券、中期国债、长期国债、存款证、90天商业票据和欧洲美元债券等。目前,利率期货交易量占了全世界衍生工具场内交易量的一半还多。中国的国债期货也属于其中的一种。

股权类期货是以单只股票、股票组合或者股票价格指数为基础资产的期货合约。主要包括股票价格指数期货、单只股票期货和股票组合的期货三种。股指期货是以股票价格指数为基础变量的期货交易;单只股票期货是以单只股票为基础变量的期货;股票组合期货是金融期货中最新的一类,是以标准化的股票组合为基础资产的金融期货。

商品期货主要品种包括农产品期货、金属期货(包括基础金属与贵金属期货)和能源期货三大类。

(二)期货交易与现货交易的区别

现货交易包括即期现货交易和远期合约交易,是人们比较熟悉的交易方式。期货交易是以现货交易为基础发展而来的,但期货交易在交易对象、交易目的、交易方式等方面与现货交易又有着根本的区别。

1.交易对象不同

期货交易的买卖对象是某种商品的标准化合约,交易者大多在合约到期前通过在期货市场上作对冲操作免去到期进行实物交割的义务,通常不涉及商品实物的转移,因此有人认为"期货不是货";现货交易买卖的是商品本身,通过商品实物转移来完成交易,远期合约交易只不过将实物转移推迟到未来的某个日期。

2.交易目的不同

期货交易的目的是规避价格波动带来的风险或进行投机获利;现货交易是为了取得商品的使用价值(买方)或实现商品的价值(卖方)。

3.交易的场所不同

期货交易必须在有组织的期货交易所内进行,并有固定的交易程序和规则;现货交易的交易地点没有严格规定,既有集中交易,也有分散交易,一般没有必须遵守的交易程序。

4.交易的主体不同

期货交易的交易主体除了希望规避风险的生产者、经营者外,还有大量的投机者,买卖双方没有直接联系,期货交易通过经纪人和清算所间接联系;现货交易的主体则包括生产者、经营者和消费者,买卖双方直接进行联系。

5.交易的方式不同

期货交易采用公开竞价的方式进行,而一对一的谈判交易则被视为违法行为;现货交易则通常通过一对一的谈判达成,价格由买卖双方共同协商确定。

6.交易的商品范围不同

期货交易的商品范围相对有限,仅限于满足特定条件的商品;而现货交易的商品品种则没有明确的范围限制。

(三)期货的功能

1.风险规避功能

由于期货与现货都是同一标的物,受相同的经济因素和供求关系影响,具有相同的价格走势,并且随着期货合约到期日临近而价格趋合,因此,投资者可以通过套期保值即在现货市场和期货市场反向操作达到规避风险的目的。

期货通过卖空和买空机制,为现货市场提供了对冲风险的工具。例如:担心股票市场会下跌的投资者可通过卖出股指期货合约对冲股票市场整体下跌的系统性风险,避免股票市场的集体性抛售;担心股市上涨、建仓成本增加,也可以通过买进股指期货锁定资金效率。

2.价格发现功能

期货具有发现价格的功能,即反映的是未来现货走势。因为期货交易的参与者众多,市场价格体现了各方对价格预期的综合观点和信息总和;期货的低交易成本、保证金高杠杆作用、高效快捷的交易方式,使得期货价格对信息的反应敏感,随时随地传递了整个市场中的参与者对未来行情走势的判断;期货的实时报价为现货市场参与者提供发现未来市场水平的依据,体现了未来现货价格与当前现货价格之间在市场套利机制的作用下形成的评价关系。

3.投机套利功能

期货交易是一种重要的杠杆性投资工具,投资者只要方向判断正确就可以利用期货市场价格变动来获得很高的投资收益。例如,投资者只需缴纳一定比例的保证金(如 10%),即可获得全额股票现货价值涨跌所带来的收益,从而极大地降低了持仓成本,提高了收益率。然而,若判断失误,投资者所面临的风险也同样巨大。

投机交易主要方式为套利交易,套利交易是指针对期货与现货之间,以及不同期货合约之间的价差关系进行的一买一卖的双向交易行为,旨在等待价值关系回归合理后,同时执行反向平仓操作,以获取价差净盈利。套利交易富有挑战性,可以实现低风险和可观收益。期货套利可分为两类:一类是期货同现货股票组合之间的套利,也叫期现套利;另一类是不同期限、不同类别期货合约之间的套利,可分为跨期套利、跨市套利和跨品种套利。

📖 阅读资料

股指期货在次贷危机中的作用

一、事件概述

美国"次贷危机"从 2007 年春季开始逐步显现,2008 年 8 月开始席卷美国、欧盟和日本等世界主要金融市场。它致使全球主要金融市场均出现流动性不足的危机。

2007 年 2 月 13 日,美国抵押贷款风险开始浮现水面,汇丰控股在美国次级房贷业务激增 18 亿元坏账拨备,同时美国最大次级房贷公司 Countrywide Financial Corp 减少放贷,美国第二大次级房贷机构 New Century Financial 发布盈利预警。2007 年 7 月 10 日标准普尔评级机构降低了次级抵押贷款债券评级,全球金融市场大动荡,9 天后贝尔斯登旗下的对冲基金濒临瓦解。2008 年 9 月 10 日雷曼兄弟发布了该公司当年的第三季度财务报告,年度累计亏损达 39 亿美元。由于美国政府不愿提供财政支持当地时间 9 月 15 日凌晨,陷入严重财务危机的雷曼兄弟公司宣布申请破产保护更加严重的金融危机来临。

9 月 29 日美国众议院开会后反对了七千亿美元的救市方案,美股急剧下挫,道指暴泻 777 点,单日跌幅高达 7%,亦是 1987 年环球股灾以来最大的跌幅。

次贷危机自 2007 年 8 月全面爆发之后.美国五大投行中,贝尔斯登、雷曼兄弟、美林相继破产或被收购,高盛、摩根士丹利也元气大伤等待政府注资救助。而掌握着美国房地产贷款半壁江山的"两房"和美国房贷保险市场的龙头 AIG.已经被美国政府所接管。

二、股指期货的作用

在此次美国次贷危机引发的全球金融危机中也许很多人只看到美国政府接连不断的"救市"行为。其实,当中股指期货在不知不觉中发挥着一股救市的力量,可以说股指期货在这次金融动荡中完全摆脱了"坏孩子"的角色。股指期货在危机关键时候交易量暴增,不但为市场提供了充分的流动性且有效减缓了次贷危机的冲击力度,再次发挥了为股票市场保驾护航的作用。

在雷曼兄弟事件引发股灾之际作为全球股指期货交易量最大的交易所——芝加哥商品交易所(MEC)其 S&P500 股指期货日成交量和未平仓合约规模大幅度攀升,比平时增长了 2 倍多,尤其是 9 月 18 日交易量接近平时的 4 倍,为规避股票市场系统性风险提供了有效的途径和机制。股指期货成交量明显放大超过了现货市场的成交量,双向交易的机制成为股票市场的均衡力量,修正了市场的非理性波动使股票风险被有效地转移,为市场提供了风险出口,将大波动化为小波动实现了市场的稳定。据数据显示,2007 年美国 CME 市场上机构法人的避险交易占整个股指期货交易量的 61.3%,占有绝对优势。所以,在此次危机当中成交量暴增绝不是偶然的股指期货对稳定市场起了重要的积极作用。

第一,通过套期保值和套利机制减缓了现货市场的抛售压力和市场冲击,抑制股票价格的波动幅度。在危机爆发后,一些大型的机构投资者通过在股指期市场上的套期保值,有效规避了自己投资组合市值下跌的风险,同时也很大程度降低了类似 1987 年股灾时大量抛售股票带来的冲击效应和多杀多局面。由于股指期货市场买卖双方具有对等性,这样等于空头当天通过套期保值、套利和价差投机等交易方式共抛出了价值相当于 3 600 亿美元的股票,而多方等于买入了价值相当于 3 600 亿美元的股票。试想一下假如当天没有股指期货提供的这 3 600 亿美元的流动性美国股市将会如何演绎? 另外股指期货市场中做空、套利、套期保值等交易机制均有利于抑制价格的过度偏离,有助于实现真实价格的发现。其中套利机制可有效抑制股指期货合约价格对股票指数的过度偏离使股指期货价格和股价指数不会出现长时间或者大幅度的偏离。

第二,通过价格发现机制形成远期价格,扭转市场预期。金融市场在极端情况下会形成非理性上涨或非理性下跌,特别当非理性亢奋或者极端恐慌成为市场上涨或者下跌的最大理由时市场往往会走向极端。在雷曼兄弟申请破产这样的巨大外部冲击下,市场情绪极度悲观,此时,要让投资者在非理性市场面前保持理性行为,扭转市场预期至关重要。股指期货合约价格是对未来股价水平的理性预期。由于没有来自现货市场急迫的抛售压力股指期货尤其是远期合约可以更从容、理性地思考未来的股价走势,通过价格发现机制形成远期价格,一定程度上可稳定市场情绪。实际上在 2008 年 9 月 15 和 16 日两天,CME 的 S&P500 期货合约的远期价格波动幅度相对现货市场小,同时价格上升较为明显这两点均有助于重新树立投资者对后市的信心。

第三,通过增加市场的流动性减轻投资者的恐慌情绪。事实上当市场笼罩于恐惧之中时,缺乏流动性成为市场恐慌产生的重要原因,而股指期货正好可以为市场提供一定的流动性让投资者有避险或者退出市场的机会,从而减轻了市场恐慌情绪,这也正是股指期货在历次重大危机中放巨量稳定市场的内在根源。

资料来源:秦国文,戴军,葛新元.股指期货风险事件分析[J].资本市场,2010(5):72-85.

(四)金融期货合约的交易规则

金融期货交易有一定的交易规则,这些规则是期货交易正常进行的制度保证,也是期货市场运行机制的外在体现。

1.集中交易制度

金融期货在期货交易所或证券交易所进行集中交易。期货交易所是专门进行期货合约买卖的场所,是期货市场的核心。期货交易所为期货交易提供交易场所和必要的交易设施,制定标准化的期货合约,并确立相应的规章制度和交易规则。同时,它监督交易过程,控制市场风险,确保各项制度和规则的实施,提供期货交易的相关信息,并承担着组织和监督期货交易的重要职能。期货交易所一般实行会员制度(但近来出现了公司化倾向),只有交易所的会员才能直接进场进行交易。

2.标准化的期货合约和对冲机制

期货合约是由交易所设计、经主管机构批准后向市场公布的标准化合约。期货合约对基础金融工具的品种、交易单位、最小变动价位、每日限价、合约月份、交易时间、最后交易日、交割日、交割地点、交割方式等都作了统一规定,除某些合约品种赋予卖方一定的交割选择权外,唯一的变量是基础金融工具的交易价格。交易价格是在期货交易所以公开竞价的方式产生的。

期货合约设计成标准化的合约是为了便于交易双方在合约到期前分别做一笔相反的交易进行对冲,从而避免实物交割。标准化的合约和对冲机制使期货交易对套期保值者和投机者产生强大的吸引力,他们利用期货交易达到为自己的现货商品保值或从中获利的目的。实际上,绝大多数的期货合约并不进行实物交割,通常在到期日之前即已平仓。

3.保证金制度

为了控制期货交易的风险和提高效率,期货交易所的会员经纪公司必须向交易所或结算所缴纳结算保证金,而期货交易双方在成交后都要通过经纪人向交易所或结算所缴纳一定数量的保证金。设立保证金的主要目的是当交易者出现亏损时能及时制止,防止出现不能偿付的现象。期货交易的保证金是买卖双方履行其在期货合约中应承担义务的财力担保,起履约保证作用。保证金制度使每一笔期货交易都有与其所面临的风险相适应的资金作财力保证,并能及时处理交易中发生的盈亏。这一制度为期货合约的履行提供了安全可靠的保障。

由于期货交易中买卖双方均存在最后结算时发生亏损的可能性,因此双方都要缴纳保证金。双方成交时缴纳的保证金被称为初始保证金,之后每日需根据结算所公布的结算价格与成交价格进行对比,以调整保证金账户余额。因市场行情的变化,交易者的保证金账户会产生浮动盈亏,因而保证金账户中实际可用于弥补亏损和提供担保的资金就会随时发生变动。保证金账户必须保持一个最低的水平,称为维持保证金,该水平由交易所规定。当交易者连续亏损,保证金余额不足以维持最低水平时,结算所会通过经纪人发出追加保证金的通知,要求交易者在规定时间内追缴保证金达至初始保证金水平。交易者如果不能在规定时间内补足保证金,结算所有权将交易者的期货合约平仓了结,所导致的亏损由交易者负责。

保证金的水平由交易所或结算所制定,一般初始保证金的比率为期货合约价值的 5%~10%,但也有低至 1%或高达 18%的情况。期货交易的保证金比率相对较低,因此具有较高的杠杆作用,这也是期货市场具有吸引力的重要原因。这一杠杆作用使套期保值者能用少量的资金为价值量很大的现货资产找到回避价格风险的手段,也为投机者提供了用少量资金获取盈利的机会。

4.结算所和每日无负债结算制度

结算所是期货交易的专门清算机构,通常附属于交易所,但又以独立的公司形式组建。结算所通常也采取会员制。所有的期货交易都必须通过结算会员由结算机构进行,而不是由交易双方直接交收清算。结算所的职责是确定并公布每日结算价及最后结算价,负责收取和管理保证金,负责对成交的期货合约进行逐日清算,对结算所会员的保证金账户进行调整平衡,监督管理到期合约的实物交收以及公布交易数据等有关信息。

结算所实行无负债的每日结算制度,即逐日盯市制度。该制度以每种期货合约在交易日所有成交价格的加权平均价作为当日结算价,并与每笔交易成交时的价格进行对比,以计算每个结算所会员账户的浮动盈亏,并进行随市清算。由于逐日盯市制度以 1 个交易日为最长的结算周期,对所有账户的交易头寸按不同到期日分别计算,并要求所有的交易盈亏都能及时结算,从而能及时调整保证金账户,控制市场风险。

期货合约成交后,买卖双方都无须了解自己的交易对手是谁,因为所有的交易都记载在结算所的账户上,结算所成为所有交易者的对手,充当了所有买方的卖方,又是所有卖方的买方;当合约对冲或到期平仓时,结算所又负责一切盈亏清算。这种结算制度为期货交易提供了一种高效便捷的对冲机制和结算流程,从而显著提高了期货交易的效率和安全性。由于结算所成了所有交易者的对手方,也就成了所有成交合约的履约担保者,并承担了全部的信用风险。这使得成交双方无须再对交易对手的财力、资信情况进行审查,也无须担心对方是否会按时履约。这种结算制度使期货市场不存在潜在的信用风险,提高了期货市场的流动性和安全性。

5.限仓制度

限仓制度是交易所为了防止市场风险过度集中和防范操纵市场的行为,而对交易者持仓数量加以限制的制度。根据不同的目的,限仓可以采取根据保证金数量规定持仓限额、对会员的持仓量限制和对客户的持仓量限制等几种形式。通常,限仓制度还实行近期月份严于远期月份、对套期保值者与投机者区别对待、对机构与散户区别对待、总量限仓与比例限仓相结合、相反方向头寸不可抵消等原则。

根据现有的合约设计,单个投资者对某月份合约的单边持仓限额为 2000 张。如果确实需要保值,可以向交易所提交申请经过批准以后,方可超限持仓,否则交易将会在规定时间内进行强制平仓处理。

6.大户报告制度

大户报告制度是交易所建立限仓制度后,当会员或客户的持仓量达到交易所规定的数量时,必须向交易所申报有关开户、交易、资金来源、交易动机等情况,以便交易所审查大户是否有过度投机和操纵市场行为,是一种判断大户的交易风险状况的风险控制制度。

限仓制度和大户报告制度是有效降低市场风险,防止人为操纵,维护公开、公平、公正市场环境的有效机制。

7.涨跌幅制度及熔断器制度

为防止期货价格出现过大的非理性变动,交易所通常对每个交易时段允许的最大波动范围做出规定,且达到涨(跌)幅限制,则高于(低于)该价格的多头(空头)委托无效。除此之外,还有的交易所规定了一系列的涨跌幅限制,达到这些限幅之后交易暂停,十余分钟后再恢复交易,目的是给市场充分的时间以消化特定信息的影响。

表 2-2 列举上证 50 股指期货交易规则。

表 2-2　上证 50 股指期货交易规则

要　素	标　准	要　素	标　准
交易品种	上证 50 股指期货	交易单位	每点 300 元
报价单位	指数点	最小变动价位	0.2 点
涨跌停板幅度	上一个交易日结算价的±10%	合约交割月份	当月、下月及随后两个季月
交易时间	上午 9:30—11:30, 下午 13:00—15:00	最后交易日	合约到期月份的第三个周五,遇国家法定假日顺延
交割日期	同最后交易日	交割地点	
最低交易保证金	合约价值的 8%	交割方式	现金交割
交易代码	IH	上市交易所	中国金融期货交易所

资料来源:东方财富 choice 金融终端

三、期权和期权类衍生工具

(一)期权的概念

期权(options)是指期权合同的买方具有在期满日或期满日以前,按合同约定的价格买进或卖出某种约定数量基础工具的选择权。期权同其他衍生工具交易一样,具有套期保值、回避风险和进行投机,以高风险谋取高额利润的双重功能。

具体而言,期权是买卖双方订立合约,由买方向卖方支付一定数额的权利金后,即赋予买方在规定时间内按双方事先约定的价格购买或出售一定数量某种基础资产的权利。对期权买方来讲,合约赋予他的只有权利而无义务,条件是在购买时他必须支付一定数额的期权费给卖方。对期权的卖方来讲,合约赋予他的只有义务而无权利,他在收取买方付给的期权费后,有义务按合同事先规定的要求履约。

(二)期权的特征

期权最显著的特点是,它交易的对象(即标的物)不是任何资产实物,而是一种在规定的有效期内行使买进或卖出某种资产的权利。期权合约一旦订立,买方须事先向卖方支付期权费,作为获得选择权的代价,且不论买方是否行使期权,该期权费均不予退还。由于卖方承受的风险很大,为取得平衡,在期权的设计上,卖方获利的概率要比买方大得多。期权的设计满足了对风险和收益有不同要求的各类投资者的需要,它比期货交易更能吸引众多投资者。期货与期权的区别,详见表2-3。

表 2-3　期货与期权的区别

区别项	期　货	期　权
交易的标的	资产合约	选择权
权利和义务	买卖双方权利和义务对等,都要求履约	买方拥有选择权,卖方只有履约的义务,权利义务不对等
交易价格内涵	期货商品自身的价格	权利金
履约保证	双方都有履约义务,交保证金	卖方有履约义务,买方无,卖方才必须缴保证金
买卖双方的盈亏	买卖双方盈亏都是无限	买方盈利无限而亏损有限,卖方的盈利有限而亏损无限

(三)期权合约的构成要素

期权合约是期权交易的对象。与期货交易相比,期权交易不仅包含场内交易市场,还拥有一个规模庞大的场外交易市场。场内交易涉及的是标准化合约,而场外交易的合约则是非标准化的。然而,为了提升效率,场外交易也在逐步推动期权合同的标准化。在此,我们主要介绍场内交易的标准化合约。标准化期权合约主要由以下

要素构成:

1.履约价格

又称执行价格、协定价格、敲定价格、行权价格等,是指在期权合约中事先确定,在履行合约时买入(或卖出)该期权标的物的价格。履约价格一旦敲定,不容更改。对于同一种期权合约商品,履约价格有所不同。值得注意的是,在期权合约中,履约价格仅相当于一般商品的"品质"或"等级",而非买卖合约的成交价格。事实上,买卖期权合约的价格是权利金。

2.合约金额

合约金额是在期权合约中规定的交易金额。该金额虽有一定的固定标准,但也会因地区而异。例如,在费城交易所,一份加拿大元合约的金额为 CAD 50000;而在芝加哥交易所,一份加拿大元合约的金额则为 CAD 100000。

3.合约有效期限

期权合约有效期限一般不超过 9 个月,以 3 个月和 6 个月最常见。但对股票期权、股票指数期权来说,由于股票价格变化频繁,走势难以预期,合约有效期也比较短,一般为 1 个月、2 个月和 3 个月。

4.期权价格

又称期权费、权利金、保险费等,是期权买方为取得合约所赋予的权利,而向卖方支付的费用,通常是预先支付的。对买方来说,他可以用权利金买到期权,又可以把可能遭受的损失控制在权利金范围内;对卖方来说,权利金是他卖出期权所得的报酬。

5.合约格式

在期权合约中一般要规定合约的交易单位、最小变动单位、每日最高波动幅度、合约月份、最后交易日、履约日、交割方式等。

表 2-4 列举沪深 300 股指期权主要合约条款。

表 2-4　沪深 300 股指期权主要合约条款

要　　素	标　　准
合约标的	沪深 300 指数
合约类型	看涨期权、看跌期权
合约乘数	100 元/点
报价单位	指数点
最小变动价位	0.2 点
每日价格波动限制	上一交易日沪深 300 指数收盘价的 ±10%
行权方式	欧式
合约月份	当月,下两个月及随后的三个季月
最后交易日	合约到期月份的第三个周五,遇国家节假日顺延

续表

要　　素	标　　准
交割方式	现金交割
交易代码	看涨期权:IO 合约月份－C－行权价格 看跌期权:IO 合约月份－P－行权价格

资料来源:中国金融期货交易所(www.cffex.com.cn)

(四)期权的种类

期权是金融衍生工具中最为活跃的金融工具,可供交易的品种非常之多,特别是场外期权交易的迅速发展,在原有期权工具的基础上又不断创新品种。期权可以根据不同的标准进行分类。

1.按照标的资产类型的不同,可将期权分为商品期权和金融期权

标的资产为实物资产的期权称为商品期权,也称为实物期权。标的资产为金融资产或金融指标(如股票价格指数)的期权称为金融期权。

金融期权可分为股权类期权、利率期权、货币期权、金融期货合约期权、互换期权等。股权类期权包括单只股票期权、股票组合期权和股价指数期权。利率期权是指买方在支付了期权费后,即取得在合约有效期内或到期时以一定的利率买入或者卖出一定面额的利率工具的权利。货币期权是指买方在支付了期权费后,即取得在合约有效期内或到期时以约定的汇率购买或出售一定数量某种外汇资产的权利。金融期货合约期权是一种以金融期货合约为交易对象的选择权,它赋予其持有者在规定时间内以协定价格买卖特定金融期货合约的权利。互换期权是以金融互换合约为交易对象的选择权,它赋予其持有者在规定时间内以规定条件与交易对手进行互换交易的权利。目前境内市场上交易的金融期权包括上证 50ETF 期权和沪深 300ETF、中国金融期货交易所的沪深 300 指数期权。

2.按所选择权利的方向划分为买方期权和卖方期权

买方期权又称看涨期权或购买选择权,指期权的购买者买入在一定时期内买进某一特定数量金融资产的选择权。卖方期权又称看跌期权或销售选择权,指期权的购买者买入在一定时期内卖出某一特定数量金融资产的选择权。

3.按期权持有人在有效期内履约的灵活程度划分为欧式期权和美式期权

欧式期权只能在期权到期日才能向对方宣布执行或不执行选择权;美式期权在合约到期日前的任何一天都可以向对方宣布执行或不执行其选择权。

(五)期权类金融衍生产品

1.权证

权证是由基础证券发行人或第三方发行的有价证券,它约定持有人在规定时间或特定到期日,有权按照约定价格向发行人购买或出售标的证券,或以现金结算方式收取差价。从产品属性看,权证是一种期权类金融衍生产品。根据各种标准,可以把

权证分为不同的类型：

（1）按基础资产分类。根据权证行权所依据的基础资产或标的资产的不同，可以将权证划分为股权类权证、债权类权证以及其他类型的权证。目前，我国证券市场推出的权证均为股权类权证，其标的资产可以是单只股票或者股票组合。以下介绍的权证均为股权类权证。

（2）按持有人权利分类。根据持有人权利的性质不同，可将权证分为认购权证和认沽权证。前者属看涨期权，其持有人有权按规定的价格购买基础资产；后者属看跌期权，其持有人有权按规定价格卖出基础资产。

（3）按行权的时间分类。根据权证持有人行权的时间不同，可将权证分为美式权证、欧式权证、百慕大式权证等类别。美式权证可以在权证失效日前任何交易日行权；欧式权证仅可以在失效日当日行权；百慕大式权证则可以在失效日前一段规定时间内行权。

（4）按权证的内在价值分类。根据权证的内在价值，可将权证分为平价权证、价内权证和价外权证。

2.可转换债券

可转换债券是指其持有人可以在一定时期按一定比例或价格将之转换成一定数量的另一种证券的证券。可转换债券通常是转换成普通股票，当股票价格上涨时，可转换债券的持有人行使转换权比较有利。因此可转换债券实质上嵌入了普通股票的看涨期权，正是从这个意义将其列为期权类衍生产品。某些可转换债券所附的转股权可以与债券分离而单独交易，称为可分离交易的可转换债券。

可转换债券具有下列特征：

（1）可转换债券是一种附有转股权的债券。在转换以前，它是一种公司债券，具备债券的一切特征，有规定的利率和期限，体现的是债权债务关系，持有人是债权人；在转换成股票后，它变成了股票，具备股票的一般特征，体现所有权关系，持有人由债权人变成了所有者。

（2）可转换债券具有双重选择权的特征。一方面，投资者可以自行选择是否转股，并为此承担转债利率较低的机会成本；另一方面，转债发行人拥有是否实施赎回条款的选择权，并为此要支付比没有赎回条款的转债更高的利息。双重选择权是可转换公司债券最主要的特征，它的存在将投资者和发行人的风险、收益限定在一定的范围以内，并可以利用这一特点对股票进行套期保值，获得更加确定的收益。

四、互换

（一）互换交易的概念与特征

互换（swaps），是以金融机构为中介人，为两个或两个以上的当事人按商定的条件，在约定的时间内，交换一系列支付款项的金融交易。它可以使互换双方获得低成本、高收益的融资,并可避免利率与汇率风险。

(三)互换的种类

互换的基本种类可概括为货币互换和利率互换两种。

1.货币互换

货币互换指交易双方互相交换不同币种、相同期限等值资金债务或资产的货币及利率的一种预约业务。货币互换的前提是要存在两个在期限和金额相同而对货币需求相反的伙伴,双方按照预先约定的汇率进行资本额互换,而后每年以约定的利率和资本额进行利息支付和互换,协议到期时则按原约定汇率再将资本额换回。

2.利率互换

利率互换指交易双方在债务币种同一的情况下,互相交换不同形式利率的一种预约性业务。利率互换一般不进行本金交换,只是互换以不同利率为基础的资本筹集所产生的一连串利息,包括计息方法不同(一方以固定利率计息,另一方以浮动利率计息)或计息方法相同但利率水平不一致的互换。利率互换由于双方交换的利率币种是统一的,故一般采取净额支付的方法来结算。

3.股权互换

股权互换是指上市公司通过股票的方式合并或者收购另一家公司。此时需要重新估算合并后公司的股票市面价值。通常情况下,公司会通过发行新股或进行股票置换的方式重新进行公司的价值重估。股票互换的过程涉及将两家原本不同股票市场上的市值用同一种股票进行代替,从而明确合并后公司中各家公司股票权益所占的份额。

4.信用违约互换

信用违约互换(credit default swap,CDS)是国外债券市场中最常见的信用衍生产品,实际上是在一定期限内,买卖双方就指定的信用事件进行风险转换的一个合约。信用风险保护的买方在合约期限内或在信用事件发生前定期向信用风险保护的卖方就某个参照实体的信用事件支付费用,以换取信用事件发生后的赔付。

(四)互换的功能与作用

1.降低筹资成本

互换交易的双方利用各自的筹资优势,可以大幅度降低筹资成本,这是其他金融衍生工具所不具备的一个优势。

2.优化资产负债结构

互换交易可以使筹资者很方便地筹集到任何期限、币种、利率的资金,方便了资产和负债的货币结构管理,实现资产负债的最佳搭配,从而减少中长期利率和汇率变化的风险。

3.可在难以涉足的市场上获得资金

通过互换交易可以在尚未涉足的市场上获得成本优惠的资金。例如,中国银行想在欧洲市场上通过发行债券筹措一亿欧洲美元资金,由于中国银行从未在欧洲市场上发行过债券,且知名度不高,如此发行成本一定很高。所以该银行先在东京市场发行武士债券(日元计价的外国债券),随后通过日元和美元货币互换,获得所需欧洲美元资金,核算下来筹资成本十分优惠。

4.不增加举债总额

互换交易不被计入资产负债表,其交易额不会增加举债总额,因此被称为"受欢迎的表外业务"。有时,它还可以被用来规避各项法令的限制,如规避外汇管制、利率管理、税收限制等。

本章小结

1.股票作为一种重要的金融工具,它是由股份有限公司签发的用以证明股东所持股份的凭证,它表明股票的持有者对股份公司的部分资本拥有所有权,具有收益性、风险性、流通性、稳定性、责权性、价格波动性、股份可以分拆和合并的特征。

2.股票的种类繁多,按照赋予股东权利的不同,可以将股票分为普通股和优先股;按照是否记名,可以将股票分为记名股票和无记名股票;按照有无标明票面金额,可以将股票分为面额股票和无面额股票;按照是否具有表决权,可以将股票分为表决权股、限制表决权股和无表决权股。

3.债券是一种有价证券,是社会中各类经济主体为筹集资金而向投资者出具的,并承诺按一定利率定期支付利息和到期偿还本金的债权债务凭证。其具有流动性、偿还性、安全性和收益性等特点。

4.债券的票面要素包括:债券的票面价值、债券的到期期限、债券发行者名称和债券的票面利率。

5.债券按照发行主体、期限长短、支付方式和信用保证可以进行不同的分类。

6.证券投资基金是指通过公开发售基金份额募集资金,由基金托管人托管,由基金管理人管理和运用资金,为基金份额持有人的利益,以资产组合方式进行证券投资的一种利益共享、风险共担的集合投资方式。

7.证券投资基金具有集合投资、分散风险、专家理财的特点。为中小投资者拓宽了投资渠道、基金通过把储蓄转化为投资,有力地促进了产业发展和经济增长;有利于证券市场的稳定和发展;有利于证券市场的国际化等。

8.证券投资基金按照证券投资基金的组织形式,可将基金划分为公司型投资基金和契约型投资基金;按投资基金设定后能否追加投资份额或赎回投资份额,可以将投资基金分为封闭式和开放式投资基金;按照投资基金的投资标的不同,可以将投资基金分为股票基金、债券基金、货币市场基金和衍生证券投资基金;按照投资基金的募集与流通方式的不同,可以将投资基金分为私募基金和公募基金;按照投资理念的不同,可以将投资基金分为主动型基金和被动型基金;按照投资来源和运用地域的不同,可以将投资基金分为国内投资基金、国际投资基金、离岸基金、海外基金。

9.LOF基金即上市型开放式基金。也就是上市型开放式基金发行结束后,投资者既可以在指定网点申购与赎回基金份额,也可以在交易所买卖该基金,并通过份额转托管机制将场外市场与场内市场有机地联系在一起的一种开放式基金,是开放式基金在交易方式上的创新。

10.ETF基金即交易型开放式指数基金,通常又被称为交易所交易基金,是一种在交易所上市交易的、基金份额可变的一种开放式基金。

11.金融衍生工具是根据某种相关资产的预期价格变化而进行定值的金融工具,其具有杠杆性、高风险性、虚拟性和联动性等特点。

12.金融期货是指交易买卖的双方在期货交易所以公开竞价的方式成交,承诺在未来某一日期或某一段时间内,以事先约定的价格交割某种特定标准数量金融工具的契约,主要包括利率期货、货币期货和股权期货。

13.股指期货是以股票价格指数为交易对象的期货品种,其与其他期货品种有着较大的区别,投资者可以用它规避股票市场中的系统风险。

14.金融期货的交易制度主要包括集中交易制度,标准化的期货合约和对冲机制,保证金及其杠杆作用,结算所和无负债结算制度,限仓制度,大户报告制度和每日价格波动限制及熔断制度。

15.金融期权是一种选择权的交易,它与金融期货有着本质的不同。

16.权证和可转换公司债本质上都是一种期权。权证的要素包括权证类别、标的、行权价格、存续时间、行权日期、行权结算方式、行权比例等。可转换债券有若干要素,这些要素基本决定了控制转换债券的转换条件、转换价值、市场价格等总体特征。

思政目标

党的二十大报告明确提出要"深化金融体制改革,建设现代中央银行制度,加强和完善现代金融监管,强化金融稳定保障体系,依法将各类金融活动全部纳入监管,守住不发生系统性金融风险底线。"在这个大背景下,理解并掌握证券投资工具的基本概念、特征、分类和市场情况,以及它们与经济发展和金融安全之间的内在联系,对于推动我国资本市场的健康发展,从而保障国家经济安全有着不可或缺的重要性。选择适宜的证券投资工具和策略,是促进我国经济高质量发展、构建新发展格局、促进共同富裕的重要手段。同时,党的二十大报告也强调了提高公民金融素养的重要性。深入理解和认同国家金融体制改革和资本市场建设,深刻认识证券投资领域和从事相关工作的重要性以及社会责任,都是推动全面深化改革、全面建设社会主义现代化国家的重要组成部分。

基本概念

股票	普通股	优先股	债券
零息债券	永续债券	固定利率债券	浮动利率债券
平价债券	溢价债券	折价债券	公司债券
可赎回债券	可转换债券	证券投资基金	公司型投资基金
契约型投资基金	封闭式投资基金	开放式投资基金	LOF 基金
ETF 基金	QFII 基金	QDII 基金	对冲基金
FOF 基金	MOM 基金	金融衍生工具	杠杆交易
期货	套期保值	套利	期权
买入(认购)期权	卖出(认沽)期权	对冲	互换

视频材料

练习与思考

一、选择题

1.股票是投入股份公司资本份额的证券化,由此可见股票属于(　　)。

A.要式证券　　　B.资本证券　　　C.综合权利证券　　　D.物权证券

2.20 世纪早期,最先通过法律允许发行无面额股票的国家是(　　)。

A.美国　　　　　B.英国　　　　　C.日本　　　　　　　D.德国

3.我国《公司法》规定,采取发起设立方式设立股份有限公司的,全体发起人首次出资额不得低于注册资本的(　　),其余部分由发起人自公司成立之日起两年内缴足。

A.10%　　　　　B.20%　　　　　C.30%　　　　　　　D.40%

4.通过发行(　　)股票所筹集的资金,是股份公司注册资本的基础。

A.记名　　　　　B.无记名　　　　C.普通　　　　　　　D.优先

5.股票可以通过依法转让而变现的特性是指股票的(　　)。

A.收益性　　　B.风险性　　　C.流动性　　　　　　D.永久性

6.《中华人民共和国公司法》规定,采取发起设立方式设立股份有限公司,全体发起人首次出资额不得低于(　　)。

A.注册资本的 20%　　　　　　　B.注册资本的 40%

C.公司资产的 20%　　　　　　　D.公司资产的 40%

7.将债券划分为一次性还本付息债券、零息债券和附息债券的标准是（　　）。

A.发行主体　　　B.利息的支付方式　C.偿还方式　　　　　D.利率的决定方式

8.公司的剩余资产在分配给股东之前,一般应先按下列顺序支付（　　）。

A.支付清算费用—清偿公司债务—支付公司员工工资和劳动保险费用—缴付所欠税款

B.支付清算费用—清偿公司债务—缴付所欠税款—支付公司员工工资和劳动保险费用

C.支付公司员工工资和劳动保险费用—支付清算费用—缴付所欠税款—清偿公司债务

D.支付清算费用—支付公司员工工资和劳动保险费用—缴付所欠税款—清偿公司债务

9.基金届满即为基金终止,对基金资产进行清产核资后的（　　）按投资者出资比例分配。

A.基金净资产　　　　　　　　B.基金总资产

C.基金投资额　　　　　　　　D.基金流动资产额

E.开放式基金

10.证券投资基金不包括（　　）。

A.封闭式基金　　　　　　　　B.开放式基金

C.创业投资基金　　　　　　　D.债券基金

E.股票基金

11.根据投资对象的不同,证券投资基金的划分类别不包括（　　）。

A.股票基金　　　B.国债基金　　　C.债券基金　　　　D.指数基金

12.根据运作特点划分的证券投资基金不包括（　　）。

A.对冲基金　　　B.套利基金　　　C.指数基金　　　　D.国际基金

13.根据运作特点划分的证券投资基金不包括（　　）。

A.成长型基金　　B.收入型基金　　C.期权基金　　　　D.平衡型基金

14.（　　）是衡量一个基金经营好坏的主要指标,也是基金单位交易价格的计算依据。

A.基金规模　　　B.基金收益率　　C.基金资产净值　　D.基金赎回率

15.证券投资基金的发起人不可以是（　　）。

A.信托投资公司　B.证券公司　　　C.保险公司　　　　D.基金管理公司

16.基金管理公司治理结构中不包括（　　）。

A.董事会　　　　B.监事会　　　　C.股东大会　　　　D.消费者

17.证券投资基金托管人是（　　）权益的代表。

A.基金监管人　　B.基金持有人　　C.基金发起人　　　D.基金管理人

18.开放式基金是通过投资者向（　　）申购和赎回实现流通的。

A.基金托管人　　B.基金受托人　　C.基金管理公司　　D.证券交易市场

二、简答题

1.股份公司的特征有哪些?

2.股票的性质与特征是什么?

3.普通股与优先股的联系和区别是什么?

4.债券的特征是什么? 其票面要素有哪些?

5.试分析我国公司债市场发展缓慢的原因以及因此给中国经济产生的影响。

6.什么是证券投资基金? 它具有哪些特点?

7.证券投资基金与股票、债券的联系与差异表现在哪些方面?

8.开放式基金与封闭式基金的主要区别是什么?

9.契约型基金与公司型基金的主要区别是什么?

10.LOF 与 ETF 基金有何异同?

11.金融衍生工具的特点包括?

12.金融期货与现货的区别? 两者的价格之间有什么关系?

13.与其他期货品种相比较,金融期货的特点体现在?

14.金融期权合约包括哪些构成要素?

第三章　证券市场

证券市场是现代金融体系的重要组成部分，也是金融市场的核心和焦点。证券市场和以银行为主体的货币市场一起构成了投资、融资的主要渠道。目前，在很多发达的金融市场中，证券市场的投融资规模和重要性都已超过了传统间接融资，成为国民经济发展的重要动力。

第一节　证券市场概述

一、证券市场的定义和特征

（一）证券市场的定义

证券市场是证券发行与交易的场所。从广义上讲，证券市场是指一切以证券为对象的交易关系的总和。从经济学的角度，可以将证券市场定义为：通过自由竞争的方式，根据供需关系来决定证券价格的一种交易机制。它是市场经济发展到一定阶段的产物，是为解决资本供求矛盾和流动性而产生的市场。证券市场以证券发行与交易的方式实现了投资和筹资的对接，有效地化解了资本供求矛盾和资本结构调整的难题。

（二）证券市场的特征

证券市场具有以下三个显著特征：

1.证券市场是价值直接交换的场所

有价证券都是价值的直接代表，它们本质上是价值的一种表现形式。尽管证券交易的对象是多样化的有价证券，但由于这些证券直接代表了价值，因此证券市场在本质上是一个价值直接交换的场所。

2.证券市场是财产权利直接交换的场所

证券市场上的交易对象是作为经济权益凭证的股票、债券、基金等有价证券，它们本身是一定量财产权利的代表，所以代表着对一定数额财产的所有权或债权以及相关的收益权。证券市场实际上是财产权利的直接交换场所。

3.证券市场是风险直接交换的场所

有价证券既是一定收益权利的代表,同时也是一定风险的代表。有价证券的交换在转让出一定收益权的同时,也把该有价证券所特有的风险转让出去。所以,从风险的角度分析,证券市场也是风险直接交换的场所。

二、证券市场在金融市场体系中的地位

证券市场在金融市场体系中居重要地位,但在不同的社会制度、经济基础和文化传统下,证券市场在金融体系中的地位各不相同。在发达资本主义国家中,股票和债券是金融市场上最为活跃且主要的金融资产,证券市场的交易活动几乎覆盖了整个金融市场,因此被视为金融市场的重要组成部分。然而,自改革开放以来,中国的证券市场仅有四十多年的发展历程。由于社会经济制度及政治环境的差异,中国金融市场呈现出一种独特的格局,即以银行同业拆借市场、票据贴现市场为先导的商业银行经营体系在金融市场中占据主导地位,而证券市场并未占据领先地位。

金融市场体系是一个整体,是由各个子市场综合而成的,证券市场是现代金融体系的重要组成部分,在整个金融市场体系中具有非常重要的地位(见图 3-1)。

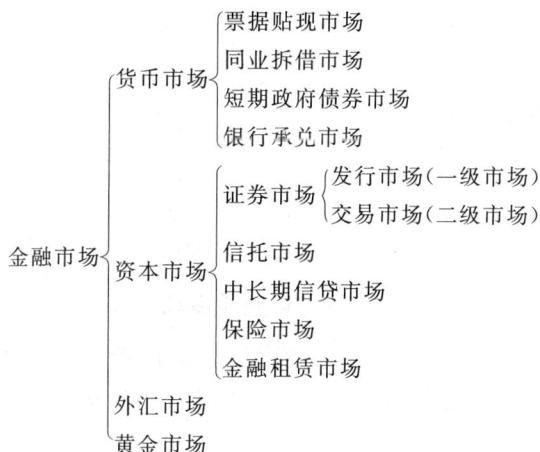

```
                      ┌ 票据贴现市场
                      │ 同业拆借市场
              货币市场 ┤
                      │ 短期政府债券市场
                      └ 银行承兑市场
                                      ┌ 发行市场(一级市场)
                      ┌ 证券市场 ─────┤
                      │               └ 交易市场(二级市场)
  金融市场 ┤          │ 信托市场
              资本市场 ┤ 中长期信贷市场
                      │ 保险市场
                      └ 金融租赁市场
              外汇市场
              黄金市场
```

图 3-1 金融市场体系示意图

金融市场是资金融通的场所,涉及全部的投融资活动及相关金融工具的交易。金融市场结构庞大,包括货币市场、资本市场、外汇市场、黄金市场等。

货币市场是融通期限在 1 年以内的短期资金市场。交易的金融工具期限短、流动性强、收益低、风险小。货币市场的主要功能是满足交易者的流动性需要,是金融市场体系中的基础市场。货币市场包括同业拆借市场、票据贴现市场、银行承兑市场和短期政府债券市场等。

资本市场是融通期限在 1 年以上的长期资金市场。其主要功能是满足中长期投

融资活动需要,是金融市场体系中的核心市场。资本市场包括中长期信贷市场、证券市场、信托市场、金融租赁市场、保险市场等。证券市场又可以分为债券市场、股票市场、基金市场和金融衍生工具市场等。金融衍生工具是指建立在基础金融工具或基础变量之上,并依其预期价格变化而定价的金融工具。最基本的金融衍生工具有期货合约、期权合约、互换合约和远期利率协议等。

外汇市场是外汇的交易场所,它是各种经营外汇买卖业务的机构和个人通过各种通信手段进行外汇买卖所形成的网络和体系,是指由各国中央银行、外汇银行、外汇经纪人及客户组成的外汇买卖、经营活动的总和。外汇是指以外币表示的、为各国普遍接受的、可用于清偿国际间债权债务的金融资产和支付手段,包括可以自由兑换的外国货币、外币有价证券、外币支付凭证以及其他外币资产等。

黄金市场是以黄金为交易对象的市场。由于黄金仍然是国际储备的重要组成部分、黄金有套期保值功能和黄金证券化等原因,黄金市场仍被视为金融市场的组成部分。2002 年 10 月 30 日,上海黄金交易所正式开业,开始黄金现货交易。2008 年 1 月 9 日,黄金期货合约在上海期货交易所上市交易,标志着我国黄金市场体系的进一步完善。

第二节　证券市场结构与功能

一、证券市场的结构分类

证券市场的结构是指证券市场的构成及其各部分之间的量比关系,证券市场按职能、对象、交易场所等的不同,有不同的结构分类。

(一)证券市场按职能可分为发行市场和流通市场

证券发行市场又称为一级市场或初级市场,是证券发行人为筹集经营活动或特定项目所需资金,按照一定的法律规定和发行程序,向投资者发售新证券的市场。

证券流通市场又称为二级市场或次级市场,是指已发行证券的合法交易场所。通过证券流通市场,各类证券得以顺利流通,并形成一个公允、合理的价格,以实现货币和证券资本的相互转化。

(二)证券市场按交易对象可分为股票市场、债券市场、投资基金市场等

股票市场是以股票为发行和交易对象的市场,属于长期资本市场。股票市场还可以按功能划分为股票发行市场和股票流通市场。

债券市场是发行和买卖债券的场所,可以根据期限长短分为短期债券市场和长期债券市场,还可以按功能分为债券发行市场和债券流通市场。

基金市场是基金发行和流通的市场。

(三)证券市场按交易场所可分为有形市场、无形市场

有形市场又称"场内市场",是指有固定场所的证券交易所市场。该市场是有组织、制度化了的市场。有形市场的诞生是证券市场走向集中化的重要标志之一。一般而言,证券必须达到证券交易所规定的上市标准才能够在场内交易。

无形市场又称"场外市场",是指没有固定交易场所的市场。随着现代通信技术的发展和互联网的广泛应用,已有越来越多的证券交易不在有形的场内市场进行,而是通过经纪人或交易商的电传、电报、电话、网络等洽谈成交。

二、证券市场的层次结构

证券市场的层次结构是指根据金融工具风险特征和投资者风险偏好程度的不同,在证券市场中细分形成的多个具有递进或互补关系的不同层次的市场。

国外成熟的证券市场均建立了多层次市场体系,既包括证券交易所形式的场内市场,也包括各种形式的场外市场。一般各国主要的证券交易所代表着国内的主板市场。主板市场对证券发行人的营业期限、股本规模、盈利水平、最低市值等方面要求较高,主要适用于规模较大、基础较好、盈利能力稳定且占有一定市场份额的成熟企业。主板市场是一个国家(或地区)证券发行、上市及集中交易的主要场所,是资本市场最核心的组成部分。国际上知名的主板市场有纽约证券交易所、伦敦证券交易所、东京证券交易所等。场外市场是以做市商为基础、没有特定交易场所、独立于场内市场的公开证券交易市场,主要为中小企业、高科技企业提供融资和股份流通的平台,也为地方政府债券、小公司债券提供投融资机会,是主板市场的必要补充,也是证券市场的重要组成部分。国际上多层次证券市场体系主要有以美国为代表的多维分层模式(场内、场外市场)和以英国、日本为代表的交易所内部分层模式。

表 3-1 列示了美国与中国证券市场层次结构的对比。

表 3-1　美国与中国证券市场层次结构对比表

美国证券市场层次结构	中国证券市场层次结构
场内市场:以纽约证券交易所为代表 场外市场 · 零售市场 · 纳斯达克市场(纳斯达克全国市场、纳斯达克小型公司市场) · 分值股票市场(OTCBB、粉单市场) · 批发市场 · 第三市场(主要通过做市商的股票大宗交易) · 第四市场(主要进行机构间的债券直接交易)	场内市场:以上海证券交易所和深圳证券交易所为核心的交易所市场 　· 主板市场(包括中小企业板块) 　· 创业板市场(二板) 　· 科创板市场 　· 中国金融期货交易所 场外市场 　· 全国银行间债券市场 　· 全国中小企业股份转让系统(三板) 　· 中证报价(机构间私募产品报价和服务系统) 　· 区域性股权转让市场和产权交易所 　· 债券柜台交易市场 　· 证券投资基金场外交易市场

2010 年 4 月,股指期货在中国金融期货交易所上市交易;2019 年 7 月,上海证券交易所推出了科创板;同时,还发展了银行间债券市场、全国中小企业股份转让系统等场外市场,一个涵盖股权、债权和金融衍生工具等多层次证券市场体系初步构建。

(一)交易所市场(场内市场)

1.主板(main-board market)

上海证券交易所主板和深圳证券交易所主板、中小企业板块是我国证券市场的主板市场,也是我国证券市场体系的核心。

上海证券交易所成立于 1990 年 11 月 26 日,同年 12 月 19 日开业,受中国证监会监督和管理。上海证券交易所已发展成为拥有股票、债券、基金、衍生品四大类证券交易品种、市场结构较为完整的证券交易所。

深圳证券交易所于 1990 年 12 月 1 日开始营业,是经国务院批准设立的全国性证券交易场所,受中国证监会监督管理。交易所的主要职能包括:提供证券交易的场所和设施;制定业务规则;审核证券上市申请、安排证券上市;组织、监督证券交易;对会员进行监管;对上市公司进行监管;管理和公布市场信息;中国证监会许可的其他职能。

2004 年 5 月,深圳证券交易所在主板市场内设立中小企业板块,为专业突出、具有成长性和科技含量的中小企业提供直接融资平台。中小企业板块运行所遵循的法律、法规和部门规章和主板市场相同,中小企业板块的上市公司必须符合主板市场的发行上市条件和信息披露要求;同时实行运行独立、监察独立、代码独立和指数独立。

2.创业板

创业板又称"二板市场"(second-board market),是为具有高成长性的中小企业和高科技企业融资服务的资本市场。我国创业板市场于 2009 年 10 月 23 日在深圳证券交易所正式启动。与 NASDAQ 不同,我国创业板市场采取在证券交易所内集中交易的模式。创业板市场具有前瞻性、高风险、监管要求严格以及明显的高科技产业导向的特点,我国创业板的目标是重点支持自主创新企业,支持带动能力强的创业企业,特别是支持新能源、新材料、电子信息、生物医药、节能环保、现代服务等新兴产业的发展。企业要在创业板市场进行首次公开发行并上市,有较高的盈利和规模的要求。当然,创业板发行条件中的财务指标在量上低于主板(包括中小板)首次公开发行条件,在指标内容上参照了主板做法,主要选取净利润、主营业务收入、可分配利润等财务指标,同时附以增长率和净资产指标。另外,创业板在净利润或营业收入上设置两套标准,发行人符合其中之一即可。

3.科创板

2019 年 6 月 13 日,中国证监会和上海市人民政府联合举办了上海证券交易所科创板开板仪式;7 月 22 日,科创板首批公司上市;8 月 8 日,第二批科创板公司挂牌上市。科创板设立于上海证券交易所,是独立于原有主板市场的新设板块,并在该板块内进行注册制试点。科创板定位:面向世界科技前沿、面向经济主战场、面向国家重大需求。优先支持符合国家战略,拥有关键核心技术,科技创新能力突出,主要依靠核心技术开展生产经营,具有稳定的商业模式,市场认可度高,社会形象良好,具有较强成长性的企业。从市场功能看,科创板应实现资本市场和科技创新更加深度的融合。科技创新具有投入大、周期长、风险高等特点,间接融资、短期融资在这方面常常会感觉力有不逮,科技创新离不开长期资本的引领和催化。设立科创板,为有效化解这个问题提供了更大可能。补齐资本市场服务科技创新的短板,同时进一步完善了我国多层次的资本市场体系。

4.中国金融期货交易所

中国金融期货交易所(China Financial Futures Exchange,缩写 CFFEX,简称中金所),是经中国证监会批准,由上海期货交易所、郑州商品交易所、大连商品交易所、上海证券交易所和深圳证券交易所共同发起设立的交易所,于 2006 年 9 月 8 日在上海成立。2010 年 4 月 16 日,中金所已正式推出沪深 300 股指期货合约,IF1005、IF1006、IF1009、IF1012 合约的挂牌基准价格为 3399 点。2015 年,中金所正式推出了 10 年期国债期货和上证 50、中证 500 股指期货。2019 年 5 月 16 日,中金所正式启动国债期货做市交易。

5.北京证券交易所

北京证券交易所(简称北交所)是全国中小企业股份转让系统有限责任公司的全资子公司,于 2021 年 9 月 3 日注册成立,是经国务院批准设立的我国第一家公司制证券交易所,受中国证监会监督管理。其经营范围为依法为证券集中交易提供场所和设施、组织和监督证券交易以及证券市场管理服务等业务。北京证券交易所的市场定位是服务创新型中小企业。

截至 2023 年 7 月底,北京证券交易所上市条件包括:发行人为在全国股转系统连续挂牌满 12 个月的创新层挂牌公司;符合中国证券监督管理委员会规定的发行条件;最近一年期末净资产不低于 5000 万元;向不特定合格投资者公开发行的股份不少于 100 万股,发行对象不少于 100 人;公开发行后,公司股本总额不少于 3000 万元;公开发行后,公司股东人数不少于 200 人,公众股东持股比例不低于公司股本总额的 25%;公司股本总额超过 4 亿元的,公众股东持股比例不低于公司股本总额的 10%;市值及财务指标符合《北京证券交易所股票上市规则》规定的标准以及北交所规定的其他上市条件。

(二)场外市场

1.全国银行间债券市场

全国银行间债券市场是指依托于中国外汇交易中心、全国银行间同业拆借中心和中央国债登记结算有限责任公司,面向商业银行、农村信用社、保险公司、证券公司等金融机构进行债券买卖和回购的市场。它成立于 1997 年 6 月 6 日,和证券交易所债券市场共同构成我国债券市场的主体部分。

2.全国中小企业股份转让系统

全国中小企业股份转让系统(National Equities Exchange and Quotations, NEEQ)是经国务院批准设立的、由中国证监会监管的全国性证券交易场所,俗称"三板"。全国中小企业股份转让系统为其营运管理机构。我国的三板市场起源于代办股份转让系统。该系统是由具有代办系统主办券商业务资格的证券公司采用电子交易方式,为非上市股份有限公司提供规范股份转让服务的股份转让平台。它的主要功能是为非上市中小型高新技术股份公司提供股份转让服务,同时也为退市后的上市公司股份提供继续流通的场所,并解决了原STAQ、NET系统历史遗留问题,即公司法人股的流通问题。

3.机构间私募产品报价和服务系统

机构间私募产品报价和服务系统(简称"报价系统")是指依法设立的为报价系统参与人(简称"参与人")提供私募产品报价、发行、转让及相关服务的专业化电子平台。中国机构间报价系统股份有限公司(简称"中证报价")负责报价系统的日常运作与管理。中国证券业协会对报价系统进行自律管理。中证报价是经中国证监会批准并由中国证券业协会按照市场化原则管理的金融机构,公司的经营范围主要是提供以非公开募集方式设立产品的报价、发行与转让服务等。各类符合条件的机构可以注册成为报价系统的参与人。证券期货经营机构的柜台市场、区域性股权交易市场等私募市场可以与报价系统进行系统对接。证券期货经营机构参与人可以通过报价系统开展柜台市场业务,直接创设或承销私募产品并按规定事后备案。参与人可以经由报价系统向与报价系统联网的私募市场发布私募产品的报价和进行交易。参与人在报价系统的业务权限分为投资类、创设类、推荐类、代理交易类和展示类。参与人可以根据业务需要开通一类或多类业务权限。

4.区域性股权转让市场和产权交易所

在我国场外股权交易市场中还包括区域性的股权转让市场和地方产权交易所。经批准,2008年在天津设立股权交易所,2010年设立重庆股份转让中心,2012年2月,上海股权托管交易中心设立,至此我国有3家区域性股权转让市场。而产权交易所是目前我国场外股权交易市场中存在时间最长、数量最多的市场,由二百多家产权交易所组成,遍布全国各地,由各级地方政府监管。例如福建省就有福建省产权交易中心、厦门市股权托管交易中心以及泉州市产权交易中心等。

5.债券柜台交易市场

债券柜台交易市场负责处理投资者通过商业银行柜台认购、兑现新发行的凭证式国债和电子式储蓄国债,以及办理记账式债券的后续买卖、托管和结算等业务。

6.证券投资基金场外交易市场

大多数开放式证券投资基金可以在交易所(场内市场)进行,也可以在场外市场(基金管理人、基金代销机构如证券公司和商业银行的柜台)进行认购、申购与赎回。

若投资者通过场外渠道申购基金份额,则该份额将记录在投资者的开放式基金账户中,并在中国结算公司的 TA 系统中进行登记,由基金管理人或代销机构进行托管。投资者可通过基金管理人或代销机构申报赎回开放式基金账户中的基金份额,但不可直接卖出。

三、证券市场的功能

证券市场是商品经济发展的产物,是证券交易的必备场所。从世界各国证券市场发展情况看,证券市场不仅推动各国经济的迅速发展,而且对世界经济和国际上的企业组织形式产生了深远影响。具体来说,证券市场的功能主要有以下几点:

(一)媒介功能

证券市场将投资者和资金的需求者联系在一起,为投资者提供了有效的投资途径,为资金需求者开拓了资金来源渠道。在证券市场,证券发行者可以在较短时间内筹集到巨额资金并用于发展生产。每个投资者虽然对未来的证券价格和可能产生的风险判断不同,其交易成本、投资制约因素也不同,但多样化的证券为其提供了选择空间。证券市场上的中介会根据资金供求双方的要求,完成证券发行,不但成交迅速,而且价格统一,使资金需求者所需资金与投资者提供的资金相匹配。另一方面,投资者通过广泛的市场网络自由地交易证券,证券市场的便利性使得证券具有极强的变现能力,大大增强了投资者持有证券的意愿。

(二)优化资源配置功能

证券市场拥有复杂高效的价格机制、广泛的信息来源和众多的各类投资者,某些有发展前景的企业能获得价格合理、数量充足的资本供给,而那些没有发展前途的企业则很难吸引人们对其进行投资。证券市场不仅引导社会资金的流向,使资金配置到有潜力或盈利能力强的企业中去,而且资金的流动又会带动生产要素在社会中的分配。企业必须合理有效地利用资源、发展生产才能吸引到更多的资本投入,从而提高国民经济的整体效益。

(三)分散投资风险的功能

首先,从发行人的角度来说,他们通过发行证券筹资实际上是将公司经营中可能出现的风险部分地转移给投资者。其次,对于投资者而言,尽管他们需要承担风险,但证券市场上存在多种不同期限、性质、风险和收益结构的证券可供选择,投资者可以通过构建多样化的投资组合,以实现风险的转移和分散。

(四)资本定价功能

证券市场的基本功能之一就是为资本决定价格。证券是资本的表现形式,所以证券的价格实际上是证券所代表的资本的价格。证券价格是证券市场上证券供求双方共同作用的结果。证券市场的运行形成了证券需求者和证券供给者的竞争关系,这种竞争的结果是:能产生高投资回报的资本,市场需求大,相应的证券价格高;反之,证券的价格就低,因此,证券市场提供了资本合理定价的机制。

(五)宏观调节的功能

市场经济体制下,各国中央银行都通过证券市场来实现其货币政策以及对金融进行宏观调控和干预。中央银行实施货币政策的重要工具——公开市场业务,就是通过在证券市场上适时、适量地买卖有价证券,以调节货币供应量,影响各金融机构的经营行为,刺激证券市场的业务活动,进而牵动整个经济的运行,达到调控经济的目的。当经济低迷时,中央银行在证券市场上买入证券,增加货币供应量,从而增加投资,刺激生产;当经济过热时,中央银行卖出证券,回笼货币,减少投资,抑制通货膨胀。

(六)传递信息的功能

证券市场具有灵敏地反映社会经济动向的信息功能。证券价格的变动受企业的利润前景等多种因素的影响,而市场行情的好坏又从侧面反映了这些因素的变化。由于股价循环一般先于商业循环而发生,因而证券价格波动往往成为经济周期变化的先兆,成为社会经济活动的"晴雨表"。通过证券价格的变动,可以预测企业及生产部门的经济动态和整个社会经济的发展状况。

第三节　证券市场参与者

一、证券发行人

证券发行人是指为筹措资金而发行债券、股票等证券的发行主体。证券市场上的发行人主要有三大类。

(一)政府和政府机构

随着国家干预经济理论的兴起,政府(中央政府和地方政府)以及中央政府直属机构已成为证券发行的重要主体之一,但政府发行证券的品种一般仅限于债券。中央政府为弥补财政赤字或筹措经济建设所需资金,在证券市场上发行国库券、财政债券、国家重点建设债券等,即国债。地方政府为本地方公用事业的建设可发行地方政府债券。此外,中央银行出于调控货币供应量的目的还可以发行特殊债券,如中国人民银行从 2003 年开始发行中央银行票据,期限从 3 个月到 3 年不等,主要用于对冲金融体系中过多的流动性。

(二)公司(企业)

企业的组织形式可分为独资制、合伙制和公司制。现代股份公司主要采取股份有限公司和有限责任公司两种形式,其中,只有股份有限公司才能发行股票。公司发行股票所筹集的资金属于自有资本,而通过发行债券所筹集的资本属于借入资本,发行股票和长期公司(企业)债券是公司(企业)筹措长期资本的主要途径,发行短期债券则是补充流动资金的重要手段。随着科学技术的进步和资本有机构成的不断提高,公司(企业)对长期资本的需求越来越大,所以,公司(企业)作为证券发行主体的地位有不断上升的趋势。

(三)金融机构

金融机构作为证券市场的发行主体,既可以在证券市场上发行债券,也可以发行股票。通常将银行及非银行金融机构发行的证券称为金融证券。欧美等西方国家能够发行证券的金融机构一般都是股份公司,所以将金融机构发行的证券归入公司证券。而我国和日本则把金融机构发行的债券定义为金融债券,从而突出了金融机构作为证券市场发行主体的地位。

二、证券投资者

证券投资者是指通过证券而进行投资的各类机构法人和自然人。

(一)个人投资者

个人投资者是指从事证券投资的社会自然人,是证券市场最广泛的投资者。个人进行投资应具备一些基本条件,这些条件包括国家有关法律、法规关于个人投资者投资资格的规定和个人投资者必须具备一定的经济实力。

(二)机构投资者

机构投资者主要有政府机构、企业、金融机构、各类社会基金和外国投资者等。

1.政府机构

作为政府机构参与证券投资的目的主要是为了调剂资金余缺和进行宏观调控。各级政府及政府机构出现资金剩余时,可以通过购买政府债券、金融债券投资于证券市场。中央银行通过公开市场业务操作买卖国债与金融债券调节货币供应量进行宏观调控。国有资产管理部门或授权部门持有国有股,履行国有资产的保值增值和通过国家控股、参股来支配更多社会资源的职责。出于维护金融稳定的需要,政府还可以成立专门机构参与证券交易,减少非理性的市场震荡。

2.企业

企业不仅是证券发行者,同时也是证券投资者。企业可以用自己的积累资金或暂时不用的闲置资金进行证券投资。企业可以通过股票投资实现对其他企业的控股或参股,也可以将暂时闲置的资金通过自营或委托专业机构进行证券投资以获取收益。同样,企业也可以成为债券的投资者。由于企业具有较大的购买力,所以单个企业(股份公司)的投资量远远大于个人的投资量。我国现行的规定是:国有企业、国有资产控股企业、上市公司可参与股票配售,也可投资于股票二级市场;事业法人可用自有资金和有权自行支配的预算外资金进行证券投资。

3.各类金融机构

无论是商业银行还是各种非银行金融机构,作为专门从事金融业务的特殊企业实体都希望能够通过购买证券来获取利润。各类金融机构的资金拥有能力和特殊的经营地位,使其成为发行市场上的主要需求者。参与证券投资活动的金融机构涵盖了证券经营机构、银行业金融机构、保险公司及其资产管理公司、主权财富基金以及其他类型的金融机构。

4.各种社会基金

证券市场为社会上各种公共基金提供了值得选择的投资场所。具有基金性质的机构投资者,如证券投资基金、社保基金以及社会公益基金等,都期望通过购买证券来获取相应的利润回报。

5.外国投资者

随着改革开放与经济全球化趋势的不断发展,合格的境外机构投资者(QFII)与合格境内机构投资者(QDII)的实施,证券的发行与买卖已超出了国界限制。合格的境外机构投资者被允许投资我国证券市场,而经过审批的国内机构投资者能够投资海外市场,个人投资者则可以通过 QDII 基金间接参与海外市场的投资活动。

三、证券市场中介

证券市场中介机构是指为证券的发行与交易提供服务的各类机构。在证券市场起中介作用的机构是证券公司和其他证券服务机构,通常把两者合称为证券中介机构。

(一)证券公司

证券公司,也称证券经营机构,指专门从事与证券有关的各项业务的金融机构。在国外,证券经营机构有各种不同的名称,美国称之为投资银行(Investment Bank),英国称之为商人银行(Merchant Bank),日本称之为证券公司(Securities Corporation)。称之为投资银行是为了和商业银行有所区别。这种称谓起源于 20 世纪 30 年代世界经济危机以后,美英等主要资本主义国家采取了银行业和证券业相分离的金融体制,将以证券业务为核心的证券经营业务与以存贷业务为核心的商业银行业务相分离,从而产生了现代意义的投资银行。

在我国,证券公司也称证券商或券商,是指依照《公司法》规定和经国务院证券监督管理机构批准设立的在证券市场上经营证券业务的有限责任公司和股份有限公司。过去我国将证券公司分为综合类证券公司和经纪类证券公司,并进行分类管理。2020 年 3 月 1 日起施行的《证券法》将证券公司的业务规定如下:经国务院证券监督管理机构核准,取得经营证券业务许可证,证券公司可以经营下列部分或者全部证券业务:

1.证券经纪；

2.证券投资咨询；

3.与证券交易、证券投资活动有关的财务顾问；

4.证券承销与保荐；

5.证券融资融券；

6.证券做市交易；

7.证券自营；

8.其他证券业务。

证券公司经营第 1 项至第 3 项业务的，注册资本最低限额为人民币五千万元；经营第 4 项至第 8 项业务之一的，注册资本最低限额为人民币一亿元；经营第 4 项至第 8 项业务中两项以上的，注册资本最低限额为人民币五亿元。证券公司的注册资本应当是实缴资本。

(二)证券服务机构

证券服务机构是指依法设立的从事证券服务业务的法人机构，主要包括会计师事务所、资产评估机构、律师事务所、资信评级机构、证券投资咨询公司以及证券金融公司等。

1.会计师事务所

会计师事务所是指依法独立承办注册会计师业务，实行自收自支、独立核算、依法纳税的中介服务机构。它是注册会计师执行业务的工作机构，而注册会计师审计是会计师事务所最主要的职能。注册会计师是通过注册会计师资格考试，依法取得注册会计师证书并接受委托从事审计业务、会计咨询和会计服务业务的专业人员。注册会计师审计是指注册会计师以独立的第三者身份，客观、公正地审查企业的财务状况、经营成果和资金流动情况，并对企业会计报表的真实性、合法性提出报告。

注册会计师在证券市场上从事对公开发行和交易股票的公司、证券经营机构和证券交易所进行财务报表审计、净资产验证、实收资本审验、盈利预测审核、内部控制制度审核、募集资金使用情况审核等相关业务。通过注册会计师的审计报告，为证券发行公司揭示公司财务报表的公信力，以便吸引更多的投资者，吸引更多的资金，求得公司稳步快速发展；借助注册会计师的审计报告和鉴证结论，投资者对发行股票公司盈利能力的判断或对发行债券公司偿债能力的了解都有了可靠的依据；证券市场的管理者也要求注册会计师对公司的财务报表进行客观、公正的审查并提出报告以便维护证券市场的正常秩序，保证证券市场健康发展。可见，在证券市场上，注册会计师所执行的业务，已经不仅仅是对某个公司的投资者和债权人负责，而是面向社会发挥公证职能，履行国家所赋予的社会监督的职责。

正因为注册会计师在社会经济运行中承担重要的社会职能，所以各国对注册会计师和会计师事务所都建立了必要的管理制度。我国对从事证券相关业务的会计师事务所和注册会计师实行许可证管理制度。

2.资产评估机构

资产评估机构是指组织专业人员依照国家有关规定和数据资料,按照特定的目的,遵循适当的原则、方法和计价标准,对资产价格进行评定估算的专门机构。资产评估是将公司资产商品化和市场化的社会经济活动,资产评估过程是专业人员模拟市场对资产在某一时点上的价格进行评定和估测的过程。由于资产评估的结果是确定资产价格的基础,因此资产评估机构必须是具有独立性的专业机构。我国的资产评估机构包括持有国家或省、自治区、直辖市以及计划单列市有关部门颁发的资产评估资格证书的资产评估公司(事务所)、会计师事务所、审计事务所等机构以及国有资产管理部门认可的临时性资产评估机构。

我国资产评估机构在证券市场上发挥着重要的作用:①在国有企业进行股份制改造时,对国有企业作为出资的实物、工业产权,非专利技术或土地使用权等,必须评估作价、核实财产以折成股份;②上市公司进行兼并收购等资产重组时要对有关资产进行评估才能确认其真实价值,在上市公司增发新股或配股时也需要进行资产评估;③当上市公司公布年度报告或中期报告时,如果公司资产价值发生非经营性因素的变动,也需要进行资产评估。④当企业出现资产拍卖转让、开办中外合资经营或中外合作经营、企业联营、企业租赁、企业清算、资产抵押及其他担保等情形时,也应当进行资产评估。

3.律师事务所

世界各国律师都参与证券市场活动。向证券市场主体提供法律帮助的形式主要有两种:一种是通常方式,即律师通过法律咨询的形式,以他们的知识和经验为客户提供法律服务,这种方式以英国、意大利、澳大利亚和新加坡等国为代表。另一种是"证券律师"方式,是指由专业化的"证券律师"为证券市场主体提供法律帮助并参与证券市场活动,这种方式以美国为代表。证券律师,是指以对法律的精通和对证券事务的特殊经验从而专门处理与证券业务有关的法律事务并对证券市场承担一定监督责任的律师。律师事务所则是律师开展业务的工作机构。

在我国,证券法律业务是指律师事务所接受当事人委托,为其证券发行、上市和交易等证券业务活动提供制作、出具法律意见书等文件的法律服务。律师事务所从事证券法律业务,可以为下列事项出具法律意见:首次公开发行股票及上市;上市公司发行证券及上市;上市公司的收购、重大资产重组及股份回购;上市公司实行股权激励计划;上市公司召开股东大会;境内企业直接或者间接到境外发行证券,将其证券在境外上市交易;证券公司、证券投资基金管理公司及其分支机构的设立、变更、解散、终止;证券投资基金的募集、证券公司集合资产管理计划的设立;证券衍生品种的发行及上市等。律师事务所可以接受当事人的委托,组织制作与证券业务活动相关的法律文件。

4.资信评级机构

资信评级机构是由专门的经济、法律、财务专家组成的,对证券发行人或证券的信用状况进行等级评定的中介服务机构。

资信评级的本质是以最快捷、最方便的传递方式将评级机构评定的信用风险结果传递给市场，履行客观分析和揭示信用风险的职能。我国相关法规规定，证券评级业务是指对下列评级对象开展资信评级服务：依法核准发行的债券、资产支持证券，以及其他固定收益或者债务型结构性融资证券；在证券交易所上市交易的债券、资产支持证券，以及其他固定收益或者债务型结构性融资证券，国债除外；上述证券的发行人、上市公司、非上市公众公司、证券公司、证券投资基金管理公司及监管机构规定的其他评级对象。我国对从事证券评级业务的资信评级机构实行许可证管理制度。

5.证券投资咨询公司

证券投资咨询公司又称投资顾问公司，是为证券市场参与者提供专业性投资咨询服务的中介服务机构。它的客户可以是政府部门、证券管理机关和有关业务部门，也可以是拟发行证券的公司或是证券经营机构、机构投资者及个人投资者。证券投资咨询的形式包括：接受投资人或客户的委托，提供证券、期货投资咨询服务；举办与证券、期货投资咨询相关的讲座、报告会、分析会等；在报刊上发表关于证券、期货投资咨询的文章、评论、报告；通过电台、电视台等公众传播媒体提供证券、期货投资咨询服务；通过电话、传真、网络等电信设备系统，提供证券、期货投资咨询服务。我国规定从事证券、期货投资咨询业务，必须依法取得中国证监会的业务许可。从事证券、期货投资咨询业务，必须遵守有关法律、法规、规章和中国证监会的有关规定，遵循客观、公正和诚实信用的原则。

6.证券信息公司

证券信息公司是依法设立的专业性中介服务机构，其主要职责是对证券信息进行收集、加工、整理、存储、分析和传递，并进行信息产品和信息技术的开发，为客户提供各类证券信息服务。它从事的业务主要有证券信息资源建设，证券信息产品开发，证券信息传播服务，信息技术的开发、应用、推广等。它为证券市场的参与者提供准确、及时的证券信息，有利于投资者控制和降低投资风险，有利于上市公司和证券经营机构作出正确决策，也有利于证券管理部门提高对证券市场的监管水平。

7.证券金融公司

证券公司在从事融资融券业务的过程中，因资金和证券数量有限，往往不能满足投资者的需要，如法规允许，证券公司可以根据需要向银行或专门设立的证券金融公司借款或借券，从而形成了授信主体的转融通机制。转融通包括资金转融通和证券转融通。在欧美等发达国家，证券公司通过市场化手段直接从银行等金融机构借款或借券，而在亚洲一些国家和地区一般由政府设立专门的证券金融公司向需要资金或证券的证券公司进行转融通。我国的转融通业务采取集中授信的单轨制模式，即由证券金融公司统一负责向券商提供资金、证券的融通。我国证券金融公司是向证券公司提供融资融券服务，不以营利为目的的中介服务机构，它所开展的转融通业务是指证券金融公司将自有或依法筹集的资金和证券出借给证券公司，以供其办理融资融券业务的经营活动。

四、自律性组织

自律性组织发挥着政府与证券经营机构之间的桥梁和纽带作用,促进证券业的发展,维护投资者和会员的合法权益,完善证券市场体系。我国证券业自律性机构是证券交易所、证券业协会和证券登记结算机构。

(一)证券交易所

根据我国《证券法》的规定,证券交易所是提供证券集中竞价、不以营利为目的的法人。其主要职责有:提供交易场所与设施;制定交易规则;监管在该交易所上市的证券以及会员交易行为的合规性、合法性,确保市场的公开、公平和公正。

我国的证券交易所实行会员制。会员制的证券交易所是一个由会员自愿出资共同组成的、不以营利为目的的法人团体。会员制交易所的会员必须是出资的证券经纪人或自营商,只有会员才有资格进场参加证券交易。会员制证券交易所由会员来共同经营,会员与交易所不是合同关系,而是自治和自律关系,这是会员制证券交易所与公司制证券交易所的最大区别。会员制证券交易所的最高决策管理机构是理事会,理事会成员由会员选举产生。会员制证券交易所的会员要遵照交易所制定的规章制度在所内参加交易,对于违犯法令或内部规定者,交易所将给予严厉惩罚。

(二)证券业协会

证券业协会是证券业的自律性组织,是社会团体法人。证券业协会的权力机构为由全体会员组成的会员大会。根据我国《证券法》的规定,证券公司应当加入证券业协会。证券业协会应当履行协助证券监督管理机构组织会员执行有关法律,维护会员的合法权益,为会员提供信息服务,制定规则,组织培训和开展业务交流,调解纠纷,就证券业的发展开展研究,监督、检查会员行为及证券监督管理机构赋予的其他职责。

(三)证券登记结算公司

证券登记结算公司是为证券交易提供集中的登记、托管与结算服务的专门机构。根据《证券法》规定,证券登记结算公司是不以营利为目的的法人。按照《证券登记结算管理办法》,证券登记结算机构实行行业自律管理。我国的证券登记结算机构为中国证券登记结算有限责任公司,分为上海分公司和深圳分公司。中国证券登记结算公司依法履行证券账户、结算账户的设立和管理;证券的存管和过户;证券持有人名册登记及权益登记;证券交易所上市证券交易的清算交收及相关管理;受发行人委托派发证券权益;办理与上述业务有关的查询、信息、咨询和培训服务等职能。

五、证券监管机构

证券市场是高风险的市场,同时又是公众的市场,为了保护投资者的利益,保证证券市场能公开、公平、公正和高效地运行,对证券市场加以监管是十分必要的。各国的证券市场监管机构的模式和监管的宽严程度不尽相同,但监管的目标、手段和主要内容却有相似之处。

(一)证券市场监管的目标

国际证监会组织公布了证券监管的三个目标:一是保护投资者;二是保证证券市场的公平、效率和透明;三是降低系统性风险。借鉴国际标准并根据我国的具体情况,我国证券市场的监管目标是:运用和发挥证券市场机制的积极作用,限制其消极作用;保护投资者利益,保障合法的证券交易活动,监督证券中介机构依法经营;防止人为操纵、欺诈等不法行为,维持证券市场的正常秩序;根据国家宏观经济管理的需要,运用灵活多样的方式,调控证券市场与证券交易规模,引导投资方向,使之与经济发展相适应。

(二)证券市场监管的手段

1.法律手段

法律手段即通过建立完善的证券法律、法规体系和严格执法来实现。这是证券市场监管部门的主要手段,具有较强的威慑力和约束力。

2.经济手段

经济手段即通过运用利率政策,公开市场业务、信贷政策、税收政策等经济手段,对证券市场进行干预。这种手段相对比较灵活,但调节过程可能较慢,存在时滞。

3.行政手段

行政手段即通过制定计划、政策等对证券市场进行行政性的干预。这种手段比较直接,但运用不当可能违背市场规律,无法发挥作用甚至遭到惩罚。一般多在证券市场发展初期,法制尚不健全、市场机制尚未理顺或遇突发性事件时使用。

(三)我国证券监管机构和证券市场监管的重点

在我国,证券监管机构是指中国证券监督管理委员会(以下简称"中国证监会")及其派出机构。中国证监会是国务院直属的证券管理监督机构,按照国务院授权和依照相关法律法规对证券市场进行集中、统一监管。它的主要职责是:负责行业性法规的起草,负责监督有关法律法规的执行,负责保护投资者的合法权益,对全国的证券发行、证券交易、中介机构的行为等依法实施全面监管,维持公平而有序的证券市场。证券市场监管的重点包括以下几个方面:

1.信息披露

制定证券信息披露制度的目的是通过充分和公开、公正的制度来保护公众投资者,使其免受欺诈和不法操纵行为的损害。信息披露的基本要求:(1)全面性,指信息披露义务人应当充分披露可能影响投资者投资判断的有关资料,不得有任何隐瞒或重大遗漏;(2)真实性,指信息披露义务人公开的信息资料应当准确、真实,不得有虚假记载、误导或欺骗;(3)时效性,指向公众投资者公开的信息应当具有最新性、及时性,公开资料反映的公司状态应为公司的现实状况,公开资料交付的时间不得超过法定期限。

对信息披露的监管主要是制定证券发行与上市的信息公开制度,包括证券发行信息的公开、证券上市信息的公开、持续信息公开制度及信息披露的虚假或重大遗漏的法律责任。

2.操纵市场

证券市场中的操纵市场,是指某一组织或个人以获取利益或者减少损失为目的,利用其资金、信息等优势,或者滥用职权,影响证券市场价格,制造证券市场假象,诱导或者致使投资者在不了解事实真相的情况下做出证券投资决定,扰乱证券市场秩序的行为。

对操纵市场行为的监管包括事前监管和事后处理。事前监管是指在发生操纵行为前,证券监管机构采取必要手段以防止损害发生。事后处理是指证券监管机构对市场操纵行为者的处理及操纵者对受损当事人的损害赔偿,主要有对操纵行为的处罚以及操纵行为受害者可以通过民事诉讼获得损害赔偿。

3.欺诈行为

欺诈行为是指以获取非法利益为目的,违反证券管理法规,在证券发行、交易及相关活动中从事欺诈客户、虚假陈述等行为。对欺诈行为的监管主要包括:禁止任何单位或个人在证券发行、交易及其相关活动中欺诈客户;证券经营机构、证券登记或清算机构以及其他各类从事证券业的机构有欺诈行为的,将根据不同情况,限制或者暂停证券业务及其他处罚;因欺诈行为给投资者造成损失的,应当依法承担赔偿责任。

4.内幕交易

内幕交易,又称知情者交易,是指公司董事、监事、高级管理人员、主要股东、证券市场内部人员或管理人员等,以获取利益或减少经济损失为目的,利用其地位、职务等便利条件,获取发行人未公开的、可能对证券价格产生重大影响的信息,并据此进行证券交易或泄露该信息的行为。对内幕交易的监管包括界定内幕交易的行为主体、内幕信息、内幕交易的行为方式及内幕交易的法律责任。

第四节　证券发行市场

证券发行市场又称证券初级市场、一级市场(primary market),由发行者、投资者和证券中介机构组成。按发行对象的不同,可分为股票发行市场、债券发行市场、证券投资基金发行市场等。

一、证券发行市场的定义、结构和发行分类

(一)证券发行市场的定义

证券发行市场(securities issuing market)是指新发行的证券从发行者手中出售到投资者手中的市场。它包括政府、企业和金融机构发行证券时,从规划、推销和承购等阶段的全部活动过程。新发行证券的认购和销售一般没有固定的交易场所,有的由发行人自行向投资者销售,有的由投资者银行承购后利用多种渠道再向投资者分销,有的利用证券交易所进行销售。

(二)证券发行市场的结构

证券发行市场由以下三个部分构成:

1.证券发行人

证券发行人是证券的供应者和资金的需求者,它们通过发行股票、债券等各类有价证券,在市场上筹集资金。发行者的类型、数量和发行证券的类型、数量、发行方式决定了发行市场的规模和发达程度。证券发行者主要是政府、企业、金融机构和其他经济组织。

2.证券投资者

证券投资者是资金的供给者和证券的需求方,投资者的类型、人数多少和资金实力的大小同样制约着证券发行市场的规模。投资者包括个人投资者和机构投资者,后者主要是证券公司、信托投资公司、证券投资基金、保险公司、商业银行等金融机构和企业法人、事业单位、社会团体等。

3.证券中介机构

证券中介机构是证券发行的承销者,其职责是代理证券发行,向投资者推销证券,一般由证券经营机构担任。

上述三个方面的关系是:证券发行者根据有关的法律规定,按照一定的发行程序,或在市场上直接将证券出售给投资者,或通过证券承销商销售给投资者。在后一种方式中,证券承销商起着连接发行者和投资者的中介作用,是发行市场的中心。

(三)证券发行分类

证券发行的分类方法有很多,按发行对象的不同和有无中介机构介入是关于证

券发行最基本的分类方法,也是发行主体首先要面对的选择。

1.按发行对象分类

(1)公募发行,又称公开发行,是指以不特定的广大投资者为证券发行的对象,按统一的条件公开发行证券的方式。在公募发行的情况下,任何合法的投资者都可以认购拟发行的证券。采用公募发行的有利之处在于:①以众多投资者为发行对象,证券发行的数量多,筹集资金的潜力大;②投资者范围大,可避免发行的证券过于集中或被少数人控制;③只有公开发行的证券可申请在交易所上市,公开发行与上市增加了证券的流动性,也有利于提高发行人的社会信誉;④如果公募发行的证券是债券,其发行利率一般低于私募发行的利率。公募发行的不足之处在于:发行人通常委托证券承销商代理发行,因而发行成本较高;公募发行须经过严格的审查,发行过程比较复杂。

(2)私募发行,又称不公开发行或私下发行,是指以特定的投资者为对象发行证券的发行方式。私募发行的对象有两类:一类是公司的控股股东、实际控制人及其控制的企业或发行人的董事、员工;另一类是投资基金、社会保险基金、保险公司、商业银行等金融机构以及与发行人有业务来往的企业等机构投资者。私募发行的数额一般较小,发行程序也比较简单,所以发行人也可以不委托中介机构承销发行,可以节省手续费开支,降低成本。但由于私募发行不经过严格的审查和批准,所以一般不能公开上市,流动性较差。

公募发行和私募发行各有优劣。公募发行是证券发行中最常见、最基本的发行方式,适合于证券发行数量多、融资额大、准备申请证券上市的发行人。然而在成熟的证券市场中,随着投资基金、养老基金、保险公司等机构投资者的增加,私募发行也呈逐年增长的趋势。

2.按有无发行中介分类

按照有无发行中介的参与可以将证券发行方式划分为直接发行和间接发行。

(1)直接发行(direct issue),又称自营发行,是指发行人不委托其他机构,而是自己直接面向投资人发售证券的方式。这种发行方式的特点是:发行量小,社会影响面不大;内部发行不须向社会公众提供发行人的有关资料;发行成本较低;投资人大多是与发行人有业务往来的机构。直接发行方式由于没有证券承销商的参与,一旦发行失败,则风险全部由发行人承担。

(2)间接发行(indirect issue),又称委托代理发行,是指发行人委托证券承销商代其向投资人发售证券的方式。发行人为此需支付代理费用给承销商,而承销商则需承担相应的发行责任和风险。根据受托券商在证券发行中所承担责任的差异,间接发行可以进一步细分为以下几种具体方式:

①包销。包销是指证券承销商将发行人的证券按照协议全部购入或者在承销期结束时将售后剩余证券全部自行购入的承销方式。包销一般可分为全额包销和余额包销两种。

全额包销是指由证券承销商将所发行的证券全部买下,然后再转售给社会公众投资者的证券发行方式。使用这种发行方式时,发行风险全部由受托证券承销商承担,无论承销商能否将证券全部发行出去,发行人都可以及时、全额取得所筹资金。同时,使用该种发行方式时,发行人付出的代理费也是最高的,因为证券承销商在向社会公众发行前已将全部金额支付给发行人,构成资金垫付行为,所以代理费用必然提高。在全额包销过程中,承销机构与证券发行人并非委托代理关系,而是买卖关系,即承销机构将证券低价买进然后高价卖出,赚取中间的差额。对发行人来说,采用全额包销的方式既能保证如期得到所需要的资金,又无须承担发行过程中价格变动的风险,因此全额包销是西方成熟证券市场中最常见、使用最广泛的方式。

余额包销又称助销,是指证券承销商按照规定的发行额和发行条件,在约定的期限内向投资者发售证券,到销售截止日,如投资者实际认购总额低于预定发行总额,未售出的证券由承销商负责认购,并按约定时间向发行人支付全部证券款项。这种发行方式同全额包销方式一样,发行风险全部由证券承销商承担,发行人的筹资金额有保障,不会因为发行额不足而产生筹款金额不足的情况。所不同的是,发行人获得资金的时间不同:在余额包销方式下,发行人在发行期结束时才能获得资金;而在全额包销方式下,发行人在发行协议签订以后、发行期开始之前,即可获得承销商垫付的资金。由于没有资金垫付行为,所以余额包销方式的代理费比全额包销发行方式要低。余额包销实质上融合了代销与全额包销的特点,即先以代销方式发行证券,若未能达到预定发行额,则由承销商负责认购剩余证券,实现全额包销。目前这种发行方式在我国运用得比较多。

②代销。代销是指证券承销商代理发行人发售证券,发行期结束时将收入的资金连同未售出的证券全部退回给发行人的证券发行方式。采用该种发行方式时,证券发行的全部风险转嫁给发行人,代销机构对证券的售出情况不承担任何责任。因此,其代理费用在上述三种方式中最低,通常根据实际发售的证券数额来确定。

③联合发行。联合发行又称承销团发行方式,是指由证券主承销商牵头联合其他承销商组成承销团,共同承担责任,全额或余额包销代理发行证券的方式。参与联合发行方式的承销商至少在两个以上,一般由主承销商与发行人签订发行协议,再由主承销商与其他副主承销商、分销商签订分销协议。证券发行的风险由参加联合发行的承销商共同分担,形式有等额分担和按比例分担,一般情况下主承销商分担的风险和责任最大,相应获得的手续费收入也最多。联合发行方式特别适合于发行数额巨大的证券,由于参与发行的机构较多,可以发挥各自的优势,缩短发行期限,及时取得资金,但内部协调工作也相应较重。

3.按照证券发行信用保障方式分类

按照证券发行信用保障方式不同分为担保发行和无担保发行。

(1)担保发行是指发行人为了提高证券信誉和吸引力,增加投资者的安全感,采用某种方式承诺,保证到期支付证券收益(股票是股息和红利,债券是利息和本金)的

一种证券发行方式。在证券担保发行中,主要是债券发行采用此方式。具体的担保形式又可分为:

信用担保发行,是指证券发行人凭借担保人的信用来保证发行人履行责任的发行方式。担保人必须是除发行人以外的,具备担保资格、信誉良好的第三人,担保人同意担保必须出具正式的书面担保文件,若被担保的证券发行人无法履行其责任,担保人需立即提供全额资金进行代偿。代偿后,担保人有权向被担保的证券发行人进行追索。

(2)实物担保发行,是指证券发行人以符合担保条件的实物为抵押品来保证发行人履行发行责任的发行方式。担保物的价值需经过专业中介机构的评估确认。若发行人到期未能履行其责任,则需使用担保物进行清偿。若担保物变现后的金额不足以完全偿付债务,则将按比例进行偿付,原债权人保留对差额部分的追索权。

(3)无担保发行是指不附加任何担保条件的证券发行方式。由于国家债券和部分金融债券具备良好的信誉,因此通常采用无担保发行的方式。

4.按照证券发行价格确定方式分类

按照证券发行价格确定方式的不同可以将发行方式划分为定价发行和竞价发行。

(1)定价发行,是由发行人事先确定一个发行价格来发售证券的方式。根据发行价格同证券面值之间关系的不同,可以分为平价发行、溢价发行和折价发行,我国法律规定股票不得折价发行,债券则可根据发行时票面利率与市场利率之间的关系选择平价发行、溢价发行和折价发行,一般多为平价发行。

(2)竞价发行,又称招标发行,是由发行人通过公开招标的方式,经过投标人的竞争,选择对发行人最有利的价格作为中标价格即发行价格的发行方式。一般政府债券的发行多选择此种发行方式。

二、股票发行市场

股票发行市场是股份公司通过发行股票筹集资金,将社会闲散资金转化为公司资本的场所。

(一)股票发行的目的

1.为新设立股份公司而发行股票

新股份有限公司的设立需要通过发行股票筹集公司资本,达到预定的资本规模,为公司开展经营活动提供必要的资金条件。股份公司设立的方式有两种,可以采取发起设立或者募集设立的方式。发起设立,是指由发起人认购公司应发行的全部股份而设立公司。募集设立,是指由发起人认购公司应发行股份的一部分,其余股份向社会公开募集或者向特定对象募集而设立公司。根据我国现行《公司法》设立股份有限公司,应当有2人以上200人以下为发起人,其中须有半数以上的发起人在中国境内有住所。股份有限公司发起人承担公司筹办事务。发起人应当签订发起人协议，明确各自在公司设立过程中的权利和义务。

2.股份公司发行新股

已经成立并运行的股份有限公司为了某些特定目的而发行新股。

(1)增加投资,扩大规模。现有股份公司为扩大经营规模或范围,提高公司的竞争能力而新建项目或筹措周转资金,可以通过发行新股实现融资。

(2)调整公司财务结构,保持适当的资产负债率。自有资本在资金来源中所占比重的高低是衡量公司财务结构和实力的重要指标。公司的资产负债率取决于负债与股本加借入资本之比,这个比率通常反映股份公司的负债能力和经营的稳定性。必要时,公司可以通过发行新股以增加自有资本,从而降低资产负债率。同时,资产负债率的下降可以让公司增加发行债券的额度,筹集到更多的发展资金。

(3)满足证券交易所的上市标准。各国证券交易所都对股票上市做出了严格的规定,如最低的股本数额、最低的市值要求、最低的公众持股比例或符合要求的业绩表现等。一般而言,只有符合标准的股票才可以挂牌上市。规模较小的公司为争取公司股票能在证券交易所挂牌,往往要通过发行新股票来增加总股本或提高市值水平,以满足上市标准。

(4)巩固公司经营权,增加资本以实现扩张。有别于为增加投资而筹资,这种发行出于两个方面的考虑:一是扩张资本是为维护公司经营控制权,做大规模以防止被其他公司兼并;二是谋求与其他公司合并,如换股吸收合并某公司,此时一般要发行新股来支付对价,达到减少竞争对手、扩大市场份额或引进其他公司先进技术等目的。

(5)维护股东直接利益。经营状况良好的股份公司可以将超过规定比例的资本公积金和任意公积金,全部或部分地转化为资本金,并根据增加的资本金额发行相应的股票,这些股票将无偿地交付给股东。另外,还可以将本应分派的现金红利转为股份,发行相应数额的新股票分配给股东,这种股票股息可以使股东从中受益。

(6)为履行衍生工具合约而发行股票。例如,当可转换公司债券的转换请求权生效时,股份公司需向持券人发行新股票,并注销相应的可转换债券。此外,股本权证或类似的股票看涨期权的卖方在履行合约时,也必须向行权者发行新股。

(7)出于其他目的发行新股。例如,进行股票分割以降低股价,从而吸引更多的投资者;又如,上市公司为了被并购,会向并购方的股东发行新股。

(二)与上市公司相关的股票发行类型

1.拟上市公司的首次公开发行

初次发行是指在新组建股份公司、原非股份制企业改制为股份公司或原私人持股公司转变为公众持股公司时,公司首次向市场发行股票的行为。在此情况下,仅第三种情形构成拟上市公司的首次公开发行。首次公开发行(initial public offering,IPO)是指非上市公司首次在证券市场发行股票公开募集资金的行为,一般而言,发行人随后申请股票在交易所挂牌上市,所以 IPO 可以理解为是拟上市公司的首次公开发行。

2.上市公司发行新股

上市公司发行新股是上市公司依照法定程序增加公司资本和股份总数的行为,又称增资发行(seasoned offering)。上市公司增资的方式有:向现有股东配售股份、向不特定对象公开募集、非公开发行股票、可转换公司债券转换为公司股票等。

(1)股东配股,简称配股,是上市公司按股东的持股比例向原股东分配公司的新股认股权,准其优先认购股份的方式。即按旧股一股配售若干新股,以保护原股东的权益及其对公司的控制权。这种新股发行价格往往低于市场价格,事实上是对原股东权益的一种优惠,一般股东都会乐于认购。原股东对公司的配股,没有必须应尽的义务,可以放弃新股认购权,也可以把认购转让给他人,从而形成认购权的交易。

(2)公募增资,简称增发,是上市公司向不特定对象公开募集股份的增资方式。公募增资的目的是向社会公众募集资金,扩大股东人数,分散股权,增强股票的流通性,并可避免股份过分集中。公募增资的股票价格大都以市场价格为基础,是最常见的增资方式。

(3)非公开发行股票,也称私人募集或私下募集、定向发行、第三者配股,是指上市公司向特定对象发行股票的增资方式。认购者可在特定的时间内,按规定的优惠价格优先购买一定数额的股票,公司也可以对认购者的持有期限有所限制。这种发行方式一般在以下情形下采用:当增资金额不足,需要完成增资总额时;当需要巩固原有的交易关系或金融关系,应吸收第三者入股时;当考虑到为防止股权过分集中而希望第三者参与,从而使公司股权分散时。这种增资方式会影响到公司原股东利益,需经股东大会特别批准。

(三)股票发行制度

关于股票的发行审核制度,国际上主要有三种体制,即审批制、注册制和核准制。

1.审批制

审批制的行政干预程度最高,适用于刚起步的资本市场,由于在监管机构审核前已经经过了地方政府或行业主管部门的"选拔",因此审批制对发行人信息披露的要求不高,只需作一般性的信息披露,其发行定价也体现了很强的行政干预特征。

在我国资本市场建立之初,股票发行是一项试点性工作,哪些公司可以发行股票是一个非常敏感的问题,需要有一个通盘考虑和整体计划,也需要由政府对企业加以初步遴选。一是可以对企业有个基本把握,二是为了循序渐进培育市场,平衡复杂的社会关系。再者,当时的市场参与各方还很不成熟,缺乏对资本市场规则、参与主体的权利和义务的深刻认识,因此,实行额度管理是历史的必然选择。

2.核准制

核准制,又称实质审查制,即发行者发行证券,不仅要真实公开全部的可供认购者判断的资料,并且要符合若干实质条件,方可获准发行证券。换言之,证券主管机关有权依《公司法》和《证券法》规定的限制条件,对发行者做出的发行申请及呈报资料作实质性价值审查,发行人获得证券主管机关的批准后,才能发行证券。

核准制的目的是保护投资者利益,便于政府利用公务对证券发行作适当监督。发行证券是公司的团体性行为,发行者发行证券虽公开其发行资料,但并不是每一个投资者都能读懂招股说明书或其他财务资料,即使能够读懂也未必能通盘了解透彻,所以为保护个别投资者的利益不受团体不当行为的损害,政府履行其职责对证券发行作适当监督是必要的。

随着我国资本市场的发展,审批制的弊端显得愈来愈明显。第一,在审批制下,企业选择行政化,资源按行政原则配置。上市企业往往是利益平衡的产物,担负着为地方或部门内其他企业脱贫解困的任务,这使他们难以满足投资者的要求,无法实现股东的愿望;第二,企业规模小,二级市场容易被操纵;第三,证券中介机构职能错位、责任不清,无法实现资本市场的规范发展;第四,一些非经济部门也获得额度,存在买卖额度的现象;第五,行政化的审批在制度上存在较大的寻租行为。因此,1999 年实施的《证券法》对发行监管制度作了改革,其第十五条明确规定:"国务院证券管理机构依照法定条件负责核准股票发行申请。"2000 年 3 月 6 日,《股票发行核准程序》颁布实施,标志着核准制的正式施行。

3.注册制

注册制又称申报制或形式审查制,实行公开管理原则,实质上是一种发行公司的财务公开制度,即政府对发行者发行证券,事先不作实质条件的限制。发行者发行证券时,不但要完全、正确、真实地公开可供认购者判断的资料,而且要通过政府对要件的审查;发行者在申报后一定期间内,若未被政府否定,即可发行证券。

注册制的理论基础是自由主义经济学说,制度基础是高度发达的自治自律的市场经济。它是商品经济长期发展的历史产物。注册制的优点是:简化政府实质审查手续,节省募集资金时间,方便发行者及时募集到其所需资金。但它的弊端是:由于发行手续简便,发行者往往会基于募集自己所求资金的考虑,而做出不利于投资者的行为。

2019 年,在国家监管层的支持下,我国资本市场开设科创板并试点注册制,成为资本市场上颇具意义的一项重大改革。2019 年 12 月 28 日,新修订的《证券法》明确全面推行注册制,从制度上精简优化了证券发行的条件,调整了证券发行的程序,强化了证券发行中的信息披露,规定证券发行注册制的具体范围、实施步骤。这一举措标志着中国资本市场在市场化、法治化道路上又迈出了坚实的一步。

三、债券发行市场

债券是除股票外另一类重要的证券投资工具。在现代经济社会中,其发行规模、数量和交易量都远超其他证券。债券的发行是发行人以借贷资金为目的,依照法律规定的程序向投资人要约发行代表一定债权和兑付条件的债券的法律行为。债券发行是证券发行的重要形式之一。

(一)债券的发行方式

1.定向发行

定向发行又称私募发行、私下发行,即面向少数特定投资者发行。一般由债券发行人与某些机构投资者,如商业银行、证券投资基金、保险公司、信托投资公司等金融机构以及养老保险基金、各类社会保障基金、社会捐赠基金等特定机构直接洽谈发行条件和其他具体发行债券的方式,属于直接发行。我国的国家重点建设债券、财政国债、特种国债等国债均采取定向发售方式。

2.承购包销

它是指发行人与由商业银行、证券公司等大金融机构组成的承销团通过协商条件签订承购包销合同,由承销团分销拟发行债券的发行方式。有的国家建立国债一级自营商制度,具备一定资格条件,经批准的国债一级自营商,有责任包销每次国债发行量的一定比例,再通过各自的市场销售网络开展分销与零售业务。以公募方式发行的公司债,一般也采取承购包销方式。

对于事先已确定发行条件的国债,我国仍采用承购包销方式,目前主要运用于不可上市流通的凭证式国债的发行,主要由商业银行承销并利用银行营业网点分销。

3.招标发行

招标发行是指通过招标方式确定债券承销商和发行条件的发行方式。发行价格(或利率)水平通过投标人的直接竞价确定,发行人将投标人的标价从高价向低价排列,或从低利率向高利率排列,并从高价(或低利率)开始选择,直至满足所需发行的数额。因此,所确定的价格恰好是供求决定的市场价格。

招标发行根据标的物的不同,可分为价格招标、收益率招标和缴款期招标三种形式。

(1)价格招标。它主要用于贴现债券的发行。根据中标规则的不同,又可分为荷兰式招标和美国式招标两种。荷兰式招标是指按招标人所报买价从高向低的顺序中标,直至满足预定发行额为止,中标人以所有中标价格中的最低价格认购中标的债券数额。美国式招标的过程与荷兰式的相似,但是投标人在中标后,分别以各自出价来认购债券。二者的区别是,荷兰式招标是所有中标人以单一价格认购,美国式招标是中标人以多种价格认购。

(2)收益率招标。它主要用于附息债券的发行,同样可以分为荷兰式招标和美国式招标两种形式,原理与价格招标相似。债券的票面利率由投资者以招标方式进行竞争,按照投标人所报的收益率由低到高依次中标,直到满足预定发行额为止。荷兰式招标的中标人以所有中标收益率中的最高收益率认购中标额,美国式招标则以中标人各自报出的收益率认购中标额,并均以各中标人投标收益率的加权平均值作为债券的票面利率。

（3）缴款期招标。它是指在债券的票面利率和发行价格已经确定的条件下,按照承销机构向财政部缴款的先后顺序获得中标权利,直至满足预定发行额为止。根据中标规则不同,也可分为荷兰式招标和美国式招标,前者是各中标商均以单一的最迟缴款日期为中标缴款期,后者是各中标商以各自投标的缴款期为中标缴款期。这一招标形式是我国的创新,曾在国债发行中运用。

我国记账式国债发行以招标方式为主,既有荷兰式招标,也有美国式招标,招标标的为利率、利差和价格,国债承购包销团成员有权参加国债的招投标。

4.直接发售

发行人通过代销方式在证券公司或银行柜台向投资者直接销售。国外的储蓄债券常采用这种方式。

（二）公司债券的发行程序

债券的发行程序因发行债券的种类而有所不同。但在一般情况下,发行者在发行债券之前,均要向证券主管机关提供发行者的有关必要资料,以办理申报注册手续,申报注册的内容主要是填写有价证券申报书。

下面重点介绍发行公司债券的规定和发行程序。

1.对发行规模的规定

公司债券是公司的负债,负债经营是当代股份经济在资产结构上的一个特点。但负债规模过大,就会影响公司的经营活动,增加负债风险。为确保公司能正常生产经营以及保护债权人的利益,各国都对公司债券发行规模有所约束,这个约束一般通过以下几种比率关系体现出来:①债券对公司自有资产的比率。自有资产包括国拨资产、自我积累、股本等。这个比率最高不能超过1。②债券对公司净资产的比率。净资产指公司自有资产与负债之差。这一比率越小越好。③利润能几倍于支付本息的偿还倍率。

2.对债券利率的规定

国家通常规定,公司债券的利率相较于相同期限的银行贷款(或存款)利率,只能高出有限的几个百分点。做出这种规定的目的在于防止公司对其利润做不正当的分配,侵占国家的税收收入。

3.公司债券的发行程序

根据我国《公司法》规定,公司向国务院证券管理机关申请批准发行公司债券,应当提交下列文件:①公司登记证明;②公司章程;③公司债券募集办法;④资产评估报告和验资报告。发行公司债券的申请批准后,应当公告公司债券募集办法。

公司债券募集办法中应载明下列主要事项:①公司名称;②债券总额和债券的票面金额;③债券的利率;④还本付息的期限和方式;④债券发行的起止日期;⑥公司净资产额;⑦已发行的尚未到期的公司债券总额;⑧公司债券的承销机构。

(三)国债的承销程序

1.记账式国债的承销程序

记账式国债是一种无纸化国债,主要通过银行间债券市场向商业银行、保险公司、资格券商、基金管理公司等机构和通过证券交易所的交易系统向券商、企业法人和其他投资者发行。实际运作中,承销商可以选择场内挂牌分销或场外分销两种方法。

(1)场内挂牌分销的程序。承销商在分得包销的国债后,向证券交易所提供一个自营账户作为托管账户,将在证券交易所注册的记账式国债全部托管于该账户中。同时,证券交易所为每一个承销商确定当期国债的承销代码。在此后发行期中的任何交易时间内,承销商按自己的意愿确定挂牌卖出国债的数量和价格,进行分销。投资者通过交易所购买债券,买卖成交后,客户认购的国债自动过户至客户的账户内,并完成国债的认购登记手续。

(2)场外分销的程序。发行期内承销商也可以在场外确定分销商或客户,并在当期国债的上市交易日前向证券交易所申请办理非交易过户。证券交易所根据承销商的要求,将原先注册在承销商账户中的国债依据承销商指定的数量过户至分销商或客户的账户内,完成债券的认购登记手续。国债认购款的支付时间和方式由买卖双方场外协商确定。

2.凭证式国债的承销程序

凭证式国债是一种不可上市流通的储蓄型债券,主要由银行承销,各地财政部门和各国债一级自营商也可参与发行。承销商在分得所承销的国债后,通过各自的代理网点发售。

第五节　证券流通市场

证券流通市场,又称证券次级市场、证券交易市场或二级市场(secondary market),是对已发证券进行再次乃至多次交易的市场。证券流通市场为已发证券提供转手交易的机会,提高了证券的流动性;为投资者提供了投资和变现的机会,还对证券的发行起积极的推动作用。

证券流通市场,包括交易所市场和场外市场两部分。证券上市指的是在证券交易所上市。由于它是建立在发行市场(一级市场)基础上的,所以,证券流通市场又被称为二级市场。相比而言,证券交易市场的结构和交易活动比发行市场复杂,其作用和影响也更大。在世界大多数国家,证券交易中股票交易量最大,成交份额也最多,所以,本节的证券流通市场的内容主要以股票交易为主。

一、证券上市的意义

证券上市是依据一定条件和程序对某种证券赋予在某个证券交易所进行交易的资格。发行股票并上市几乎是所有股份公司的目标。股票上市对发行人和投资者都有好处。当然对于发行人而言,也存在一些不利因素。

(一)证券上市对发行公司的积极意义

1.有利于推动发行公司建立完善、规范的治理结构

股票上市后,公司成为公众公司,公司的股票成为大众的投资对象,有利于实现公司资本的大众化和股权的分散化。上市公司必须充分、及时地披露信息,按时公布公司的经营业绩和财务状况,接受股东和社会监督,促使公司完善法人治理结构,并有利于经营者为实现股东利益最大化而以市场为导向自主运作,不断提高盈利水平。

2.有利于提高发行公司的声誉和影响

股票能够上市并存续,一定是经过了证券交易所和证券监管部门的严格审查或者是经过了证券市场的认可,所以股票上市本身就说明公司的盈利能力、发展前景是被市场接受的。同时,股票上市后,交易信息和公司有关信息通过报纸、广播、电视等媒介不断向公众发布报道,有利于提高公司的知名度和市场影响力,提高公司的市场竞争力。

3.有利于发行公司继续融资

公司上市使得发行公司进入资本快速、连续扩张的通道。股票上市提高了股票的流动性,上市以后股票价格的变动形成了对公司发展状况的评价机制。业绩优良、成长性好的公司股票价格可以保持在一个较高的水平上,使公司能以较低成本继续筹集大量资本,不断扩大经营规模。

4.有利于体现股权财富价值

首先,前期投入的各种资本(包括风险投资)有了理想的变现渠道和退出通道,因为上市证券的流动性大幅提高;其次,一个股份公司实现了上市,其市场认可度迅速上升,有利于原股东股票的价值重估(主要表现为升值)。

(二)证券上市对投资者的积极意义

1.买卖便利

投资者可以随时委托证券经纪人买进和卖出各种证券,并能迅速成交。

2.成交价格公平合理

上市证券的买卖,须经过人数众多的投资者的公开竞争,能充分反映对证券的供应与需求,因此,交易所内的上市证券成交价格远比普通场外市场的成交价格更公平合理。

3.行情公布迅速、规范

证券交易所利用各种传播媒介即时公布上市证券的成交行情,能使投资者迅速

了解行情变化,便于做出投资决策。

4.投资风险小

上市公司的经营状况和财务状况要符合交易所的上市标准要求,上市后须定期披露公司相关信息,证券交易所和证券监管机构对上市公司严加监管等,这些都可以减少投资者的投资风险。

(三)证券上市对发行公司的不利影响

1.证券公开上市后其市场价格的频繁波动会给企业的经营带来消极影响。通常人们总是认为,股市价格能够非常灵敏地反映企业的发展变化和经营水平,因而企业的经营者不得不为维持和提高本企业股票的市场价格而大伤脑筋。其实有些时候股市行情对企业经营状况的反映并不是非常真实的,而扭曲的证券行情还会给企业带来诸多伤害。

2.证券公开上市后,企业控股权将会因此而更加分散,这样,一方面会因为股票经常易手、股东经常易人给企业的经营与发展带来一些影响;另一方面股权的极度分散和股东的经常变化也会给企业的经营决策带来诸多困难,影响企业决策的及时性与灵活性。由此势必造成许多情况下非上市公司可以做到的事上市公司却不能做到,或非上市公司很快能够做到的事而上市公司不能很快做到。

3.证券公开上市后,企业要定期向大众公布企业的内部情况,因此,透明度的提升可能会导致企业的一些机密信息泄露,在高度竞争的现代经济社会中,这无疑会对企业的发展和经营造成不利影响。

4.维持上市的费用对企业是一笔不小的开支。除了上市之前的发行费用、上市之后定期支付给交易所的上市费用,还有包括上市公司聘请会计师事务所定期审计和披露季度、半年、年度财务报告以及影响股价其他重大事项信息披露等在内的各种费用。

表3-2 中国证券市场主板、创业板、科创板上市条件对比

条件 \ 板块		主板	创业板	科创板
	说明	指上海证券交易所和深圳证券交易所的主板	指深圳证券交易所创业板	指上海证券交易所科创板
主体资格	主体定位	主板突出"大盘蓝筹"特色,重点支持业务模式成熟、经营业绩稳定、规模较大,具有行业代表性的优质企业。	创业板深入贯彻创新驱动发展战略,适应发展更多依靠创新、创造、创意的大趋势,主要服务成长型创新创业企业,支持传统产业与新技术、新产业、新业态、新模式深度融合。	科创板面向世界科技前沿,面向经济主战场,面向国家重大需求。优先支持符合国家战略、拥有关键核心技术、科技创新能力突出,主要依靠核心技术开展生产经营,具有稳定的商业模式,市场认可度高,社会形象良好,具有较强成长性的企业。
	经营年报与主体资格	持续经营三年以上的股份有限公司	持续经营三年以上的股份有限公司	持续经营三年以上的股份有限公司
	主营业务	最近三年内没有发生重大不利变化	最近二年内主营业务没有发生重大不利变化	最近二年内主营业务没有发生重大不利变化且最近二年内主要技术人员应当稳定且最近二年内主要技术人员应当稳定
	董事、高级管理人员	最近三年内没有发生重大不利变化	最近两年内没有发生重大不利变化	最近两年内没有发生重大不利变化
	实际控制人	最近三年内没有发生变更	最近两年内没有发生变更	最近两年内没有发生变更

续表

条件＼板块		主板	创业板	科创板
财务与会计	市值及财务会计指标	应当至少符合下列标准中的一项，且最近一年净利润或生的现金流量净额累计不低于1亿元或： （一）最近3年净利润均为正，且最近3年净利润累计不低于1.5亿元，最近一年净利润不低于6000万元，最近3年经营活动产生的现金流量净额累计不低于1亿元或营业收入累计不低于10亿元； （二）预计市值不低于50亿元，且最近一年净利润为正，最近一年营业收入不低于6亿元，最近3年经营活动产生的现金流量净额累计不低于1.5亿元； （三）预计市值不低于80亿元，且最近一年净利润为正，最近一年营业收入不低于8亿元。	应当至少符合下列标准中的一项： （一）最近两年净利润均为正，且累计净利润不低于5000万元； （二）预计市值不低于10亿元，且最近一年净利润为正，最近一年营业收入不低于1亿元； （三）预计市值不低于50亿元，且最近一年营业收入不低于3亿元。	应当至少符合下列上市标准中的一项： （一）预计市值不低于人民币10亿元，最近两年净利润均为正，最近两年净利润累计不低于人民币5000万元，或者预计市值不低于人民币10亿元，最近一年净利润为正且营业收入不低于人民币1亿元； （二）预计市值不低于人民币15亿元，最近一年营业收入不低于人民币2亿元，且最近三年累计研发投入占最近三年累计营业收入的比例不低于15%； （三）预计市值不低于人民币20亿元，最近一年营业收入不低于人民币3亿元，且最近三年经营活动产生的现金流量净额累计不低于人民币1亿元； （四）预计市值不低于人民币30亿元，且最近一年营业收入不低于人民币3亿元； （五）预计市值不低于人民币40亿元，主要业务或产品需经国家有关部门批准，市场空间大，目前已取得阶段性成果。医药行业企业需至少有一项核心产品获准开展二期临床试验，其他符合科创板定位的企业需具备明显的技术优势并满足相应条件。
	股本总额	发行后股本总额不低于5000万元。	发行后股本总额不少于3000万元。	发行后股本总额不低于3000万元。
	股本结构	公开发行的股份达到公司股份总数的25%以上；公司股本总额超过4亿元的，公开发行股份的比例为10%以上。	公开发行的股份达到公司股份总数的25%以上；公司股本总额超过4亿元的，公开发行股份的比例为10%以上。	公开发行的股份达到公司股份总数的25%以上；公司股本总额超过4亿元的，公开发行股份的比例为10%以上。
	备注	根据《首次公开发行股票注册管理办法》（2023年）、《上海证券交易所股票发行上市审核规则》（2023）、《上海证券交易所科创板股票上市规则》（2023）。		《深圳证券交易所股票上市规则》（2023）、《深圳证券交易所创业板股票上市规则》（2023）。

（四）上市公司股票的特别处理

公司上市的资格并不是永久的，当不能满足证券上市条件时，证券监管部门或证券交易所将对该股票作出特别处理、退市风险警示、终止上市的决定。这些做法既是对投资者的警示，也是对上市公司的淘汰机制，是防范和化解证券市场风险、保护投资者利益的重要措施。

上市公司出现财务状况异常或者其他异常情况，导致其股票存在被终止上市的风险，或者投资者难以判断公司前景，投资者权益可能受到损害，存在其他重大风险的，交易所对该公司股票实施风险警示。风险警示分为警示存在终止上市风险的风险警示（以下简称退市风险警示）和警示存在其他重大风险的其他风险警示。上市公司股票被实施退市风险警示的，在公司股票简称前冠以"＊ST"字样，以区别于其他股票。上市公司股票被实施其他风险警示的，在公司股票简称前冠以"ST"字样，以区别于其他股票。被风险警示的上市公司股票价格的日涨跌幅限制为±5％。

二、证券交易所市场

证券流通市场按照组织形式，可分为证券交易所市场和场外交易市场两种类型。其中，证券交易所交易是证券市场集中交易的代表，是证券市场发展到一定阶段的产物。

（一）证券交易所的概念

证券交易所是证券交易市场中有组织、有固定地点，并能够使证券集中、公开、规范交易的场所。

证券交易所是商品经济发展的产物，早在资本原始积累时期就已出现。据记载，比利时的安特卫普和法国的里昂是出现证券交易最早的地区，但真正较早建立起比较正规的证券交易所的还要数荷兰。荷兰的阿姆斯特丹有一座非常著名的桥，它的名字叫"新桥"，初建于1550年，当时，来自世界各地的从事证券买卖的商人汇聚于此，每天进行2~3小时的交易。这些股票交易商在此一起谈论、传递和探寻着各种有关股票的信息，相互讨价还价，寻找着交易对手。但每逢恶劣天气，交易商们就要东躲西藏。于是，1602年，交易商们自行集资建造了阿姆斯特丹证券交易所大厦，专门用于股票交易，它就是世界上的第一个股票交易所。到18世纪，海上贸易和国际金融中心逐渐向伦敦转移，英国逐渐取代荷兰拥有了海外霸权地位，伦敦的证券交易也活跃起来。英国最初的挂牌证券交易是在咖啡馆里进行的，所以英国的第一家证券交易所是于1773年在伦敦的"乔纳森咖啡馆"成立的。但是当时的证券交易主要对象是债券，股票交易数量较少。美国早期的证券交易也是在马路边的梧桐树下进行的，直到1792年5月17日24位证券人签订了《梧桐树协议》，才算正式成立了证券交易所，即今天世界上著名的纽约证券交易所的前身。

证券交易所产生初期采用的是投资者之间集市般的讨价还价制度，1612年，来自欧洲各国的投资者让新落成的阿姆斯特丹证券交易所显得越来越拥挤。于是,一种新的交易方式也就随之诞生。300名最具信誉的人被推举出来,他们作为投资者的代理人进到交易所里面进行交易,而这300位代理人也被称为经纪人。经纪人制度的出现,使市场信息集中到了经纪人身上,而每一位投资人又能通过经纪人了解到市场信息。这样就缩短了交易时间,提高了市场效率。

在证券交易所近400年的发展历程中,经历了若干次质的飞跃,从集市般的讨价还价到经纪人制度的出现,从电子化的改革到互联网的应用,但无论怎样变化,提高市场效率,降低交易成本,使参与者更加广泛、市场信息更加透明、竞争更加充分,使整个社会资源的配置更加迅捷、更加有效,都是证券交易所发展历史轨迹中永远不变的理念。

(二)证券交易所的组织形式

证券交易所的组织形式一般分为公司制和会员制两种。

1.公司制

公司制证券交易所是按照股份制原则设立的,由股东出资组成的组织,是以营利为目的的法人团体。公司制交易所的特点是:证券交易所本身不参加证券买卖,只为证券经纪商提供交易场地、设施和服务,以便证券交易的完成。公司制证券交易所的最高决策管理机构是董事会,董事和监事由股东大会选举产生。

交易所由注册合格的证券商进场买卖证券,证券商与交易所签订合同,并缴纳营业保证金,同时交易所收取证券成交的佣金。公司制证券交易所的优点是:既能提供比较完善的设备和服务,又能保证证券交易的公正性。因为在采取公司制的证券交易所中,交易所本身不允许参加证券交易,这就为证券交易价格的公正性提供了基本保证。公司制证券交易所的缺点是:由于交易所的设立是以营利为目的的,交易所的收入主要靠证券成交价格一定百分比收取佣金,而且一般收费较高,所以对于证券交易者来说,费用成本较高。

2.会员制

会员制的证券交易所是一个由会员自愿出资共同组成的、不以营利为目的的法人团体。会员制交易所的会员必须是出资的证券经纪人或自营商,只有会员才有资格进场参加证券交易。会员制证券交易所由会员来共同经营,会员与交易所不是合同关系,而是自治和自律关系,这是会员制证券交易所与公司制证券交易所的最大区别。会员制证券交易所的最高决策管理机构是理事会,理事会成员由会员选举产生。会员制交易所的会员需严格遵守交易所制定的规章制度,在交易所内进行交易活动。对于违反法令或内部规定的行为,交易所将依法依规给予严厉惩处。会员制交易所的优势主要体现在以下两方面:首先,由于其不以营利为主要目的,因此所收取的证券交易成交佣金相对较低;其次,会员制交易所内部实行严格的自律机制,各会员需严格约束自身行为,并相互监督,从而形成了较强的会员责任感。其缺点是:会员制证券交易所内买卖双方需自担交易责任,不能取得交易所的赔偿,风险较大。

大多数西方国家都是采用会员制建立证券交易所,如美国的纽约证券交易所就是按会员制建立的证券交易所。我国上海、深圳两家证券交易所也都是采用会员制建立的证券交易所。

20 世纪 90 年代以来,为了在激烈的市场竞争中占据优势地位,交易所开始探索改变原有的自治自律互助式会员制模式,这已成为一种现实的发展趋势。

(三)证券交易所的特征

证券交易所作为各种证券公开买卖的场所,作为有组织、有固定地点的证券交易市场,一般具有如下三个特点:

1.证券交易所本身既不持有证券,也不买卖证券,更不能决定各种证券的价格。它只是为证券的买卖双方的证券交易提供服务、创造条件,并对双方的交易行为进行监督。证券交易价格由证券买卖双方以公开竞价的方式决定。

2.证券交易所是证券买卖完全公开的市场。它要求所有申请上市的证券发行者必须定期、真实、准确地公开其经营状况和财务信息。它自身也定期公布各种证券的行情表和统计表,以便投资者迅速选择投资目标,使证券持有者决定保留还是转让证券。交易所还会实时公布股票价格指数,投资者可据此对证券市场行情的发展趋势进行预测。

3.证券交易所具有严格的组织性,有专门的立法和规章制度。各国均明确规定,唯有证券商经纪人方有资格代理买卖双方进入交易所参与交易,而一般投资者则无法直接进场交易。交易所对成交价格、成交单位以及成交后的结算流程均有严格的规定,并对交易所内部人员实施严格的监管。对于利用内部情报操纵价格、实施垄断等违法违规行为,交易所将依据相关规定予以严厉惩处。

(四)证券交易所市场的交易方式

在世界各国的证券交易业务中,证券交易的方法多种多样、应有尽有。

1.按照证券价格形成的方式划分

按照证券价格形成的方式划分,证券交易可分为相对买卖方式交易、拍卖标购方式交易和竞价买卖方式交易。

(1)相对买卖。相对买卖是指一个买主面对一个卖主的交易方式。这种交易方式在商务交易中多被采用,它是一种比较原始的交易方式。采用这种交易方式,买方或卖方根据各自的标准选择合适的买卖对象,通过价格谈判达成交易合同,直至合同的履行。这种交易方式也多被运用到证券交易业务中,但是在证券交易所中运用较少,而大量地被运用在场外交易市场中。由于采用这种交易方式进行证券买卖只是通过一对一讨价还价来形成证券交易的价格,因而这一价格很难说是公平、合理的市场价格,当然也无法形成市场的均衡价格。

(2)拍卖标购。拍卖标购是指一个买主对多个卖主或一个卖主对多个买主的交易方式。在这种交易方式下,不仅存在着买主与买主之间的竞争,而且存在着买主内部之间或卖主内部之间的竞争。在一个卖主对多个买主的证券交易中,买主们为了实现自己的买入计划,必然竞相提出高于他人的价格,这样卖主就与出价最高的买主达成交易,这种交易方式也称作"拍卖"。在一个买主对多个卖主的证券交易中,卖主们为了实现自己的卖出计划,必然竞相报出低于他人的出售价格,这样买主就与出价最低的卖主达成交易,这种交易方式也称作"标购"。无论是拍卖还是标购,都是通过多个买主或卖主的竞争来产生证券的买卖价格,因此它对于证券价格的公平合理性具有一定的积极意义。

(3)竞价买卖。竞价买卖是指多个买主对多个卖主的交易方式,它是证券交易所中采用最为普遍的一种证券买卖方式。竞价买卖把全国或整个地区的证券供求都集中在证券交易所中,使多个买主与多个卖主聚集在一起相互竞价,以实现出价最高的买主与报价最低的卖主达成交易。由于这种交易方式集中了多数的买主和多数的卖主,并以相互竞价的方式达成交易,因而它对于确定证券公平、合理的价格具有更可靠的保证。竞价买卖交易方式根据证券价格的决定方法又可分为两类:一类是单一成交价格的竞价买卖;另一类是复数成交价格的竞价买卖。

2.按照交易形式划分

按照交易形式划分,证券交易可分为现货交易、信用交易、期货交易、期权交易等。其中,现货交易是最基本的交易方式。信用交易采用保证金方式的现货交易,而期货和期权交易则为衍生金融工具交易。

(1)现货交易。证券的现货交易是指证券买卖成交后即时履行合同的交易方式。也就是说,实行现货交易的买卖双方达成交易合同后,买方要立即向卖方支付价款,卖方要立即向买方交付证券。现货交易原则上要求成交后立即办理清算交割手续,但由于技术上的限制,实际上很难完全做到这样,因此许多证券交易所都根据不同情况采取了一些变通的做法,规定可以在一定的期限内办理交割。例如,美国纽约证券交易所规定在成交后的第五个营业日办理完交割;日本东京证券交易所规定在成交后的第四个营业日办理完交割。现货交易有以下几个显著的特点:第一,成交和交割基本上同时进行。第二,是实物交易,即卖方必须实实在在地向买方转移证券,没有对冲。第三,在交割时,买方必须向卖方支付现款。由于在早期的证券交易中大量使用现金,所以,现货交易又被称为现金现货交易。第四,交易技术简单,易于操作,便于管理。一般来说,现货交易属于一种投资行为,它反映了购买者进行长期投资的意愿。

(2)信用交易。证券的信用交易又称融资融券交易、保证金交易。它是指证券买卖者通过交付一定数量的保证金得到经纪人的信用而进行证券买卖行为。通常保证金的比例大多在30%左右。证券的信用交易也分为两种:一种是"融资",也称"保证金买长";另一种是"融券",也称"保证金卖短"。

信用交易对客户来说最主要的好处是:首先,客户能够超出自身所拥有的资金力量进行大宗交易,甚至使得手头没有任何证券的客户从证券公司借入,也可以从事证券买卖,这样就大大便利了客户。其次,具有较大的杠杆作用。这是指信用交易能给客户以较少的成本，获取较大的利润的机会。信用交易的弊端主要是风险较大。

（3）期货交易。证券的期货交易是指已成交的证券在未来某一日按照合同规定进行清算和交割的证券交易方式。在期货交易中，证券买卖双方先签订买卖合同，就买卖证券的种类、数量、成交价格以及交割时间达成协议，买卖双方在合同规定的交割日期才正式办理交割手续。在达成交易时，卖方并不真正地交付证券，买方也不当时就付款，只有到了规定的交割日，卖方才交出证券，买方才支付价款。由于期货交易是要按预期价格结算的，在交割时，如果证券价格上涨，买方则可大获其利；反之，如果价格下跌，则卖方就能获利。由此可见，证券的期货交易是证券交易活动中进行期货保值或投机获利的一种方法。

（4）期权交易。证券的期权交易又称选择权交易，它是指证券投资者事先支付一定的费用，取得一种可按既定价格买卖某种证券的权利。证券的期权交易不同于期货交易，其交易对象不是证券本身，而是一种权利，购买期权者可以在规定的期限内行使这个权利，买进或卖出证券，也可以到期不执行这一权利，任其作废；而对于出售期权的专门的证券商来说，则必须按规定出售或购进证券。证券的期权交易因买卖关系不同又可分为"看涨期权"和"看跌期权"两种。

（五）证券交易所的功能

1.保证证券市场运行的连续性，实现资金的有效配置

在证券交易所里，由于集中了大规模的投资者，所以市场上既有小额的买进卖出，也可进行大宗交易。由于供求高度集中，在交易所开市期间，各类交易可迅速成交，每日的成交价格也不会涨落过大，这便是所谓证券市场的连续性。市场的连续性与证券市场的能力是紧密相关的，凡买卖迅速且能在某一价格变动范围内完成大量交易者，就是市场能力较强的证券。由于证券交易所是各种股票和债券转让、买卖的集中地，工商企业可通过它发行和出售股票以筹集生产资金，社会各阶层成员可通过买卖证券获得收益，因而不仅能满足储蓄与投资双方的需要，而且能把社会各阶层的闲散资金广泛动员起来用于长期投资。另外，在交易所内，交易者对价格极为敏感，当某些企业盈利甚多时，会导致资金大量流入，从而促进企业高速成长；而经营不善、利润下降的企业，股价则出现下跌情况。此外，由于交易者还特别关注企业盈利潜力和前景，因此当某些新兴产业出现后，其良好的发展前途和盈利前景会吸引大量资金，从而加速这些新兴产业的发展。

2.证券交易所能够较正确地反映出股票的供求关系

这是通过股票价格来表明的。股票交易集中在交易所内进行，股票的价格便能在很大程度上显示各种股票的优劣。如果股票交易是分散在不同的地点、不同的时间里进行的，那么，各种偶然因素必然扭曲股票的优劣表现。因此，资金的流动也就不可能正确地反映社会的需求。由于证券交易所能够维持证券的市场能力，创造连续市场，因而在充分竞争条件下，通过买者和卖者之间的竞争，证券交易所可以形成公平合理的价格。同时，由于证券交易所的经纪商对证券的收益能力有深入了解，他

们能够帮助一般投资者避免因不熟悉投资业务而盲目买卖,从而防止证券价格与真实价值发生过大偏离的状况。

3.减少证券投资风险

证券交易所为证券持有者提供了在需要时随时进行投资或资金回收的便利,从而降低了投资者持有证券的风险,因此,投资者更愿意通过购买有价证券,将其资本投入国家和企业的生产建设之中。这样就可以把原来分散的短期资金集中为大量的长期资金,并通过证券交易所分配给国民经济各部门和国家财政使用。同时,证券交易所和整个信用制度也是密切联系的。各种有价证券的发行,可以使短期的信用资金投入到有价证券,即转成了长期的信用资金。

4.证券交易所是调节资金市场的一种有效机制,是反映市场经济运行状态的晴雨表

(1)人们购买股票主要是考虑股票所带来的收益,而股票收益好坏则由企业的经营状况决定。一家公司要集资就必须把本公司的资产、业绩和盈利前景公布于众。如果一种股票的收益高,人们就会大量购买;反之则无人购买,生产难以为继。这样就促使社会资金向有发展前景的部门和企业流动,从而提高社会资金的使用效率,起到资金流向的调节作用。某一企业经营的好坏、社会公众对该企业前景的判断、经济领域内任何其他风吹草动及政治谣言、自然灾害等等,都能很快从证券交易所价格的涨跌反映出来。

(2)证券交易所能直接或间接反映出一国货币供给量的变动。尤其当一国出现货币紧缩或松动时,证券交易所的价格就会剧烈波动,因而它又是反映一国金融形势的灵敏的温度计。

(3)由于有大量证券在交易所内交易,人们能了解各种股票、债券的状况及金融投资机会,交易者通过彼此互相买卖,还可互相了解各企业的有关情况。

四、场外交易市场

场外交易市场(over the counter market,OTC),是证券交易所以外的证券交易市场的总称,是分散的、非组织化的市场。从广泛的含义上讲,场外交易市场又包括:店头市场、第三市场、第四市场。

(一)店头市场

店头市场又称"证券商柜台买卖市场",是证券市场的一个独特形式,其基本含义是证券经纪人或证券自营商把未在证券交易所上市的证券,有时也包括部分已上市证券直接与顾客进行买卖的市场。店头市场一般具有如下几个特点:

1.从设施上看,店头市场没有大型证券交易所设立的中央市场,但个别店头市场也有不小的规模和场面。例如美国,规模大小不等的店头市场遍布于全国各地,规模大的店头市场经营证券多达数百种,同全国3 000多家证券自营商建有业务联系,并

装有现代化的电子通信设备;而规模小的店头市场只有一两间门面,营业人员只有几人。

2.从价格形成方式上看,它不像证券交易所那样通过充分竞价方式得出证券行市,并根据买卖交易情况不断变化。店头市场只提供协议价格,也就是证券自营商买卖双方之间或客户与自营商买卖之间协商的价格。

3.从价格水平上看,一般按净价基础进行交易。所谓净价就是指不包括佣金的证券价格。但这并不意味着证券商不赚钱,因为他卖出证券的价格一般都高于进价,而他买进的价格一般也略低于卖价。

(二)第三市场

第三市场(third market)是指证券在交易所上市却在场外市场进行交易的市场。在 20 世纪 70 年代以前,证券交易所法令规定:凡是在交易所上市的证券交易都要在交易所进行,只有属于交易所组织成员的证券商、经纪人才能在交易所内代客或自行买卖证券,同时买卖这些证券还实行固定佣金制,不允许任意降低佣金的标准。凡是在证券交易所挂牌上市的证券一般都是信誉好、收益高、畅销的证券,但由于最低佣金的限制,交易的费用就比较高,这对大量交易者很不利。在此情况下,就容易出现挂牌上市证券流出证券交易所,由非交易所成员的经纪人在场外进行交易,以减轻大额交易费用的负担情况。1972 年,纽约证券交易所允许对 30 万美元以上的订单实行协议佣金制,这样大额交易就形成了一个专门的市场,人们将其称为"第三市场"。第三市场的出现和迅速发展,反映了 20 世纪 70 年代以来证券市场的三大变化:一是证券交易特别是股票交易日趋分散化、多样化和成交额不断扩大;二是机构投资者在证券市场上的投资比重明显上升,如各种投资公司、年金和基金会、保险公司、互助储蓄等机构大量购买和持有各种股票和证券,据统计,它们的持有量已占发行总额的半数;三是强化了证券业务的竞争性,其结果是促使交易所,尤其是老资格的交易所的改革。

(三)第四市场

第四市场(fourth market)是指投资者之间直接交易在交易所上市的证券,无证券商、经纪人介入的证券交易市场,是不用支付佣金的市场。由于电子通信网(electronic communication network,ECN)的出现,第四市场特有的投资者之间的直接交易近年来急剧增加。ECN 既可以代替如纽约证券交易所那样的正式证券交易所,也可以代替纳斯达克那样的做市券商市场进行证券交易。这种网络可以让其成员张贴买入和卖出报价,同时系统将这一报价与其他交易者的报价进行比对,找出相符者。由于直接比对消除了其他交易方式中会出现的买卖价差,交易的双方都将因此受益(交易者无须承受通常是高额的买卖价差,而只需为每笔交易或每股交易支付很少的费用)。早期的 ECN 仅供大机构交易者使用。像美国私营自动交易系统 Instinet 和 Posit 这样的系统不仅可以节约交易成本,还可以给这些大交易者更大的安全隐蔽性,这是其他方式所无法比拟的。这一点对大交易者很重要,因为他们不希望公开暴露即将进行的大宗股票买卖,以免导致股价在他们进行交易之前发生变化。Posit 系统除了可进行单只股票交易外,还支持股票组合的交易。目前,小投资者通常不直接进入 ECN 系统,他们可以通过经纪人发布报价。

第六节 股票价格指数

由于经济、技术、市场、政治等种种因素的影响,股票价格经常处于变动之中。为了能够及时、准确地反映出这种变化趋势,世界各大金融市场都编制或参考编制股票价格指数,将某一时点上成千上万种此起彼落的股票价格表现为一个综合指标,代表该股票市场一定标准的价格水平和变动情况。一般用股价平均数和股价指数两种方法。

一、股价平均数

股价平均数反映股票市场上多种股票价格的一般或平均水平。股价平均数均以具体金额表示,通过不同时期股价平均数的比较,可以显示股票价格在不同时期的涨跌状态。此外,股价平均数也是编制股票价格指数的依据。其基本计算方法是:

(一)简单算术平均数

把采样股票的总价格平均分配到采样股票上,从市场上每种采样股票中拿出一股,将其收盘价格相加,再除以采样股数,得出的商便是股价平均数。其计算公式为:

$$股价平均数 = \frac{采样股票总价格}{采样股票数} = \frac{P_1 + P_2 + P_3 + \cdots + P_n}{n} = \frac{\sum\limits_{i=1}^{n} P_i}{n}$$

例 3-1

假设某股市采样的股票为 A、B、C、D 四种,在某一交易日的收盘价分别为 10 元、15 元、25 元、30 元,试计算该市场股价平均数。

$$股价平均数 = \frac{10 + 15 + 25 + 30}{4} = 20（元）$$

股价平均数一般分为当日股价平均数、6 日股价平均数和 10 日股价平均数,它们的具体计算方法是:

$$6 日股价平均数 = \frac{当日股价平均数 + 前 5 日股价平均数}{6}$$

$$10 日股价平均数 = \frac{当日股价平均数 + 前 9 日股价平均数}{10}$$

　　世界上第一个股票价格指数——道·琼斯股票价格平均指数在 1928 年 10 月 1 日以前就是使用简单算术平均数法计算的。简单算术平均数法的优点是计算起来简单易懂。其不足之处有两个方面：①计算时未考虑权数。例如，上述 A、B、C、D 四种股票的发行量或交易量各异，它们对股市影响也不相同。②当样本股票发生股票分割、派发红股、增资等情况时，股价平均数会发生不合理的下跌，使时间序列前后的比较发生困难。比如，如果上述 D 股票发生 1 股拆为 3 股的情况，股价势必从 30 元下降为 10 元，这里的平均数就不是按上面计算得出的 20 元，而是下跌为 15 元（这里不考虑其他影响股价变动的因素），这显然不符合平均数作为反映股价变动指标的要求，因此，出现拆股等股权变动时，平均数必须做调整。

（二）调整平均数

　　为克服拆股后平均数发生不合理下降的弊端，要对原数值进行修正。一般采用两种方法：调整除数，调整股价。

　　1.调整除数即把原来的除数调整为新除数。在前面的例子中除数是 4，经调整后的新除数应是：

$$新的除数 = \frac{拆股后的总价格}{拆股前的平均数} = \frac{10+15+25+10}{20} = 3$$

　　将新的除数代入下式中，则：

$$股价平均数 = \frac{拆股后的总股价}{新的除数} = \frac{10+15+25+10}{3} = 20（元）$$

　　这样得出的平均数与未拆股时计算的一样，股价水平也不会因拆股而变动，道·琼斯股价平均指数在发生拆股时就采用此法进行调整。

　　2.调整股价即将拆股后的股价还原成拆股前的股价。其方法是：设 D 股股价拆股前是 P_n，拆股后新增股份为 R，股价为 P'_n，则：

$$调整股价平均数 = \frac{P_1 + P_2 + P_3 + (1+R)P'_4}{n}$$

$$= \frac{10+15+25+10(1+2)}{4}$$

$$= 20（元）$$

　　随着市场的不断发展完善，平均数的计算也有采用几何平均法和加权平均法。

二、股票价格指数的编制

　　由于股价平均数是以具体金额表示的，从中不能看出股票价格的波动幅度。为了弥补股价平均数的这个缺点，于是产生了股票价格指数。最早研究股价指数的人是美国道·琼斯公司的创始人之一的查尔斯·亨利·道，至今已有 100 多年的历史。目前，很多国家都有专门编制股价指数的机构，并形成了具有权威性的股价指数。随着股票市场的发展，股价指数的作用亦更加突出，它不仅是反映股市动态情况的重要指标,也是股票投资者从事投资的不可缺少的信息,而且还成为反映一国经济情况的"晴雨表"。

(一)股票价格指数的概念及基本公式

股票价格指数(stock price index)是表明股票市场价格水平变动的相对数,它以某个时期的价格水平与另一个时期的价格水平对比为前提。作为对比基础的价格时期叫作基期,与之进行对比的价格时期叫作报告期。通常是报告期的股价与选定的基础价格相比,并将二者的比值再乘以基期的指数值,即为该报告期的股价指数。其基本计算方法是:

$$股票价格指数 = \frac{报告期的股价平均水平}{基期股价平均水平} \times 100$$

股票价格指数能及时全面地反映市场上股票价格水平的变动,从它的上涨或下跌可以看出股票市场价格变化的趋势,同时也能从一个侧面灵敏地反映国家经济、政治的发展变化情况。股票价格指数的作用远远超过一般统计数字。一般认为股票价格指数是经济的晴雨表,股价指数上涨时,经济、政治形势看好;指数下跌时,经济、政治形势看淡。因此,认真研究股票价格指数,对于投资者进行股票投资,对于政府官员、研究人员研究一个国家经济发展现状和趋势,都具有很重要的意义。

(二)股票价格指数的编制方法

世界各地的股票市场都有自己独特的价格指数,尽管这些股价指数各有特点,但其编制原理大致相同,主要经过如下几个步骤:

1.选取有代表性的公司股票作为计算对象

一般机构计算股票指数并不是把所有上市公司的股票价格都加以平均,因为上市公司可能数量很多,并且在各自市场中的作用也不尽相同。全部加以计算一是工作量大,二是没有必要,一般都是选取具有代表性的较大公司的股票。这些大公司股票的市场价值占全部股票市场价值较大部分,据此计算的股票价格指数更能反映整个市场情况。

2.采用一定的计算方法将选取的公司股票的市场价格加以平均化

计算股价平均数的方法应具有高度的适应性,能对不断变化的股市行情做出相应的调整和修正,使股票价格平均数具有较好的敏感性。

3.确定股价指数的基期和基期指数值

在计算股价指数时需选好基期,基期应该有较好的代表性和均衡性,基期只有定得合理才有可比性。例如,道·琼斯股价平均指数是以 1928 年 10 月 1 日为基期,令基期的股票价格作为 100。

4.确定股价指数

运用科学的计算公式将以后每期的平均价格都与基期平均价格进行比较,就可求出股价指数。

(三)股价指数的计算

股价指数计算的方法主要有四种:相对法、综合法、加权综合法、几何加权法。

1.相对法

相对法又称平均法,就是先计算各个采样股票的相对股价指数,再加总求算术平均数其计算公式为:

$$股票价格指数 = \frac{1}{n}\sum_{i=1}^{n}\frac{P_{1i}}{P_{0i}}\times 100$$

例 3-2

现假定某股市采样股取四只,四只股票的交易资料如表 3-3 所示。

表 3-3 采样股交易资料表

样本	市价(元)		交易量(万股)		发行量(万股)	
	基期	报告期	基期	报告期	基期	报告期
A	5	8	1 000	1 500	3 000	5 000
B	8	12	500	900	6 000	6 000
C	10	14	1 200	700	5 000	6 000
D	15	18	600	800	7 000	10 000

将表中数字代入公式,得:

$$报告期股价指数 = \frac{1}{4}\left(\frac{8}{5}+\frac{12}{8}+\frac{14}{10}+\frac{18}{15}\right)\times 100 = \frac{5.7}{4} = 142.50$$

该计算结果说明报告期的股价比基期股价上升了 42.5 个百分点。

2.综合法

综合法即分别将基期和报告期的股价加总后,再用报告期股价总额与基期股价总额相比较。其计算公式为:

$$报告期股价指数 = \frac{\sum_{i=1}^{n}P_{1i}}{\sum_{i=1}^{n}P_{0i}}\times 100$$

代入表 3-3 中的数字得:

$$报告期的股价指数 = \frac{8+12+14+18}{5+8+10+15}\times 100 = \frac{52}{38}\times 100 = 136.80$$

即报告期的股价比基期上升了 36.8 个百分点。

从平均法和综合法计算的股价指数来看,两者都未考虑到由于各种采样股票的发行量和交易量的不同,而对整个股市股价的影响不一样等因素,因此,计算出来的指数亦不够准确。

3.加权综合法

为了使股价指数计算精确,则需要对各个样本股票的相对重要性予以加权,这个权数可以是成交股数,也可以是股票发行量;按时间划分,权数可以是基期权数,也可以是报告期权数。

以基期成交股数(或发行股数)为权数的指数称为拉氏指数,即拉斯拜尔指数(Laspeyres Index)。拉氏指数采用基期固定权数加权,当权数决定后便无须变动,计算较为方便,一般经济价格指数多采用这种方法,但当样本股变更或数量变化后,就不再适用了。

拉氏指数计算公式为:

$$报告期股价指数 = \frac{\sum\limits_{i=1}^{n}P_{1i}Q_{0i}}{\sum\limits_{i=1}^{n}P_{0i}Q_{0i}} \times 100$$

式中,Q_{0i}为基期第 i 只股票的发行量或交易量。

以报告期成交股数(或发行股数)为权数的指数称为派氏指数(Passche Index)。这一方法计算复杂,但是适用性较强,特别是在以发行量为权数计算股价指数,在发生股票分割、派送股票股息和增资配股时,一方面股价下降,另一方面股数增加,而计算期的股票市值并没有发生变化,所以不需要进行调整,虽然基期市值需要修正,但是计算相对简单。此外,派氏指数比较精确,具有很高的连续性。目前世界上大多数股票指数,包括标准普尔指数、纽约证券交易所的综合股价指数等都是采用以发行量为权数的派氏指数。其计算公式为:

$$报告期股价指数 = \frac{\sum\limits_{i=1}^{n}P_{1i}Q_{1i}}{\sum\limits_{i=1}^{n}P_{0i}Q_{1i}} \times 100$$

式中,Q_{1i}为报告期第 i 只股票的发行量或交易量。

以报告期交易为权数,将表 3-3 的有关数字代入公式中,则:

$$加权法指数 = \frac{8 \times 1\,500 + 12 \times 900 + 14 \times 700 + 18 \times 800}{5 \times 1\,500 + 8 \times 900 + 10 \times 700 + 15 \times 800} \times 100 = 139.465$$

表明报告期比基期股价指数上升了 39.465 个百分点。由于它是加权计算的,比平均法计算出来的指数更能准确反映股票市场的价格变动情况。

4.几何加权法

几何加权法也称费雪理想公式(Fisher's Index Formula),是对上述两种指数的几何平均。而此公式最大的缺点是样本股票增资除权(用除权数去除增资时的拆股认购权)时,修正起来很困难,也很麻烦,因而在实际中很少被采用。其计算公式为:

$$几何加权股价指数 = \sqrt{\frac{\sum\limits_{i=1}^{n}P_{1i}Q_{0i}}{\sum\limits_{i=1}^{n}P_{0i}Q_{0i}} \times \frac{\sum\limits_{i=1}^{n}P_{1i}Q_{1i}}{\sum\limits_{i=1}^{n}P_{0i}Q_{1i}}} \times 100$$

三、世界著名股票价格指数

(一)道·琼斯股票平均价格指数

道·琼斯股票价格平均指数简称道·琼斯指数、道·琼斯股票价格平均指数,或道·琼斯指数,是世界上影响最大的股票价格指数。它是在 1884 年 7 月 3 日由道·琼斯公司创始人查理斯·道开始编制的,其最初的股票价格平均数是根据 11 种具有代表性的铁路公司的股票,采用算术平均法编制而成的,发表在查理斯·道自己编辑出版的《每日通讯》上。以后样本股数逐渐增加,而且扩大到其他行业。目前这个平均数已经变动过四次:1897 年股票由 11 种增至 32 种;1916 年增至 40 种;1928 年增至 50 种;1958 年定为 65 种,直到今天。其所选用的代表性公司股票涉及工业、运输业、公用事业等所有重要行业。

道·琼斯股票价格平均指数共分四组,即:

1.道·琼斯工业平均数(Dow Jones Industrial Average)。这是由美国 30 家最有影响力的大工业公司的股票组成的股票价格指数,如埃克森石油公司、通用汽车公司和美国钢铁公司等。这一价格指数基本上能反映股票市场价格变动情况,因而常为世界各大报刊、电台、电视台所引用。

2.道·琼斯运输业平均数。计算这个平均数选用了 20 种有代表性的运输公司的股票,涉及铁路、航空、轮船等各方面。这个平均数大致上能客观地反映出运输业股票价格行情变化情况。

3.道·琼斯公用事业平均数。计算这个平均数选取了美国 15 家公用事业公司的上市股票,如美国电力公司等。

4.道·琼斯股票平均价格综合指数。这是由前三组合计的 65 家公司所有股票价格综合计算出来的,这一指标更能反映整个股票市场的变化情况。

(二)标准普尔公司股票价格指数

标准普尔公司股票价格指数(Standard & Poor's 500 Index)是由美国最大的证券研究机构——标准普尔公司在 1923 年开始编制发布的股价指数。标准普尔股票价格指数以 1941 年至 1943 年采样股票的平均市价作为基期,基期指数值为 100,然后将所有采样股票以上市数量作权数加权平均计算。其计算公式为:

$$股票价格指数 = \frac{\sum_{i=1}^{n} P_{1i}Q_{1i}}{\sum_{i=1}^{n} P_{0i}Q_{0i}(3 \text{ 年的平均数})} \times 100$$

道·琼斯股票价格平均指数仅仅代表最大的公司的股票价格,而市场上各种股票包括上等股票、中等股票和较差的股票,股价变动并不一致,所以,道·琼斯股票价格平均指数不能充分反映股票价格变动的全貌。而标准普尔股票价格指数由于是根据纽约证券交易所中当时大约 90％的普通股票价格计算出来的,所以具有更好的代表性,并且该指数采用加权平均法进行计算,精确度较高,具有较好的连续性,因此,比较合理地反映了股市的走势。

比较起来,道·琼斯工业股票指数对股价的短期走势具有一定的敏感性,而标准普尔混合指数用于分析股价的长期走势,则较为可靠。从对股票市场价格分析研究的角度,一些证券专家和经济学家偏向采用标准普尔指数,而从实用的角度,大多数证券公司和投资者则喜欢采用道·琼斯指数。

(三)纽约证券交易所普通股票价格指数

1966 年 6 月,纽约证券交易所开始公布它自己的普通股票价格指数。该指数的计算方法是把在纽约证券交易所交易的 1 570 种普通股票按价格高低分开排列起来,然后分别计算金融、运输、公用事业和工业股票四种指数:①工业股票价格指数由 1 903 种工业股票组成;②金融业股票指数由投资公司、储蓄贷款协会、分期付款融资公司、商业银行、保险公司和不动产等公司的 223 种股票组成;③运输业股票指数包括铁路、航空、轮船、汽车等公司的 65 种股票;④公用事业股票指数包括电报电话公司、煤气公司、电力公司和邮电公司等的 189 种股票组成。

该指数的计算方法和调整方法与标准普尔股价指数相同,不同的只是基期的确定时间和基期指数值。该指数以 1965 年 12 月 31 日为基期,基期指数值确定为 50。该指数可以全面、及时地反映股票市场活动的综合情况,较受投资者欢迎。

(四)美国纳斯达克指数

纳斯达克指数(NASDAQ Index)是反映纳斯达克证券市场行情变化的股票价格指数。

纳斯达克是美国证券交易商协会于 1968 年着手创建的自动报价系统的简称。它的特点是收集和发布场外交易市场非上市股票的证券商报价。1971 年 2 月 8 日,纳斯达克市场设立,那一天纳斯达克系统为 2 400 只优质的场外交易(OTC)股票提供实时的买卖报价。在以前,这些不在主板上市的股票报价是由主要交易商和持有详细名单的经纪人公司提供的。目前,纳斯达克连接着全国 500 多家造市商的终端,形成了计算机系统中心。纳斯达克的上市公司涵盖所有新技术行业,包括软件和计算机、电信、生物技术、零售和批发贸易等,现有的上市公司有 5 200 多家,已经成为全球最大的证券交易市场。纳斯达克又是全世界第一个采用电子交易的股市,它在 55 个国家和地区设有 26 万多个计算机销售终端。

纳斯达克指数的编制方法是所有在纳斯达克交易的股票的资产加权指数,以 1971 年 2 月 8 日第一个交易日为基准日,最初的基本指数值设为 100。

(五)英国金融时报指数

英国金融时报指数是《金融时报》工商业普通股票平均价格指数(Financial Times Industrial Ordinary Index)的简称,它是由英国金融界著名报纸《金融时报》编制并公布的,是伦敦股票市场最权威的股票指数,采用算术平均法计算。该股票指数包括三个股票指数:30 种股票指数、100 种股票指数、500 种股票指数。通常采用的金融时报指数是指第一种股票指数,它采用 30 家有代表性的工业和商业大公司股票编制而成,以灵敏反应英国股市动向著称。该指数以 1935 年 7 月 1 日作为基期,将基期指数值定为 100。

(六)日经股价指数

日经股价指数又称日经道·琼斯平均股价指数(Nikkei 225 Index),是日本经济新闻社股票平均价格指数的简称。它是由日本经济新闻社编制发布的,在日本股票市场上最具有代表性的股价指数。该指数开始发布于 1950 年 9 月,计算方法采用的是美国道·琼斯指数所用的修正法,当时称为"东证修正平均股价",基期为 1950 年 9 月 7 日,选用在东京证券交易第一市场上市的 225 种股票作样本,算出修正平均股价,这些采样股票原则上是固定不变的。1975 年 5 月 1 日,日本经济新闻社根据与道·琼斯公司的合同,买进道氏商标,公布日经道·琼斯平均股价。10 年后合同到期,经日本经济新闻社与道·琼斯公司协商,从 1985 年 5 月 1 日起,日经道·琼斯平均股价指数改为"日经股价"或"日经平均股价",该指数每天刊登在《日本经济新闻》上。由于该指数是从 1950 年开始编制并一直延续下来,具有可比性和连续性,成为分析考察日本股票市场股价变动及其趋势最常用、最可靠的指标。

(七)恒生指数

恒生指数(Hang Seng Index)是由香港恒生银行于 1969 年 11 月 24 日开始编制并对外发布的一种股票价格指数。恒生指数从上市公司中选出有代表性的 33 家公司作为样本股计算对象,其中金融业 4 家、公用事业 6 家、地产业 9 家,其他行业 14 家。以 1964 年 7 月 31 日为基期,基期指数值为 100,计算方法为修正加权综合法,即按其每天的收市价算出当天这些上市公司的总市值,再与基期的资本总市值相比,乘以 100 就求出当天的指数。后由于技术原因改为以 1984 年 1 月 3 日为基期,基期指数值为 975.47。恒生指数是香港股票市场上历史最悠久的一种股票价格指数,也是反映香港政治、经济和社会状况最重要的指数。

恒生指数的计算公式为:

$$现时指数 = \frac{现时成份股总市值}{上日收市时成份股总市值} \times 上日收市指数$$

四、我国股票价格指数

(一)上海证券交易所股价指数

1.综合指数

上证综合指数简称"上证综指",由上海证券交易所编制,是反映上海证券市场总体走势的最常用的指数。该指数的前身是上海静安指数。1990 年上海证券交易所建立后,在上海静安指数基础上开始编制上海证券交易所综合股价指数。它以 1990 年 12 月 19 日为基期,基期指数为 100,该股票指数的样本为所有在上海证券交易所挂牌上市的股票(包括 A 股、B 股),其中新上市的股票在挂牌后的第 11 个交易日纳入股票指数的计算范围,以股票发行量为权数编制。其公式为:

$$上海证券交易所股价指数 = \frac{本日市价总值}{基日市价总值} \times 100$$

$$市价总值 = \sum_{i=1}^{n} (P_i \times Q_i)$$

式中:P_i 为股票收盘价;Q_i 为股票发行量。

如遇股票扩股或新增时,做相应调整。其计算公式调整为:

$$报告期股价指数 = \frac{本日现时市价总值}{新基准市价总值} \times 100$$

$$新基准市价总值 = 修正前基日市价总值 \times \frac{修正前市值 + 市价变动额}{修正前市值}$$

2.成份指数

(1)上证 180 指数。上证 180 指数是对原上证 30 指数进行调整和更名后产生的指数。以 1996 年 1 月至 3 月的平均流通市值为基期,基期指数定为 1 000 点,以 180 只有代表性的公司股票为成份股样本,以样本股的调整股本数为权数,并作定期调整。其公式为:

$$报告期指数 = \frac{报告期成份股的调整市值}{基日成份股的调整市值} \times 1 000$$

这里,调整市值 = $\sum$(市价 × 调整股本数),"基日成份股的调整市值"亦称为除数,调整股本数采用分级靠档的方法对成份股股本进行调整。根据国际惯例和专家委员会意见,上证成份指数的分级靠档方法如表 3-4 所示。比如,某股票流通股比例(流通股本/总股本)为 7%,低于 10%,则采用流通股本为权数;某股票流通比例为 35%,落在区间(30,40)内,对应的加权比例为 40%,则将总股本的 40% 作为权数。

表 3-4 上证成份指数的分级靠档方法

流通比例(%)	≤10	(10~20)	(20~30)	(30~40)	(40~50)	(50~60)	(60~70)	(70~80)	>80
加权比例(%)	流通比例	20	30	40	50	60	70	80	100

(2)上证 50 指数。上证 50 指数是由上海证券交易所编制,以在上海证券交易所上市的所有 A 股股票中选取最具市场代表性的 50 种样本股票为计算对象,并以流通股数为权数的加权综合股价指数,取 1996 年 1 月至 1996 年 3 月的平均流通市值为指数的基期,基期指数定为 1 000 点。"上证 50 指数"以"点"为单位。

这 50 家样本股的选定是根据既定的样本股选择原则,同时按照定性分析与定量分析相结合,总量分析与结构分析相结合的方法,通过对各种资料翔实分析后进行综合考虑,由专家委员会采用讨论的方式选出。

3.分类指数

分类指数包括上证 A 股指数、上证 B 股指数、上证工业类指数、上证商业类指数、上证房地产业类指数、上证公用事业类指数、上证综合业类指数。分类指数反映上市公司的行业走势。

4.基金指数和国债指数

基金指数和国债指数反映基金和国债的走势。

(二)深圳证券交易所股价指数

1 成份指数

(1)深证成份指数。简称"深成指",由深圳证券交易所编制,反映深圳证券市场个体走势,是最常用的指数,始编于 1995 年 1 月 3 日。该指数共分三组:深证成份股指数、深证 A 股成份指数和深证 B 股成份指数。深证成份指数以 1994 年 7 月 20 日为基期,基期指数定为 1 000 点,从上市的股票中选取 40 只 A 股和 6 只 B 股作为成份股,以成份股的可流通股数为权数,利用派氏加权法进行计算,自 1995 年 1 月 23 日起正式发布。其公式为:

$$深证成份股指数 = \frac{报告期成份股流通市价总值}{基日成份股流通市价总值} \times 1\,000$$

成份股中所有 A 股用于计算深证成份 A 股指数,所有 B 股用于计算深证成份 B 股指数。

(2)深证 100 指数。深证 100 指数选取在深交所上市的 100 只 A 股作为成份股,以成份股的可流通 A 股数为权数,采用派氏加权法编制,以 2002 年 12 月 31 日为基准日,基期指数定为 1 000 点,从 2003 年第一个交易日开始编制和发布。深证 100 指数的编制借鉴了国际惯例,吸取了深证成份指数的编制经验,成份股选取主要考察 A 股上市公司流通市值和成交金额份额两项重要指标。根据市场动态跟踪和成份股稳定性的原则,深证 100 指数每半年调整一次成份股。

2.综合指数

深证综合指数简称深综指,该指数于 1991 年 4 月 4 日开始编制发布,包括 A 股指数和 B 股指数。深证综合指数以 1991 年 4 月 3 日为基期,基期指数定为 100 点,采用基期总股本为权数计算编制。

深证 A 股指数,以 1991 年 4 月 3 日为基日,以该日所有 A 股的市价总值为基期,基期指数定为 100 点,自 1992 年 10 月 4 日起正式发布。

深证 B 股指数,以 1992 年 2 月 28 日为基日,以该日所有 B 股的市价总值为基期,基期指数定为 100 点,自 1992 年 10 月 6 日起正式发布。

3.分类指数

分类指数包括农林、采掘、制造、食品、纺织、木材、造纸、石化、电子、金属、机械、医药、水电、建筑、运输等行业指数。

(三)沪深交易所指数

1.沪深300指数

沪深300指数(Shanghai Shenzhen CSI 300 Index),简称"沪深300"(CSI 300),是从上海和深圳证券交易所上市A股中选取规模大、流动性好、最具代表性的300只股票编制而成的成份股指数。该指数以2004年12月31日为基日,基点定为1 000点。指数成份股的数量为300只,全部为A股,其中沪市179只,深市121只。

沪深300指数的推出,丰富了市场现有的指数体系,增加了一项用于观察中国证券市场走势的指标,有利于投资者全面把握中国证券市场运行状况,并能作为投资业绩的评价标准,为指数化投资及指数衍生产品创新提供了基础条件。

2.中证100指数

中证100指数是从沪深300指数样本股中挑选规模最大的100只股票组成样本股,以综合反映沪深证券市场中最具市场影响力的一批大市值蓝筹公司的整体状况,由中证指数有限公司于2006年5月29日正式发布。截至2009年6月30日,中证100指数成份股的流通市值占比为全市场的49.24%,总市值占比为全市场的69.60%,具有良好的市值覆盖率,是跨市场的代表两市大盘股表现的权威指数。同时,此指数历史业绩表现优异,财务指标方面也展现了很高的投资价值,是一个适合长期投资的指数。

3.中证200指数

中证200指数成份股包括沪深300成份股中非中证100的200家成份股公司。中证200指数综合反映沪深证券市场内中市值公司的整体状况,由中证指数有限公司于2007年1月15日正式发布。

4.中证500、中证700和中证800指数

中证指数有限公司于2007年1月15日正式对外发布的指数还有中证500、中证700和中证800指数。

中证500指数样本股的选样方式为:步骤1,样本空间内股票扣除沪深300指数样本股及最近一年日均总市值排名前300名的股票;步骤2,将步骤1中剩余股票按照最近一年(新股为上市以来)的日均成交金额由高到低排名,剔除排名后20%的股票;步骤3,将步骤2中剩余股票按照日均总市值由高到低进行排名,选取排名在前500名的股票作为中证500指数样本股。中证500指数综合反映沪深证券市场内小市值公司的整体状况。

中证500和中证200样本股一起构成中证700指数样本股。

中证500和沪深300样本股一起构成中证800指数样本股。

中证200、中证500、中证700和中证800指数的计算方法同沪深300指数。

本章小结

1.证券市场是证券发行与交易的场所,是为解决资本供求矛盾和流动性而产生的市场。证券市场以证券发行与交易的方式实现了投资和筹资的对接,有效地化解了资本供求矛盾和资本结构调整的难题。

2.主板市场是一个国家(或地区)证券发行、上市及集中交易的主要场所,是资本市场最核心的组成部分。场外市场是以做市商为基础、没有特定交易场所、独立于场内市场的公开证券交易市场,主要为中小企业、高科技企业提供融资和股份流通的平台,也为地方政府债券、小公司债券提供投融资机会,是主板市场的必要补充。

3.证券市场的功能主要有:媒介功能、优化资源配置功能、分散投资风险的功能、资本定价功能、宏观调节的功能、传递信息的功能。

4.证券发行人是指为筹措资金而发行债券、股票等证券的发行主体。证券市场上的发行人主要有三大类。

5.在证券市场起中介作用的机构是证券公司和其他证券服务机构,通常把两者合称为证券中介机构。证券服务机构是指依法设立的从事证券服务业务的法人机构,主要包括会计师事务所、资产评估机构、律师事务所、资信评级机构、证券投资咨询公司以及证券金融公司等。

6.证券发行市场又称证券初级市场、一级市场(primary market),由发行者、投资者和证券中介机构组成。按发行对象的不同,可分为股票发行市场、债券发行市场、证券投资基金发行市场等。按照有没有发行中介的参与可以将证券发行方式划分为直接发行和间接发行。间接发行根据受托券商对证券发行责任的不同,可以分为包销、代销与联合发行。

7.证券流通市场,又称证券次级市场、证券交易市场或二级市场(secondary market),是对已发证券进行再次乃至多次交易的市场。证券流通市场,包括交易所市场和场外市场两部分。证券上市指的是在证券交易所上市。

8.场外交易市场(over the counter market,OTC),是证券交易所以外的证券交易市场的总称,是分散的、非组织化的市场。从广泛的含义上讲,场外交易市场又包括:店头市场、第三市场、第四市场。

9.股票价格指数(stock price index)是表明股票市场价格水平变动的相对数,它以某个时期的价格水平与另一个时期的价格水平对比为前提。作为对比基础的价格时期叫作基期,与之进行对比的价格时期叫做报告期。通常是报告期的股价与选定的基础价格相比,并将二者的比值再乘以基期的指数值,即为该报告期的股价指数。

思政目标

党的二十大报告强调了"坚持深化改革开放"的原则以及"坚持问题导向"和"坚

持系统观念"等世界观和方法论。本章通过介绍证券市场的基本概念、功能和发展历程,证券市场的不同分类方式和层次结构,证券市场的参与者和角色,证券发行市场和流通市场的特点和制度,以及股票价格指数的编制和应用,使学生关注我国证券市场的现状和问题,支持国家加强对证券市场的监管和改革,维护证券市场的稳定和健康发展。此外,本章还致力于帮助学生树立正确的金融观念、投资理念和道德观念,让他们尊重金融规律、遵守金融法律法规,合理配置资产,诚信守法、公平竞争,坚决不参与或支持任何危害国家安全和社会稳定的活动。在实践中,将积极推进高质量发展并发扬斗争精神,以响应党的二十大提出的任务。

基本概念

证券市场	金融市场	证券发行市场	证券流通市场
证券市场的层次结构	主板	创业板	科创板
证券发行市场	公募发行	私募发行	直接发行
间接发行	IPO	增资发行	审批制
核准制	注册制	招标发行	证券交易所
信用交易	期货交易	期权交易	场外交易市场
股票价格指数	拉氏指数	派氏指数	

视频材料

练习与思考

1.为什么证券市场是为解决资本供求矛盾和流动性而产生的市场?

2.请描述我国的场内市场、场外市场、主板、创业板。

3.证券市场的功能有哪些?

4.证券公司的主要业务有哪些?

5.证券服务机构有哪些?

6.什么是发行失败?

7.IPO 的股票必然要上市吗?

8.上海证券交易所科创板试点注册制与《证券法》有冲突吗?

9.我国的股票公开发行的条件中,对盈利没有要求的市场是什么?

10.从主板、创业板到科创板,分别是几年连续亏损才会导致股票退市?

11.什么是证券上市?

12.我国的股票价格指数一般是用什么方法编制的?

13.请查阅资料,我国有哪些公司在美国市场上市?

14. 2019 年修订的《证券法》除了提出全面实施注册制,还有哪些变化?

第四章　　　　　　　　　　证券交易概述

　　证券交易活动可以在不同的交易市场上进行,但不同市场所执行的交易规则和采用的交易方式在本质上基本一致,特别是在同一种交易方式下,交易行为均遵循规范化要求。为了防止金融秩序混乱,保护投资者的合法权益,降低证券投资和融资的风险,世界各地的证券交易市场,特别是证券交易所,均制定了交易方式和交易行为的规则,旨在约束参与者的行为,确保证券交易市场的稳定运行。

第一节　证券交易的概念及原则

一、证券交易的概念及特征

　　证券交易是指已发行的证券在证券市场上进行买卖的活动。证券交易与证券发行有着密切的联系,两者相互促进、相互制约。一方面,证券发行为证券交易提供了对象,决定了证券交易的规模,是证券交易的前提;另一方面,证券交易使证券的流动性特征显示出来,有利于证券发行的顺利进行。

　　证券交易的特征主要表现在三个方面,分别为证券的流动性、收益性和风险性。同时,这些特征又互相联系在一起。证券需要流动机制,因为只有通过流动,证券才具有较强的变现能力。而证券所具有的变现能力,又在一定程度上关系到证券持有者收益的实现。同时,经济发展过程中存在许多不确定因素,所以证券在流动中也存在因其价格变化给持有者带来损失的风险。

二、证券交易的原则

　　证券交易的原则是反映证券交易宗旨的一般法则,贯穿于证券交易的全过程。为了保障证券交易功能的发挥,以利于证券交易的正常运行,证券交易必须遵循公开、公平、公正三个原则。

（一）公开原则

公开原则又称"信息公开原则"，指证券交易是一种面向社会的、公开的交易活动，其核心要求是实现市场信息的公开化。根据这一原则的要求，证券交易参与各方应依法及时、真实、准确、完整地向社会发布有关信息。从国际上来看，1934 年美国《证券交易法》确定公开原则后，它就一直为许多国家的证券交易活动所借鉴。在我国，强调公开原则有许多具体的内容。例如，上市公司的财务报表、经营状况等资料必须依法及时向社会公开，上市公司的一些重大事项也必须及时向社会公布等等。按照这个原则，投资者对于所购买的证券，能够有更充分、真实、准确、完整的了解。

（二）公平原则

公平原则是指参与交易的各方应当获得平等的机会。它要求证券交易活动中的所有参与者都有平等的法律地位，各自的合法权益都能得到公平保护。在证券交易活动中，有各种各样的交易主体，这些交易主体的资金数量、交易能力等可能各不相同，但不能因此而给予不公平的待遇或者使其受到某些方面的歧视。

（三）公正原则

公正原则是指应当公正地对待证券交易的参与各方，以及公正地处理证券交易事务。在实践中，公正原则也体现在很多方面。例如，公正地办理证券交易中的各项手续，公正地处理证券交易中的违法违规行为等等。

第二节　证券经纪业务

一、证券经纪业务的概念和特点

证券经纪业务是证券经营机构接受投资者（客户）委托，代理买卖证券，并以此收取佣金的中介业务。

证券经纪业务有如下特点：①这是一种二级市场的委托买卖业务，经纪商直接面对广大投资者，是投资者进入集中交易市场买卖证券的必经渠道；②经纪商与客户是委托－代理关系，经纪商必须遵照客户的指令进行证券买卖；③经纪业务的收入来源于买卖成交后向客户收取的佣金，经纪商承担的风险较小。

二、证券经纪商

从事证券经纪业务的证券经营机构为证券经纪商。证券经纪商（broker）的主要职能是为证券投资者提供信息咨询、开立账户、提供信用、接受委托及代理买卖，包括向客户提供证券过户、保管、避税、财务咨询等一整套有关证券投资的服务。

证券经纪商的服务沟通了买卖双方的信息,克服了证券交易双方在时间、空间、数量、价格及信息等方面的差异,扩大了交易范围,形成了公平交易价格,起到了促进交易的作用;同时,经纪商的出现,还有利于证券市场的组织和管理,对活跃市场和促进市场顺利发展有重要意义。

证券交易所中大部分会员都是证券经纪商,世界各国都根据本国证券交易制度特点对证券经纪业务作出了限定和分类。最具代表性的纽约证券交易所内的经纪商主要有以下几种:

(一)佣金经纪商

佣金经纪商(commission broker)即接受客户委托,在交易所中代理客户买卖证券并收取一定佣金的经纪商。他们是场内交易的主要成员,这些经纪商大多是以证券公司的名义在证券交易所取得席位,大的证券公司可取得多个席位办理委托业务。其主要业务是通过电话、电传、网络等通信手段,与他们代表的公司取得联系,并按指令在场内进行交易活动。在委托买卖成交后,证券经纪商按成交金额的一定比例收取佣金,作为收入。为了多获取佣金,他们一般都尽可能多地完成交易量,因此,在整个证券市场中,佣金经纪商最活跃,人数最多,交易量也最大。

(二)场内经纪商

场内经纪商(floor broker),又称次级经纪商,当交易所中佣金经纪商业务繁忙,对较多不同类型、不同委托条件的买卖指令无法及时完成时,便需要场内经纪商。其主要业务是在交易所中接受佣金经纪商的再委托代为买卖证券,撮合与其他证券经纪商的证券交易,从其交易成交金额中收取一定比例的佣金。按规定,场内经纪商只能接受佣金经纪商的委托,而自己不能单独接受交易所之外一般客户的买卖委托。因过去纽约证券交易所规定这些经纪人代客买卖 100 股股票,收取佣金 2 美元,故又有"两美元经纪商"之称。

(三)专业经纪商

专业经纪商(specialist),又称特种经纪商、专家经纪商,是纽约证券交易所内特殊的证券商。他们一般在固定的柜组旁专门从事某一行业的某几种股票交易。由于他们对固定交易股票的历史背景、市场表现有专门的研究,掌握着交易价格和数量变化的重要信息,对股票交易有专业的知识和经验,又有一定的资金实力,因此称为专业经纪商。专业经纪商具有双重身份,他们既可以接受交易所内佣金经纪商或自营商的委托进行证券代理买卖,又可作为自营商自行进行证券交易,但他们仍以委托买卖为主,因此仍被称为经纪商。专业经纪商一般不与客户发生直接的委托一代理关系,他们主要是在佣金经纪商接受了客户过多的委托而无法完成或是接受了某些客户的特殊委托时,转请专业经纪商代理完成。

我国的证券经纪业务可分为两大类:一类是 A 股、基金及债券代理买卖业务,所有证券经营机构依法设立的证券营业部都可以经营此项业务;另一类是 B 股代理买卖业务,由 B 股特许证券商代理。B 股特许证券商又分为境内特许证券商和境外特许证券商两种。

国际上对从事经纪业务的证券公司采取两种管理办法:以美国为代表的登记制度和以日本为代表的特许制度,我国实行特许制度。

📖 阅读资料

证券公司 2021 年度代理买卖证券业务收入(含交易单元席位租赁)排名

单位:万元

序号	证券公司	代理买卖证券业务收入
1	中信证券	828,070
2	国泰君安	740,602
3	招商证券	640,661
4	华泰证券	621,605
5	广发证券	611,730
6	银河证券	578,723
7	国信证券	574,751
8	申万宏源	526,988
9	中信建投	453,819
10	中金公司	445,735
11	海通证券	440,625
12	东方财富	435,053
13	平安证券	422,589
14	中泰证券	356,293
15	方正证券	351,561
16	长江证券	327,516
17	光大证券	291,427
18	安信证券	278,904
19	兴业证券	254,586
20	东方证券	208,197
21	华西证券	186,347
22	东吴证券	169,942
23	浙商证券	166,478
24	国金证券	149,250
25	东莞证券	122,786

资料来源:中国证券业协会《2021 年度证券公司经营业绩指标排名情况》

第三节 证券的开户、委托、交割

一、证券交易程序

在证券交易活动中,投资者在证券市场上买卖已发行的证券要按照一定的程序进行。所谓证券交易程序,也就是指投资者在二级市场上买进或卖出已上市证券所应遵循的规定过程。在现行的技术条件下,许多国家的证券交易已采用电子化形式。在电子化交易情况下,证券交易的基本过程包括开户、委托、成交、结算等几个阶段。详见图 4-1。

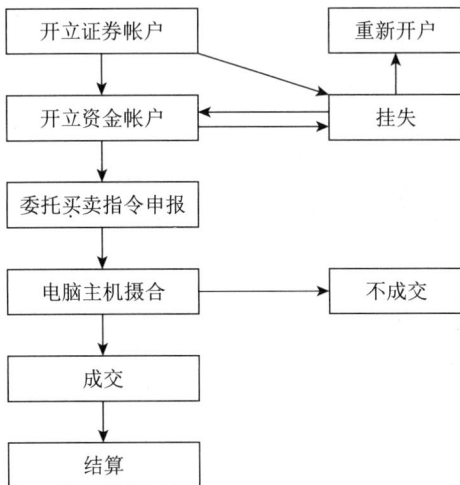

图 4-1 证券交易程序图

二、证券的开户

开户包括两个主要方面,即开立证券账户和开立资金账户。在电子化交易方式下,证券和资金均可记录在相应的账户中,因此投资者需开立实名账户。同一投资者所开立的资金账户和证券账户的姓名或名称必须保持一致。

投资者买卖证券的第一步是要向证券登记结算公司申请开立证券账户,用来记载投资者所持有的证券种类、数量和相应的变动情况。证券登记结算公司可以委托证券公司代为开立证券账户。自然人和一般机构投资者开立证券账户,由开户代理机构受理;证券公司和基金公司等机构开立证券账户,由证券登记结算公司受理。证券账户有不同的类型,有的根据投资者种类(如个人投资者和机构投资者)区分,有的根据投资品种(如 A 股和 B 股)区分。当然,对于投资者来说,在一个证券账户中允许买卖各种证券是比较方便的。

为防范经纪商挪用投资者交易结算资金的现象,开立证券账户后,投资者还必须开立资金账户。资金账户用来记载和反映投资者买卖证券的货币收付和结存数额。

如果证券账户和资金账户遗失,可以通过挂失程序重新补办。

(一)签约

1.签署《风险揭示书》和《客户须知》

为了增强投资者对证券投资风险的认识,根据相关的证券交易法规,证券经纪商有责任向投资者提供《风险提示书》,并要求投资者仔细阅读后签名确认。投资者一旦签名,就表明了其已阅读并完全理解,且愿意承担证券市场的各种风险。一般来说,《风险提示书》会告知投资者从事证券投资将包括但不限于如下风险:宏观经济风险、政策风险、上市公司经营风险、技术风险、不可抗力因素导致的风险、其他风险。

投资者在从事证券交易时,除了需了解存在的风险外,还需掌握有关证券公司、投资品种等其他相关信息。因此,证券经纪商还需向投资者提供一份《客户须知》,以便投资者了解股市风险、合法的证券公司及证券营业部、投资品种与委托买卖方式的选择、客户与代理人的关系、个人证券账户与资金账户实名制、禁止全权委托投资以及公司客户投诉电话等事项。投资者需在《客户须知》上签名,以表明其已详细阅读并理解其中的各项内容。

2.签订《证券交易委托代理协议》

《证券交易委托代理协议》是客户与证券经纪商之间在委托买卖过程中有关权利、义务、业务规则和责任的约定,也是保障客户与证券经纪商双方权益的基本法律文书。

(二)开立资金账户

资金账户是指客户交易结算资金在第三方存管协议中的资金台账,该账户由投资者在证券公司营业部(即其证券经纪商)开立,并专门用于投资者的证券买卖交易。证券经纪商通过该账户对投资者的证券买卖交易进行前端控制、清算交收以及计付利息等操作。

按照我国现行相关制度规定,证券公司已全面实施"客户交易结算资金第三方存管"。在实行该方式的情况下,投资者开立资金账户时,需要与证券公司和选定的商业银行(作为自己客户交易结算资金的存管银行)三方共同签署《客户交易结算资金银行存管协议书》。

投资者开立资金账户需到证券经纪商柜台办理(如果投资者没有存管银行的一般存款账户,则还要开立此账户),证券经纪商不接受其他任何方式的申请,办理时投资者需出示下列证件,并按证券经纪商要求如实填写开户申请表:

1.本人身份证件(包含身份证、护照或其他证明本人身份的法定身份证件,以下统称"有效身份证件")及其复印件;

2.如由代理人代为办理的,除第1项约定的本人有效身份证件外,还须提供经公证的授权委托书、代理人有效身份证件及复印件;

3.本人同名证券账户卡及其复印件。

当投资者是机构投资者时,开设资金账户按如下程序办理:

1.依法指定合法的代理人,并提供加盖机构公章、法定代表人签字的授权委托书;

2.提交机构投资者法人身份证明文件副本及其复印件,或加盖发证机关确认章的复印件、证券账户卡、代理人身份证明原件及复印件、法定代表人证明书、法定代表人身份证明原件及复印件;

3.填写开户申请表;

4.设置密码。

投资者开立资金账户后,须在资金账户存入足够资金作为客户交易结算资金。资金存入方式应当按照第三方存管协议的有关条款执行。投资者开设资金账户时,应同时自行设置交易密码和资金密码(以下统称"密码")。投资者在正常的交易时间内可以随时修改密码。投资者依法享有资金存取自由,且该资金只能以银证转账方式自其将资金账户转回到其同名银行结算账户,具体事宜按照第三方存管协议的有关条款执行。

三、证券的委托

在证券交易所市场,投资者买卖证券是不能直接进入交易所办理的,而必须通过证券交易所的会员来进行。换而言之,投资者需要通过经纪商才能在证券交易所买卖证券。在这种情况下,投资者向证券经纪商下达买进或卖出证券的指令,称为"委托"。

(一)委托指令

投资者办理委托买卖证券时,必须向证券经纪商下达委托指令。在委托指令中,需要反映投资者买卖证券的基本要求或具体内容,这些主要体现在委托指令的基本要素中。另外,委托指令可以有不同的形式,这些形式应符合证券市场相关的规定。委托指令一般由投资者自行下达。

1.委托内容

委托指令的内容有多项,如证券账户号码、证券代码、买卖方向、委托数量、委托价格等。正确填写委托单或输入委托指令是投资决策得以实施和保护投资者权益的重要环节。以委托单为例,委托指令的基本要素包括:

(1)证券账号。投资者在买卖上海证券交易所上市的证券时,必须填写在中国结算上海分公司开设的证券账户号码;买卖深圳证券交易所上市的证券时,必须填写在中国结算深圳分公司开设的证券账户号码。

(2)日期。日期即投资者委托买卖的日期,填写年、月、日。

(3)品种。品种指投资者委托买卖证券的名称,也是填写委托单的要点。填写证券名称的方法有全称、简称和代码三种(有些证券品种没有全称和简称的区别,仅有一个名称)。通常的做法是填写代码及简称,这种方法比较方便快捷,且不容易出错。上海证券代码和深圳证券代码都为6位数字,委托买卖的证券代码与简称必须一致。

(4)买卖方向。投资者在委托指令中必须明确表明委托买卖的方向,是买进证券还是卖出证券。

(5)数量。买卖证券的数量,可分为整数委托和零数委托。整数委托是指委托买卖证券的数量为1个交易单位或交易单位的整数倍。1个交易单位俗称"1手"。零数委托是指投资者委托证券经纪商买卖证券时,买进或卖出的证券不足证券交易所规定的1个交易单位。目前,我国只在卖出证券时才有零数委托。

(6)价格。这是指委托买卖证券的价格,是委托能否成交和盈亏的关键。一般分为市价委托和限价委托。

市价委托是指投资者向证券经纪商发出买卖某种证券的委托指令时,要求证券经纪商按证券交易所内当时的市场价格买进或卖出证券。市价委托的优点是:没有价格上的限制,证券经纪商执行委托指令比较容易,成交迅速且成交率高。市价委托的缺点是:只有在委托执行后才知道实际的执行价格。尽管场内交易员有义务以最有利的价格为投资者买进或卖出证券,但成交价格有时会不尽如人意,尤其是当市场价格变动较快时。

限价委托是指投资者要求证券经纪商在执行委托指令时,必须按限定的价格或比限定价格更有利的价格买卖证券,即必须以限价或低于限价买进证券,以限价或高于限价卖出证券。限价委托方式的优点是:证券可以投资者预期的价格或更有利的价格成交,有利于投资者实现预期投资计划,谋求最大利益。但是,采用限价委托时,由于限价与市价之间可能有一定的距离,故必须等市价与限价一致时才有可能成交。此时,如果有市价委托出现,市价委托将优先成交。因此,限价委托成交速度慢,有时甚至无法成交。在证券价格变动较大时,投资者采用限价委托容易坐失良机,遭受损失。

《上海证券交易所交易规则》和《深圳证券交易所交易规则》都规定,客户可以采用限价委托或市价委托的方式委托会员买卖证券。

(二)委托形式

投资者发出委托指令的形式有柜台委托和非柜台委托两大类。

1.柜台委托

柜台委托是指委托人亲自或由其代理人到证券营业部交易柜台,根据委托程序和必需的证件采用书面方式表达委托意向,由本人填写委托单并签章的形式。采用柜台委托方式,投资者和证券经纪商面对面办理委托手续,加强了委托买卖双方的了解和信任,比较稳妥可靠。根据我国现行相关制度规定,投资者进行柜台委托时,必须提供委托人(指投资者本人或其授权代理人)身份证和投资者证券账户卡,并填写委托单,否则,证券公司有权拒绝受理投资者的委托,由此造成的后果由投资者承担。

2.非柜台委托

非柜台委托主要有电话委托、传真委托和函电委托、自助终端委托、网上委托(即互联网委托)等形式。若投资者的委托指令是直接输入至证券经纪商的电脑系统并进行申报,而无需经过证券经纪商的人工环节,则此行为可称为"投资者自助委托"。根据中国证券业协会提供的《证券交易委托代理协议(范本)》的要求,投资者在使用非柜台委托方式进行证券交易时,必须严格按照证券公司证券交易委托系统的提示进行操作,因投资者操作失误造成的损失由投资者自行承担。对于证券公司电脑系统或证券交易所交易系统拒绝受理的委托指令,均将被视为无效委托。

(三)委托受理

证券营业部在收到投资者委托后,应对委托人身份、委托内容、委托卖出的实际证券数量及委托买入的实际资金余额进行审查。经审查符合要求后,才能接受委托。

1.验证

验证环节主要对证券委托买卖的合法性和同一性进行严格审查。验证的合法性审查包括投资主体的合法性审查和投资程序的合法性审查。

投资主体的合法性审查主要包括由证券营业部业务员对投资者的相关证件进行核验,具体涉及投资者本人的居民身份证、证券账户卡等文件的验证。非投资者本人委托的,还要检查代理人的居民身份证及有效代理委托证件。

程序合法性审查指的是委托程序必须严格遵循交易场所的相关规定和流程进行。证券经纪商不得受理未按程序或者违反有关规则的委托。例如,未办妥开户手续,使用他人的证券账户或资金账户,电话委托无记录,传真委托无传真件等。

同一性审查是指对委托人、证件与委托单之间的一致性进行审查,具体包括验证委托人与所提供证件的一致性,以及证件与委托单内容的一致性两个方面。

2.审单

审单环节主要对委托单的合法性及内容的一致性进行审查。证券营业部业务员首先应审查该项委托买卖是否属于全权委托,包括对买卖证券的品种、数量、价格的决定是否做全权委托。然后,要审查记名证券是否办妥过户手续。对于全权委托或记名证券未办妥过户手续的委托指令,证券营业部将一律不予受理。

同时,要注意审查委托单上买卖证券代码与名称是否一致,有无涂改或字迹不清,委托种类、品种、数量和价格是否适当合理。这些审查措施旨在提高成交效率,并有效避免可能产生的纠纷。

另外需要说明,若投资者选择自助委托方式,则在输入相关账号及正确密码后,即视为已完成身份验证。证券经纪商的交易系统还会自动对投资者的证券买卖申报数量、价格等要素进行校验,以确保其符合证券交易所的交易规则。

3.验证资金及证券

投资者在买入证券时,证券营业部应查验投资者是否已按规定存入必需的资金;

而在卖出证券时,必须查验投资者是否有相应的证券。证券营业部审查完毕后,即可在委托单上注明受托时间,由经办人员签字盖章后,作为正式受托。

(四)委托执行

证券营业部接受客户买卖证券的委托,应当根据委托书载明的证券名称、买卖数量、出价方式、价格幅度等,按照证券交易所交易规则代理买卖证券。买卖成交后,应当按规定制作买卖成交报告单交付客户。

证券营业部将客户委托传送至证券交易所交易撮合主机,称为"申报"或"报盘"。

证券营业部在接受投资者委托后,应遵循"时间优先、客户优先"的原则进行申报竞价。这里的时间优先,是指证券营业部应按受托时间的先后次序为委托人申报。客户优先,是指当证券公司自营买卖申报与客户委托买卖申报在时间上相冲突时,应让客户委托买卖优先申报。在我国,根据上海证券交易所和深圳证券交易所的交易规则,取得自营业务资格的证券公司需设立专门的管理人员及专用的交易终端来从事自营业务,且自营业务不得对经纪业务产生不利影响。

关于申报时间,上海证券交易所和深圳证券交易所均明确规定,自 2024 年 10 月 8 日起,上交所接受指定交易申报指令时间由每个交易日的 9:15—9:25、9:30—11:30、13:00—15:00 调整为每个交易日的 9:15—11:30、13:00—15:00。同时,在 9:20—9:25 以及 14:57—15:00 这两个时间段内,交易所的交易主机不接受竞价交易的撤销申报;而在其他接受申报的时间段内,未成交的申报可以撤销。

(五)委托撤销

1.撤单的条件

在委托未成交之前,委托人有权变更和撤销委托。证券营业部申报竞价成交后,买卖即告成立,成交部分不得撤销。

2.撤单的程序

在委托未成交之前,委托人变更或撤销委托,在证券营业部采用有形席位申报的情况下,证券营业部柜台业务员须即刻通知场内交易员,经场内交易员操作确认后,立即将执行结果告知委托人。在证券营业部采用无形席位申报的情况下,证券营业部的业务员或委托人可直接将撤单信息通过电脑终端告知证券交易所交易系统电脑主机,办理撤单。对委托人撤销的委托,证券营业部须及时将冻结的资金或证券解冻。

四、证券的竞价与成交

证券市场的市场属性集中体现在竞价与成交环节上,特别是在高度组织化的证券交易所内,会员经纪商代表众多的买方和卖方按照一定规则和程序公开竞价,达成交易。这种竞价成交机制符合证券市场公开、公平、公正的原则。

(一)竞价原则

证券交易所内的证券交易按"价格优先、时间优先"原则竞价成交。

1.价格优先

成交时价格优先的原则为:较高价格买入申报优先于较低价格买入申报,较低价格卖出申报优先于较高价格卖出申报。

2.时间优先

成交时时间优先的原则为:买卖方向、价格相同的,先申报者优先于后申报者。先后顺序按交易主机接受申报的时间确定。

例 4-1

有甲、乙、丙、丁投资者四人,均申报卖出 X 股票,申报价格和申报时间分别为:甲的卖出价 10.70 元,时间 13:35;乙的卖出价 10.40 元,时间 13:40;丙的卖出价 10.75 元,时间 13:25;丁的卖出价 10.40 元,时间 13:38。那么这四位投资者交易的优先顺序为:丁、乙、甲、丙。

(二)竞价方式

目前,我国证券交易所采用两种竞价方式:集合竞价方式和连续竞价方式。

上海证券交易所、深圳证券交易所规定,采用竞价交易方式,每个交易日的 9:15—9:25 为开盘集合竞价时间,9:30—11:30、13:00—14:57 为连续竞价时间,14:57—15:00 为收盘集合竞价时间。

1.集合竞价

所谓集合竞价,是指对在规定的一段时间内接受的买卖申报一次性集中撮合的竞价方式。根据我国证券交易所的相关规定,集合竞价确定成交价的原则为:

(1)可实现最大成交量的价格;

(2)高于该价格的买入申报与低于该价格的卖出申报全部成交的价格;

(3)与该价格相同的买方或卖方至少有一方全部成交的价格。如有两个以上申报当价格满足上述条件时,深圳证券交易所选取距离前收盘价最近的价位作为成交价;而上海证券交易所则规定,选取能够使未成交量最小的申报价格为成交价格,若存在两个或两个以上符合条件的申报价格,则选取这些价格的中间值作为成交价格。

集合竞价的所有交易以同一价格成交,然后,进行集中撮合处理。所有买方的有效委托按照委托限价从高到低的顺序进行排列,若限价相同,则依据进入交易系统电脑主机的时间先后顺序进行排列。同样地,所有卖方的有效委托则按照委托限价从低到高的顺序进行排列,若限价相同,也依据进入交易系统电脑主机的时间先后顺序进行排列。依序逐笔将排在前面的买方委托与卖方委托配对成交。也就是说,交易遵循价格优先、时间优先的原则进行成交,即首先按照价格高低进行排序,若价格相同,则按照时间先后顺序进行成交,直至不再满足成交条件为止。此时,所有买入委托的限价均低于卖出委托的限价,且所有成交均以同一价格完成。集合竞价中未能成交的委托,自动进入连续竞价。

例 4-2 ————————————

某股票当日在集合竞价时买卖申报价格和数量情况如表 4-1 所示,该股票上日收盘价为 10.13 元。

表 4-1 某股票当日集合竞价买卖申报价格和数量

买入数量/手	价格/元	卖出数量/手
—	10.50	100
—	10.40	200
150	10.30	300
150	10.20	500
200	10.10	200
300	10.00	100
500	9.90	—
600	9.80	—
300	9.70	—

根据表 4-1 分析各价位时累计买卖数量及最大可成交量,详可见表 4-2。

表 4-2 某股票各价位累计买卖数量及最大可成交量

累计买入数量/手	价格/元	累计卖出数量/手	最大可成交量/手
0	10.50	1 400	0
0	10.40	1 300	0
150	10.30	1 100	150
300	10.20	800	300
500	10.10	300	300
800	10.00	100	100
1 300	9.90	0	0
1 900	9.80	0	0
2 200	9.70	0	0

产生最大成交量的价位有两个:10.10 元、10.20 元,成交量均为 300 手。若在上交所,则选取中间价 10.15 元;若在深交所,则选取离上日收盘价 10.13 元最近的价位 10.10 元。

集合竞价之后的委托报价队列情况,如表 4-3。

表 4-3　某股票集合竞价后委托报价队列

买入数量（手）	价格（元）	卖出数量（手）
—	10.50	100
—	10.40	200
—	10.30	300
—	10.20	500
200	10.10	—
300	10.00	—
500	9.90	—
600	9.80	—
300	9.70	—

2.连续竞价

连续竞价是指对买卖申报逐笔连续撮合的竞价方式。连续竞价阶段的特点在于,每一笔买卖委托被输入至电脑自动撮合系统后,系统会立即对其进行判断并作出相应处理:对于能够成交的委托,系统会立即予以成交;对于无法成交的委托,系统会将其保留并等待合适的成交机会;对于部分成交的委托,系统会将其剩余部分继续保留并等待后续成交。

按照我国证券交易所的有关规定,在无撤单的情况下,委托当日有效。另外,开盘集合竞价期间未成交的买卖申报,自动进入连续竞价。深圳证券交易所还规定,连续竞价期间未成交的买卖申报,自动进入收盘集合竞价。

(1)成交价格确定原则

连续竞价时,成交价格的确定原则为:

a.最高买入申报与最低卖出申报价位相同,以该价格为成交价;

b.买入申报价格高于即时揭示的最低卖出申报价格时,以即时揭示的最低卖出申报价格为成交价;

c.卖出申报价格低于即时揭示的最高买入申报价格时,以即时揭示的最高买入申报价格为成交价。

例 4-3

某股票即时揭示的卖出申报价格和数量分别为 15.60 元和 1 000 股、15.50 元和 800 股、15.35 元和 100 股,即时揭示的买入申报价格和数量分别为 15.25 元和 500 股、15.20 元和 1 000 股、15.15 元和 800 股。若此时该股票有一笔买入申报进入交易系统,价格为 15.50 元,数量为 600 股,则应以 15.35 元成交 100 股、15.50 元成交 500 股。

（2）实行涨跌幅限制的证券的有效申报价格范围

竞价申报时还涉及证券价格的有效申报范围。根据现行制度规定，无论买入或卖出，股票（含 A、B 股）、基金类证券在 1 个交易日内的交易价格相对上一交易日收市价格的涨跌幅度不得超过 10%，其中 ST 股票和 * ST 股票价格涨跌幅度不得超过 5%。涨跌幅价格的计算公式为（计算结果四舍五入至价格最小变动单位）：

$$涨跌幅价格＝前收盘价×（1±涨跌幅比例）$$

例 4-4

某 X 股票的收盘价为 12.38 元，某 Y 股票的交易特别处理，属于 ST 股票，收盘价为 9.66 元。则次一交易日 X 股票交易的价格上限为 13.62 元[＝12.38×（1＋10%）]，价格下限为 11.14 元[＝12.38×（1－10%）]；Y 股票交易的价格上限为 10.14 元[＝9.66×（1＋5%）]，价格下限为 9.18 元[＝9.66×（1－5%）]。

买卖有价格涨跌幅限制的证券，在价格涨跌幅限制内的申报为有效申报，超过涨跌幅限制的申报为无效申报。

在深圳证券交易所，买卖有价格涨跌幅限制的中小企业板股票，连续竞价期间超过有效竞价范围的有效申报不能即时参加竞价，暂存于交易主机；当成交价格波动使其进入有效竞价范围时，交易主机自动取出申报，参加竞价。中小企业板股票连续竞价期间有效竞价范围为最近成交价的±3%。开盘集合竞价期间没有产生成交的，连续竞价开始时有效竞价范围调整为前收盘价的±3%。

（3）不实行涨跌幅限制的证券的有效申报价格范围

对于无价格涨跌幅限制的证券，我国上海证券交易所和深圳证券交易所都规定了其发生的情形和有效申报价格范围。

我国证券交易所规定，属于下列情形之一的，首个交易日不实行价格涨跌幅限制：

a.首次公开发行上市的股票（上海证券交易所还包括封闭式基金）；

b.增发上市的股票；

c.暂停上市后恢复上市的股票；

d.证券交易所或中国证监会认定的其他情形。

根据上海证券交易所的规定，买卖无价格涨跌幅限制的证券，集合竞价阶段的有效申报价格应符合下列规定：

a.股票交易申报价格不高于前收盘价格的 900%，并且不低于前收盘价格的 50%；

b.基金、债券交易申报价格最高不高于前收盘价格的 150%，并且不低于前收盘价格的 70%。

集合竞价阶段的债券回购交易申报无价格限制。

在上海证券交易所买卖无价格涨跌幅限制的证券，连续竞价阶段的有效申报价格应符合下列规定：

a.申报价格不高于即时揭示的最低卖出价格的110％，且不低于即时揭示的最高买入价格的90％，同时不高于上述最高申报价与最低申报价平均数的130％，且不低于该平均数的70％；

b.即时揭示中无买入申报价格的，即时揭示的最低卖出价格、最新成交价格中较低者视为前项最高买入价格；

c.即时揭示中无卖出申报价格的，即时揭示的最高买入价格、最新成交价格中较高者视为前项最低卖出价格。

当日无交易的，前收盘价格视为最新成交价格。

深圳证券交易所无涨跌幅限制证券的交易按下列方法确定有效竞价范围：

a.股票上市首日开盘集合竞价的有效竞价范围为发行价的900％以内，连续竞价、收盘集合竞价的有效竞价范围为最近成交价的±10％。

b.债券上市首日开盘集合竞价的有效竞价范围为发行价的±30％，连续竞价、收盘集合竞价的有效竞价范围为最近成交价的±10％；非上市首日开盘集合竞价的有效竞价范围为前收盘价的±10％，连续竞价、收盘集合竞价的有效竞价范围为最近成交价的±10％。

c.债券质押式回购非上市首日开盘集合竞价的有效竞价范围为前收盘价的±100％，连续竞价、收盘集合竞价的有效竞价范围为最近成交价的±100％。

无价格涨跌幅限制的证券在开盘集合竞价期间没有产生成交的，连续竞价开始时，按下列方式调整有效竞价范围：

a.有效竞价范围内的最高买入申报价高于发行价或前收盘价的，以最高买入申报价为基准调整有效竞价范围；

b.有效竞价范围内的最低卖出申报价低于发行价或前收盘价的，以最低卖出申报价为基准调整有效竞价范围。

另外，买卖深圳证券交易所无价格涨跌幅限制的证券，超过有效竞价范围的申报不能即时参加竞价，可暂存于交易主机；当成交价格波动使其进入有效竞价范围时，交易主机自动取出申报，参加竞价。

(三)竞价结果

竞价的结果有三种可能：全部成交、部分成交、不成交。

1.全部成交

委托买卖全部成交，证券公司应及时通知委托人按规定的时间办理交割手续。

2.部分成交

委托人的委托如果未能全部成交，证券公司在委托有效期内可继续执行，直到有效期结束。

3.不成交

委托人的委托如果未能成交，证券公司在委托有效期内可继续执行，等待机会成交,直到有效期结束。对委托人失效的委托,证券公司须及时将冻结的资金或证券解冻。

(四)盘后定价交易

盘后定价交易,是指股票交易收盘后按照时间优先的原则,以当日收盘价对盘后定价买卖申报逐笔连续撮合的交易方式。这是每日收盘后的固定价格交易,就是按照每日下午3点的价格,撮合成交。

我国沪深证券交易所规定科创板和创业板每个交易日的15:05至15:30为盘后定价交易时间。盘后定价交易申报的时间为每个交易日9:15至11:30、13:00至15:30。投资者通过盘后定价交易买卖股票的,应当向证券公司提交盘后定价委托指令。需注意的是,开市期间停牌的,停牌期间可以继续申报。当日15:00仍处于停牌状态的,不进行盘后定价交易。接受申报的时间内,未成交的申报可以撤销。撤销指令经交易所交易主机确认方为有效。

关于无效申报的规定如下:若收盘价高于收盘定价买入申报指令的限定价格,则该笔买入申报将被视为无效;若收盘价低于收盘定价卖出申报指令的限定价格,则该笔卖出申报同样将被视为无效。

五、证券的清算和交割

(一)清算的意义

清算是将买卖股票的数量和金额分别予以抵消,然后通过证券交易所交割净差额股票或价款的一种程序。清算的意义在于同时减少通过证券交易所实际交割的股票与价款,节省大量的人力、物力和财力。证券交易所如果没有清算,那么每个券商都必须向对方逐笔交割股票与价款,手续相当烦琐,而且将占用大量的人力、物力、财力和时间。

(二)清算程序

证券交易所的清算业务按"净额交收"的原则办理,即每一券商在一个清算期(每一开市日为一清算期)中时,证券交易清算机构首先要核对场内成交单有无错误,为每一券商填写清算单。对买卖价款的清算,在其应收、应付价款相抵后,只计轧差后的净余额。对买卖股票的清算,在其同一股票应收、应付数额相抵后,只计轧差后的净余额。清算工作由证券交易清算机构组织,各券商统一将证券交易清算机构视为中间人来进行清算,而不是各券商和券商相互间进行轧抵清算。交易清算机构作为清算的中间人,在价款清算时,向股票卖出者付款,向股票买入者收款,在股票清算交割时,向股票卖出者收进股票,向股票买入者付出股票。

(三)有关清算的一些规定

我国上海、深圳证券交易所在买卖成交后清算时执行如下制度:

1.开设清算账户制度

在证券交易所经营股票买卖业务的券商必须集中在证券交易所的清算部开设清算账户。目前,我国限于条件,各交易所都要求券商必须在指定商业银行营业部开设清算账户,并在该账户中保持足够的余额,以便保证即日清算交割时划拨价款的需要。

2.股票集中保管库制度

其主要做法是:各券商除将自有的股票扣除一部分留做自营业务所需外,将大部分集中寄存在证券交易所集中保管库内,入库时只限于批准上市的股票。股票的交割由证券交易所通过库存账目划拨来完成,即当各券商在交割日办理各种股票的交割时,只需交易所清算部按"清算交割表"上的各种股票的应收或应付数量在各自的库存股票的分户账上进行划转即可,即"动账不动股票"。若有券商不参加集中保管造成不能通过库存账目,划转完成交割时,该券商必须承担送交或提取股票的全部事务。

3.清算交割准备金制度

实行交割准备金制度的目的在于保证清算交割能正常顺利地进行,保证清算的连续性、及时性和安全性。深圳证券交易所规定,各证券商必须交纳人民币 25 万元。各券商不得以任何理由不履行清算义务,亦不得因委托违约而不履行清算的责任。若券商不履行此项义务,证券交易所清算部有权动用券商缴存的清算准备金先行支付,由此产生的价款差额及一切费用和损失,均由违约者承担。证券交易所规定,在一般情况下,同一日成交者为清算期,券商不得因委托人的违约而不进行清算。

4.交割与交收

在证券交易过程中,当买卖双方达成交易后,应根据证券清算的结果,在事先约定的时间内履行合约。买方需交付一定款项获得所购证券,卖方需交付一定证券获得相应价款。在银货两清的过程中,证券的收付称为交割,资金的收付称为交收。证券交易的交割、交收方式有:当日交割、交收;第二日交割、交收;例行日交割、交收;特约日交割、交收;卖方选择交割、交收等。

通常,若无特别说明,证券交易都为例行日交割、交收,即证券买卖双方在交易达成后,按证券交易所的规定,在成交日后的某个营业日进行交割、交收。这种交割、交收的时间完全由相应交易所规定。例如,上海证券交易所的 A 股例行日交割、交收为次日(T+1)交割、交收,B 股例行日交割、交收则为 T+3(成交日后第三个营业日)。

5.过户

随着交易的完成,当股票从卖方转给(卖给)买方时,就意味着原有股东拥有权利的转让,新的股票持有者则成为公司的新股东,老股东(原有的股东,即卖主)丧失了他所卖出的那部分股票所代表的权利,新股东则获得了他所买进的那部分股票所代表的权利。然而,由于原有股东的姓名及持股情况均记录于股东名册上,因而必须变更股东名册上相应的内容,这就是通常所说的过户手续。

过户的意义表现为:(1)现代证券交易的对象大多为无纸化证券,由于没有实物载体,股东对相应证券的所有权无法凭借实物券来体现,而是在股东名册上对股东的姓名等资料进行登记,从而确认其股东身份,并明确相应权利和义务的法律关系;(2)在证券交易中,股东的身份会不断发生改变,权利和义务不断在交易者之间转移,从而要求对已有的股权登记进行修改。我国上海和深圳证券交易所的过户手续采用电脑自动过户,买卖双方一旦成交,过户手续就已经完结。

第四节　证券交易其他事项

一、证券交易信息

上海证券交易所和深圳证券交易所在每个交易日都要发布包括证券交易即时行情、证券指数、证券交易公开信息等交易信息。证券交易所还要编制反映市场成交情况的各类日报表、周报表、月报表和年报表,并及时向社会公布。

(一)即时行情

上海证券交易所规定,开盘集合竞价期间,即时行情内容包括:证券代码、证券简称、前收盘价格、虚拟开盘参考价格、虚拟匹配量和虚拟未匹配量。其中,虚拟开盘参考价格指特定时点的所有有效申报按照集合竞价规则虚拟成交并予以即时揭示的价格,虚拟匹配量指特定时点按照虚拟开盘参考价格虚拟成交并予以即时揭示的申报数量,虚拟未匹配量指特定时点不能按照虚拟开盘参考价格虚拟成交并予以即时揭示的买方或卖方剩余申报数量。

深圳证券交易所规定,集合竞价期间的即时行情内容包括:证券代码、证券简称、集合竞价参考价格、匹配量和未匹配量等。其中,集合竞价参考价格指截至揭示时集中申报簿中所有申报按照集合竞价规则形成的虚拟开盘价格,匹配量指截至揭示时集中申报簿中所有申报按照集合竞价规则形成的虚拟成交数量,未匹配量指截至揭示时集中申报簿中在集合竞价参考价位上的不能按照集合竞价参考价虚拟成交的买方或卖方申报剩余量。

连续竞价期间,上海证券交易所和深圳证券交易所的即时行情内容包括:证券代码、证券简称、前收盘价格、最新成交价格、当日最高成交价格、当日最低成交价格、当日累计成交数量、当日累计成交金额、实时最高 5 个买入申报价格和数量、实时最低 5 个卖出申报价格和数量。

对于首次上市证券在上市首日的前收盘价格,上海证券交易所规定,首次上市证券上市首日,其即时行情显示的前收盘价格为其发行价(证券交易所另有规定的除外)。深圳证券交易所则规定,首次上市股票、债券上市首日,其即时行情显示的前收盘价为其发行价,基金为其前一日基金份额净值(四舍五入至 0.001 元)。

根据市场发展需要,上海证券交易所和深圳证券交易所都可以调整即时行情发布的方式和内容。未经证券交易所许可,任何单位和个人不得发布证券交易即时行情。

(二)证券指数

上海证券交易所和深圳证券交易所都编制综合指数、成份指数、分类指数等证券指数,以反映证券交易总体价格或某类证券价格的变动和走势,随即时行情发布。证券指数的编制遵循公开透明的原则。证券指数设置和编制的具体方法由证券交易所规定。

上海证券交易所目前公布的指数包括:上证综合指数、上证 A 股指数、上证 B 股指数、新上证综指、上证 180 指数、上证 50 指数、上证红利指数、上证基金指数、上证国债指数、上证企债指数等。

深圳证券交易所目前公布的指数包括:深证成份指数、深证综合指数、深证 A 股指数、深证 B 股指数、深证 100 指数、深证新指数、中小企业板指数、深证基金指数等。

(三)证券交易公开信息

根据现行有关制度的规定,上海证券交易所和深圳证券交易所针对几种交易情况,将公布相关信息,以利于证券市场的风险防范。

1.对于有价格涨跌幅限制的证券

对于有价格涨跌幅限制的股票、封闭式基金,竞价交易出现下列情形之一的,证券交易所分别公布相关证券当日买入、卖出金额最大的 5 家会员营业部(深圳证券交易所是营业部或席位)的名称及其买入、卖出金额:

(1)日收盘价格涨跌幅偏离值达到±7%的各前 3 只股票(基金);

(2)日价格振幅达到 15%的前 3 只股票(基金);

(3)日换手率达到 20%的前 3 只股票(基金)。

2.对于无价格涨跌幅限制的证券

对于首次公开发行上市的股票(上海证券交易所还包括封闭式基金)、增发上市的股票、暂停上市后恢复上市的股票等在首个交易日不实行价格涨跌幅限制的证券,证券交易所公布其当日买入、卖出金额最大的 5 家会员营业部(深圳证券交易所是营业部或席位)的名称及其买入、卖出金额。

3.对于证券交易异常波动

股票、封闭式基金竞价交易出现下列情形之一的,属于异常波动,证券交易所分别公告该股票、封闭式基金交易异常波动期间累计买入、卖出金额最大 5 家会员营业部(深圳证券交易所是营业部或席位)的名称及其累计买入、卖出金额:

(1)连续 3 个交易日内日收盘价格涨跌幅偏离值累计达到±20%的;

(2)ST 股票和 *ST 股票连续 3 个交易日内日收盘价格涨跌幅偏离值累计达到±

15％的（包括 SST、S＊ST）；

（3）连续 3 个交易日内日均换手率与前 5 个交易日的日均换手率的比值达到 30 倍，并且该股票、封闭式基金连续 3 个交易日内的累计换手率达到 20％的；

（4）证券交易所或中国证监会认定属于异常波动的其他情形。

异常波动指标自复牌之日起重新计算。对首次公开发行上市的股票（上海证券交易所还包括封闭式基金）、增发上市的股票、暂停上市后恢复上市的股票等在首个交易日不实行价格涨跌幅限制的证券，不纳入异常波动指标的计算。

4.对于证券实施特别停牌

上海证券交易所对涉嫌违法违规交易的证券实施特别停牌的，根据需要可以公布以下信息：

（1）成交金额最大的 5 家会员营业部的名称及其买入、卖出数量和买入、卖出金额；

（2）股份统计信息；

（3）本所认为应披露的其他信息。

二、大宗交易

大宗交易针对的是一笔数额较大的证券买卖。我国现行有关交易制度规定，如果证券单笔买卖申报达到一定数额的，证券交易所可以采用大宗交易方式进行交易。按照规定，证券交易所可以根据市场情况调整大宗交易的最低限额。上海证券交易所接受大宗交易的时间为每个交易日 9：30—11：30、13：00—15：30，深圳证券交易所接受大宗交易申报的时间为每个交易日 9：15—11：30、13：00—15：30。但如果在交易日 15：00 前处于停牌状态的证券，上海证券交易所不受理其大宗交易的申报；而如果在交易日全天停牌的证券，深圳证券交易所亦不受理其大宗交易的申报。每个交易日 15：00—15：30，证券交易所交易主机对买卖双方的成交申报进行成交确认。

大宗交易的申报包括意向申报和成交申报。意向申报包括的内容有：证券代码、证券账号、买卖方向、证券交易所规定的其他内容。意向申报中是否明确交易价格和交易数量，由申报方决定。申报方价格不明确的，上海证券交易所规定将视为至少愿以规定的最低价格买入或最高价格卖出；申报方数量不明确的，上海证券交易所规定将视为至少愿以大宗交易单笔买卖最低申报数量成交。上海证券交易所还规定，当意向申报被其他参与者接受时，申报方应当至少与一个接受意向申报的参与者进行成交申报。

有涨跌幅限制证券的大宗交易成交价格，由买卖双方在当日涨跌幅价格限制范围内确定。无涨跌幅限制证券的大宗交易成交价格，由买卖双方在前一收盘价±30％或当日已成交的最高、最低价之间自行协商确定。

买方和卖方就大宗交易达成一致后，买卖双方的成交申报分别通过各自委托会员的席位进行。成交申报应包括以下内容:证券代码、证券账号、成交价格、成交数量、买卖方向、交易所规定的其他内容。买卖双方输入交易系统的每笔大宗交易成交申报,其证券代码、成交价格和成交数量必须一致。

大宗交易的成交申报必须经过证券交易所的正式确认。一旦交易所完成确认,买方和卖方均不得撤销或更改成交申报,且必须承认交易结果,并严格履行相关的清算交收义务。

大宗交易不纳入证券交易所的即时行情和指数的计算,成交量在大宗交易结束后计入当日该证券成交总量。上海证券交易所规定,每个交易日大宗交易结束后,属于股票和基金大宗交易的,上海证券交易所公告证券名称、成交价、成交量及买卖双方所在会员营业部的名称等信息;属于债券和债券回购大宗交易的,上海证券交易所公告证券名称、成交价和成交量等信息。深圳证券交易所规定,每个交易日大宗交易结束后,深圳证券交易所公布大宗交易的证券名称、成交量、成交价以及买卖双方所在会员营业部或席位的名称。

根据《上海证券交易所交易规则》的规定,在上海证券交易所进行的证券买卖符合以下条件的,可以采用大宗交易方式:

(1)A股单笔买卖申报数量应当不低于50万股,或者交易金额不低于300万元人民币;

(2)B股单笔买卖申报数量应当不低于50万股,或者交易金额不低于30万元美元;

(3)基金大宗交易的单笔买卖申报数量应当不低于300万份,或者交易金额不低于300万元;

(4)国债及债券回购大宗交易的单笔买卖申报数量应当不低于1万手,或者交易金额不低于1 000万元;

(5)其他债券单笔买卖申报数量应当不低于1 000手,或者交易金额不低于100万元。

根据《深圳证券交易所交易规则》的规定,在深圳证券交易所进行的证券买卖符合以下条件的,可以采用大宗交易方式:

(1)A股单笔交易数量不低于50万股,或者交易金额不低于300万元人民币;

(2)B股单笔交易数量不低于5万股,或者交易金额不低于30万元港币;

(3)基金单笔交易数量不低于300万份,或者交易金额不低于300万元人民币;

(4)债券单笔交易数量不低于1万张(以人民币100元面额为1张),或者交易金额不低于100万元人民币;

(5)债券质押式回购单笔交易数量不低于1万张(以人民币100元面额为1张),或者交易金额不低于100万元人民币;

(6)多只A股合计单向买入或卖出的交易金额不低于500万元人民币,且其中单只A股的交易数量不低于20万股;

（7）多只基金合计单向买入或卖出的交易金额不低于 500 万元人民币,且其中单只基金的交易数量不低于 100 万份;

（8）多只债券合计单向买入或卖出的交易金额不低于 500 万元人民币,且其中单只债券的交易数量不低于 1.5 万张。

三、回转交易

证券的回转交易是指投资者买入的证券,经确认成交后,在交收前全部或部分卖出。过去,我国 B 股曾经实行 T+0 回转交易制度。在该项制度下,投资者可以在交易日的任何营业时间内反向卖出已买入但未交收的 B 种股票。而根据我国现行有关交易制度,债券和权证实行当日回转交易,B 股实行次交易日起回转交易。

四、融资融券交易

(一)融资融券的含义

融资融券是指证券公司向投资者出借资金供其买入证券或者出借证券供其卖出的经营活动。投资者向证券公司借入资金买入证券、借入证券卖出的交易活动,称作融资融券交易,又叫作信用交易。融资融券业务是对证券公司而言的,它包括券商对投资者的融资、融券和金融机构对券商的融资、融券。

具体来说,就是指以抵押保证金的形式从证券公司借取资金或者证券进行市场交易。如果在证券价格低位的时候缴纳保证金从证券公司借入资金买入证券,以便在证券价格走高后卖出,在归还证券公司借入资金的同时赚取差价;在证券价格高位的时候缴纳保证金从证券公司借入证券卖出,以便在证券价格走低后低价买回同种证券,在归还证券公司借入证券的同时赚取差价。所以,融资融券从本质上来说,应该属于保证金杠杆交易模式,投资者既能够进行做多交易,也能够进行做空交易。

2006 年 6 月 30 日,证监会发布《证券公司融资融券试点管理办法》(2006 年 8 月 1 日起施行)。2006 年 8 月 21 日,沪深交易所发布《融资融券交易试点实施细则》。2010 年 3 月 31 日,我国融资融券交易试点启动,正式进入市场操作阶段。2011 年 10 月印发关于修改《证券公司融资融券业务试点管理办法》的决定,从此融资融券业务结束试点转为证券公司常规业务。

(二)融资融券交易基本操作与保证金比例

融资融券交易又可以分为融资交易和融券交易两类。投资者向证券公司借入资金买入证券,称为融资交易;投资者向证券公司借入证券卖出,称为融券交易。

投资者在交易所进行融资融券交易,应当依照有关规定选定一家会员(证券公司)为其开立一个信用证券账户。信用证券账户的开立和注销,根据会员和交易所指定登记结算机构的有关规定办理。融资买入、融券卖出的申报数量应当为 100 股

(份)或其整数倍。投资者在交易所从事融资融券交易,其期限不得超过 6 个月。投资者卖出信用证券账户内证券所得价款,必须先偿还其融资欠款。

所谓融资买入,通俗地讲,则是投资者以保证金作抵押,融入一定的资金来买进证券,然后在规定的时间之内偿还资金。投资者融资买入证券以后,可以通过卖券还款或者直接还款的方式向会员偿还融入资金。投资者融资买入证券的时候,融资保证金比例不得低于 50%。证券公司在不超过上述交易所规定比例的基础之上,能够依据融资买入标的证券在计算保证金金额时所适用的折算率标准,自行确定相关融资保证金比例。融资保证金比例的计算公式为:

$$融资保证金比例 = \frac{保证金}{融资买入证券数量 \times 买入价格} \times 100\%$$

客户融资买入证券时,融资保证金比例不得低于 50%。

例 4-5 ————————————————————

若某投资者信用账户中有 100 元保证金可用余额,拟融资买入融资保证金比例为 50% 的证券 B,那么该投资者理论上最多可以融资买入 200 元市值(100 元保证金 ÷ 50%)的证券 B。

所谓融券卖出,通俗地讲,就是做空。即投资者融入证券卖出,以保证金作为抵押,在规定的时间之内再以证券归还。融券卖出的申报价格不得低于该证券的最新成交价;当日未产生成交的,申报价格不得低于其前收盘价,低于上述价格的申报为无效申报。融券期间,投资者通过其所有或者控制的证券账户持有与融券卖出相同标的证券时,卖出该证券的价格应遵守前款规定,但超出融券数量的部分除外。投资者融券卖出之后,可以通过买券还券或直接还券的方式向会员偿还融入证券。

投资者融券卖出时,融券保证金比例不得低于 50%。证券公司在不超过上述交易所规定比例的基础上,可以根据融券卖出标的证券在计算保证金金额时所适用的折算率标准,自行确定相关融券保证金比例。融券保证金比例的计算公式为:

$$融券保证金比例 = \frac{保证金}{融券卖出证券数量 \times 卖出价格} \times 100\%$$

客户融券卖出时,融券保证金比例不得低于 50%。

例 4-6 ————————————————————

某投资者信用账户中有 100 元保证金可用余额,拟融券卖出融券保证金比例为 50% 的证券 C,则该投资者理论上最多可融券卖出 200 元市值(100 元保证金 ÷ 50%)的证券 C。

(三)保证金可用余额及计算

客户融资买入或融券卖出时所使用的保证金不得超过其保证金可用余额。

保证金可用余额是指客户用于充抵保证金的现金、证券市值及融资融券交易产

生的浮盈经折算后形成的保证金总额,减去客户未了结融资融券交易已占用保证金和相关利息、费用的余额。其计算公式为:

$$保证金可用余额＝现金＋\sum(充抵保证金的证券市值×折算率)＋$$
$$\sum[(融资买入证券市值－融资买入金额)×折算率]＋$$
$$\sum[(融券卖出金额－融券卖出证券市值)×折算率]－$$
$$\sum融券卖出金额－\sum融资买入证券金额×融资保证金比例－$$
$$\sum融券卖出证券市值×融券保证金比例－利息及费用$$

式中:融券卖出金额＝融券卖出证券的数量×卖出价格;融券卖出证券市值＝融券卖出证券数量×市价;融券卖出证券数量指融券卖出后尚未偿还的证券数量;$\sum[(融资买入证券市值－融资买入金额)×折算率]$、$\sum[(融券卖出金额－融券卖出证券市值)×折算率]$中的折算率,是指融资买入、融券卖出证券对应的折算率。当融资买入证券市值低于融资买入金额或融券卖出证券市值高于融券卖出金额时,折算率按100%计算。

沪、深交易所融资融券可充抵保证金范围和折算率如表4-4、表4-5所示。

表4-4 上交所融资融券可充抵保证金证券范围和折算率

可充抵保证金证券品种		折算率
A股	上证180指数成份股	不超过70%
	非上证180指数成份股	不超过65%
	被实行特别处理和被暂停上市的A股	0
基金	交易所交易型开放式指数基金(ETF)	不超过90%
	其他上市基金	不超过80%
债券	国债	不超过95%
	其他上市债券	不超过80%
权证	权证	0

表4-5 深交所融资融券可充抵保证金证券范围和折算率

可充抵保证金证券品种		折算率
A股	深证100指数成份股	不超过70%
	非深证100指数成份股	不超过65%
	被实行特别处理和被暂停上市的A股	0
基金	交易所交易型开放式指数基金(ETF)	不超过90%
	其他上市基金	不超过80%

交易所可根据市场情况调整可充抵保证金证券的名单和折算率。

证券公司公布的可充抵保证金证券的名单,不得超出交易所公布的可充抵保证金证券范围。

证券公司可以根据流动性、波动性等指标对可充抵保证金的各类证券确定不同的折算率,但证券公司公布的折算率不得高于交易所规定的标准。

(四)客户担保物的监控

证券公司向客户收取的保证金以及客户融资买入的全部证券和融券卖出所得全部资金,将整体作为客户对证券公司融资融券债务的担保物。

证券公司应当对客户提交的担保物进行整体监控,并计算其维持担保比例。维持担保比例是指客户担保物与其融资融券债务之间的比例,计算公式为:

$$维持担保比例 = \frac{现金 + 信用证券账户内证券市值}{融资买入金额 + 融资卖出证券数量 \times 市价 + 利息及费用}$$

客户维持担保比例不得低于130%。当该比例低于130%时,证券公司应当通知客户在约定的期限内追加担保物,该期限不得超过2个交易日。客户追加担保物后的维持担保比例不得低于150%。

维持担保比例超过300%时,客户可以提取保证金可用余额中的现金或充抵保证金的有价证券,但提取后维持担保比例不得低于300%。交易所另有规定的除外。

交易所认为必要时,可以调整融资、融券保证金比例及维持担保比例,并向市场公布。证券公司公布的融资保证金比例、融券保证金比例及维持担保比例,不得超出交易所规定的标准。证券公司应按照不同标的证券的折算率相应地确定其保证金比例。

客户不得将已设定担保或其他第三方权利及被采取查封、冻结等司法措施的证券提交为担保物,证券公司不得向客户借出此类证券。

除下列情况外,任何人不得动用证券公司客户信用交易担保证券账户内的证券和客户信用交易担保资金账户内的资金:

1.为客户进行融资融券交易的结算;

2.收取客户应当归还的资金、证券;

3.收取客户应当支付的利息、费用、税款;

4.按照中国证监会的有关规定以及与客户的约定处分担保物;

5.收取客户应当支付的违约金;

6.客户提取还本付息、支付税费及违约金后的剩余证券和资金;

7.法律、行政法规和证监会规定的其他情形。

(五)融资融券交易的一般规则

1.证券公司接受客户融资融券交易委托,应当按照交易所规定的格式申报。申报指令应包括客户的信用证券账户号码、席位代码、标的证券代码、买卖方向、价格、数量、融资融券标识等内容。

2.融资买入、融券卖出的申报数量应当为100股(份)或其整数倍。

3.融券卖出的申报价格不得低于该证券的最新成交价;当天没有产生成交的,申报价格不得低于其前收盘价。低于上述价格的申报为无效申报。

融券期间,客户通过其所有或控制的证券账户持有与融券卖出标的相同证券的,卖出该证券的价格应遵守上述规定,但超出融券数量的部分除外。不得以违反规定卖出该证券的方式操纵市场。

客户在与证券公司签订《融资融券合同》时,需向证券公司申报其本人及其关联人持有的全部证券账户。在融券期间,若客户本人或其关联人卖出与所融入证券相同的证券,客户应自该事实发生之日起 3 个交易日内向证券公司进行申报。证券公司需按月将客户申报的情况报送至相关证券交易所。

4.客户融资买入证券后,可通过卖券还款或直接还款的方式向证券公司偿还融入资金。

卖券还款是指客户通过其信用证券账户申报卖券,结算时卖出证券所得资金直接划转至证券公司融资专用账户的一种还款方式。

以直接还款方式偿还融入资金的,具体操作按照证券公司与客户之间的约定办理。

5.客户融券卖出后,可通过买券还券或直接还券的方式向证券公司偿还融入证券。

买券还券是指客户通过其信用证券账户申报买券,结算时买入证券直接划转至证券公司融券专用证券账户的一种还券方式。

以直接还券方式偿还融入证券的,按照证券公司与客户之间约定以及交易所指定登记结算机构的有关规定办理。

6.客户卖出信用证券账户内证券所得价款,须先偿还其融资欠款。

7.未了结相关融券交易前,客户融券卖出所得价款除买券还券外不得他用。

8.客户信用证券账户不得买入或转入除担保物和交易所规定标的证券范围以外的证券,不得用于从事交易所债券回购交易。

9.客户未能按期交足担保物或者到期未偿还融资融券债务的,证券公司应当根据约定采取强制平仓措施,处分客户担保物,不足部分可以向客户追索。

10.证券公司根据与客户的约定采取强制平仓措施的,应按照交易所规定的格式申报强制平仓指令。申报指令应包括客户的信用证券账户号码、席位代码、标的证券代码、买卖方向、价格、数量、平仓标识等内容。

五、交易的特别处理

股票交易特别处理分为警示存在终止上市风险的特别处理和其他特别处理。

(一)警示存在终止上市风险的特别处理

2003 年 4 月 2 日和 4 月 3 日,上海证券交易所和深圳证券交易所分别发布了《关于对存在股票终止上市风险的公司加强风险警示等有关问题的通知》,并从 2003 年 5

月 8 日起实行退市风险警示制度。所谓退市风险警示制度,就是指由证券交易所对存在终止上市风险的公司股票交易实行"警示存在终止上市风险的特别处理"。

退市风险警示的处理措施包括:第一,在公司股票简称前冠以"＊ST"字样,以区别于其他股票;第二,股票报价的日涨跌幅限制为 5％。

1.上市公司出现以下情形之一的,证券交易所对其股票交易实行退市风险警示:

(1)最近 2 年连续亏损(以最近 2 年年度报告披露的当年经审计净利润为依据);

(2)因财务会计报告存在重大会计差错或虚假记载,公司主动改正或被中国证监会责令改正,对以前年度财务会计报告进行追溯调整,导致最近 2 年连续亏损;

(3)因财务会计报告存在重大会计差错或虚假记载,被中国证监会责令改正,在规定期限内未改正,且公司股票已停牌 2 个月;

(4)在法定期限内未披露年度报告或者半年度报告,公司股票已停牌 2 个月;

(5)处于股票恢复上市交易日至其恢复上市后首个年度报告披露日期间;

(6)在收购人披露上市公司要约收购情况报告至维持被收购公司上市地位的具体方案实施完毕之前,因要约收购导致被收购公司的股权分布不符合《公司法》规定的上市条件,且收购人持股比例未超过被收购公司总股本 90％;

(7)法院受理公司破产案件,可能依法宣告公司破产;

(8)证券交易所认定的其他存在退市风险的情形。

2.上市公司应当在股票交易实行退市风险警示之前 1 个交易日发布公告,公告应当包括以下内容:

(1)股票的种类、简称、证券代码以及实行退市风险警示的起始日;

(2)实行退市风险警示的主要原因;

(3)公司董事会关于争取撤销退市风险警示的意见及具体措施;

(4)股票可能被暂停或终止上市的风险提示;

(5)实行退市风险警示期间公司接受投资者咨询的主要方式;

(6)中国证监会和证券交易所要求的其他内容。

当上市公司消除退市风险的情形后,证券交易所可撤销其退市风险警示;否则,公司将面临终止上市风险。

(二)其他特别处理

其他特别处理的处理措施包括:第一,在公司股票简称前冠以"ST"字样,以区别于其他股票;第二,股票报价的日涨跌幅限制为 5％。特别处理不是对上市公司的处罚,只是对上市公司目前状况的一种揭示,提示投资者注意风险。

上市公司出现以下情形之一的,证券交易所对其股票交易实行其他特别处理:

1.最近一个会计年度的审计结果显示其股东权益为负;

2.最近一个会计年度的财务会计报告被注册会计师出具无法表示意见或否定意见的审计报告;

3.上市公司因 2 年连续亏损而实行退市风险警示,以后亏损情形消除,于是按规定申请撤销退市风险警示并获准,但其最近一个会计年度的审计结果显示主营业务未正常运营,或扣除非经常性损益后的净利润为负值;

4.由于自然灾害、重大事故等引起的损毁,公司生产经营活动受到严重影响且预计在3个月以内不能恢复正常;

5.公司主要银行账号被冻结;

6.公司董事会无法正常召开会议并形成董事会决议;

7.中国证监会根据《证券发行上市保荐制度暂行办法》的相关规定,要求证券交易所对公司的股票交易实行特别提示;

8.中国证监会或证券交易所认定为状况异常的其他情形。

当上市公司消除属于其他特别处理的情形后,证券交易所可撤销对其实行的其他特别处理。

六、开盘价与收盘价

按照一般的意义,开盘价和收盘价分别是交易日证券的首、尾买卖价格。而在证券交易场所,往往还要通过制度来予以规范。

根据我国现行的交易规则,证券交易所证券交易的开盘价为当日该证券的第一笔成交价。证券的开盘价于9:15—9:25通过集合竞价方式产生。不能产生开盘价的,以连续竞价方式产生。按集合竞价产生开盘价后,未成交的买卖申报仍然有效,并按原申报顺序自动进入连续竞价。

在收盘价的确定方面,上海证券交易所和深圳证券交易的收盘价通过最后三分钟(14:57—15:00)集合竞价的方式产生。收盘集合竞价不能产生收盘价的,以当日该证券最后一笔交易前一分钟所有交易的成交量加权平均价(含最后一笔交易)为收盘价。当日无成交的,以前收盘价为当日收盘价。

七、挂牌、摘牌、停牌与复牌

证券交易所对上市证券实施挂牌交易。证券上市期届满或依法不再具备上市条件的,证券交易所要终止其上市交易,予以摘牌。

股票、封闭式基金交易出现异常波动的,证券交易所可以决定停牌。其中,上海证券交易所规定,相关当事人需在公告当日上午10:30前发布公告,之后方可复牌,并可根据市场发展需要调整停牌证券的复牌时间。深圳证券交易所则规定,直至有披露义务的当事人做出公告的当日10:30复牌。若公告日为非交易日的,在公告后首个交易日开市时复牌。

上海证券交易所对涉嫌违法违规交易的证券有权实施特别停牌,并予以公告。相关当事人需按照上海证券交易所的要求提交书面报告。特别停牌及复牌的时间和方式由上海证券交易所决定。深圳证券交易所对证券交易中出现的符合交易规则所定义的异常交易行为,有权视情况对相关证券实施停牌,并发布公告。同时,根据需要,深圳证券交易所还可以公布相关信息。有披露义务的当事人应按照深圳证券交易所的要求及时公告。停牌及复牌的时间,也由深圳证券交易所决定。

证券停牌时,证券交易所发布的行情信息中包含该证券的相关信息。一旦证券被摘牌,其相关信息将不再出现在行情信息中。关于开市期间停牌的申报问题,我国证券交易所规定:在证券开市期间停牌的,停牌前的申报将参与当日该证券复牌后的交易;停牌期间,投资者可以继续申报或撤销申报;复牌时,证券交易所对已接受的申报将按照集合竞价的方式进行处理。在集合竞价期间,上海证券交易所不揭示虚拟开盘参考价格、虚拟匹配量和虚拟未匹配量;而深圳证券交易所则不揭示集合竞价参考价格、匹配量和未匹配量。集合竞价产生开盘价后,以连续竞价继续当日交易。

证券的挂牌、摘牌、停牌与复牌,证券交易所要予以公告。另外,根据有关规定,上市公司披露定期报告、临时公告的例行停牌时间,自上午开市起停牌 1 个交易小时,10:30 恢复交易。

八、除权与除息

如果上市证券发生权益分派、公积金转增股本、配股等事项,就要进行除息与除权。我国证券交易所是在权益登记日(B 股为最后交易日)的次一交易日对该证券做除权、除息处理。除权(息)日该证券的前收盘价改为除权(息)日除权(息)价。除权(息)参考价的计算公式为:

$$除权(息)参考价 = \frac{股权登记日收盘价 + 配股价 \times 配股率 - 派息率}{1 + 送股率 + 配股率}$$

例 4-7 ————————————————

某上市公司每 10 股派发现金红利 1.50 元,同时按 10 配 5 的比例向现有股东配股,配股价格为 6.40 元。若该公司股票在除权除息日的前收盘价为 11.05 元,则除权(息)报价应为 9.40 元。

另外,我国有关制度还规定,证券发行人认为有必要调整上述计算公式的,可以向证券交易所提出调整申请并说明理由。证券交易所认为必要时,可调整除权(息)价计算公式,并予以公布。

除权(息)日的证券买卖,除了证券交易所另有规定的以外,按除权(息)价作为计算涨跌幅度的基准。

另外,在权证业务中,标的证券除权、除息对权证行权价格会有影响,因此需要调整。根据有关规定,标的证券除权、除息的权证发行人或保荐人应对权证的行权价格、行权比例做相应的调整并及时提交证券交易所。

九、交易异常情况的处理

在证券交易所的交易期间,如果发生异常情况,如因不可抗力、意外事故、技术故障、非交易所能够控制的其他情况而导致部分或全部交易不能进行的,证券交易所可以决定临时停市或技术性停牌。比如,现行交易规则规定,出现无法申报的交易席位数量超过证券交易所已开通席位总数的10%以上的交易异常情况,或者行情传输中断的营业部数量超过营业部总数的10%以上的交易异常情况,证券交易所要实行临时停市。证券交易所对技术性停牌或临时停市决定要予以公告。证券交易所采取技术性停牌或者决定临时停市,必须及时报告国务院证券监督管理机构。

技术性停牌或临时停市原因消除后,证券交易所可以决定恢复交易。除交易所认定的特殊情况外,技术性停牌或临时停市前证券交易所交易主机已经接受的申报在当日有效。证券交易所交易主机在技术性停牌或临时停市期间继续接受申报,在恢复交易时对已接受的申报实行集合竞价。

本章小结

1.证券交易是指已发行的证券在证券市场上进行买卖的活动。证券交易与证券发行有着密切的联系,两者相互促进、相互制约。一方面,证券发行为证券交易提供了对象,决定了证券交易的规模,是证券交易的前提;另一方面,证券交易使证券的流动性特征显示出来,有利于证券发行的顺利进行。

2.证券交易的特征主要表现在三个方面,分别为证券的流动性、收益性和风险性。同时,这些特征又互相联系。证券需要有流动机制,因为只有通过流动,证券才具有较强的变现能力。而证券所具有的变现能力,又在一定程度上关系到证券持有者收益的实现。同时,经济发展过程中存在许多不确定因素,所以证券在流动中也存在因其价格变化给持有者带来损失的风险。

3.证券经纪业务是证券经营机构接受投资者(客户)委托,代理买卖证券,并以此收取佣金的中介业务。

4.证券经纪业务有如下特点:(1)这是一种二级市场的委托买卖业务,经纪商直接面对广大投资者,是投资者进入集中交易市场买卖证券的必经渠道;(2)经纪商与客户是委托—代理关系,经纪商必须遵照客户的指令进行证券买卖;(3)经纪业务的收入来源于买卖成交后向客户收取的佣金,经纪商承担的风险较小。

5.在证券交易活动中,投资者在证券市场上买卖已发行的证券要按照一定的程序进行。所谓证券交易程序,也就是指投资者在二级市场上买进或卖出已上市证券所应遵循的规定过程。在现行的技术条件下,许多国家的证券交易已采用电子化形式。在电子化交易情况下,证券交易的基本过程包括开户、委托、成交、结算等几个阶段。

6.证券交易所内的证券交易按"价格优先、时间优先"原则竞价成交。我国证券交易所采用两种竞价方式:集合竞价方式和连续竞价方式。集合竞价的所有交易以同一价格成交,然后,进行集中撮合处理。所有买方有效委托按照委托限价由高到低的顺序排列,限价相同者按照进入交易系统电脑主机的时间先后排列。所有卖方有效委托按照委托限价由低到高的顺序排列,限价相同者也按照进入交易系统电脑主机的时间先后排列。依序逐笔将排在前面的买方委托与卖方委托配对成交。也就是说,按照价格优先、同等价格下时间优先的成交顺序依次成交,直至成交条件不满足为止,即所有买入委托的限价均低于卖出委托的限价,所有成交都以同一成交价成交。集合竞价中未能成交的委托,自动进入连续竞价。

7.上海证券交易所和深圳证券交易所都编制综合指数、成份指数、分类指数等证券指数,以反映证券交易总体价格或某类证券价格的变动和走势,随即时行情发布。

8.融资融券,就是指证券公司向投资者出借资金供其买入证券或者出借证券供其卖出的经营活动。股票交易特别处理分为警示存在终止上市风险的特别处理和其他特别处理。大宗交易针对的是一笔数额较大的证券买卖。证券的回转交易是指投资者买入的证券,经确认成交后,在交收前全部或部分卖出。

9.上市证券发生权益分派、公积金转增股本、配股等事项,就要进行除息与除权。我国证券交易所是在权益登记日(B股为最后交易日)的次一交易日对该证券做除权、除息处理。

思政目标

党的二十大报告强调了"坚持深化改革开放"、"推动经济高质量发展"、"构建新发展格局"和"实施科教兴国战略"等重要理念。本章通过介绍证券交易的基本概念、原则、程序和方式,帮助学生了解证券市场的发展历程、功能和作用。同时,培养学生对党的二十大报告中提出的思想和原则的理解和认同,增强对中国特色社会主义道路、理论、制度和文化的自信。通过学习证券市场的相关知识和规律,旨在提升学生的市场分析能力和解决市场风险及问题的能力,并增强他们对国家改革开放、经济高质量发展、国家安全形势以及国际金融市场等方面的关注度和参与度。此外,引导学生深入思考国家治理能力的现代化水平以及资本市场与实体经济的协同发展问题,并鼓励他们树立正确的金融观念、投资理念、法律意识和道德观念,以实现合理的资产配置、有效的金融风险防范和积极履行社会责任的目标。

基本概念

证券交易	公开原则	公平原则	公正原则
证券经纪业务	证券经纪商	开户	委托
交割	价格优先	时间优先	开盘价
收盘价	集合竞价	连续竞价	涨跌幅
清算	过户	大宗交易	回转交易
融资融券	股票交易特别处理	挂牌	摘牌
停牌	复牌	除权	除息
停市	技术性停牌		

视频材料

练习与思考

1.什么是证券交易?

2.证券交易和证券发行的关系是什么?

3.证券经纪业务是证券公司最主要的业务吗?

4.证券交易的流程是什么?

5.说明上海证券交易所股票特别处理的主要原因。

6.为什么要进行除权除息参考价计算?

7.融资融券业务中的保证金比例与维持担保比例有什么关系?

8.未了结相关融券交易前,客户融券卖出所得价款除买券还券外还可以他用吗?

第五章　证券投资价值分析

一般而言,投资者在购置证券之前,需对证券的价值进行评估,这包括计算其内在价值,并将其与市场价格进行对比,以确定其是否具有投资价值。若证券的内在价值高于市场价格,则表明该证券的市场价格被低估,投资者可考虑购买;反之,若证券的内在价值低于市场价格,则表明其市场价格被高估,投资者应考虑卖出。

第一节　股票估值分析

当前,尽管存在多种分析股票内在价值的方法,但学术界与实业界尚未发现一种完全有效的测量股票内在价值的方法,因此,该领域仍需进一步探索。

一、股票价值的类型

与股票价值有关的概念很多,它们在不同场合有不同含义,需要加以区分:

(一)股票的面值

股票面值,即股票票面价值,最初目的是在于保证股票持有者在退股之时能够收回票面所标明的资产。随着股票的发展,购买股票后将不能再退股,所以股票面值作用变为:

1.表明股票的认购者在股份公司投资中所占的比例,作为确认股东权利的依据。如某上市公司的总股本为 1 000 万元,持有 1 股股票就表示在该股份公司所占的股份为千万分之一。

2.在首次发行股票时,将股票的面值作为发行定价的一个依据。比如 1 股股票被拆成 10 股,那么新股每股价格也相应地变成此前的 1/10,此时在票面上看是 1 元拆成 10 股 0.1 元,同样为等价的换算关系,反之亦然。随着市场发展,也出现了无面额的股票。

(二)股票的净值

股票的净值又称为账面价值,也称为每股净资产,是用会计统计的方法计算出来的每股股票所包含的资产净值。

具体计算公式为:

$$股票净值总额＝公司资本金＋法定公积金＋资本公积金＋$$
$$特别公积金＋累积盈余－累积亏损$$

$$每股净值＝\frac{净值总额}{发行股份总数}$$

股票净值与股票内在价值、市值有密切关系。由于股票净值反映了公司过去年份的经营和财务状况,因此,它可作为评估股票内在价值的重要依据。如某股票净值高,则表示该公司经营财务状况好,股东享有的权益多,股票未来获利能力强,该股票的内在价值一定较高,市值也会上升;反则反之。相对于股票内在价值、市值而言,股票净值更为确切可靠,因为净值是根据现有的财务报表计算的,所依据的数据相当具体、确切,可信度高;同时净值又能明确反映出公司历年经营的累积成果;净值还相对固定,一般只有在年终盈余入账或公司增资时才变动。因此,股票净值具有较高的真实性、准确性和稳定性,可作为公司发行股票时选择发行方式和确定发行价格的重要依据,也是投资分析的主要参数。

(三)股票的清算价值

股票的清算价值是指一旦股份公司破产或倒闭后进行清算时,每股股票所代表的实际价值。从理论上讲,股票的每股清算价格应与股票的账面价值相一致,实际上并非如此。只有当清算时公司资产实际出售价款与财务报表上的账面价值一致时,每一股份的清算价值才与账面价值一致。但企业在破产清算时,其财产价值是以实际的销售价格来计算的,而在进行财产处置时,其售价一般都会低于实际价值,再加上必要的清算费用,所以股票的清算价格就会与股票的净值不相一致。股票的清算价格只是在股份公司因破产或其他原因丧失法人资格而进行清算时才被作为确定股票价格的依据,在股票的发行和流通过程中不具备实际意义。

(四)股票的市场价值

股票的市场价值,又称为股票的市值,是指股票在交易过程中交易双方达成的成交价。股票的市值直接反映着股票市场行情,是股民买卖股票的依据。由于受众多因素的影响,股票的市场价值处于经常性的变化之中。股票的市场价值与股票价格是紧密相连的,股票价格是股票市场价值的集中表现,前者随后者的变化发生相应的波动。在股票市场中,股民是根据股票的市场价值的高低变化来分析判断和确定股票价格的,所以通常所说的股票价格也就是股票的市场价值。

(五)股票的内在价值

股票的内在价值是在某一时刻股票的真正价值,它也是股票的投资价值。计算股票的内在价值需要采用折现法,由于上市公司的每股税后利润、社会平均投资收益率等都是未知数,所以股票的内在价值较难计算,各种价值模型计算出来的"内在价值"只是股票真实的内在价值的估计值,在实际应用中,一般都是取预测值。经济形势的变化、宏观经济政策的调整、供求关系的变化等等都会影响股票未来的收益,引起内在价值的变化。股票的市场价格总是围绕着其内在价值波动。

因此对股票价值进行评估就是利用各种方法进行股票的内在价值的评估,这些方法大体可以分为两类:绝对价值评估法和相对价值评估法。

二、绝对价值评估法

绝对价值评估法又称为收益贴现模型,是将公司未来的现金流进行折现来对公司内在价值进行评估的方法。由于不同资本提供者对现金流索取权的次序有所不同,公司未来现金流的分配也存在差异。按照公司财务理论,企业现金流首先是满足营运资金的需求,剩余的现金流称为企业自由现金流,而企业自由现金流首先需要向债权人支付负债利息,然后才能向公司股东进行红利分配。通常,企业为了未来有更好发挥,需要进行再投资,因而分配给普通股股东的红利往往是扣除再投资和留存收益以后的现金流,这样,与现金流的分配顺序相匹配,不同的现金流决定了不同的现金流贴现模型。其中,股利贴现模型采用的是现金股利,权益现金流贴现模型采用的是权益自由现金流,企业贴现现金流模型采用的是企业自由现金流。本部分主要介绍股利贴现模型和自由现金流贴现模型。

(一)股利贴现模型

1.股利贴现模型的基本原理

股利贴现法的基本思想是:股票的价值在于能提供未来的一系列现金流,股票的内在价值就是这一系列现金流按照要求的收益率贴现值的加总。假设投资者无限期持有股票,那么,股利就是投资者所能获取的唯一现金流。因此,股利贴现模型的一般公式如下:

$$P_0 = \frac{D_1}{(1+k)} + \frac{D_2}{(1+k)^2} + \cdots + \frac{D_\infty}{(1+k)^\infty} = \sum_{t=1}^{\infty} \frac{D_t}{(1+k)^t} \tag{5-1}$$

式中:P_0 为普通股内在价值;D_t 为在时期 t 的预期股利;k 为投资者的期望收益率(即贴现率)。

这是一个具有一般性的基本模型,也被称为股利贴现模型,以后对各种模型的分析都是在此基础上演变而来的。

2.零增长模型

利用股利贴现模型计算股票内在价值需要预测未来所有期限的股利水平,这是不太可能实现的。因此,在实际操作时,通常假设未来的股利符合一定的增长规律,从而将公式简化。最简单的情况就是假定未来每期期末支付的股利的增长率等于0,且持有时间无限长,即 $D_0 = D_1 = D_2 = \cdots = D_\infty$,或表达为 $g_t = 0$,g_t 表示股利的增长率。则由贴现现金流模型的一般公式 5-1 推导得:

$$P_0 = \sum_{t=1}^{\infty} \frac{D_t}{(1+k)^t} = 1 - \frac{D_1}{(1+k)} \cdot \frac{1 - \frac{1}{(1+k)^{\infty}}}{1 - \frac{1}{(1+k)}} = \frac{D_1}{K} \left[\frac{1}{1-(1+k)^{\infty}} \right]$$

又因为 $\frac{1}{(1+k)^{\infty}} \to 0$,所以,上述公式可以简化为:

$$P_0 = \frac{D_1}{k} \qquad (5\text{-}2)$$

例 5-1

投资者收到 A 公司支付的每股 1 元的上年度股利,并预期本年度股利会有 20% 的增长,而以后各年都将保持与本年相同水平的股利。已知 A 公司的每股市价为 10 元,投资者要求的股票收益率为 10%,那么 A 公司对投资者来讲,每股价值是多少?

解:$D_1 = D_0(1+20\%) = 1 \times 1.2 = 1.2$(元)

根据零增长模型:$P_0 = \frac{D_1}{k}$

可以得到:每股价值 $= \frac{1.2}{10\%} = 12$(元)

因为每股价值>每股市价,说明当前市场价值被低估,投资者应当买入该公司股票。

3.不变增长模型

不变增长模型又称为戈登模型,是股息贴现模型的第二种特殊形式。该模型有三个基本假设条件:股息的支付在时间上是永久性的;各期的股息增长率 g_t 恒等于一个常数 g,即第 t 期的股利 $D_t = D_1(1+g)^{t-1} = D_0(1+g)^t$;模型中的贴现率大于股息增长率,即 $k > g$。

根据以上三个假设条件可以得到:

$$P_0 = \sum_{t=1}^{\infty} \frac{D_t}{(1+k)^t} = \frac{D_1}{(1+k)} + \frac{D_2}{(1+k)^2} + \cdots$$

$$= \frac{D_0(1+g)}{(1+k)} + \frac{D_0(1+g)^2}{(1+k)^2} + \frac{D_0(1+g)^3}{(1+k)^3} + \cdots$$

$$= D_0 \sum_{t=1}^{\infty} \frac{(1+g)^t}{(1+k)^t}$$

运用数学中无穷级数的性质,可得:

$$\sum_{t=1}^{\infty} \frac{(1+g)^t}{(1+k)^t} = \frac{1+g}{k-g}$$

从而,得出固定增长模型:

$$P_0 = \frac{D_0(1+g)}{k-g} \qquad (5\text{-}3)$$

又因为 $D_1 = D_0(1+g)$，所以：

$$P_0 = \frac{D_1}{k-g} \tag{5-4}$$

例 5-2

某股票当前每股现金股利为 2 元，预期的股利稳定增长率为 5%，投资者要求的收益率为 10.25%，则该股票的理论价格为多少？

解：根据不变增长模型可以得到：

$$P_0 = \frac{D_0(1+g)}{k-g} = \frac{2 \times (1+5\%)}{10.25\% - 5\%} = 40（元）$$

4.可变增长模型

在现实中，公司很难始终保持一个固定的增长率，常常表现出不同阶段具有不同的增长率。因此，零增长模型和固定增长模型并不能很好地在现实中对股票的价值进行评估。最典型的是假定公司经历两个不同的增长阶段，第一个阶段增长率通常较高，第二个阶段保持稳定的增长率。

计算过程如下：

$$P_0 = \sum_{t=1}^{N} \frac{D_t}{(1+k)^t} + \frac{P_N}{(1+k)^N} \tag{5-5}$$

其中，$P_N = \dfrac{D_{N+1}}{k - g_s}$。

式中：P_0 为股票当前的价格；N 为高速增长阶段持续的期数；P_N 为 N 个时期末预期的股票价格；D_t 为在时期 t 的预期股利；k 为要求的回报率；g_s 为第二阶段的稳定增长率。

例 5-3

王先生持有 K 公司股票 100 股，每股面值 100 元，投资最低报酬率为 20%。预计该公司未来 3 年股利呈零增长，每期股利 20 元。预计从第 4 年起转为正常增长，增长率为 10%，则该公司股票的价格应为多少？

解：根据可变增长模型 $P_0 = \sum\limits_{t=1}^{N} \dfrac{D_t}{(1+k)^t} + \dfrac{P_N}{(1+k)^N}$

可以得到：

$$P_0 = \sum_{t=1}^{3} \frac{20}{(1+20\%)^t} + \frac{20 \times (1+10\%)}{20\% - 10\%} \times \frac{1}{(1+20\%)^3}$$
$$= 42.13 + 127.31 = 169.44（元）$$

5.有限期持有股价评估模型

在现实环境中，股票往往不是永久持有，而是有限期持有，因此，在有限期持有的

情况下,股票内在价值为:

$$P_0 = \frac{D_1}{(1+k)} + \frac{D_2}{(1+k)^2} + \cdots + \frac{D_n}{(1+k)^n} + \frac{P}{(1+k)^n}$$

$$= \sum_{t=1}^{\infty} \frac{D_t}{(1+k)^t} + \frac{P}{(1+k)^n} \tag{5-6}$$

股利贴现模型主要考虑了股息收入,然而,股票投资与债券投资不同,股票投资意味着对公司的所有权,因此,即使公司没有分红,其收益仍然属于股东所有。这揭示了贴现现金流模型的一个局限性。此外,该模型也未能考虑资本利得为投资者带来的收益。

(二)自由现金流贴现模型

可以代替股利贴现模型对公司进行估值的另一种模型是自由现金流贴现模型。自由现金流是指扣除资本性支出后可由公司或股东支配的现金流。这种方法特别适用于那些不派发股利的公司。

1.公司自由现金流(FCFF)贴现模型

该模型使用加权平均资本成本对公司自由现金流(FCFF)进行贴现来估计公司价值,然后扣除已有的债务价值来得到权益价值。

公司自由现金流(FCFF)是公司支付了所有营运费用,进行了必需的固定资产与营运资产投资后可以向所有投资者分派的税后现金流量。FCFF是普通股股东、优先股股东和债权人的现金流总和,其计算公式为:

FCFF=EBIT×(1-税率)+折旧-资本性支出-追加营运资本

式中,EBIT 为息税前利润。

FCFF 折现模型认为,公司价值等于其预期现金流按公司资本成本进行折现的现值。具体而言,该模型将预期的未来自由现金流用加权平均资本成本(weighted average cost of capital,WACC)折现到当前价值,从而计算出公司价值,然后从中减去债券的价值,以得到股权的价值。即公式可表达为:

$$V = \sum_{t=1}^{N} \frac{FCFF_t}{(1+WACC)^t}$$

式中:V 为公司价值;$FCFF_t$ 为 t 期的现金流;WACC 为加权平均资本成本。

其中,加权平均资本成本 WACC 为债务资本成本与权益资本成本按照各自在公司总资本中比例进行加权后得到的平均资本成本。

自由现金流贴现法的理论依据是,公司的价值等于其一段时间内的预期自由现金流和公司的终极价值的现值之和。因此,对于那些具有相对稳定现金流量的企业,如公用事业型公司,这种方法尤为适用。

2.股权资本自由现金流(FCFE)贴现模型

该模型直接用权益资本成本对股东自由现金流(FCFE)进行贴现来估计公司价值。

股权资本自由现金流(FCFE)是在公司用于投资、营运资金和债务融资成本之后可以被股东利用的现金流,它是公司支付所有营运费用、再投资支出、所得税和净债务支付(即利息、本金支付减发行新债务的净额)后可分配给公司股东的剩余现金流量,其计算公式为:

$$FCFE = 净收益 + 折旧 - 资本性支出 - 营运资本追加额 -$$
$$债务本金偿还 + 新发行债务$$

FCFE 折现估价模型的基本原理,是将预期的未来股权活动现金流用相应的股权要求回报率折现到当前价值来计算公司股票价值。公式可表达为:

$$V = \sum_{t=1}^{N} \frac{FCFE_t}{(1 + K_e)^t}$$

式中:V 为公司价值;$FCFE_t$ 为 t 期的现金流;K_e 为根据 CAPM 模型计算的股权成本。

三、相对价值评估法

相对价值评估法又称为价格乘子法,是指股票价格与上市公司基础会计数据的比例关系。相对价值评估法是证券资产估值中广泛适用的方法,其特点包括经济含义直观明了,参数使用较少,计算相对简便等。最常用的相对价值评估法包括市盈率、市净率、市价现金流比率等。这些价格乘子分别从某个特定方面体现了上市公司股票的估值水平。

(一)市盈率模型(P/E)

1.市盈率的概念和计算方法

市盈率又称"价格收益比"或"本益比",是每股价格与每股收益之间的比率。它反映股票投资的收益水平,表示投资者愿意为每一单位的预期收益(通常以 1 年的预期收益表示)支付的金额。其计算方法为:

$$市盈率 = \frac{每股市价}{每股盈利} \tag{5-7}$$

2.市盈率模型的主要应用

市盈率是投资回报的一种度量标准,即股票投资者更具当前或预测的收益水平收回其投资所需要计算的年数。当前市盈率的高低,表明投资者对该股票未来价值的主要观点。投资者必须将市盈率与整体市场、该公司所属行业及其他类似公司和股票的市盈率进行比较,以决定他们是否认同当前的市盈率水平。也就是说,根据市盈率的偏高或偏低,判断该股票价格是高估还是低估。

既然市盈率的高低对投资具有参考性,下面我们用之前介绍的股利贴现模型来分析影响市盈率的因素,若用 P_0 表示模型的估计价格,则存在:

$$P_0 = \frac{D_1}{k - g}$$

两边同时除以预期盈利 E_1，则可以得到：

$$\frac{P_0}{E_1} = \frac{D_1/E_1}{k-g} \tag{5-8}$$

从公式可见，市盈率是由以下因素所决定的：(1)预期股利派发率 D_1/E_1；(2)股票的必要回报率 k；(3)股利增长率 g。

尽管受上述 D/E、k、g 三种影响，但 k 和 g 的差值是决定 P/E 比率的关键因素。虽然股利派发率对 P/E 也有影响，但由于公司长期的目标股利派发率相当稳定，故对 P/E 的影响很小。

如果我们将股利的增长率 g 由 $g = \text{ROE} \times b$ 求出，其中 ROE 表示留存收益的回报率，b 表示留存比率，则股票的市盈率变为：

$$\frac{P_0}{E_1} = \frac{D_1/(k-g)}{E_1} = \frac{E_1(1-b)}{E_1(k-g)} = \frac{1-b}{k-g} = \frac{1-b}{k-\text{ROE} \times b} \tag{5-9}$$

例 5-4 ——————————————————

张先生所投资某公司的股权收益率为 16%，再投资比率为 50%。如果预计该公司明年的收益是每股 2 元，市场资本化率为 12%，其股价应为多少？

解：根据股利增长模型和市盈率模型，可以得到：

$g = \text{ROE} \times b = 16\% \times 50\% = 8\%$

$$P_0 = \frac{D_1}{k-g} = \frac{\text{ROE}(1-b)}{k-g} = \frac{2 \times (1-50\%)}{12\% - 8\%} = 25(\text{元})$$

通过上面的公式我们可以得到：

(1)在其他条件不变时，留存收益的回报率 ROE 越高，市盈率越高，这是因为 ROE 高的项目会为公司带来增长机会。只要 ROE 超过 k，市盈率也会随留存比率 b 的增加而增加，这是由于当公司有好的投资机会时，若公司可以更大胆地利用这些机会将更多的盈利用于再投资，市场将回报给它更高的市盈率。但如果 ROE 小于 k 时，投资者更希望公司把盈利以股利的形式发放，而不是再投资低于收益率的项目。

因此现在比较流行的市盈率增长因子更具有参考意义。

$$\text{市盈率增长因子} = \frac{\text{市盈率}}{\text{公司盈利年增长率}}$$

市盈率增长因子越低，通常意味着公司的发展潜力越大，其潜在价值也相对越高。

例 5-5 ——————————————————

某两家公司的市盈率都是 20，但是盈利增长率不同，公司 A 的盈利增长率为 20%，而公司 B 的盈利增长率为 5%，那么公司 A 的预期市盈率增长因子为 1(即 20/20=1)，而公司 B 的预期市盈率增长因子为 4(即 20/5=4)。可见，公司 A 成长较快，从而预示着该公司有更好的发展潜力和投资价值。

(2)在其他条件不变时,必要回报率越高,市盈率越低。又由于公司风险越高,必要回报率就越高,因此对于任何期望收益和股利流,当人们认为风险越大时,其现值就越小,股价和市盈率也越低。

3.市盈率模型的优缺点

市盈率模型具有很多优点,主要包括:

(1)可通过会计收益数据和市场股价数据计算得到,方法简单,内涵明确;

(2)同行业公司的市盈率可以直接进行比较,不同行业的市盈率可在整个市场市盈率平均水平的基础上向上(高增长、高科技等行业)或向下(成熟、资源类等行业)调整,进而可以判断行业估值水平的高低。

当然,市盈率指标也具有以下缺点:

(1)市盈率的分母是会计利润,它在某种程度上会受会计准则的影响,如在集体折旧或进行存货估值时要使用历史成本,在高通货膨胀时期用历史成本计算的折旧和存货估值会低估真实的经济价值;

(2)对于收益为负值的上市公司,市盈率也为负值,不具有经济含义;

(3)市盈率并没有将企业的估值与未来收益的增长情况建立直接联系,因而无法直接判断不同增长前景企业的估值水平,为了弥补这一缺陷,可以将上市公司长期增长率与企业的市盈率结合起来分析。

(二)市净率模型(P/B)

市净率又称"净资产倍率",是每股市场价格与每股净资产之间的比率,其计算公式为:

$$市净率 = \frac{每股市价}{每股净资产} \quad\quad (5\text{-}10)$$

上述公式中的每股净资产又称"账面价值",指每股股票所含的实际资产价值,是支撑股票市场价格的物质基础,也代表公司解散时股东可分得的权益,通常被认为是股票价格下跌的底线。每股净资产的数额越大,表明公司内部积累越雄厚,其抵御外来因素影响的能力也越强。正因为如此,市净率反映的是相对于净资产,股票当前市场价格是处于较高水平还是较低水平。市净率越大,说明股价处于较高水平;反之,市净率越小,说明股价处于较低水平。

相对于市盈率,市净率在使用中有着其特有的优点:第一,每股净资产通常是一个累积的正值,因此市净率也适用于经营暂时陷入困境的企业及有破产风险的公司;第二,统计学证明每股净资产数值普遍比每股收益稳定得多;第三,对于资产中包含大量现金的公司,市净率是更为理想的比较估值指标。这样市净率模型尤其适用于公司股本的市场价值完全取决于有形账面价值的行业,如银行、房地产公司。而对于没有固定成本的服务型公司,账面价值意义不大。

同时,市净率在使用过程中也存在一定局限性。由于会计计量的局限,一些对企业非常重要的资产并没有确认入账,如商誉、人力资源等;当公司在资产负债表上存在显著的差异时,作为一个相对值,P/B可能对信息使用者产生误导作用。

(三)市价/现金流比率(P/CF)

由于公司盈利水平容易被操纵而现金流价值通常不易被操纵,市价/现金流比率越来越多地被投资者所采用。同时,根据信用评价"现金为王"的法则,现金流价值在基本估值中也是很关键的。价格与现金流的比率的计算公式如下:

$$\frac{P}{CF} = \frac{P_t}{CF_{t+1}}$$

式中:P_t为t期股票的价格;CF_{t+1}为公司$t+1$期的预期每股现金流。

影响这个比率的因素与影响市盈率模型的因素相同,即这些变量应该是所采用的现金流变量的预期增长率和由于现金流序列下的不稳定或波动性所带来的股票的风险。

第二节　债券估值分析

一、债券价格分析

(一)债券的价格决定

债券是发行人承诺在一定时期后按面值偿还本金并按约定的利率向债权人支付利息的证券。投资者购买债券的主要目的是为了获取未来的收益,即期望未来实现的现金收入流量能够超过今天投资的成本。债券在未来的待偿期限内,通过支付利息和偿还本金的方式向投资者支付的现金流量之和,构成了债券的未来价值,也被称为期值。一般情况下,债券的面值、票面利率和期限都是发行时确定的,所以,债券的未来价值通常是一个确定的量。为了获得某一确定的未来价值,投资者今天愿意投资的货币额,称为现值。债券的价格是指将未来的价值按照特定的折现条件折算成今天的现值。进一步说,任何金融工具的价格都等于来自这种金融工具预期现金流量的现值。

决定债券价格的因素是预期的现金流量(cash flow)、必要合理的到期收益率和债券的期限。

与股票相比,债券的预期现金流量通常较为确定,计算相对简单,但值得注意的是,不同类型债券的现金流量存在差异。发达国家债券市场上典型的债券是息票债券,息票债券的现金收入流量是由在到期日之前的周期息票利息支付和到期票面价值两项构成。我国过去发行较多的一次性还本付息债券的未来现金流量是债券按单利计算的到期本息和,可根据债券票面金额、票面利率和期限计算。无息票债券不进行周期性息票支付,而是将到期价值和购买价格的差额作为投资者得到的利息,它的现金流量即为债券的面值或到期价值。

必要的或合理的到期收益率是指通过对市场上一些信用等级和偿还期限相同的或相近的债券的收益率加以比较而确定的收益率,这一收益率是投资者在一定风险条件下的债券期望收益率。在通常情况下,投资者在选购一种债券时,总是要将这种债券提供的收益与其他同类债券交易比较,他们要求这种债券的收益率至少不低于其他同类债券。如果这种债券的收益率低于其他同类债券,那么对它的需求就会减少,价格随之下降,直到投资者的实际收益率与市场上大多数同类债券保持一致;如果这种债券的收益率高于大多数其他同类债券,对它的需求就会增加并促使价格上涨,随着价格的上涨,投资者的实际收益率也将与市场上大多数同类债券水平趋于一致。市场上绝大多数人能够接受的必要收益率就是市场利率。债券价格就是在供求关系的作用下使某一具体债券的实际收益率不断接近市场收益率的过程中形成的。

债券的期限是指债券自发行日或者交易日起至到期日止的时间。就某个给定的预期现金流量和必要收益率的债券而言,将来得到一定的未来价值的时间越长,它的现值就越低。

(二)债券的定价模型

债券的价格是它预期的现金流量的现值,因此债券的定价原理就是要将它的预期现金流量序列加以折现。根据现值计算原理,我们可以得出不同计息方式和计息次数的债券定价模型。

1.息票债券的估计模型

对按期付息的债券来说,其预期货币收入有两个来源:到期日前定期收到的息票利息和票面金额。每年付息一次的息票债券价格计算公式为:

$$P = \sum_{t=1}^{n} \frac{C}{(1+r)^t} + \frac{F}{(1+r)^n} \tag{5-10}$$

其中:P 表示债券价格;C 表示年利息;F 表示债券面值或到期价值;r 表示到期收益率;n 表示债券年限。

半年付息债券的价格计算公式为:

$$P = \sum_{t=1}^{2n} \frac{C/2}{\left(1+\frac{r}{2}\right)^t} + \frac{F}{\left(1+\frac{r}{2}\right)^{2n}} \tag{5-11}$$

例 5-6

某公司发行面值为 100 元,半年付息一次的 10 年期的息票债券,票面利率为 4%,假设其到期收益率为 6%,则该债券的理论价格应为:

$$P = \sum_{t=1}^{20} \frac{2}{(1+3\%)^t} + \frac{100}{(1+3\%)^{20}} = 85.12(元)$$

2.一次性还本付息债券的定价公式

对于一次性还本付息债券来说,其预期货币收入是期末一次性支付的利息和本金,必要收益率可参照可比债券得出:

$$P = \frac{F(1+i \cdot n)}{(1+r)^n} \tag{5-12}$$

其中,i 表示债券的票面利率。

3.零息债券的定价公式

零息债券属于一次性还本付息债券,其利息支付在债券发行时即已确定,并在到期时一并支付。它以债券贴现方式发行,到期按面值支付金额。所以可以把面值视为零息债券到期的本息和:

$$P = \frac{F}{(1+r)^n} \tag{5-13}$$

二、影响债券市场价格的主要因素

(一)影响债券市场价格的内部因素

1.债券的期限

一般来说,在其他条件不变的情况下,债券的期限越长,其市场价格变动的可能性就越大,投资者要求的收益率补偿也越高。

2.债券的票面利率

债券的票面利率越低,债券价格的易变性也就越大。在市场利率提高的时候,票面利率较低的债券的价格下降较快。但当市场利率下降时,它们的增值潜力也较大。

3.债券的提前赎回条款

债券的提前赎回条款是债券发行人所拥有的一种选择权,允许债券发行人在债券到期前按约定的赎回价格部分或全部偿还债务。这种规定在财务上对发行人是有利的,因为发行人可以在市场利率降低时发行较低利率的债券,取代原先发行的利率较高的债券,从而降低融资成本。但对投资者来说,提前赎回使他们面临较低的再投资利率。为了补偿这种风险,具有较高提前赎回可能性的债券通常会设定较高的票面利率,但其内在价值相对较低。

4.债券的税收待遇

一般来说,免税债券的到期收益率比类似的应纳税债券的到期收益率低。此外,税收还以其他方式影响着债券的价格和收益率。例如,由于附息债券提供的收益包括息票利息和资本收益两种形式,而美国把这两种收入都当作普通收入而进行征税,但是对于后者的征税可以等到债券出售或到期时再进行。因此,在其他条件相同的情况下,大额折价发行的低利附息债券的税前收益率必然略低于同类高利附息债券。也就是说,低利附息债券比高利附息债券的内在价值要高。

5.债券的流动性

债券的流动性是指债券可以随时变现的性质,反映债券规避由市场价格波动而导致的实际价格损失的能力。流动性较弱的债券在按市价卖出时较困难,这可能导致持有者遭受包括较高交易成本和资本损失在内的风险。这种风险必须在债券的定价中得到补偿。因此,流动性好的债券与流动性差的债券相比,前者具有较高的内在价值。

6.债券的信用级别

债券的信用级别反映了债券发行人按期履行合约规定的义务、足额支付利息和本金的能力和可靠性程度。一般来说,除政府债券以外,一般债券都有信用风险(或称"违约风险"),只是风险大小不同而已。信用级别越低的债券,投资者要求的收益率越高,债券的内在价值也就越低。

(二)影响债券市场价格的外部因素

1.基础利率

基础利率是债券定价过程中必须考虑的一个重要因素。在证券的投资价值分析中,基础利率一般是指无风险证券利率。一般来说,短期政府债券风险最小,可以近似看作无风险证券,其收益率可被用作确定基础利率的参照物。此外,银行的信用度很高,这就使得银行存款的风险较低,况且银行利率应用广泛,因此基础利率也可参照银行存款利率来确定。

2.市场利率

市场利率是债券利率的替代物,是投资于债券的机会成本。当市场总体利率水平上升时,债券的收益率水平通常会随之上升,从而导致债券的内在价值降低;反之,当市场总体利率水平下降时,债券的收益率水平也会相应下降,从而使债券的内在价值增加。

3.债券市场的供求关系

债券市场的供求关系对债券价格的变化具有直接影响,而这种供求关系又受到社会资金的松紧以及其他金融资产收益水平的影响。社会资金宽松,债券发行减少,需求增加,债券价格呈上升趋势;反之,则下降。其他金融资产收益水平高,会吸引社会资金流出债券市场,债券价格水平下降;反之,则上升。

4.其他因素

影响债券定价的外部因素还有通货膨胀水平以及外汇汇率风险等。通货膨胀的存在可能使投资者从债券投资中实现的收益不足以抵补由于通货膨胀而造成的购买力损失。当投资者投资于某种外币债券时,汇率的波动可能导致投资者的未来本币收入遭受贬值损失。这些损失的可能性都必须在债券的定价中得到体现,使债券的到期收益率增加,债券的内在价值降低。

三、债券的收益率

一般来说,债券收益率有多种形式,本书主要介绍债券的当前收益率、内部到期收益率、持有期收益率。

(一)当前收益率

当前收益率为债券的年利息收入与买入债券的实际价格比率,其计算公式为:

$$Y = \frac{C}{P} \times 100\% \tag{5-14}$$

其中:Y 为当前收益率;C 为每年利息收益;P 为债券价格。

当前收益率度量的是债券年利息收益占购买价格的百分比,反映每单位投资能够获得的债券年利息收益,但不能反映每单位投资的资本损益。

(二)到期收益率

到期收益率为未来的投资收益折算成现值,使之成为购买价格或初始投资额的贴现率。对于一年付息一次的债券来说,可以用下列公式得出到期收益率:

$$P = \sum_{t=1}^{n} \frac{C}{(1+r)^t} + \frac{F}{(1+r)^n} \tag{5-15}$$

其中:P 为债券价格;C 为每年利息收益;r 为到期收益率;F 为到期价值。

已知 P、F、C 和 n 的值并代入上式,用试错法或用计算器便可算出 r 的数值。

对半年付息一次的债券来说,其计算公式如下:

$$P = \sum_{t=1}^{2n} \frac{C/2}{(1+r)^t} + \frac{F}{(1+r)^{2n}} \tag{5-16}$$

其中,r 为半年的到期收益率。

到期收益率既考虑了利息收入,也考虑了资本损益和再投资收益。然而,暗含在到期收益率计算中的一个假设条件是债券的息票利息能按照到期收益率再投资,因而到期收益率是一个预期收益率。也就是说,到期收益率的实现依赖于以下条件:将债券一直持有至期满,且息票利息以到期收益率做再投资。如果不能同时满足这两个条件,投资者的实际收益率就会高于或低于到期收益率。例如,投资者利息收入再投资所取得的收益率低于到期收益率,则实际收益率将低于预期的到期收益率;反之,则高于预期的到期收益率。

如果再投资收益率不等于到期收益率,则债券复利到期收益率可以用以下公式计算:

$$r = \left[\sqrt[n]{\frac{V + C\dfrac{(1+r_1)^n - 1}{r}}{P}} - 1 \right] \times 100\% \tag{5-17}$$

其中:r 为到期收益率;V 为债券的票面价值;C 为每年的利息收益;r_1 为再投资收益率;P 为债券的价格。

例 5-7

某债券的票面价值为 100 元,息票利率为 5%,期限为 3 年,现以 90 元的发行价向社会公开发行,债券的再投资收益率为 6%,则该债券的复利到期收益率为:

$$r = \left[\sqrt[3]{\dfrac{100 + 100 \times 5\% \times \dfrac{(1+6\%)^3 - 1}{6\%}}{90}} - 1 \right] \times 100\% = 8.8\%$$

(三)持有期收益率

持有期收益率指从买入债券到卖出债券期间所获得的年平均收益(包括当期发生的利息收益和资本利得)与买入债券的实际价格的比率。其计算公式为:

$$y = \frac{C + (P_1 - P_0)/N}{P_0} \times 100\% \tag{5-18}$$

其中:y 为持有期收益率;C 为每年利息收益;P_1 为债券的卖出价格;P_0 为债券的买入价格;N 为债券持有年限。

例 5-8

假定某投资者按 100 元的价格买入了年利率为 8% 的债券,并持有两年后以 106 元的价格卖出,那么该投资者的持有期收益率为:

$$y = \frac{8 + (106 - 100)/2}{100} \times 100\% = 11\%$$

持有期收益率度量的是持有债券期间的收益占购买价格的百分比,反映每单位投资能够获得的全部收益。

四、债券的久期

债券投资很大,因此债券投资者需要对债券价格波动性和债券利率风险进行计算。这里运用久期进行度量。久期是测量债券价格相对于收益率变动的敏感性指标。其中最重要的一种久期是 1938 年弗雷德里克·麦考莱首先提出的麦考莱久期,其次是修正的麦考莱久期。

(一)久期的计算和应用

1.麦考莱久期与修正的麦考莱久期

假设市场中存在某种无含选择权的债券,那么其价格计算公式为:

$$P = \frac{CF_1}{1+r} + \frac{CF_2}{(1+r)^2} + \cdots + \frac{CF_n}{(1+r)^n} \tag{5-19}$$

式中：P 为债券价格；CF 为第 n 期现金流（包括利息和本金）；r 为应计收益率；n 为期数；F 为到期价值。

为了确定收益率微小变动时债券价格的变动值，可以对上式进行求导运算，从而得出：

$$\frac{dP}{dr} = \frac{(-1)CF_1}{(1+r)^2} + \frac{(-2)CF_2}{(1+r)^3} + \cdots + \frac{(-n)CF_n}{(1+r)^{n+1}}$$

$$= -\frac{1}{(1+r)}\left[\frac{CF_1}{(1+r)} + \frac{2CF_2}{(1+r)^2} + \cdots + \frac{nCF_n}{(1+r)^n} \right]$$

这表明应计收益率的微小变动引起的债券价格的近似变动值。两边同时除以 P，则得出价格变动的百分比近似值：

$$\frac{dP}{dr} \cdot \frac{1}{P} = -\frac{1}{(1+r)}\left[\frac{CF_1}{(1+r)} + \frac{2CF_2}{(1+r)^2} + \cdots + \frac{nCF_n}{(1+r)^n} \right] \cdot \frac{1}{P}$$

$$= -\frac{1}{(1+r)} \frac{\sum\limits_{t=1}^{n} \dfrac{tCF_t}{(1+r)^t}}{P} \tag{5-20}$$

括号内的部分表示的是截至到期日时债券现金流量的加权平均数的权限值。以括号内的部分除以价格，即成为麦考莱久期，即：

$$D = -\frac{\sum\limits_{t=1}^{n} \dfrac{tCF_t}{(1+r)^t}}{P}$$

麦考莱久期和 $1+r$ 的比率通常被称为修正的麦考莱久期。

$$D^* = \frac{D}{1+r} \tag{5-21}$$

2.修正久期的应用

通过公式(5-20)与(5-21)，我们可以得到：

$$\Delta P = -P \cdot D^* \cdot \Delta r \tag{5-22}$$

式中：P 为债券市场价格；D^* 为麦考莱修正久期；Δr 为收益率变动；ΔP 为价格变动。

这样我们就可以算出利率的微小变动对债券价格变动的影响，从而进行风险的控制。

例 5-9

已知某 20 年期的债券的久期为 15.55 年,现价为 98.60 元,假设未来预期利率上升0.2%,求该债券下跌的幅度。

解:$\Delta P = -P \cdot D^* \Delta r = -98.6 \times 15.55 \times 0.002 = -3.07$(元)

$98.6 - 3.07 = 95.53$(元)

即债券价格将从 98.6 元跌到 95.53 元。

(二)久期的规则

1.保持其他因素不变,票面利率越低,息票债券的久期越长。这是因为:票面利率越高时,早期的现金流现值越大,占债券价格的权重越高,时间的加权平均值越低,即久期越短。

2.保持其他因素不变,到期收益率越低,息票债券的久期越长。到期收益率越低时,后期的现金流现值越大,在债券价格中所占的比重也越高,时间的加权平均值越高,久期越长。

3.一般来说,在其他因素不变的情况下,到期时间越长,久期越长。债券的到期时间越长,价格的利率敏感性越强,这与债券的到期时间越长久期越长是一致的。但是,久期并不一定总随着到期时间的增长而增长。对于收益率很高的某些债券,久期可能会随着到期时间的增长而缩短。

五、债券的凸性

(一)久期对价格波动估计的不足

用修正久期估计价格波动时,我们认为$\frac{\Delta P}{P} \approx -D^* \Delta r$,这表明价格变动的百分比相对于收益率的变动值的函数绘成图形后应当是一条直线,其斜率为$-D^*$。但事实上,价格与收益率之间的关系并不是线性的,而应当表现为一条凸的曲线,这就造成了久期估计的误差:

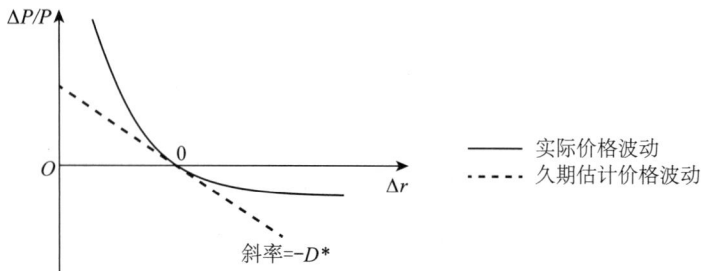

图 5-1　实际价格波动与久期估计的价格波动

在图 5-1 中,实际价格波动与久期估计的价格波动在 $\Delta r = 0$ 处相切,对于到期收益率的小幅度波动,实际价格波动与久期估计的价格波动之间的差距并不大。然而随着到期收益率波动的增加,两者的偏离程度逐渐增大,久期估计的价格波动值越来越不准确。具体来说,当到期收益率上升时,使用久期会高估价格的下降程度;而当到期收益率下降时,使用久期则会低估价格的上升程度。因此,为了描绘到期收益率变动与实际价格波动之间的关系,我们引入了凸性。

(二)凸性的定义

凸性是指在某一特定的期收益率水平下,到期收益率发生变动时所引起的债券价格变动幅度的变动程度。凸性是对债券价格曲线弯曲程度的一种度量。凸性的出现是为了弥补久期本身也会随着利率的变化而变化的不足。因为在利率变化比较大的情况下久期就不能完全描述债券价格对利率变动的敏感性。凸性越大,债券价格曲线弯曲程度越大,用修正久期度量债券的利率风险所产生的误差越大。

因此,凸性是对债券价格利率敏感性的二阶估计,是对债券久期利率敏感性的测量,对公式(5-22)作二阶导得:

$$\frac{\mathrm{d}^2 P}{\mathrm{d}r^2} = \frac{1}{(1+r)^2} \sum_{t=1}^{n} \left[\frac{(t^2+t)\mathrm{CF}_t}{(1+r)^t} \right] \tag{5-23}$$

式(5-23)两边除以 P 即为债券的凸性,即:

$$C = \frac{\mathrm{d}^2 P}{P\,\mathrm{d}r^2} = \frac{1}{P} \frac{1}{(1+r)^2} \sum_{t=1}^{n} \left[\frac{(t^2+t)\mathrm{CF}_t}{(1+r)^t} \right]$$

其中:CF_t 为第 t 期现金流;r 为每期的到期收益率;n 为期数;P 为债券的市场价格。

(三)凸性与价格波动的关系

为了精确估计债券价格的变化,债券价格的二项泰勒展开式为:

$$P = P(r_0) + \frac{\mathrm{d}P}{\mathrm{d}r}(r - r_0) + \frac{1}{2}\frac{\mathrm{d}^2 P}{\mathrm{d}r^2}(r - r_0)^2 + \boldsymbol{\epsilon}$$

$$\mathrm{d}P = \frac{\mathrm{d}P}{\mathrm{d}r}\mathrm{d}r + \frac{1}{2}\frac{\mathrm{d}^2 P}{\mathrm{d}r^2}(\mathrm{d}r)^2 + \boldsymbol{\epsilon}$$

上式两边除以 P 得:

$$\frac{\Delta P}{P} = \frac{1}{P}\frac{\mathrm{d}P}{\mathrm{d}r}\mathrm{d}r + \frac{1}{2}\frac{1}{P}\frac{\mathrm{d}^2 P}{\mathrm{d}r^2}(\mathrm{d}r)^2 + \frac{\boldsymbol{\epsilon}}{P}$$

由于 $D^* = -\dfrac{\mathrm{d}P}{\mathrm{d}r} \cdot \dfrac{1}{P}$,$C = \dfrac{\mathrm{d}^2 P}{P\,\mathrm{d}r^2}$,所以上式可以变成:

$$\frac{\Delta P}{P} = -D^* \cdot \Delta r + \frac{1}{2}C(\Delta r)^2 \tag{5-24}$$

由式(5-24)可以得知,债券价格的波动由两部分构成:一是基于修正久期对债券价格波动的估计;二是基于凸性对债券价格波动的估计。当到期利率的变动 Δr 较小时,仅使用修正久期对债券价格波动估计比较准确;但是如果 Δr 较大时,不考虑凸性则会导致误差出现。

从公式(5-23)看出普通债券的凸性为正,所以债券的凸性越大,对投资者越有利。在其他条件一样的情况下,凸性越大的债券,在到期收益率降低时,其价格上升的幅度会越大;而在到期收益率升高时,其价格下跌的幅度则会越小。

六、债券组合管理

债券组合管理分为积极的债券组合管理与消极的债券组合管理。积极的债券组合管理有水平分析、债券互换、应急免疫等方法。消极的债券组合分为指数化投资与免疫策略。这里介绍水平分析、债券互换、指数化投资与免疫策略。

1.水平分析

水平分析是一种基于对未来利率预测的债券组合管理策略,被称为利率预期策略。在这种策略下,债券投资者基于对未来利率水平的预期来调整债券资产组合,使其保持对利率变动的敏感性。由于久期是衡量利率变动敏感性的重要指标,这意味着如果预期利率上升,就应当缩短债券组合的久期;如果预测利率下降,则应当增加债券组合的久期。

2.债券互换

债券互换就是同时买入和卖出具有相近特性的 2 个以上债券品种,从而获取级差收益的行为。例如,当债券投资者在观察 AAA 级和 A 级的债券收益时,如果发现二者的利差从大约 75 个基点的历史平均值扩大到 100 个基点,而投资者判断这种对平均值的偏离是暂时的,那么投资者就应买入 A 级债券并卖出 AAA 级债券,直到两种债券的利差返回到 75 个基点的历史平均值。

3.指数化策略

指数化策略的目标是使债券投资组合达到与某个特定指数相同的收益。基金实行指数化策略的主要原因是指数化投资组合相对积极的债券组合管理费用更低,因此这种基金的表现比大多数采用积极组合管理策略的基金业绩要好。指数化的构造有分层抽样法、优化法、方差最小法。

4.免疫策略

所谓免疫策略,是指构造一种投资组合使任何由利率变化引起的资本损失(或利得)能被再投资的回报(或损失)所弥补。免疫之所以能够避免利率波动的影响,原理在于一只给定久期的附息债券可以精确地近似于一只久期相同的零息债券。

免疫的例子:假如在第 2 年后需要偿付一笔 100 万元的债务,希望目前投资一定的金额以保证到期偿还。我们考虑投资两种债券:一种为期限 3 年,久期为 2.78 年,到期收益率 10% 的债券;另外一种是期限 1 年,票面利率 7%,到期收益率 10% 的债券。

现在债券经理可以有多种选择。他可以将所有的资金投在 1 年期债券上,1 年后将所有的收入再投资另一个 1 年期债券。但是这样做会冒一定的风险。因为如果下一年利率下降,则从第一年投资回收的收入就不得不投资于收益率低于 10% 的债券。这样,债券投资经理就会面临再投资风险,因为一年以后收回的资金再投资时利息率可能较低。

第二种方法是将所有的资金投资于 3 年期债券。但是,这也同样要冒风险。因为这些 3 年期债券在 2 年以后必须出售以满足 100 万元付款的要求,而在此之前如果利率上升,则债券价格一般会下跌,售价将低于 100 万元。债券经理将面临利率风险。

再一种可行方法就是将一部分债券投资于 1 年期债券,而其余资金投资于 3 年期债券。如何分配资金? 如果运用免疫资产,解下列联立方程就可以得出答案:

$$\begin{cases} W_1 + W_3 = 1 \\ (W_1 \times 1) + (W_3 \times 2.78) = 2 \end{cases}$$

其中,W_1 和 W_2 分别表示组合中 1 年期债券和 3 年期债券的资金分配比重(权数)。解联立方程得到:$W_1 = 0.4382$;$W_2 = 0.5618$。

在这个例子中,债券经理需要投资 826 446 元 $[=1\ 000\ 000/(1.1)^2]$ 来购买债券以构成充分的免疫资产。其中 362 149 元 $[=0.4382 \times 826\ 446]$ 用来购买 1 年期债券,464 297 元 $[=0.5618 \times 826\ 446]$ 用来购买 3 年期债券。

免疫资产如何发挥作用呢? 从理论上说,如果收益率上升,则组合因为 2 年以后贴现 3 年期债券所招致的损失正好能够被 1 年以后 1 年期债券到期所收回(以及 3 年期债券的第一年的息票利息),再进行高利率投资所带来的额外收益所补偿。相反,如果收益率下降,则 1 年以后 1 年期债券到期所收回的收入(以及 3 年期债券的第一年的息票利息),再进行低利率投资所遭受的损失,正好可以被 2 年以后出售 3 年期债券的价格升值所抵补。因此,该债券组合可以免受因未来利率变动所带来的影响。

从债券投资策略的选择来看,如果投资者认为市场效率较强时,可采用指数化的投资策略。但投资者对未来的现金流量有特殊的需求时,可采用免疫和现金流量匹配策略。当投资者认为市场效率低,而自身对未来现金流没有特殊的需求时,可采取积极的投资策略。

第三节　证券投资基金分析

一、证券投资基金的收益及利润分配

(一)证券投资基金的收益

证券投资基金收益主要有以下几种表现形式:

1.利息收益

基金的利息收益主要在以下两种情况下获得:一是指在基金运作时,会保持一部分资产为现金或银行存款,从商业银行取得一定的利息收入;另一种情况是指基金投资于债券、商业本票、可转让存单以及其他短期票券,这些资产都明确规定了利息率、到期日及发放利息的时间、方式等,持有这些资产也可带来利息收入。

2.股利收益

基金的股利收益是指证券投资基金通过在一级市场或二级市场购入、持有各公司发行的股票(普通股、优先股),而从公司取得的一种收益。股利一般有两种形式,即现金股利与股票股利。现金股利是以现金的形式发放的,股票股利是按一定比例送给股东公司股票作为红利。

3.资本利得

任何证券的价格都会受证券供需关系的影响,如果投资基金能够在资本供应充裕、价格较低时购入证券,而在证券需求旺盛、价格上涨时卖出证券,所获价差称为基金的资本利得。

4.其他收益

基金资产估值引起的资产价值变动作为公允价值变动损益计入当期损益。

(二)证券投资基金的利润分配

证券投资基金利润是指基金在一定会计期间的经营成果,利润(收益)包括收入减去费用后的净额、直接计入当期利润的利得和损失等,也被称为"基金收益"。证券投资基金在获取投资收入扣除费用后,须将利润分配给受益人。基金利润分配通常有两种方法:一是分配现金,这是最普遍的分配方式;二是分配基金份额,即将应分配的净利润折为等额的新的基金份额送给受益人。

不同的国家、不同的投资基金,其收益分配方案都不尽相同。我国的《证券投资基金管理办法》规定,封闭式基金的收益利润分配每年不得少于一次,封闭式基金年度收益分配比例不得低于基金年度已实现收益的90%,封闭式基金一般采用现金红利分配。

开放式基金的基金合同应当约定每年基金利润分配的最多次数和基金利润收益分配的最低比例。开放式基金的分红方式有现金分红和分红再投资转换为基金份额两种。根据规定,基金利润收益应当采用现金方式。开放式基金的基金份额持有人可以事先选择将所获分配的现金利润按照基金合同有关基金份额申购的约定转为基金份额;基金份额持有人事先未作出选择的,基金管理人应当支付现金。

货币市场基金的份额净值固定在1元人民币,对货币市场基金的利润分配,《货币市场基金管理暂行规定》第九条规定:"对于每日按照面值进行报价的货币市场基金,可以在基金合同中将收益分配的方式约定为红利再投资,并应当每日进行分配。"2005年3月25日中国证监会下发的《关于货币市场基金投资等相关问题的通知》规定:"当日申购的基金份额自下一个工作日起享有基金的分配权益,当日赎回的基金份额自下一个工作日起不享有基金的分配权益。"具体而言,货币市场基金每周五进行利润(收益)分配时,将同时分配周六和周日的利润;每周一至周四进行分配时,则仅对当日利润(收益)进行分配。投资者于周五申购或转换转入的基金份额不享有周五和周六、周日的利润;投资者于周五赎回或转换出的基金份额享有周五和周六、周日的利润。

二、证券投资基金的费用

基金所支付的费用通常包括以下几项:

(一)基金管理费

基金管理费是指从基金资产中提取的、支付给为基金提供专业化服务的基金管理人的费用。基金管理人是基金资产的管理者和运用者,对基金资产的保值和增值起着决定性的作用。因此,基金管理费收取的比例比其他费用要高。基金管理费是基金管理人的主要收入来源,基金管理人的各项开支不能另外向基金或基金公司摊销,更不能另外向投资者收取。在国外,基金管理费通常按照每个估值日基金净资产的一定比例(年率)逐日计提,累计至每月月底,按月支付。

管理费费率的高低与基金规模有关,一般而言,基金规模越大,基金管理费费率越低。同时基金管理费费率与基金类别及不同国家或地区也有关系。一般而言,基金风险程度越高,其基金管理费费率越高,其中费率最高的基金为证券衍生工具基金,如认股权证基金的年费率为 1.5%～2.5%。最低的是货币市场基金,其年费率仅为 0.5%～1%。我国最初的基金管理年费率为 2.5%。随着市场竞争的加剧,目前我国基金大部分按照 1.5% 的比例计提基金管理费,债券型基金的管理费率一般低于 1%,货币基金的管理费率为 0.33%。管理费通常从基金的股息、利息收益或从基金资产中扣除,不另向投资者收取。

(二)基金托管费

基金托管费是指基金托管人为保管和处置基金资产而向基金收取的费用。比如银行为保管、处置基金信托财产而提取的费用。托管费通常按照基金资产净值的一定比例提取,逐日累计计提,按月支付给托管人。此费用也是从基金资产中支付,不须另向投资者收取。目前,我国封闭式基金按照 0.25% 的比例计提基金托管费,开放式基金根据基金合同的规定比例计提,通常低于 0.25%;股票型基金的托管费率要高于债券型基金及货币市场基金的托管费率。我国规定,基金托管人可磋商酌情调低基金托管费,经中国证监会核准后公告,无须因此召开基金持有人大会。

(三)基金销售与服务费

基金销售与服务费是指基金管理人根据基金合同的约定及届时有效的相关法律法规的规定,从开放式基金财产中计提一定比例的费用,用于支付销售机构佣金、基金的营销费用以及基金份额持有人服务费等。包括前收费用、后收费用、持续性销售费用、赎回费用、转换费用,再投资费用等。

1.前收费用(front-end)

基金的发行有两种方式:一种是由基金公司直接向投资者销售;另一种是通过承销商(通常是由多个承销商组成的承销团)间接向投资者销售基金份额。收取的前收费用,主要是支付给承销商的。而采用直接销售的基金,一般不收取此项费用。前收费用是在投资者购买基金份额时一次性收取的,在投资者持有份额期间不再收取此项费用。但如果投资者将持有的基金份额卖出后又重新购买时,仍需支付此项费用。

2.后收费用(back-end)

这是基金公司在投资者赎回基金份额时向投资者收取的费用,其计算方式依据赎回金额的一定比例而定。此项费用通常由通过承销商间接销售基金份额的基金公司所征收。对于直接销售基金份额的基金公司而言,它们通常不会向投资者收取此项费用。

3.持续性销售费用(也称 12b-1 费用)

这是源于美国证券交易委员会 1980 年核准的 12b-1 规则中允许收取的费用。12b-1 规则赋予了基金动用部分基金资产以促进其市场销售,并吸引更多投资者的权利。此项费用通常包括推广基金的广告费、宣传费、支付给承销商的服务费等。其最高限额为基金净资产的 1%,每年收取一次。

4.赎回费用

此项费用是在投资者赎回基金份额时按赎回金额的一定百分比向投资者收取的费用。与后收费用不同,赎回费用的费率是固定的,且相对较低,约为 1%,其目的在于防止投资者在购入基金份额后迅速赎回。此项费用的收取并不普遍,大多数基金不收取此项费用。

5.转换费用

大型的基金集团同时管理着若干个基金,在这些基金之间,投资者可以自由地从一个基金转移到另一个基金。进行基金转换时,多数基金公司不会向投资者收费,而部分基金公司则向投资者收取一笔数额较小的固定费用,即"转换费用"。

6.再投资费用

大多数基金允许投资者将基金派发的红利按基金的单位净值购买新的基金份额,而不再收取新购买份额的前收费用。然而,少数基金会对此征收一笔数量较小的固定费用,即"再投资费用"。

(四)基金交易费

基金交易费是指基金在进行证券买卖交易时所发生的相关交易费用。目前,我国证券投资基金的交易费用主要包括印花税、交易佣金、过户费、经手费、证管费。对于参与银行间债券交易的基金而言,还需向中央国债登记结算有限责任公司支付银行间账户服务费,并向全国银行间同业拆借中心支付交易手续费等相关服务费用。

(五)基金运作费

基金运作费指为保证基金正常运作而发生的应由基金承担的费用,包括审计费、律师费、上市年费、信息披露费、分红手续费、持有人大会、开户费、银行汇划手续费等。这些开销和费用构成了基金的运营成本支出。操作费占资产净值的比率较小,通常会在基金契约中事先确定,并按有关规定支付。

三、证券投资基金资产的估值

基金的会计核算工作是以不同基金作为会计主体来开展的,旨在反映不同基金在特定时期内的经营业绩和资产负债状况。基金估值是对基金的资产价值按照一定的标准进行估算。由于基金的主要资产是各类有价证券,对这些资产的估值直接影响基金会计核算的准确性,因此基金估值是基金会计核算的主要内容。同时,因这些资产具有较大的波动性,为了准确、客观地反映基金的资产价值,方便投资者决策,必须经常性地对基金资产进行估值。

(一)基金资产净值

为了及时反映基金经营绩效,必须进行基金会计核算。同时,通过基金会计核算,可以得到基金资产净值。

基金资产净值是指基金资产总值减去负债后的价值。基金份额净值是指某一时点上某一投资基金每份基金份额实际代表的价值。基金资产净值和基金份额净值的计算公式如下:

$$基金资产净值=基金资产总值-基金总负债$$

$$基金份额净值=\frac{基金资产净值}{基金总份额}$$

基金的资产总值是指基金拥有的所有资产的价值,包括现金、股票、债券、银行存款和其他有价证券。基金的总负债是指基金应付给基金管理人的管理费和基金托管人的托管费等应付费用和其他负债。

基金的净资产是衡量一个基金经营绩效的重要指标,它构成了基金份额交易价格的内在价值基础,同时也是投资者据以进行基金买卖的计价依据。一般情况下,基金份额价格与份额净值趋于一致,即资产净值增长,基金份额价格也随之提高。尤其是开放式基金,其基金份额的申购或赎回价格都直接按基金份额净值计价。封闭式基金在证券交易所上市交易时,其价格不仅取决于基金份额净值,还受到市场供求状况、经济形势、政治环境等多种因素的影响,因此其价格与资产份额净值之间常发生偏离。

计算基金单位的资产净值有两种常用的方法:

1.已知价计算法

已知价,又称事前价(backward price),或历史计价(historical price),是指基金管

理公司依据上一个交易日的收盘价来计算基金所拥有的金融资产(包括现金、股票、债券、期货合约、期权等)的总值,减去其对外负债总值后,再除以已售出的基金单位总数,从而得出每个基金单位的资产净值。

2.未知价计算法

未知价,又称事后价(forward price),或预约计价,是指根据当日证券市场上各类金融资产的收盘价来计算基金资产净值的方法。投资者在收盘前进行基金买卖,是无法确切知道当日收盘价的,因此,叫作未知价计算法。在实行这种计算方法时,投资者当天并不知道其买卖的基金价格是多少,要在第二天才知道单位基金的价格。而在已知价计算法下,投资者当天就可以知道单位基金的买卖价格,可以及时办理交割手续。

采用已知价定价,会加剧股市的波动,损害其他持有人的利益。因为如果按已知价格交易,容易给基金内部人造成可乘之机,牟取套利机会。例如在开放日基金资产价值实际上已经上涨时,基金经理及其关联人知晓内情,却仍然可以按前一天的较低价格申购基金单位。

采用未知价定价,相对于已知价定价,可以增加基金投资者购买和赎回基金单位的不确定性,从而在股市上涨(下跌)的时候减轻来自投资者的申购(赎回)压力,对股市的剧烈波动起到一种缓和作用。

所以,各国和地区对开放型基金的申购赎回大多采用未知价法。但从各国和地区的实践来看,也没有必要禁止已知价定价。如英国就规定,基金交易价格可以采用未来价格,也可以是已知价格,但基金经理必须二者择其一。我国目前开放型基金的申购赎回价格采取未知价法。

(二)基金资产估值

基金的会计核算工作是以各个基金作为会计主体来开展的,旨在反映不同基金在特定时期内的经营业绩和资产负债状况。基金估值是对基金的资产价值按照一定的标准进行估算。由于基金的主要资产是各类有价证券,对这些资产的估值直接影响基金会计核算的准确性,因此基金估值是基金会计核算的主要内容。同时,这些资产具有较大的波动性,因此,为了准确、客观地反映基金的资产价值,方便投资者决策,必须经常性地对基金资产进行估值。

美国《1940 年投资公司法案》(Investment Company Act of 1940)第 2 条第 41 款规定,投资组合中如果证券的市场价格"很容易获得",应该运用此价格计算基金投资组合的净资产价值;当投资组合的某个证券的市场报价不容易获得时,基金必须根据此证券的公允价值计算投资组合的价值。

公允价值(fair value),是指资产在有成交意愿的交易对手间的现行交易价格(不包括强制性出售或破产出售的情况)。在公允价值的价格水平下,该证券必须有大量的买家。公允价值应由基金董事会依照诚信原则确定。

按照我国《企业会计准则》和中国证监会相关规定,估值的基本原则如下:

1.对存在活跃市场的投资品种,如估值日有市价的,应采用市价确定公允价值。估值日无市价的,但交易日后经济环境未发生重大变化,应采用交易市价确定公允价值。估值日无市价的,且交易日后经济环境发生了重大变化的,应参考类似投资品种的现行市价及重大变化因素,调整交易市价,确定公允价值。有确凿证据表明交易市价无法真实反映公允价值的(例如,由于异常原因导致的长期停牌或临时停牌的股票等),应对交易的市价进行调整,以确定投资品种的公允价值。

2.对不存在活跃市场的投资品种,应采用市场参与者普遍认同且被以往市场实际交易价格验证具有可靠性的估值技术确定公允价值。运用估值技术得出的结果,应反映估值日在公平条件下进行正常商业交易所采用的交易价格。

3.当有充足理由表明按照上述估值原则仍无法客观反映相关投资品种的公允价值时,基金管理公司应依据具体情况与托管银行进行协商,确定最能准确反映公允价值的价格进行估值。

四、基金的交易与申购、赎回

(一)封闭式基金上市与交易

封闭型基金交易是指封闭型基金发售募集成功后,由基金管理公司向证券交易所提出上市申请,获准后在市场上进行交易的活动。

基金份额的交易与股票买卖具有诸多相似之处。在这种交易中,投资者可以通过证券营业部进行委托申报,或者通过无形报盘、电话委托等方式进行交易。交易原则包括'公开、公平、公正'以及'价格优先、时间优先'。此外,委托交易通常以标准手数为单位进行计算和交付。

任何证券交易都需要交易规则,即使场外交易也是如此。上市交易由于它的交易场所是公开的,且实行自由竞价的交易方式,涉及多个报价者的价格确认与成交等问题,故对交易规则的要求更高,为此对于基金份额的上市交易各国都有一套严格的交易制度。

在上市交易的程序上,首先由基金管理人依据基金合同的规定提出上市申请,因为上市交易应在合同中明确规定。其次,该申请需经过监管机构的审核核准。根据相关规定,监管机构可以授权证券交易所按照法定条件和程序对基金份额的上市交易进行核准。最后,在监管机构核准后,由证券交易所负责安排上市交易。

在上市交易条件方面,上市交易作为一种公开的竞价交易方式,其基本原则是通过竞争达成交易,以确保交易的公平性、公正性和公开性,从而保障交易参与者的合法权益。因此,各国均对基金上市交易设定了相应的条件要求。

(二)开放型基金的申购、赎回

1.开放式基金的申购

投资者购买开放式基金的份额,也就是开放式基金的申购。投资者申购开放式

基金,国外常见的交易流程是:

(1)开立账户。用户姓名、身份证复印件以及用户的印章(或签名)是开立账户时的必要信息。若是投资人要进行每月自动扣款投资或是网络交易,还需与银行签订自动扣款委托协议。协议应注明自动扣款账号,并经投资人签字后生效。

(2)确认申购金额。开放式基金的申购价格是以申购当日原基金净值为准。客户在申购基金时只能填写购买多少金额的基金。在申购次日早上公布前一天的基金净值后,客户才会知道最终买到了多少基金份额。

(3)支付款项。国外申购基金的付款方式一般是通过银行汇款或支票。客户在支付或汇款时,还要再加上申购的手续费用。各个市场申购手续费也不一样,从1.5%到5%都有。出于促销考虑,一些市场申购手续费会有些优惠。在美国,近年来还兴起了许多无手续费基金。

(4)申购确认。基金管理公司在交易日后会为客户提供成交确认书。客户也可以通过语音电话进行查询,以确认最终申购的基金份额数。

对基金公司而言,在接到客户的开户及申购请求后,内部要完成以下的步骤:

(1)客户资料存档,保留客户的开户资料和有效信息。国外较具规模的基金公司,会将客户交易文件以原件影像方式储存,可以随时从电脑中查询客户资料,提高了作业处理的时效。有的基金公司还将客户的交易资料和行销活动资料形成完整的客户资料库,作为未来提供客户服务或销售的参考。

(2)确认付款。基金公司在确认客户的申购款项确已划出后,在当天进行所有申购金额的统计,按照申购日当天的基金净值将相应的基金份额数记入客户的账户。

(3)确认基金份额数。除非特殊情况,在申购的次两个营业日,基金公司就可以通过成交确认书向投资人确认申购的基金份额数。目前国外已逐渐走向"无实体交易"的方式,投资人可以通过不同的便利渠道,如上网、语音电话等,向基金公司确认投资状况。

2.开放式基金的赎回

基金赎回是申购的相反过程,即投资者卖出基金份额,收回投资的过程。开放式基金持有人在规定的持有期满后,可以向基金管理公司申请赎回基金份额。基金管理人不得拒绝赎回申请,也不得延迟支付赎回款。但是基金对基金份额的赎回一般都有明确规定,对基金份额的赎回有一定的限制。基金持有人只有在满足规定条件的情况下才能够赎回基金份额。

一般来说,开放型基金的赎回金额计算公式为:

$$赎回金额 = 赎回份数 \times T\ 日基金份额净值 \times (1 - 赎回费率)$$

例 5-10 ——————————————————

假设投资者赎回 1 000 份基金份额,T 日基金净值为 1.225 元,赎回费率按 0.5% 收取,则:

$$赎回金额 = 1\ 000 \times 1.225 \times (1 - 0.5\%) = 1\ 218.88(元)$$

(三)基金的终止

基金合同终止是指基金在运作中出现了法定的情由,经过一定的程序而终止基金合同,停止投资经营,清理基金财产及债权债务,分配剩余财产的行为。目前世界各国对于基金的终止都有具体的法律规定。

五、证券投资基金绩效衡量及基金评级

(一)基金绩效衡量的目的与意义

基金绩效衡量是对基金经理投资能力的衡量,其目的在于将具有超凡投资能力的优秀基金经理鉴别出来。基金绩效衡量不同于对基金组合本身表现的衡量。基金组合表现本身的衡量着重在于反映组合本身的回报情况,并不考虑投资目标、投资范围、投资约束、组合风险、投资风格的不同对基金组合表现的影响。但为了对基金经理的投资能力做出正确的衡量,基金绩效衡量必须对投资能力以外的因素加以控制或进行可比性处理。

投资者需要根据基金经理的投资表现来了解基金在多大程度上实现了投资目标,监测基金的投资策略,并为进一步的投资选择提供决策依据;投资顾问需要依据基金的投资表现向投资者提供有效的投资建议;基金公司一方面为吸引基金投资会利用其业绩表现进行市场营销,另一方面会根据绩效衡量提供的反馈机制进行投资监控,并为改进投资操作提供帮助;管理部门从保护投资者利益的角度出发也会对如何恰当地使用绩效衡量指标加以规范。

所有这些方面都依赖于对基金绩效的正确衡量以及对绩效信息的恰当利用。不言而喻,不正确的绩效信息以及对绩效信息的不恰当运用都会带来不利甚至灾难性的后果。

(二)基金绩效衡量的困难性与需要考虑的因素

基金绩效衡量的基础在于假设基金经理比普通投资大众具有信息优势。他们或者可以获取比一般投资者更多的私人信息,或者可以利用独到的分析技术对公开信息加以更好的加工和利用。在这种假设的基础上,人们期望能够通过绩效衡量将具有超凡投资能力的优秀基金经理鉴别出来。但问题是要对基金经理的真实表现加以衡量并非易事。

1.基金的投资表现实际上反映了投资技巧与投资运气的综合影响,绩效表现好的基金可能是高超的投资技巧使然,也可能是运气使然。理论上尽管可以通过统计方法对两种情况的影响做出一定的分析判断,但实际上很难将二者的影响完全区分开来。换而言之,统计干扰问题很难解决。在存在干扰的情况下,要验证一个基金经理是否具有高超的投资技巧,统计上需要有大量的观察值,而这一要求在实际中往往很

难得到满足。

2.对绩效表现好坏的衡量涉及比较基准的选择问题。采用不同的比较基准,结论常常会大相径庭,而适合基准的选取并不一目了然。

3.投资目标、投资限制、操作策略、资产配置、风险水平上的不同往往使基金之间的绩效不可比,因此,可比性问题经常导致对基金之间有意义的比较变得极为困难。

4.绩效衡量的一个隐含假设是基金本身的情况是稳定的,然而,实际上基金经理常常会根据具体情况对其操作策略、风险水平做出调整,这将对衡量结果的可靠性产生显著影响。

此外,衡量角度的不同、绩效表现的多面性(如既要评价组合表现的风险调整收益,也要评价组合的分散性程度)以及基金投资是投资者财富的一部分还是全部等因素,也都会使绩效衡量问题变得复杂化。

目前,尽管在对基金绩效的衡量上各种技术和方法层出不穷,但至今仍没有一个为人们所广泛认可的方法。为了对基金绩效做出有效的衡量,必须对基金的投资目标、基金的风险水平、比较基准、时期选择和基金组合的稳定性等因素加以考虑。

(三)绩效衡量问题的不同视角

1.内部衡量与外部衡量

基金公司可以利用详尽的持股与交易数据从内部对基金的绩效表现进行深入和符合实际的评价,而研究者、投资者以及基金评价机构只能依赖收益率等数据从外部对基金的绩效做出分析评判。

2.实务衡量与理论衡量

实务上对基金业绩的考察主要采用两种方法:一是将选定的基金表现与市场指数的表现加以比较;二是将选定的基金表现与该基金相似的一组基金的表现进行相对比较。这些方法的优点是直观易行,但在实际应用中也存在如何选取适合的市场指数,如何对基金进行分组等问题的困扰。特别是同组比较,实际上存在同组基金风险一致的隐含假设。

与实务方法不同,理论上对基金绩效表现的衡量主要基于各种风险调整收益指标以及绩效评估模型。理论方法一般均需要特定的假设条件,因此,理论方法在应用上也存在一定的局限性,其有效性也常常受到人们的怀疑。

3.短期衡量与长期衡量

短期衡量通常是对近 3 年表现的衡量,而长期衡量则通常将考察期设定在 3 年(含)以上。与成本理论中的短期最优不等于长期最优类似,基金的短期表现与长期表现往往不一致。一般认为,基金投资是一项长期投资,投资者应更注重基金在长期的一贯表现,但实际上短期表现往往更受投资者的关注。

4.事前衡量与事后衡量

事后衡量是对基金过去表现的衡量。所有绩效衡量指标均属于事后衡量。由于"过去的表现并不代表未来表现",事后衡量的有效性常常受到质疑。对人们更有用的是对基金绩效的未来变化能够起到预测作用的事前绩效衡量。但迄今为止还没有可靠的事前绩效衡量方法，因此，人们也只能将事后衡量的结果作为有效决策的出发点。

5.微观衡量与宏观衡量

微观绩效衡量主要是对个别基金绩效的衡量，而宏观衡量则力求反映全部基金的整体表现。

6.绝对衡量与相对衡量

仅依据基金自身的表现进行的绩效衡量为绝对衡量，而通过与指数表现或相似基金的相互比较进行的绩效衡量则被称为相对衡量。收益、风险、风险调整收益指标均有绝对与相对之分。

7.基金衡量与公司衡量

基金衡量侧重于对基金本身表现的数量分析，而公司衡量则更看重管理公司本身素质的衡量。

（四）基金评级

基金评级是指由基金评级机构收集相关信息，运用科学的方法进行定性定量分析，依据特定标准，对投资者投资于某种基金后所需要承担的风险和预期回报进行评估，并根据收益和风险的预期对基金进行排序。

基金评级有很多种排序方法，例如按照收益高低对基金进行排序，按照风险大小对基金进行排序，或者综合两个指标按照风险调整后收益进行排序。基金评级还会将基金分成不同的风险和收益等级。

1.晨星基金评级简介

晨星基金评级机制为晨星公司所创立的专门针对基金的专业评价体系。晨星公司是1985年在美国芝加哥成立的一家专业基金评级公司，于2004年发布了首份针对中国基金行业的基金评级报告。与其他专业的资信评级机构相比，晨星公司专注于基金的考察和评级。经过数十年的发展，晨星公司以其专业科学的评级体系、公正的评级立场备受业界的推崇，成为行业领域内最为权威的评级机构之一。以下就晨星基金在中国进行基金评级的对象、评级思路及具体评级方法进行简要介绍。

（1）基金评级对象

确定基金评级对象是晨星公司进行基金评级的基础，与国内的评级体系对象广泛不同，晨星评级仅仅针对我国的开放式基金进行基金评级。晨星评级将开放式基金分为五大类：股票型基金、混合型基金、债券型基金、货币市场基金、保本基金。其中混合型基金又分为激进配置型、标准配置型、保守混合型三类，债券型基金又分为基金债券型、普通债券型、短债型三类。在成立年限方面，晨星评级主要针对运营年限达到三年及以上的开放式基金。此外，晨星评级的对象也不包括货币市场基金和保本类基金。

（2）基金评级思路

首先，晨星评级会根据基金的投资标的确定基金类型，然后根据基金的历史数据及晨星风险调整收益（MRAR，即 morning risk-adjusted return）计算基金的收益指标，并根据正态分布原理将基金划分为五个星级，每个季度更新一次评估结果。

（3）基金评级具体方法

第一步：晨星对五大类开放式基金进行分析，然后对样本基金的投资组合中的资产构成进行分析，结合基金实际的资产组合情况及基金招募书中的投资比例，采用定量和定性结合的方法，以确保对基金分类的准确性。

第二步：进行基金总回报率的计算。具体计算公式如下所示，且在计算过程中公式假设不存在税费及分红：

$$TR = \left\{ \frac{N_e}{N_b} \times \prod_{j=1}^{m} Ratio_j \times \prod_{i=1}^{n} \left(1 + \frac{D_i}{N_i}\right) \right\} - 1$$

式中：TR 为基金总回报率；N_e 为计算期末基金单位净值；N_b 为计算期初基金单位净值；D_i 为计算期间的第 i 次单位现金分红；N_i 为第 i 次分红所对应的再投资依照的基金单位净值；n 为计算期内的分红次数；m 为计算期内的份额调整次数；$Ratio_j$ 为计算周期内第 j 次份额调整的比率。

第三步：进行核心晨星风险调整后收益指标 MRAR（morningstar risk-adjusted return）的计算。晨星在进行基金定量评级时，主要是根据效用理论对风险调整后的收益指标进行计算。

第四步：确定基金的星级。对于具备 3 年或 3 年以上净值数据的基金，同时满足同类基金可比数量大于等于 10 支以上的基金，晨星评级据此进行 MRAR 的计算。根据计算得出的基金 MRAR 的大小，依次从大至小予以排列，进而分为五个星级，各个不同星级的基金的数量一般服从正态分布。

2.理柏基金评级简介

路透旗下公司理柏在中国市场推出"理柏基金评级"（Lipper leader ratings），"理柏基金评级"在中国所推出的评估标准有四种，包括总回报、稳定回报、保本能力和费用。所有属于股票型、债券型或混合资产型的开放式基金，且具有至少一年的价格数据就符合评级资格。每项评级将每只基金给予由 1 至 5 的评分，获评为 1 分的基金，代表其排名为该组别中最高的 20%，便属于获"优"（leader）的基金。

3.国内中信、银河基金评级与晨星评级的比较

首先，银河、中信与晨星的经营模式并不相同，银河和中信的基金评级机构都不是独立的，而是由其证券研究部门兼任。其基金评级报告与其他研究报告一起打包给机构客户。

目前，中国几家评级机构对基金的评级方法大同小异，从方法论上来讲基本是一致的，只是在具体细节尚有一些差异。

其次，从基金分类来看，三家机构基本是按投资标的来划分，但具体分类方法上

的差异,导致划分结果上稍有不同。目前,各机构采用的基金分类方法分为事前和事后两种:晨星采用事后分类法,已公布的投资组合为依据来分类;银河采用事前分类法,按照基金契约中"资产配置比例",辅之以业绩比较基准和投资目标等来进行分类;中信则是事前和事后分类法相结合。具体到基金种类上,中信分为股票基金、债券基金、平衡型基金、货币市场基金和指数基金五种类型;银河则分为股票型基金、偏股型基金、股债平衡型基金、偏债型基金、债券型基金、保本型基金和货币型基金等七大类。

最后,在基金的评级标准方面,三家机构均采用五星级的评价体系,星级越高则排名越靠前,但在星级的评定标准上存在细微差异。

4.基金评级应用的局限性

根据以上介绍,我们不难看出基金评级不失为一种评价基金业绩的好方法,它将基金类别、投资风险和基金收益三者有效结合起来,全面评价基金的经营业绩。但它也并非十全十美,仍然存在很多局限性。

首先,它不具有预测性,它只是对基金过去业绩的描述,但过去并不等于将来,基金的评级高只能表明基金过去业绩不错,但它并不是基金未来业绩良好的肯定保证。

其次,评级不能将很多与基金相关的重要信息完全包括进去,例如基金经理的替换、基金的费用和基金的投资组合等等。

此外,基金业绩是否具有持续性是基金评级有效的关键因素。所谓基金业绩持续性,是指在样本期内基金业绩的稳定性和前后连贯性。具体而言,即前期业绩较好的基金在未来期间的业绩往往也会相对较好,而前期业绩差的基金在未来的期间则可能继续表现不佳。基金业绩持续性着眼于过去与未来业绩表现之间的研究,实际上是对基金业绩是否具有可预测性的研究。如果基金业绩具有持续性,那么基金的业绩就可以预测,一切关于基金过去表现的信息就具有重要的利用价值。所以在一定程度上,基金业绩是否具有持续性决定了基金评级是否具有意义。进行基金评级主要是为未来的投资提供信息,评价基金经理的专业能力,而这两者都是以基金业绩具有持续性为前提的。如果基金业绩不具备持续性,那么基金评级结果就值得怀疑。

第四节　金融衍生品估值分析

衍生品估值的基本原则主要包括无套利原则和风险中性定价。

一、无套利原则

套利(arbitrage),是指在某项金融资产的交易中,交易者可以在不需要期初投资支出的条件下获取无风险的报酬。比如:同一个资产在两个不同的市场上进行交易,但是各市场的交易价格不同,这时交易者就可以在价高的市场上卖出该资产,同时在价低的市场上买入同样的资产,通过这种方式赚得套利的收益。

无套利原则是金融产品及衍生品定价理论的一个基本假设,其核心思想是市场上不存在套利机会,即"没有免费的午餐"。这一原则基于市场流动性和信息透明性,认为任何价格差异都会被市场参与者迅速利用,直至套利空间消失。在无套利定价理论中,常常构造两个相反的投资组合模拟同一个交易的双方,确保金融产品的定价使得双方均不可能在交易中套利。

例如,考虑一份一年后支付 100 元的合约,如果当前以 100 元购买这份合约,而对方将收到的钱投资于利率为 3% 的银行或国债,一年后他将收入 103 元,却只需支付 100 元给你,从而套利 3 元。这种情况下,市场上的其他卖方见到套利机会也会参与进来,导致合约价格下降,直至套利机会消失。

无套利原则的有效性依赖于一系列理想化的条件,这些条件共同构成了一个理论上的完美市场环境。

首先,资产必须在市场上自由交易,这意味着所有参与者都能够在任何时候买卖资产而不受限制。其次,投资者必须能够自由进入市场,没有任何门槛或限制阻止新的投资者参与交易。此外,市场上的资产必须能够无限制地被做多或做空,即投资者可以根据自己的需要,自由地建立多头或空头头寸。

同时,市场上必须存在无风险利率,使得投资者可以无限制地按照这一利率进行现金的借贷,这是构建无风险套利组合的关键。交易过程中不能有任何交易费用,包括佣金、税费等,这些费用的存在可能会影响套利策略的可行性。最后,市场上不存在违约风险,即所有交易对手都必须是完全可信的,确保合约的履行不会有任何疑问。

简而言之,无套利原则的成立基于一个假设的、高度理想化的市场环境,其中包含了资产自由交易、市场准入自由、无限制的多空操作、无风险利率下的无限借贷、零交易成本以及无违约风险等条件。这些条件确保了市场的有效性,使得任何价格失衡都能迅速被套利行为所纠正,从而维持市场的均衡。在现实世界中,这些条件往往难以完全满足,但无套利原则仍然是金融理论中一个重要的概念工具,用于推导和分析金融产品的价格和估值。

二、风险中性定价

风险中性定价是衍生品定价领域的基石,其核心假设在于所有资产的预期回报率均等同于无风险利率。在此框架下,投资者对风险的态度是中性的,不要求额外的风险补偿。投资者对风险持中性态度,不寻求额外的风险补偿。该理论由约翰·考克斯(John Carrington Cox)和斯蒂芬·罗斯(Stephen A. Ross)于 1976 年提出,用于推导期权定价公式。在风险中性的假设下,衍生证券的价格独立于投资者的风险偏好,而是基于无风险利率来确定。

　　风险中性定价的直观理解可以通过一个简单的例子来阐释:假设一个游戏有50％的概率赢得100元,50％的概率输掉20元,那么这个游戏的入场券合理定价应为40元,即期望值。这个例子展示了风险中性定价的核心思想,即在风险中性世界中,期权价格等于其数学期望按无风险利率贴现的数值。

　　在风险中性估值框架内,基础资产的预期收益被设定为无风险利率,这反映了投资者对风险的漠视态度,他们仅关注投资的预期收益。在期权定价中,这一理论通过构建包含期权和标的资产的无风险投资组合来实现。无风险利率作为关键参数,在期权定价公式中充当贴现率的角色,代表投资无风险资产所能获得的确定收益。

　　风险中性定价模型在金融市场中有着广泛的应用,包括期权定价、资产定价和投资组合管理。在期权定价领域,该模型通过排除市场套利机会,依据期权特性和市场变量计算期权的合理价格,尤其适用于欧式期权,因为在风险中性假设下,期权价值仅与未来预期收益相关。

　　期权定价实践中,风险中性定价通过构建二叉树模型来应用。该过程涉及确定无风险利率、波动率和时间步长,计算上行和下行因子,以及上行概率,从而逐步构建资产价格的二叉树,并最终得出期权价值。这种方法在期权定价和风险管理中被广泛采用。

　　然而,在现实市场中,投资者的风险偏好和市场情绪等因素导致市场并非完全风险中性。为应对这些非风险中性因素,可以调整模型参数,引入风险溢价,或采用更复杂的模型,如跳跃扩散模型。实证分析和市场数据校准有助于更精确地反映市场实际情况,提升模型的预测能力。

本章小结

　　1.股票的估价基本上有两种方法:一是红利贴现模型,二是比率分析法。红利贴现模型根据不同红利增长率的假设派生出不同类型的现金流贴现模型:零增长模型、不变增长模型、多元增长模型。比率分析方法是通过公司的一些基本财务指标的倍数来估计股票的合理价格。除此之外,在实际中常常采用一些简单实用的方法来对股票进行估价:利用每股收益计算股票初始收益率和相对投资价值;利用每股净资产年增长率预测股票未来价值;利用每股收益年增长率预测股票未来价值。

　　2.债券的价格就是将未来的价值按一定条件折算成的现值,对于息票债券来说即是把债券每一时期的利息收入和还本时获得的资金额进行折现。一般来说债券的价格和银行的利率成反比;期限越长、票面利率越低的债券对利率的敏感性越高,较小的利率变动就可以引起较高的价格变动。

　　3.债券的收益率可以分为当前收益率、持有期收益率和到期收益率。

　　4.我们可以运用久期进行债券投资的风险控制,同时应用久期原理进行水平分析的投资组合,对长期债券与短期债券的组合投资进行利率风险的控制等。

5.证券投资基金收益主要来源于利息收益、股利收益、资本利得和其他收益。基金利润分配通常有两种方法:一是分配现金,这是最普遍的分配方式;二是分配基金份额,即将应分配的净利润折为等额的新基金份额送给受益人。

6.证券投资基金的费用包括基金管理费、基金托管费、基金销售与服务费、基金交易费、基金运作费。

7.计算基金单位的资产净值有已知价计算法和未知价计算法。

8.基金份额持有人(投资人)、基金管理人与基金托管人是基金的当事人。

9.基金绩效衡量是对基金经理投资能力的衡量,其目的在于将具有超凡投资能力的优秀基金经理鉴别出来。基金绩效衡量不同于对基金组合本身表现的衡量。基金组合表现本身的衡量着重在于反映组合本身的回报情况,并不考虑投资目标、投资范围、投资约束、组合风险、投资风格的不同对基金组合表现的影响。

10.基金评级是指由基金评级机构收集有关信息,通过科学定性定量分析,依据一定的标准,对投资者投资于某一种基金后所需要承担的风险,以及能够获得的回报进行预期,并根据收益和风险的预期对基金进行排序。

思政目标

党的二十大报告强调了"坚持自信自立""坚持守正创新""坚持问题导向""坚持系统观念"等世界观和方法论。本章旨在通过学习和掌握证券投资的基本理论和方法,运用价值分析的原则和技术,评估并决策股票、债券、基金等不同类型的证券,培养学生独立思考、辩证分析问题的能力和理性思维,鼓励学生勇于尝试、积极探究,构建投资组合以满足不同投资者的需求。同时,通过认识到投资工具的属性,了解发行和交易相关工具必须遵守相关法律法规的重要性,帮助学生理解《中华人民共和国证券法》、《中华人民共和国公司法》及其他相关法律法规的重要意义,树立法治精神。

基本概念

股票面值	股票净值	清算价值	市场价值
内在价值	绝对价值评估法	股利贴现法	零增长模型
不变增长模型	可变增长模型	自由现金流	相对价值评估法
市盈率	市净率	市价/现金流比率	当前收益率
到期收益率	持有期收益率	久期	凸性
债券组合管理	资本利得	基金管理费	基金托管费
前收费用	后收费用	赎回费用	公允价值

视频材料

练习与思考

一、简答题

1.如何判断股票的投资价值？

2.某公司 2020 年 1 月 1 日发行债券，面值 100 元，票面利率为 6%，每年付息，到期期限 10 年。如果债券的到期收益率为 8%，则债券的发行价格应为多少？

3.影响债券投资价值的因素主要有哪些？

4.某公司的债券，票面额为 100 元，售价 98 元，3 年到期，年息票率为 7%，每年付息，则当前收益率为多少？持有期收益率为多少？

5.试分析我国公司债市场发展缓慢的原因以及因此给我国经济产生的影响。

6.基金管理人与基金托管人都有哪些权责？

7.为什么要对投资基金进行监管？如何才能保护投资者的利益？

二、案例分析题

证券投资基金禁忌之：短线操作，开放基金

李先生曾有过一段对开放式基金频繁进行短线操作的经历。下面我们将李先生进行操作的过程描述出来，然后我们计算一下李先生到底挣了多少钱。

某年初，李先生购买了净值为 1.1000 元/份的开放式基金 A 两万份，短期持有后，该基金净值上升为 1.1500 元/份，李先生将该基金出售；同时，李先生申购了净值为 0.9500 元/份的开放式基金 B 两万份，短期持有后，该基金净值上升为 0.9800 元/份，李先生再次将该基金抛售。下面我们计算一下李先生经过两次短线操作后到底挣了多少钱。

申购基金单位金额计算方法如下：

申购金额＝申购份额×交易日基金单位净值＋申购费用

申购费用＝申购份额×交易日基金单位净值×申购费率

赎回基金单位金额计算方法如下：

赎回金额 ＝ 赎回份额×交易日基金单位净值 － 赎回费用

赎回费用 ＝ 赎回份额×交易日基金单位净值 × 赎回费率

假设开放式基金的赎回费率为 1.5% 左右，申购费率为 1.0%，则李先生申购开放式基金 A 的价格为：

开放式基金 A 的申购费用＝20 000份×1.100 0元/份×1.0%＝220(元)

开放式基金 A 的申购金额＝20 000份×1.100 0元/份＋220 元＝22 220(元)

开放式基金 A 的赎回费用＝20 000份×1.150 0元/份×1.5%＝345(元)

开放式基金 A 的赎回金额＝20 000份×1.150 0元/份－345 元＝22 655(元)

李先生对开放式基金 A 的短线操作利润＝22 655元－22 220元＝435(元)

而李先生申购、赎回基金 A 的交易费用合计＝220 元＋345 元＝565 元

交易费用是所获利润的1.30倍。

开放式基金 B 的申购费用＝20 000份×0.950 0元/份×1.0％＝190(元)

开放式基金 B 的申购金额＝20 000份×0.950 0元/份＋190 元＝19 190(元)

开放式基金 B 的赎回费用＝20 000份×0.980 0元/份×1.5％＝294(元)

开放式基金 B 的赎回价格＝20 000份×0.980 0元/份－294 元＝19 306(元)

李先生对开放式基金 B 的短线操作利润＝19 306元－19 190元＝116(元)

李先生申购、交易基金 B 的交易费用合计＝190 元＋294 元＝484(元)

李先生对基金 B 的交易费用是其利润的 4.17 倍。

假如不存在交易费用,那么李先生所获得的毛利是多少呢? 是 1 600 元。而实际上扣除交易费用后李先生获得了多少利润呢? 仅仅 551 元! 毛利中的 65.6％就这样被交易费用所吞噬。

讨论题:李先生对开放式基金投资操作的亲身经历给我们带来怎样的启示呢?

| 第六章 | 证券投资基本分析 |

从中长期角度投资上市公司,必须从基本面分析入手。无论是采用从宏观经济到行业发展再到公司分析的自上而下的分析方法,还是采用从公司分析到行业发展再到宏观经济的自下而上的分析方法,投资者都需要掌握详尽的证券投资基本分析内容和熟练的证券投资基本分析方法,从而提高获得超额回报的胜率。

第一节 宏观经济分析

一、宏观经济分析概述

(一)宏观经济分析的定义

证券投资中的宏观经济分析是指以整个国民经济活动作为考察对象,通过对宏观经济数据的分析,研究各个相关变量及其变动,以判断证券市场未来走势的分析方法。宏观经济分析具有两个显著特点:第一,分析内容比较复杂。宏观经济分析要求对影响证券价格的各种因素进行分析,而多种因素对证券价格的影响程度和方向不同,分析者必须具有扎实的经济理论基础和丰富的分析经验,否则可能会发生顾此失彼的情况,从而不能得出正确的结论;第二,以量化分析为主。宏观经济分析通常采用总量分析法和结构分析法,前者是对宏观经济运行总量指标的影响因素及其变动规律进行分析,进而说明整个经济的状态和全貌,后者是对经济系统中各组成部分及其对比关系变动规律的分析。

(二)宏观经济分析的意义

1.把握证券市场的总体变动趋势

在证券投资领域中,宏观经济分析非常重要。只有把握住经济发展的大方向,才能把握证券市场的总体变动趋势,做出正确的长期决策,也只有密切关注宏观经济因素的变化,尤其是货币政策和财政政策因素的变化,才能抓住证券投资的市场时机。

2.判断整个证券市场的投资价值

证券市场的投资价值与国民经济整体素质、结构变动息息相关。这里的证券市场的投资价值是指整个市场的平均投资价值。从某种意义上说,整个证券市场的投资价值就是整个国民经济增长速度与质量的反映,因为不同部门、不同行业与成千上万的不同企业相互影响、互相制约,共同影响国民经济发展的速度和质量。宏观经济作为个体经济的总和,其整体状况必然在宏观层面上综合反映出企业的投资价值。因此,宏观经济分析对于判断整个证券市场的投资价值具有至关重要的作用。

3.掌握宏观经济政策对证券市场的影响力度与方向

证券市场与国家宏观经济政策息息相关。在市场经济条件下,国家通过财政政策和货币政策来调节经济,或挤出泡沫,或促进经济增长,这些政策直接作用于企业,从而影响经济增长速度和企业效益,并进一步对证券市场产生影响。因此,证券投资必须认真分析宏观经济政策,掌握其对证券市场的影响力度与方向,以准确把握整个证券市场的运动趋势和各个证券品种的投资价值变动方向。这无论是对投资者、投资对象,还是对证券业本身乃至整个国民经济的快速健康发展都具有重要的意义。

4.了解转型背景下宏观经济对股市的影响

不同于成熟市场经济,中国证券市场是新兴加转轨的市场,具有一定的特殊性,由此导致证券市场对宏观经济的反应存在较大的不确定性。在分析的时候应该既要看到中国证券市场与海外成熟市场的共性,又要看到国内股市的特性,才能更加准确地把握证券市场的"国民经济晴雨表"特征。简单地用成熟市场的标尺来衡量我国证券市场可能容易产生偏差。

总之,宏观经济中的任何细微变化都会在证券市场中得到体现。只有准确把握宏观经济发展的总体趋势,才能有效预测证券市场的总体变动趋势,并据此评估整个证券市场的投资价值。

(三)宏观经济因素

宏观经济因素对证券市场的影响具有根本性、全局性和长期性,所以要成功地进行证券投资,首先要认真研究宏观经济状况及其走向,影响证券市场波动的宏观经济因素主要有以下几个方面:

1.经济增长情况

一国或一地区的经济增长情况通常用国内生产总值(GDP)的增长速度来衡量,它是反映一定时期经济发展水平变化程度的动态指标,也是反映一国经济是否具有活力的基本指标。国内生产总值是指在一定时期内(一个季度或一年),一个国家或地区的经济中所生产出的全部最终产品和劳务的价值,常被公认为衡量国家经济状况的最佳指标。统计时,要将国内生产而输出国外的包括进去,在国外产生而在本国消耗的则不计算在内。

在宏观经济分析中,国内生产总值指标占有非常重要的地位,具有十分广泛的用途。国内生产总值的持续、稳定增长是一国政府长期努力的目标。

2.失业率

失业率是指劳动力人口中失业人数所占的百分比。失业率的高低不仅反映了经济状况,而且与证券市场资金供给的增减变化有密切关系:当失业率持续出现上升时,表明经济正走向衰退,人们的收入减少,其支配的资金有限,而且投资者对经济增长的预期比较悲观,在这种时期经济上的困难还会蔓延到人们的情绪和家庭生活,并可能使证券市场行情出现熊市态势。相反,就会出现牛市态势。

3.通货膨胀率

通货膨胀率是指一般物价水平持续、普遍、明显的上涨。常用的衡量指标有:消费物价指数 CPI、生产者物价指数 PPI、国民生产总值物价平减指数(按当年价格计算的国民生产总值与按不变价格计算的国民生产总值的比率)。通货膨胀常被视为经济的头号大敌,政治家和银行家经常对通货膨胀采取猛烈的行动。那么通货膨胀究竟对社会经济会产生哪些影响呢? 总的来说,这种影响是十分复杂的,因为通货膨胀从方式上有平衡和不平衡之分,有被预期和未被预期之分,从程度上则有温和式的、严重式的和恶性的三种之分。

4.利率

利率也称利息率,是经济关系中债务人支付给债权人的使用资金代价,也是债权人出让资金使用权的报酬。从宏观经济分析的角度看,利率的波动反映出市场对资金需求的变动状况。在经济发展的不同阶段,市场利率有不同的表现:在经济持续增长时期,资金供不应求,利率上升;当经济市场疲软时,利率也会随着资金需求的减少而下降。除了与整体经济状况密切相关这外,利率还受到物价上涨幅度的牵制。随着市场经济的不断发展和政府宏观调控能力的不断加强,利率特别是基准利率已成为一项行之有效的货币政策工具。

5.汇率

汇率是外汇市场上一国货币与他国货币相互交换的比率。实质上,可以把汇率看作是以本国货币表示的外国货币的价格。一方面,一国的汇率会因该国的国际收支状况、通货膨胀水平、利率水平、经济增长率等因素的变化而波动;另一方面,汇率及其适当波动又会对一国的经济发展发挥重要作用。特别是在当前国际分工十分发达,各国间经济联系十分密切的情况下,汇率的变动对一国的国内经济,对外经济以及国际间的经济联系都产生着重大的影响。

6.财政收支

财政收支包括财政收入和财政支出两个方面。财政收入是国家为了保证实现政府职能的需要,通过税收等渠道集中的公共性资金收入,财政支出则是为满足政府执行职能需要而使用的财政资金。

核算财政收支总额是为了进行财政收支状况的对比。收大于支是盈余,收不抵支则出现财政赤字。如果财政赤字过大,弥补手段不足以平衡收支,或者即使总量上能勉强平衡,却又形成结构上的失衡,就会引起社会总需求的膨胀和社会总供求的失衡。

7.国际收支

国际收支是一国居民在一定时期内与非居民在政治、经济、军事、文化及其他往来中所产生的全部交易的系统记录。这里的居民是指在国内居住一年以上的自然人和法人。

国际收支包括经常项目和资本项目。经常项目主要反映我国的贸易和劳务往来状况;资本项目则集中反映我国同国外资金往来的情况,反映着我国利用外资和偿还本金的执行情况。全面了解掌握国际收支状况,有利于从宏观上对国家的开放规模和开放速度进行规划、预测和控制。

以上七种因素的变化都可能对证券市场产生重要的影响。然而,在特定的阶段,各种因素对证券市场的影响程度各不相同,投资者在进行宏观经济分析时,必须结合当时的国家实际情况,以做出准确的宏观形势判断。

二、宏观经济分析与证券市场

证券投资的宏观经济分析主要有两个方面的内容,即宏观经济运行和宏观经济政策对证券市场的影响分析。前者直接影响上市公司的盈利能力,进而对证券市场产生影响;后者则通过影响前者,间接影响上市公司的盈利能力,并最终对证券市场产生影响。

(一)宏观经济运行与证券市场分析

1.国内生产总值(GDP)变动与证券市场分析

国内生产总值(GDP)是指一定时期内一国生产的最终产品和提供劳务的市场价值的总值,即在一国的领土范围内,本国居民和外国居民在一定时期内所产生的、以市场价格表示的产品和劳务的总值。它是一国经济成就的根本体现。从长期来看,在上市公司的行业结构与该国产业结构基本一致的情况下,股票平均价格的变动趋势与 GDP 的增长趋势是相吻合的。GDP 的变化趋势是吻合的。但不能简单地以为GDP 增长,证券市场就必将伴之以上升的走势,相反,实际情况有时恰恰相反,必须将GDP 的增长与经济形势的变化结合起来进行综合考察。下面对几种基本情况进行阐述。

(1)持续、稳定、高速的 GDP 增长。在这种情况下,社会总需求与总供给协调增长,经济结构逐步合理,趋于平衡,经济增长来源于需求刺激并使得闲置的或利用率不高的资源得以更充分的利用,从而表明经济发展的势头良好,这时证券市场将基于下述原因而呈现上升走势:①伴随总体经济成长,上市公司利润持续上升,股息和红利不断增长,企业经营环境不断改善,产销两旺,投资风险也越来越小,从而公司的股票和债券全面得到升值,促使价格上扬;②人们对经济形势形成了良好的预期,投资积极性得以提高,从而增加了对证券的需求,促使证券价格上涨;③随着国内生产总值 GDP 的持续增长,国民收入和个人收入都不断得到提高,收入增加也将增加证券投资的需求,从而证券价格上涨。

(2)高通胀下的 GDP 增长。当经济处于严重失衡状态下的高速增长时,总需求会大大超过总供给,导致高通货膨胀率出现,这是经济形势恶化的明显征兆。如果不及时采取调控措施,将会导致未来的"滞胀"现象,即通货膨胀与经济停滞并存。这时经济中的矛盾会突出地表现出来,企业经营将面临困境,居民实际收入也将降低,因而,失衡的经济增长必将导致证券价格下跌。

(3)宏观调控下的 GDP 减速增长。当 GDP 呈失衡的高速增长时,政府可能采用宏观调控措施以维持经济的稳定增长,这样必然会减缓 GDP 的增长速度。如果宏观调控目标得以顺利实现,GDP 仍以适当的速度增长,并未导致负增长或低增长,这表明宏观调控措施取得了显著成效,经济矛盾逐步得到化解,为经济的进一步增长创造了有利条件。这时证券市场亦将反映这种好的形势而呈平稳渐升的态势。

(4)转折性的 GDP 变动。如果 CDP 一段时期以来呈负增长,当负增长速度逐渐减缓并呈现向正增长转变的趋势时,表明恶化的经济环境逐步得到改善,证券市场走势也将由下跌转为上升;当 GDP 由低速增长转向高速增长时,表明低速增长中,经济结构得到调整,经济的"瓶颈"制约得以改善,新一轮经济高速增长已经来临,证券价格亦将伴之以快速上涨之势。

上面的分析只沿着一个方向进行,实际上,每一点都可沿着相反的方向导出相反的结果。最后还必须强调指出,证券市场一般提前对 GDP 的变动作出反应,也就是说它是反映预期的 GDP 变动,而 GDP 的实际变动被公布时,证券市场只反映实际变动与预期变动的差别,因而对 GDP 变动进行分析时必须着眼于未来,这是最基本的原则。

2.经济周期与证券市场分析

(1)经济周期的含义

经济周期(business cycle)又称商业周期,是指经济形势由高峰到低谷周而复始的运动,是沿着经济发展的总体趋势所经历的有规律的扩张和收缩的过程,一般一个周期会历经复苏、繁荣、衰退和萧条四个阶段,周而复始。

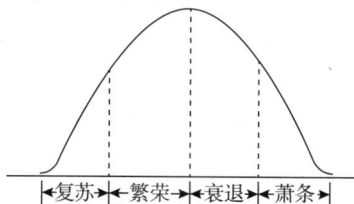

图 6-1　经济周期的四个阶段示意图

(2)经济周期与股价变动关系

人们常说,股票市场是经济的晴雨表。也就是说股价变动不仅随经济周期的变化而变化,同时也能预示经济周期的变化。由于受资源约束、人们预期和外部因素影响,经济运行不会一直处于均衡状态。经常出现的情况是经济处于不均衡状态。相应地,股市也具有上下波动运行的特点:当社会需求随着人口增加、消费增加等因素而不断上升的时候,产品价格、工人工资、资本所有者的投资冲动都会增加,连带出现的情况是投资需求增加,市场资金价格(即利率)上涨。工资的增加又使得个人消费再度增加。企业投资的增加和个人可支配收入增加,使实物经济质量不断提高,企业效益不断上升,经济发展得到进一步刺激。当经济上升到一定程度时,社会消费增长速度开始放缓,产品供过于求,企业开始缩小生产规模,社会上对资金需求减少,资金价格下落,经济进入低迷状态。

当实体经济按照上述周期运行时,以证券市场表示的虚拟经济也处于周期运行之中,只是证券市场运行周期比实物经济周期更为提前。

3. 通货膨胀与证券市场分析

(1)通货膨胀的定义及类型

通货膨胀是指一般物价水平持续、普遍、明显的上涨。常用的衡量指标有:消费物价指数 CPI、生产者物价指数 PPI、国民生产总值物价平减指数(按当年价格计算的国民生产总值与按不变价格计算的国民生产总值的比率)。按照物价上涨幅度可以分为温和的通货膨胀、严重的通货膨胀和恶性的通货膨胀。一般说来,当消费者物价指数 CPI 大于 3% 的增幅时就是通货膨胀,而当 CPI 大于 5% 的增幅时就是严重的通货膨胀。

(2)通货膨胀对证券市场的影响

通货膨胀对证券市场特别是个股的影响,没有一成不变的规律可循,甚至完全可能产生相反方向的影响,所以对这些影响作用应具体情况具体分析:①温和的、稳定的通货膨胀对股价的影响较小,但通货膨胀提高了对债券的必要收益率,从而引起债券价格下跌。②如果通货膨胀在一定的可容忍范围内持续,而经济处于景气(扩张)阶段,产量和就业都持续增长,那么股价也将持续上升。众所周知,美国次贷危机引发的全球金融危机对各国证券市场均产生了深远影响。以 2010 年上半年为例,国内A 股市场也未能幸免,股指从 3478 点大幅下跌至 2319 点,跌幅高达 30%。随后,中国政府采取了积极的财政政策和宽松的货币政策,通过拉动内需等促进经济增长的手段,使国内经济先于世界进入了复苏阶段。尽管在此期间出现了一定程度的通货膨胀,但股指却从 2319 点持续上涨至 3186 点。③严重的通货膨胀是很危险的,经济将被严重扭曲,货币加速贬值,这时人们将会囤积商品、购买房地产以期对资金保值。这期间,资金流出金融市场,引起股价和债券价格下跌。A 股市场从 3186 点开始回落,尽管此时房市异常火爆,房价一涨再涨,但房地产股票和其他股票价格却处于不断下跌的过程之中。

4. 利率变动与证券市场分析

利率水平的变动对股市行情的影响是最为直接和迅速的。一般来说,利率下降时股票价格就上涨,利率上涨时股票价格就下降。具体来看,利率对证券市场的影响主要有：第一，影响企业的获利能力。不少企业是通过借款和消费者融资来实现经营目标的，利率上升无疑使企业的财务成本上升，消费者的购买能力下降，从而企业获利能力下滑；第二，利率变动会影响股票、债券和现金存款的相对价值，尤其是债券，利率上升时债券变得更有吸引力，资金容易由股票市场流向债券市场；第三，利率的上涨也会影响市场投资者的融资成本，影响股市交易意愿。

总之，利率上升时，部分资金从投资股市转向银行储蓄和购买债券，从而减少市场上的股票需求，使股票价格出现下跌；反之，利率下降时，储蓄获利能力下降，人们会转投股市以期获得更高收益，减少了企业的贷款成本，有利于企业发展和经济的升温，加速股价的上涨。

5.汇率变动与证券市场分析

外汇市场对证券市场的影响随着资本开放度的提高更为明显，使得汇率风险成为证券市场的主要系统性风险之一。具体而言，汇率变动通过三条途径影响证券市场：

(1)通过影响证券市场决策行为来影响资本流动，最终影响证券市场价格。证券资产的供给与资产价格呈正相关关系。在某一特定的价格水平下，证券资产的需求与资产价格同向变动，即价格上涨时，市场对该资产的需求不仅不会减少，反而会增加；反之，则呈现出"强者恒强，弱者恒弱"的市场特征。然而，由于证券资产的供给弹性大于需求弹性，随着价格的持续上涨或下跌，需求与价格将呈现出负相关关系。因此，当价格越高时，需求量会相应减少；反之，价格越低时，需求量则会相应增加。证券资产的供给与需求的这种背离说明二者之间的均衡关系被完全破坏，价格将被迫发生逆转，导致市场大幅波动。

(2)通过影响上市公司进出口及收益水平从而影响证券市场。本币贬值短期内可刺激出口，限制进口；同时，为避免本币大幅贬值，政府则会提高利率以支持本币汇率水平，公司经营成本就会上升，利润将会减少，证券价格也会下跌。而升值则可提高本币购买力，降低进口成本，可以较低价格收购国外企业，扩大对外投资，同时也会抑制出口并造成通胀。总之，相关企业业绩将因此受较大影响，上市公司资产价值变化，促使国际投资者调整投资策略。

(3)通过公开市场、外汇市场等领域操作影响证券市场。一方面本币贬值时，为稳定汇率水平，政府可动用国际储备，抛售外汇，减少本币供应量，导致证券价格下跌。另一方面，也可利用债市与股市的联动关系进行操作，如抛售外汇，同时回购国债，使国债市场价格上扬，既抑制本币升势，又不减少本币供应量。

6.其他宏观因素变动与证券市场分析

股票市场价格的波动，除受经济的、技术的和社会心理的因素影响外，还要受其他宏观因素的影响。而且，这一因素对股市价格的影响是全面的、整体的和敏感的。例如，国内外的政治形势、政治活动、政局变化，国家机构和领导人的更迭，执政党的更替，国家政治经济政策与法律的公布或改变，国家和地区间的战争和军事行为等。

这些因素,尤其是政局突变和战争爆发,会引起股票市场价格的巨大波动,而国家经济政策和管理措施的调整,也会影响到股份有限公司的外部经济环境、经营方向、经营成本、盈利以及分配等方面,从而直接影响股市价格。

(二)宏观经济政策与证券市场分析

1.财政政策及其对证券市场的影响

财政政策是一国政府为实现一定的宏观经济目标而调整财政收支规模、结构和收支平衡的指导原则及其相应的措施。财政政策主要通过税收、补贴、赤字、国债、收入分配和转移支付等手段对经济运行进行调节,是政府进行经济周期调节、熨平经济波动的重要工具,也是财政有效履行配置资源、公平分配和稳定经济等职能的主要手段。

财政政策分为宽松的财政政策、紧缩的财政政策和中性的财政政策。总的来说,紧缩的财政政策使过热的经济受到抑制,证券市场将走弱,而宽松的财政政策则刺激经济发展,证券市场将走强。为了实现短期财政政策目标,财政政策的运作主要发挥"相机抉择"的作用,有以下几种情况:(1)当社会总需求不足时,单纯使用宽松的财政政策,通过扩大支出增加赤字以扩大社会总需求,也可以采取扩大税收减免、增加财政补贴等政策来刺激微观经济主体的投资需求,这时证券价格将上涨。(2)当社会总供给不足时,单纯使用紧缩性财政政策,通过减少赤字、增加公开市场上出售国债的数量,以及减少财政补贴等政策,压缩社会总需求,这时证券价格将下跌。(3)当社会总供给大于社会总需求时,可以搭配运用"松""紧"政策,一方面通过增加赤字、扩大支出等政策刺激总需求增长;另一方面采取扩大税收、调高税率等措施抑制微观经济主体的供给。如果支出总量效应大于税收效应,那么,对证券价格的上扬将会起到推动作用。(4)当社会总供给小于社会总需求时,可以搭配使用"松""紧"政策,一方面通过压缩支出、减少赤字等政策缩小社会总需求;另一方面采取扩大税收减免、减少税收等措施刺激微观经济主体增加供给。支出的压缩效应大于税收效应,证券价格将下跌。

2.货币政策及其对证券市场的影响分析

货币政策是指政府为实现一定的宏观经济目标所制定的关于货币供应和货币流通组织管理的基本方针和基本准则。对于证券投资者来说,央行的货币政策对于宏观经济及资本市场将会产生非常重要的影响,所以投资者必须密切关注央行的一举一动,深入分析央行货币政策。总的来说中央银行的货币政策对证券市场的影响,可以从四个方面加以分析:

(1)利率政策对证券价格的影响。中央银行调整基准利率的高低,对证券价格产生影响。一般来说,利率下降时,股票价格就上升;而利率上升时,股票价格就下降。原因包括:第一,利率是计算股票内在投资价值的重要依据之一。当利率上升时,同一股票的内在投资价值下降,从而导致股票价格下跌;反之,则股价上升;第二,利率水平的变动直接影响到公司的融资成本,从而影响股票价格。利率降低,可以降低公司的利息负担,增加公司盈利,股票价格也将随之上升;反之,利率上升,股票价格下跌;第三,利率降低,部分投资者将把储蓄投资转成股票投资,需求增加,促成股价上升;反之,若利率上升,一部分资金将会从证券市场转向银行存款,致使股价下降。

(2)中央银行的公开市场业务对证券价格的影响。当政府倾向于实施较为宽松的货币政策时,中央银行就会大量购进有价证券,从而使市场上货币供给量增加。这会推动利率下调,资金成本降低,从而使企业和个人的投资和消费热情高涨,生产扩张、利润增加,这又会推动股票价格上涨;反之,股票价格将下跌。之所以特别强调公开市场业务对证券市场的影响,还在于中央银行公开市场业务的运作是直接以国债为操作对象,从而直接关系到国债市场的供求变动,影响到国债市场的波动。

(3)调节货币供应量对证券市场的影响。中央银行可以通过法定存款准备金率和再贴现政策调节货币供应量,从而影响货币市场和资本市场的资金供求,进而影响证券市场。如果中央银行提高法定存款准备金率,这在很大程度上限制了商业银行体系创造派生存款的能力,等于冻结了一部分商业银行的超额准备。由于法定存款准备金率对应着数额庞大的存款总量,并通过货币乘数的作用使货币供应量更大幅度减少,证券市场价格便趋于下跌。同样,如果中央银行提高再贴现率,对再贴现资格加以严格审查,商业银行资金成本增加,市场贴现率上升,社会信用收缩,证券市场的资金供应减少,使证券市场行情走势趋软;反之,如果中央银行降低法定存款准备金率或降低再贴现率,通常都会导致证券市场行情上扬。

(4)选择性货币政策工具对证券市场的影响。为了实现国家的产业政策和区域经济政策,我国对不同行业和区域采取区别对待的方针。一般来说,该项政策会对证券市场整体走势产生影响,而且还会因为板块效应对证券市场产生结构性影响。当直接信用控制或间接信用指导降低贷款限额、压缩信贷规模时,从紧的货币政策使证券市场行情呈下跌走势,但如果在从紧的货币政策前提下,实行总量控制,通过直接信用控制或间接信用指导区别对待,紧中有松,那么一些优先发展的产业和国家支柱产业以及农业、能源、交通、通信等基础产业及优先重点发展的地区的证券价格则可能不受影响,甚至逆势而上。总的来说,此时贷款流向反映当时的产业政策与区域政策,并引起证券市场价格的比价关系做出结构性的调整。

三、证券市场的供求关系

(一)股市资金供求关系分析

一般市场走得越好,产生了赚钱效应,越多资金从储蓄流入证券市场;反之,长期熊市,产生亏钱的示范作用,就会影响储蓄资金到证券市场投资的数量。储蓄资金转化为投资的资金还和银行利率关系很大,投资者会比较证券投资与存款之间的收益率,平衡投资银行和投资证券的风险与收益后做出投资决策。我们还可以通过画出储蓄资金增长曲线图与股市流通市值增减的曲线图进行可流入市场资金的预测,当储蓄资金总额远远高于股市流通市值且差距越来越大时,股市就可能在资金推动下上涨。此外我们还可以通过中央登记结算公司的新增开户数来判断流入市场资金的速度。

当流入市场的资金大于流出市场的资金时,股票市场就上升,反之就下降。在分析股票市场资金供求关系时,还需要重点关注市场筹码的锁定程度。当长线投资者数量增加、市场筹码锁定程度较高时,在相同规模的资金净流入推动下,股票指数上升的高度可能会高于筹码锁定程度较低时。因此,在分析市场时,对长线投资者占比的分析就显得尤为重要。

(二)投资者心理预期的分析

美国华尔街著名的分析人士 Dow 说过:市场的价格本质上反映了各式各样参与者的心态,他们的希望、预期与恐惧。人类发展史证明:环境也许会有所改变化,而人的本性则一如既往。投资幻觉的表现有种种形式,这里主要讨论以下几种:

1.对于那些抱有"赚钱太容易了"幻觉的人,记住一位著名经纪人的警告:"交易……是相当困难的,医生或律师要在学校花七八年时间学习专业知识,才赚了一些钱,却希望在股票市场上立刻大捞一把。记住,玩股票是世上最棘手的游戏,因为你正和世界上最敏锐的心灵竞争。"

2.从过去的市场运行轨迹中,我们很容易看到其中的因果关系。于是,我们可能会认为未来的市场趋势是可以预测的,即在某个低点买入,在某个高点卖出。然而,这种低买高卖的投资策略看似简单,实则不然。出现这种幻觉的原因在于我们过于自信,将复杂多变的市场环境大大简化了。社会心理学在讨论人类如何对行为的原因进行分析时曾经提出一个"因果关系模式"。该模式认为,我们总是试图把某项行为与一个特定的原因联系起来。如果某一天股票指数上涨了,人们会认为是利好消息所支撑;如果股票指数下跌,就认为受利空消息影响。总能对所发生的事件做出似乎合理的解释。关于这一点,我们只要留意每天的股市评论对当天的涨跌原因是如何做出分析就不难得出结论了。

3.关于投资理论与技术指标的神话。生活的经验告诉我们,当一个广告所承诺的赚钱机会越多,我们应该对其真实性的怀疑也越多,这一点同样适用于证券投资领域。正如前面已经指出的除非你拥有特别的运气,要想在极短的时间里赚大量的金钱几乎是不可能的(快速致富充其量只能是一种不切实际的幻想)。从另一个角度来看,如果某种投资理论或工具真的如同广告中所宣传的那样有效,那么其创建者又何必花费大量精力进行广告宣传呢?

从相反的意义上讲,也同样如此。不过,这时投资人更多的是因为恐惧而不是贪婪。人们似乎更倾向于重复过去的错误,但这种错误并非总是发生在最近的过去。正所谓"一朝被蛇咬,十年怕井绳",这一说法同样适用于投资交易领域。从心理上来说,人们一般都会反复思索自己的一些近期经验,并根据最近的境遇做出市场判断,一名受伤的投资人在遭遇不可预见的灾难之后总是会不断进行自我检查,试图在下一次可能的灾难来临之前更好地把握一些预警信号。然而,人们所能做到的常常是把这些因素集中起来以待下一次的失败。因为通常在下一次开始下跌的时候,市场的风险会以另一种形式表现出来。

(三)市场热点分析

证券市场在不同的市场时期会有不同的市场热点,属于这个时期市场热点的股票因为受到主流资金的关注,因此上涨幅度就要高于不属于市场热点的股票。因此如果能够把握准确市场热点,就可以取得高于一般水平的投资收益率。例如,2013 年 6 月以来,A 股出现了"一半是火焰,一半是海水"的奇景:其一,是市场严重分化。一方面是沪指和深成指出现了暴跌的走势,均创出了四年内的新低。但另一方面,创业板却"风景这边独好",屡创新高,7 个月的时间股指竟然翻了一倍;其二,是板块严重分化。新兴行业、高成长行业成为市场炒作的热点,而传统工业、周期性行业因出现了持续衰退而被投资者摒弃;其三,是个股严重分化。沪深主板可谓哀鸿遍野,股价创出几年来甚至是历史新低的不计其数,但处于市场热点中的热门股,股价创出历史新高的俯拾皆是。

现在大多数证券投资分析师形成了基本共识,那就是未来的机会还是在高成长行业、新兴行业之中。不同的行业在不同的经济周期业绩表现是不同的,因此与行业资产配置相对应的就有相应的市场热点。如为了应对"国际金融危机",我国政府做出了 4 万亿元的投资计划,因此市场就预期基础设施建设以及新能源题材,出现了相应的市场热点。随着经济的回暖,以及全党学习"科学发展观",市场就开始关注"消费"与"民生"问题,医药、农业、食品饮料等行业就成为某些机构主力的关注对象。

总结起来,市场热点股票一般具有以下特征:(1)某个阶段资金流量排名一直靠前;(2)股票涨幅高于指数,市场认可度和参与度高。只有能够维持一定时间段的"市场热点"股票才具有投资价值,而热点迅速转化的股票因为难以把握,所以投资的价值就不大。

📖阅读材料

三大因素支撑,中国股市值得期待

"十一"国庆节期间,全球股票市场出现波动走势,10 月 2 日美股盘中大跌,跌幅超过 2%,道指一度跌破 26 000 点。全周来看,9 月 30 日至 10 月 4 日,道琼斯指数跌 0.92%,纳斯达克指数涨 0.54%,标普 500 指数跌 0.33%,富时 100 指数跌 3.65%,恒生指数跌 0.52%。外围市场的大幅波动也让国内投资者对"十一"假期后的 A 股市场行情有所担心,但中国资本市场有宏观经济做坚实的后盾,有改革红利做发展的动力,有源源不断的长期资金来提升市场的活力,未来中国股市亮点频频值得期待。

首先,宏观经济长期向好的基本面没有改变。

伴随着全球经济下行压力,今年以来我国经济下行压力也有所加大,但主要指标仍保持总体平稳,特别是在一系列稳就业、稳金融、稳外贸、稳外资、稳投资、稳预期的政策作用下,宏观经济长期向好的基本面没有改变。

国家统计局数据显示,2019 年 1—8 月份,规模以上工业增加值同比增长 5.6%,比上半年回落 0.4 个百分点。虽然今年以来工业生产有所放缓,但依然快于全球主要经济体工业增速。尤其是服务业增势良好。今年上半年,我国服务业增加值同比增长 7.0%,累计增速连续 14 个季度运行在 7.0%～7.9% 区间内,服务业增加值占国内生产总值 50% 以上,对经济增长的贡献率达到 60.3%。而随着大量依靠科技创新的新兴行业快速崛起,增强了我国经济发展新动能。1—8 月份,高技术制造业增加值同比增长 8.4%,比全部规模以上工业快 2.8 个百分点。其中,医疗仪器设备及机械制造业、电子及通信设备制造业增加值分别增长 12.3% 和 10.4%。此外,9 月份,综合 PMI产出指数为 53.1%,略高于 8 月份 0.1 个百分点,显示我国企业生产运营总体平稳。经济运行总体平稳、稳中有进的发展态势成为资本市场平稳运行的坚实后盾。

其次,资本市场一系列重大改革举措陆续落地,改革红利逐步释放。

改革是市场发展的根本动力,也是支撑未来经济增长、不断迈向高质量发展的不竭源泉。近年来,证监会扎实推进资本市场改革发展稳定各项工作。设立科创板并试点注册制重大改革平稳推出,全面深化资本市场改革的共识已经形成。

9 月 10 日,在证监会召开的全面深化资本市场改革工作座谈会上,提出当前及今后一个时期全面深化资本市场改革的 12 个方面重点任务。包括总结推广科创板行之有效的制度安排,稳步实施注册制,完善市场基础制度;畅通多元化退市渠道,促进上市公司优胜劣汰,优化重组上市、再融资等制度,支持分拆上市试点;补齐多层次资本市场体系的短板等多项改革举措。可以预见,随着一系列改革举措的渐次落地实施,资本市场将不断迎来改革红利,夯实市场的中长期底部,成为市场发展的动力。

第三,资本市场高质量对外开放加速推进,源源不断的境外资金流入有利于提升市场的活力和竞争力。

自国务院金融稳定发展委员会办公室在今年 7 月份提出 11 条金融业对外开放措施后,9 月 27 日,国务院金融稳定发展委员会第八次会议提出,要进一步扩大金融业高水平双向开放,鼓励境外金融机构和资金进入境内金融市场,提升我国金融体系的活力和竞争力。资本市场对外开放取得显著进展,开放的广度与深度不断拓展:在开通"沪港通"和"深港通"后,今年 6 月份,中英资本市场的沪伦通业务正式开通;取消 QFII 和 RQFII 投资额度限制;明晟(MSCI)、富时罗素、标普道琼斯及彭博巴克莱等国际主流指数相继将我国股票和债券纳入其指数体系……国家外汇管理局数据显示,今年上半年,我国证券投资净流入 230 亿美元,其中,股权投资项下净流入 20 亿美元,债券投资项下净流入 210 亿美元。我国资本市场双向开放进一步促进了资本市场交易和跨境资本流动。

随着资本市场开放的广度和深度加大,源源不断的境外资金成为 A 股市场长期资金的重要来源,进一步提升了市场的活力。

第二节　行业分析

一、行业分析概述

(一)行业分析的意义

所谓行业,是指从事国民经济中同性质的生产或其他经济社会的经营单位和个体等构成的组织结构体系。

行业经济是宏观经济的构成部分,宏观经济活动是行业经济活动的总和。行业分析是介于宏观经济与微观经济分析之间的中观层次的分析。通过宏观经济分析,我们能够把握证券投资的宏观环境以及市场整体走势,却不能直接提供具体的投资领域和投资对象的决策参考。由于不同行业在国家不同经济发展阶段以及经济周期的不同阶段所表现出的特征各异,因此,我们有必要进行深入的行业分析。行业分析是公司分析的重要前提,通过行业分析,我们可以识别出近期增长最快的行业,这些行业中的龙头企业,若其估值合理,无疑将成为我们未来投资的重点考虑对象。此外,通过行业分析,我们还可以发掘出当前尚未被市场充分认知,但未来较长时间内有望保持高速增长的行业,这些行业也是我们进行长期投资布局的重要选择。

(二)我国上市公司行业划分的方法

2017 年,中国证监会公布了《上市公司行业分类指引(2017 年版)》(以下简称《指引》)。根据《指引》的规定,每季度末,中国上市公司协会(以下简称协会)将组织上市公司行业分类专家委员会,对上市公司行业分类结果进行专业评估与判断,并最终确定分类结果。详见表 6-1。

表 6-1　上市公司行业分类

门类名称及代码	行业大类代码	行业大类名称
农、林、牧、渔业(A)	01	农业
	02	林业
	03	畜牧业
	04	渔业
	05	农、林、牧、渔服务业
采矿业(B)	06	煤炭开采和洗选业
	07	石油和天然气开采业
	08	黑色金属矿采选业
	09	有色金属矿采选业
	11	开采辅助活动

续表

门类名称及代码	行业大类代码	行业大类名称
制造业（C）	13	农副食品加工业
	14	食品制造业
	15	酒、饮料和精制茶制造业
	17	纺织业
	18	纺织服装、服饰业
	19	皮革、毛皮、羽毛及其制品和制鞋业
	20	木材加工及木、竹、藤、棕、草制品业
	21	家具制造业
	22	造纸及纸制品业
	23	印刷和记录媒介复制业
	24	文教、工美、体育和娱乐用品制造业
	25	石油加工、炼焦及核燃料加工业
	26	化学原料及化学制品制造业
	27	医药制造业
	28	化学纤维制造业
	29	橡胶和塑料制品业
	30	非金属矿物制造业
	31	黑色金属冶炼及压延加工业
	32	有色金属冶炼和压延加工业
	33	金属制品业
	34	通用设备制造业
	35	专用设备制造业
	36	汽车制造业
	37	铁路、船舶、航空航天和其他运输设备制造业
	38	电气机械及器材制造业
	39	计算机、通信和其他电子设备制造业
	40	仪器仪表制造业
	41	其他制造业
	42	废弃资源综合利用业
电力、热力、燃气及水生产和供应业（D）	44	电力、热力生产和供应业
	45	燃气生产和供应业
	46	水生产和供应业
建筑业（E）	48	土木工程建筑业
	49	建筑安装业
	50	建筑装饰和其他建筑业
批发和零售业（F）	51	批发业
	52	零售业

续表

门类名称及代码	行业大类代码	行业大类名称
交通运输、仓储和邮政业（G）	53	铁路运输业
	54	道路运输业
	55	水上运输业
	56	航空运输业
	58	装卸搬运和运输代理业
	59	仓储业
住宿和餐饮业（H）	61	住宿业
	62	餐饮业
信息传输、软件和信息技术服务业（I）	63	电信、广播电视和卫星传输服务
	64	互联网和相关服务
	65	软件和信息技术服务业
金融业（J）	66	货币金融服务
	67	资本市场服务
	68	保险业
	69	其他金融业
房地产业（K）	70	房地产业
租赁和商务服务业（L）	71	租赁业
	72	商务服务业
科学研究和技术服务业（M）	73	研究和试验发展
	74	专业技术服务业
水利、环境和公共设施管理业（N）	77	生态保护和环境治理业
	78	公共设施管理业
教育（P）	82	教育
卫生和社会工作（Q）	83	卫生
文化、体育和娱乐业（R）	85	新闻与出版业
	86	广播、电视、电影和影视录音制作业
	87	文化艺术业
综合（S）	90	综合

二、行业的一般特征分析

行业一般特征分析主要从行业的市场类型、行业的经济周期、行业的生命周期三方面进行分析。

（一）市场类型分析

根据各行业的厂商数量、产品性质、厂商的价格控制能力和其他一些因素，可以把各行业划分为完全竞争、垄断竞争、寡头垄断和完全垄断四种市场类型，其特征如表 6-2 所示。

表 6-2　市场类型分析表

特征	完全竞争	垄断竞争	寡头垄断	完全垄断
厂商数量	很多	较多	很少	一个
产品差异情况	同质 无差异	同种产品在质量、包装、牌号、或销售条件方面的差异	同质，或略有差异	独特产品
价格控制能力	没有	较小	较大	相当大
生产要素的流动	自由流动	流动性较大	较小	没有
典型行业	初级产品市场	轻工业产品、制成品的市场	资本密集型、技术密集型产品，如钢铁、汽车，以及少数储量集中的矿产品如石油等的市场	国营铁路、邮电、公用事业（如发电厂、煤气公司、自来水公司）和某些资本、技术高度密集型或稀有金属矿产开采等行业

从市场类型的角度来看，完全垄断类型的公用事业股在价格合理时适合进行超长期投资。例如，巴菲特就倾向于选择这类具有稳定现金流和良好发展前景的股票进行长期持有。

(二)行业的周期性

行业景气状况变动与国民经济总体的变动是有关系的，但关系密切的程度又不一样，据此可以将行业分为：

1.增长性行业

增长性行业的运动状况与经济活动总水平的周期及其幅度无关。这些行业收入增加的速率相对于经济周期的变动来说，并未出现同步影响，因为它们主要依靠技术的进步、新产品的推出及更优质的服务，从而使其经常呈现出增长形态。

2.周期性行业

周期性行业的运动状态直接与经济周期相关。当经济处于上升时期，这些行业会紧随其扩张；当经济衰退时，这些行业也相应跌落。产生这种现象的原因是，当经济上升时，对这些行业相关产品的购买被延迟到经济改善之后。例如消费业、耐用品制造业及其他需求收入弹性较高的行业，就属于典型的周期性行业。

3.防御性行业

这类行业的产品需求相对稳定，并不受经济周期处于衰退阶段的影响。正是这个原因，对其投资便属于收入投资，而非资本利得投资。有时候，在经济衰退时，防御性行业或许会有实际增加。例如，食品业和公用事业属于防御性行业，因为需求对其产品的收入弹性较小，所以这些公司的收入相对稳定。

(三)行业的生命周期

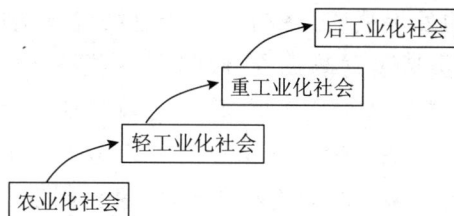

图 6-2 人类产业结构升级示意图

如图 6-2 所示,随着人类的进步,整个人类社会的产业结构也在不断地升级换代。随着产业的升级换代,行业也和产品的生命周期一样存在着生命周期。其特征如表 6-3。

表 6-3 行业生命周期表

特征	初创期	成长期	稳定期	衰退期
厂商数量	很少	增多	减少	很少
价格水平	很低	上升	稳定	下降
竞争手段	没有	价格手段	非价格手段	没有
市场需求	很小	增加	稳定	下降
利润额	亏损	增加	较高	减少
投资风险	较高	较高	减少	较低
典型行业	遗传工程、超导体、太阳能	家用计算机、医疗服务、电子通信、软件、互联网	石油冶炼、超级市场、公用电力	自行车、采矿

投资者可根据投资偏好选择投资品种,从稳健角度思考,选择成长与稳定两个时期的行业投资较好,为追求高收益高风险可以选择创业板股票投资。

三、影响行业兴衰的主要因素

(一)技术进行对行业的影响

技术进步对行业的影响是巨大的,它往往会催生一个新的行业,加速旧的行业的衰退。例如电动自行车的使用就加速了机械自行车行业的衰退,大规模集成电路的出现就取代了晶体管,使得计算机产品变得轻便,价格大幅度下降等。优势行业是伴随着技术创新而到来,具有技术优势的新兴行业能够很快地超过并且替代旧行业。旧行业可以通过技术创新来延长其生命周期,也可以将行业通过国际转移的方式,将其转移到比较不发达的国家而延长生命周期。因此,我们在进行行业分析过程中必须注意这些特点。

(二)政府的产业政策

政府根据国家经济的发展战略,将制定出产业结构调整的政策。对于那些国家要扶持发展的行业,国家会通过财政投资、倾斜金融、倾斜税收以及行政性干预等手段给予扶植,对于那些要调整的衰退行业,政府会采取规模收缩、合理化对策等手段促进这些行业的企业进行设备处理以及事业转移。为了保护国家幼稚产业,国家会对外商投资方式进行限制。为了促进技术进步,国家会制定产业技术政策,制定技术标准,规定技术发展方向,鼓励采用先进技术,制定技术引进政策,促进技术开发和基础技术研究资助与组织等政策。为了充分发挥各个地区的资源优势,国家会在产业布局方面制定政策。所以,在进行行业分析时,必须特别注意那些在税收、财政补贴、贷款、技术引进等方面得到政府优惠的行业。只有跟着行业政策走,才不会犯大错误,才能盈利。

(三)社会倾向与市场需求

在当今社会,消费者和政府越来越强调经济行业应负的社会责任,越来越注重工业化给社会带来的种种影响。如防止环境污染,保持生态平衡目前已成为工业化国家的一个重要趋势,在发展中国家也正日益受到重视。如环保对企业的生产经营、生产成本和利润收益等方面都会产生一定的影响。

随着社会的进步,人们生活水平的提高,人们的需求也会发生变化。比如在改革开放初期,大多数中国人的梦想是拥有手表、自行车、收音机三大件;20世纪90年代,中国人民的三大件就逐步改变为洗衣机、电视机、冰箱;进入21世纪,中国人的需求就进一步升级,人们的需求开始多样化,房子、轿车、手提电脑、高级音响、旅游、保险、健身等正成为中国家庭的主要开支。我们可以从人们消费倾向的演变过程中,看到这些行业的兴衰。政府的产业政策导向最终只有在市场需求上体现才是有效的。所以,我们应当以战略家的眼光,从全局性、长远性、稳定性的角度去探索未来人们的消费结构的变化,各种消费在人们开支中所占的比重的变化,依此来安排我们的投资。

(四)经济全球化

经济全球化是指商品、服务、生产要素与信息等资源,通过国际分工,在世界范围内配置,以提高资源使用效率,从而使各国经济相互依赖程度日益加深的趋势。经济全球化对各国产业发展的重大影响表现在:

1.导致产业的全球性转移,发达国家将劳动密集型甚至低端技术的资本密集型行业加速向发展中国家转移,以延长其行业生命周期。

2.选择性发展将是各国未来形成优势行业的重要途径,各国将根据自己的技术水平,资源优势选择某一行业的突破来取得世界领先地位。例如日本选择机器人行业,印度选择软件行业等。

中国加入WTO后,我们一方面享受成为世界贸易组织成员的基本权利,另一方面也履行了相应的义务,逐步取消贸易壁垒,对国外产品开放中国市场。因此,我们在进行行业分析时就要有全球化的眼光,必须了解我国该行业是否掌握着核心技术,要考虑到我国行业的优势与劣势,通过分析来选择具有国际竞争力的行业进行投资。

(五)产业组织创新

产业组织是指同一产业内企业的组织形态和企业间的关系,包括市场结构、市场行为、市场绩效三方面内容。产业组织创新过程实际上是对影响产业组织绩效的密切要素进行整合优化的过程,是使产业组织重新获取竞争优势的过程。产业组织创新是产业及产业内企业的"自组织"过程。

产业组织创新是通过横向联合与纵向联合等手段来实现的,其直接效应包括实现规模经济、促进专业化分工与协作、提高产业集中度、推动技术进步和形成有效竞争等;其间接影响则包括创造产业增长机会、促进产业增长的实现、构建产业赶超效应以及适应产业经济增长等多项功效。产业组织创新能够在一定程度上引起产业(或行业)生命周期运行轨迹,或者延长产业生命周期。

产业组织创新与产业技术创新是相互促进的互动关系,组织创新能够最大限度地、系统地为产业技术创新配置资源,技术创新是组织创新的某一方面表现,技术创新也会反过来促进产业的组织创新。

四、行业分析的方法

(一)行业分析的数据来源

1.国家统计局的统计资料

通过国家统计局网站的数据,我们可以了解到我国各行业的最新增长速度以及行业投资情况等行业发展数据。详见表6-4。

表6-4 工业分大类行业增加值增长速度

大类行业	比去年同期增长/%	
	本月	累计
煤炭开采和洗选业	12.1	12.5
非金属矿采选业	14.5	23.8
农副食品加工业	11.4	9.6
食品制造业	22.2	9.6
酒、饮料和精制茶制造业	18.0	14.7
酒的制造	18.2	14.3
烟草制品业	−3.0	12.6
卷烟制造	−2.9	12.9

续表

大类行业	比去年同期增长/%	
	本月	累计
石油加工、炼焦和核燃料加工业	−7.0	0.6
化学原料和化学制品制造业	12.3	8.7
肥料制造	14.0	6.0
医药制造业	9.0	6.1
中成药生产及中药饮片加工	7.4	7.1
橡胶和塑料制品业	11.2	11.9
非金属矿物制品业	20.6	21.3
黑色金属冶炼和压延加工业	5.3	7.8
铁合金冶炼	−0.4	5.4
有色金属冶炼和压延加工业	4.6	4.5
金属制品业	35.1	38.5
汽车制造业	21.8	13.2
铁路、船舶、航空航天和其他运输设备制造业	19.7	12.5
电气机械和器材制造业	23.5	22.0
计算机、通信和其他电子设备制造业	31.7	20.0
电力、热力生产和供应业	3.2	1.6
电力生产	11.1	4.9
电力供应	−5.9	−2.8

资料来源:国家统计局网站

2.根据上市公司的资料进行分析

通过证券行情分析软件 F10 资料键,点击行业分析,我们可以看到同行业上市公司近期的主营业务收入状况以及净利润增长率的数据,以及行业平均值的数据,通过采集几个阶段的数据,我们就可以从纵向了解到该行业上市公司过去的发展动向,并依此来预测该行业未来的发展趋势。详见表 6-5。

表 6-5 银行业上市公司行业近况对照表

代码	简称	总股本/亿股	实际流通A股	总资产		主营收入		净利润	
				金额/亿元	排名	金额/亿元	排名	增长率/%	排名
600000	浦发银行	56.61	50.12	11 155	6	257.07	8	150.92	1
601998	中信银行	390.33	23.02	10 887	7	309.78	6	137.29	2
600016	民生银行	188.23	178.95	10 641	8	272.28	7	100.28	3
600036	招商银行	147.07	72.46	15 472	5	425.24	5	90.56	4
600015	华夏银行	42.00	22.00	6 526.2	10	131.82	10	90.31	5
601009	南京银行	18.37	11.61	949.61	14	22.71	14	87.49	6
601169	北京银行	62.28	39.55	4 029.6	12	89.51	12	80.19	7
000001	深发展A	23.89	21.42	4 414.5	11	107.41	11	77.03	8
002142	宁波银行	25.00	10.53	1 013.3	13	24.90	13	76.60	9
601166	兴业银行	50.00	39.80	9 253.1	9	222.68	9	56.48	10
601328	交通银行	489.94	154.76	24 913	4	574.09	4	54.12	11
601939	建设银行	2 336.9	90.00	73 236	2	1 987.81	2	47.70	12
601398	工商银行	3 340.2	149.50	93 843	1	2 317.17	1	46.47	13
601988	中国银行	2 538.4	64.94	65 966	3	1 773.92	3	29.41	14
行业平均		693.51	66.33	23 736		608.31		80.35	

3.其他经济分析网站

此外国务院发展研究中心网站,各基金网站与券商研究中心网站,全景网站也有许多行业分析的文章与数据,可以作为行业分析的参考资料。

(二)历史资料分析法

可以运用官方公布的行业产值、利润等数据,运用市场预测的各种方法进行预测行业未来的前景。比如转导法、回归分析法、时间序列分析法等等。

1.转导法

转导法,也叫经济指标法。它是根据政府公布的或调查所得的经济预测指标,转导推算出市场预测值的方法。这种方法是以某种经济指标为基础进行预测,不需要复杂的数学计算,因而是一种简便易行方法。

例 6-1 ────────────────

假定根据历年资料统计得出某工业大行业的销售收入占整个国家工业销售收入的比重为10%,子行业的销售收入占整个大行业的销售收入比重为10%,目前国家收入为6万亿元,预计未来一年可增长8%。则未来一年子行业的销售收入预计为:

60 000亿元×1.08＝64 800(亿元)(明年国家工业销售收入总额)

64 800亿元×0.1＝6 480(亿元)(明年大行业销售收入总额)

6 480亿元×0.1＝648(亿元)(明年子行业销售收入总额)

2.回归分析法

一元线性回归分析法:当我们发现两个变量之间存在相关关系并且从图形上接近直线关系时,我们可以运用一元线性回归分析法。其数学方程式如下:

$$\hat{Y}=a+bx$$

其中,x 是自变量,$\hat{Y}$ 是因变量 Y 的估计值,也称理论值。它是根据回归模型和给定的自变量 x 值计算得到的结果。a 和 b 通称为回归模型的参数,a 是回归直线的截距,b 是回归直线的斜率,也称回归系数。运用最小二乘法可以求得待定系数 a 和 b,可得:

$$a=\frac{\sum Y}{n}-b\frac{\sum X}{n} \tag{6-1}$$

$$b=\frac{n\sum XY-\sum X\cdot\sum Y}{n\sum X^2-(\sum X)^2} \tag{6-2}$$

例 6-2

某行业最近 5 年销售价格与销售额如表 6-6 所示,求回归方程。

表 6-6　某行业销售额

年份	实际销售额 Y/亿元	价格 X/元	X^2	XY	Y^2
1	340	180	32 400	61 200	115 600
2	380	160	25 600	60 800	144 400
3	390	140	19 600	54 600	152 100
4	410	130	16 900	53 300	168 100
5	430	100	10 000	43 000	184 900
$n=5$	$\sum Y=1\,950$	$\sum X=710$	$\sum X^2=104\,500$	$\sum XY=272\,900$	$\sum Y^2=765\,100$

解:根据公式可求得

$$b=\frac{5\times 272\,900-710\times 1\,950}{5\times 104\,500-710^2}=-1.087$$

$$a=\frac{1\,950}{5}-\left(-1.087\times\frac{710}{5}\right)=544.35$$

$$\hat{Y}=544.35-1.087X$$

$$\hat{Y}=544.35-1.087X$$

X 与 Y 的相关系数:

$$r=\frac{n\sum XY-(\sum X)(\sum Y)}{\sqrt{[n\sum X^2-(\sum X)^2][n\sum Y^2-(\sum Y)^2]}}$$

$$= \frac{5\times272\ 900-710\times1\ 950}{\sqrt{[5\times104\ 500-710^2][5\times765\ 100-1\ 950^2]}} = \frac{-20\ 000}{\sqrt{18\ 400\times23\ 000}} = -0.972$$

回归分析的 F 检验：

$$F = \frac{\dfrac{\sum(\hat{Y}-\bar{Y}_j)^2}{k-1}}{\dfrac{\sum(Y_j-\hat{Y})^2}{n-k}}$$

式中：$\hat{Y}$ 为估计值，即回归方程的计算值；Y_j 为观察值；$\bar{Y}_j$ 为观察值的平均值；k 为变数（包括自变数和因变数）的数量；n 为观察值的个数。

$$F = \frac{\dfrac{4348.174}{2-1}}{\dfrac{252.174}{5-2}} = 51.728$$

查 F 分配表，分母自由度为 3，分子自由度为 1，达到 95％ 的显著性水平的 F 值应为 10.1，而本例的 F 值已达到 51 以上，回归方程存在显著性的相关关系，运用这个模型推断预测值是有科学依据的。

3.时间序列分析法

时间序列分析法是根据预测数据过去的变化趋势来预测未来的发展，它的前提是假定事物的过去会同样延续到未来。时间序列法是撇开了事物发展的因果关系去分析市场的过去和未来的联系，同时时间序列的数据存在着不规律性。

运用时间序列分析法进行市场分析，首先应绘制历史数据曲线图，确定其趋势变动类型；其次，根据历史资料的趋势变动类型以及预测的目的与期限，选定具体的预测方法，并进行模拟、运算；最后，将量的分析与质的分析相结合，确定事物未来发展趋势。时间序列分析法有趋势外推法、指数平滑法、移动平均线法等。这里介绍趋势外推法

（1）直线趋势法

例如我们将某行业 10 年的销售收入绘制在图表上面，发现类似一条直线，我们运用最小二乘法求得该行业过去 10 年销售额（亿元）与年份的变动趋势直线方程：

$$Y=a+bX=43.18+2.39X$$

那么该行业第 11 年的销售预测值＝43.18＋2.39×11＝69.47（亿元）

第 16 年的销售预测值＝43.18＋2.39×16＝81.42（亿元）

（2）二次指数平滑预测法

指数平滑法是一种特殊的加权益动平均法。其优点有：

a.具备移动平均法的优点，对于具有长期趋势变动和季节性变动的观察资料，特别是对于数值异常大和异常小的观察值，经过移动平均的调整后，可以消除不规律的

变动,因此适用于长期趋势变动和季节性变动的预测。

b.进一步加强了观察期近期观察值对预测值的作用,对于不同时间的观察值所施予的权数不等,从而加大了近期观察值的权数,使预测能够迅速反映公司实际的变化。权数之间按等比级数减少,此级数之首项为平滑常数 α,公比为$(1-\alpha)$。可以通过选取不同的 α 值来改变权数的变化速率,调节平滑的曲线的修匀程度(即趋势变动的平稳程度)。

设 $X_0, X_1, X_2, \cdots, X_n$ 为时间序列观察值,观察值的时间 $t=1,2,\cdots,n$;$S_1^{(1)}, S_2^{(1)},\cdots, S_n^{(1)}$ 为时间 t 的观察值的指数平滑值;α 为平滑常数,其值为 $0<\alpha<1$,即介于 0 与 1 之间的正值,则指数平滑值为:

$$S_t^{(1)} = \alpha X_t + (1-\alpha) S_{t-1}^{(1)} \qquad (6\text{-}3)$$

对 $S_t^{(1)}$ 再进行一次指数平滑就得到二次指数平滑公式:

$$S_t^{(2)} = \alpha S_t^{(1)} + (1-\alpha) S_{t-1}^{(2)} \qquad (6\text{-}4)$$

预测数学模型为:

$$Y_{t+T} = a_t + b_t T \qquad (6\text{-}5)$$

其中,$a_t = 2S_t^{(1)} - S_t^{(2)}$ $b_t = \dfrac{\alpha}{1-\alpha}(S_t^{(1)} - S_t^{(2)})$ （推导过程略）

例 6-3

某行业 10 年间的净利润如表 6-7,试预测第 11 年的净利润。

表 6-7　某行业 10 年的观察期和指数平滑值

观察期	净利润/亿元	$S_t^{(1)} \alpha=0.6$	$S_t^{(2)} \alpha=0.4$
0		18 860.07	18 860.07
1(1 993)	16 541.03	17 468.64	18 025.21
2(1 994)	20 495.7	19 284.87	18 781.00
3(1 995)	19 543.5	19 440.05	19 176.43
4(1 996)	21 389.01	20 609.42	20 036.22
5(1 997)	40 181	32 352.36	27 425.90
6(1 998)	41 850	38 050.94	33 800.93
7(1 999)	44 014	41 628.77	38 497.63
8(2 000)	40 649	41 040.91	40 023.59
9(2 001)	38 776	39 681.96	39 818.61
10(2 002)	41 550	40 802.78	40 409.11

解:由于历史数据变动趋势较稳定,所以取居中 α 值,即设 $\alpha=0.6$。取前三年平均值为初始观察值 $S_0^{(1)} = S_0^{(2)} = \dfrac{16\,541.03 + 20\,495.7 + 19\,543.5}{3} = 18\,860.07$,按照表

6-7 计算,得到:

$$a_t = 2 \times 40\,802.78 - 40\,409.11 = 41\,196.45$$

$$b_t = \frac{0.6}{1-0.6} \times (40\,802.78 - 40\,409.11) = 590.505$$

所以预测模型为:

$$Y_{2\,002+T} = 41\,196.45 + 590.505T$$

由于第 11 年是以第 10 年为基准,时间周期推进一年,即 $T=1$,所以第 11 年的预测值为:

$$Y_{2\,002+1} = 41\,196.45 + 590.505 \times 1 = 41\,786.96(亿元)$$

(三)综合分析法

收集各个投资咨询公司、券商研究发展部的行业分析报告,结合自己已经收集到的资料,进行去粗取精的大综合。综合可以通过打分的形式,给予权重。在综合分析时注意:

1.历史数据多的分析可靠性比较强,可以给予较高的权重。要关注行业的周期性及增长的波动性,波动比较平稳的,预测可靠性比较强。

2.要注意分析师们所分析行业的具体范围。比如汽车行业还可以具体细分为客车、轿车、汽车零配件等小行业,细分化后的行业分析更有效,更具有可比性。

3. 有多少分析师分析这个问题?分析师观点的一致性如何?他们的资料是否充分?分析机构有多少分析师?他们的素质如何?以往预测的误差率是多少?一般来说,资料占有充分,观点比较一致的分析,其预测的可靠性比较高。具有较强的资金实力,分析人员比较多,素质比较高的机构,其预测的可靠性比较强。

4. 在预测过程中,若进行短期预测且当前行业相关资料较为丰富,则可不必依赖历史资料,而将预测的重点放在未来趋势上。未来预测是根据资料然后集合众人观点的主观预测(质的预测)。如果是长期的预测,在量的预测基础上加上质的预测,其效果会更好。

第三节 公司分析

一、公司分析概述

(一)公司与上市公司

公司一般是指依法设立的从事经济活动并以营利为目的的企业法人。按公司股票是否上市流通分为上市公司和非上市公司。

上市公司又分为广义和狭义两种。广义上市公司不仅包括在证券交易所上市的股份有限公司,还包括在场外交易市场上市的股份有限公司。狭义的上市公司指仅仅在证券交易所上市交易的股份有限公司。

这里所指的公司分析是指对狭义的上市公司的分析。

(二)公司分析的意义

公司分析作为基本面分析最后一个环节,是基本分析的核心内容。无论宏观经济分析还是中观行业分析,最终都要落实到微观的公司分析上。

公司分析能把握公司的基本资料,了解公司的发展前景,洞察公司的财务状况等方面的内容。不管是定性分析还是定量分析,公司的透彻分析都将带来较为直接的分析结果。

二、公司基本分析

一个公司的基本素质主要是指公司各要素的质量以及其相互结合的本质特征,它决定着公司的生产经营活动以及未来的发展。对公司进行分析时,首先要对公司的基本情况进行考察。

(一)公司产品分析

产品是公司获取利润的最主要来源,产品的市场认可度和竞争力直接决定了公司的盈利能力和竞争地位。公司产品想要在激烈的市场竞争中获胜,必须有自身的优势,尤其是公司的主营业务产品要有优势。

1.成本优势

成本优势是指公司的产品依靠低成本获得高于同行业其他企业的盈利能力。成本优势是决定公司竞争优势的关键因素,尤其是在竞争激烈的行业,一个公司的成本如果低于同行业其他公司,公司就可以从容采取降价的策略提升市场份额。一般而言,成本优势可以通过规模经济、高技术水平、廉价的原材料、提升人力成本潜力、通畅的营销渠道等手段来实现。如中兴通讯(000063)一直以来通过对产品研发的投入使产品不断地更新,并利用中国研发人员的成本优势扩大产品成本优势,加强竞争力,在金融危机下保持逆势增长。

2.技术优势

技术优势是指公司产品与同行业其他竞争对手相比拥有更高的技术含量,这是公司技术水平和研发能力的一个直接体现。技术优势与公司对研发的投入及其效率有关,尤其在技术密集型行业内的公司更是如此。技术更替决定着产品的更新换代,只有技术含量更高的产品才能在市场竞争中取得优势。

3.质量优势

质量优势是指公司的产品以高于其他同类产品的质量赢得市场认可,从而取得竞争优势。一个公司的产品要在消费者的心目中树立质量优势,必须经历试用、认可、忠诚等过程,这需要时间,而当达到最后一个阶段,即忠诚阶段时,其产品就能获得稳定的客户群。随着我国经济的发展,老百姓收入不断提高,消费观念已经转向对生活质量的要求,产品质量已成为影响消费者购买倾向的一个重要因素。如雅戈尔衬衣凭借着其免熨烫的质量优势,在国内衬衣市场占有稳定的一席之地。

4.品牌优势

品牌是一种名称、术语、标记、符号或图案,或是它们的相互结合。一个品牌不仅是一种产品的标志,而且是产品质量、性能、满足消费者效用的可靠程度的综合表现。品牌竞争是产品竞争的深化和延伸,当行业的发展进入成熟阶段,行业竞争充分展开时,品牌就成为产品以及企业竞争力的一个越来越重要的因素。当品牌被消费者所接受时,往往会形成品牌文化,占领消费者的心智,促使消费者在同种产品的选择时倾向于选择心目中的品牌产品。如高档白酒中,贵州茅台和五粮液已经形成品牌优势,这也决定了其产品的竞争优势。

(二)公司所属行业分析

公司所属行业分析即分析与本公司同属于一个行业的公司概况,确立本公司在同行业中的地位。它包括两个方面的内容:公司行业地位分析和公司区位分析。

1.公司行业地位分析

公司所属行业发展具有趋同性:如果行业发展属于上升期,行业内的公司也处于增长阶段;如果行业发展属于下滑期,行业内的上市公司也处于下降阶段。但是行业内有些公司比其他公司增长得更快、下降得更慢,这说明他们在这个行业中处于优势地位。理性的投资者在公司选择时总是投资行业中最好的公司,即所谓的"龙头"公司。因此,必须对公司在行业中的地位有一个认识。

(1)市场占有率

市场占有率是一个公司的产品销售量占该类产品整个市场销售量的比例。市场占有率越高,说明公司的经营能力和竞争力越强,公司的销售和利润水平越好。市场占有率是公司利润的源泉,是公司生存和发展的基础。如在我国,软饮料市场,国外的品牌可口可乐和百事可乐占有率在80%以上;保险市场,国寿、平安、太保三家保险公司的保费收入占到65%以上。市场占有率高的公司只要能保持长期稳定并呈增长趋势的话,这一类公司相对于同行业其他公司就具有优势。

为了在行业中取得竞争优势,获得更多的收益,公司必须不断扩大自己的市场占有率,而这是通过强大的市场开拓能力来实现的。市场开拓能力并不是一个单纯的销售能力,它涵盖了公司企业形象设计、品牌战略建立、产品市场定位、销售模式等方方面面,是公司综合能力的体现。如格力电器(000651)通过与经销商结成战略联盟,不断扩展门面店,提升市场份额;青岛海尔(600690)通过优质优价的形象,同时配备完善的售后服务体系,在国内的家电市场保持稳定的市场占有率;福耀玻璃(600660)凭借不断的技术改良提升产品质量,占有国内中高档汽车玻璃70%以上的市场份额。

（2）资本与规模效益

有些行业，比如汽车、钢铁、造船等是资本密集型行业，往往是以"高投入、大产出"为行业基本特征的。由资本的集中程度而决定的规模效益是决定公司收益、前景的基本因素。以汽车工业为例，目前国际上公认的单个车型规模经济的产能为60万～100万辆，汽车企业的规模经济的产能为400万～600万辆。在投资这类企业时，企业的规模成为考虑的重点，无法形成规模效益的厂家一般是不在投资范围之内的。

（3）产品研发能力

公司在行业中的竞争地位还取决于公司的新产品研发。新产品构成了公司的核心竞争力，只有不断进行产品更新、技术改造的企业才能长期立于不败之地。如我国的电视机行业，已进入成熟期，要取得竞争优势不能靠价格战，只能通过服务和新产品的研发等取得竞争优势，首先在市场中推出液晶电视的企业将胜于生产传统平板电视的企业。

判断公司行业地位最直接的依据可以通过市场占有率来分析，当然还要综合其他方面。现在一个比较流行的指标是行业综合排序，可以参考这个排序，选择排名靠前的企业作为投资的对象。

2.公司区位分析

区位是公司所在的经济区域。公司区位分析就是分析区域的经济发展情况。一个地区的经济发展受到自然条件、资源状况、产业政策、政府扶持力度等方面的影响，而这些将间接影响到区域内公司的发展。

（1）区位内的自然条件与基础条件

自然和基础条件包括地理位置、气候条件、资源状况、交通、通信设施等，它们在区位经济发展中起着重要作用，也对区位内上市公司的发展起着重要的限制或者促进作用。如沿海城市的自然条件较为优越，交通便利，人口稠密，便于服务型公司的发展；内陆地区资源丰富，气候适宜，有利于资源型公司的发展。

（2）区位内政府的产业政策

为了促进区位经济的发展，国家政府和地方政府都会相应地制定经济发展的战略规划，提出相应的产业政策，确定优先发展和扶持的企业，并给予相应的财政、信贷和税收等诸多方面的优惠措施。这些措施将引导和带动相关产业的发展。如国家将把上海建设成中国的"航运中心"和"金融中心"，"双中心"的建设必将带动区域内金融类和航运类上市公司的发展。

（3）区位内的经济特色

区位内的经济特色是指本区位经济与区域外经济的联系和互补、发展活力与潜力的比较优势，它是区位之间比较的结果，是有别于其他区位的特色。如云南的旅游产业、浙江温州的小商品市场、台州的机床制造等已经形成了各自的优势和特色。在同等条件下，该区位的相关上市公司比起其他区位主营相同的上市公司具有更大的竞争优势和发展空间。

(三)公司竞争力分析

从投资学的角度来看，只有那些保持充分竞争力的公司才能在市场中存活下去，创造利润并且为股东带来收益，这类上市公司是值得投资的对象。而上市公司在激烈的市场竞争中要保持优势，必须具有很明晰的公司长远发展战略。

1.公司发展战略分析

公司发展战略是企业面对激烈的环境变化与严峻挑战的环境，为求得长期生存和不断发展而进行的总体性谋划。经营战略具有全局性、长远性和纲领性的特征，它从宏观上规定了公司的成长方向、成长速度及其实现方式。各个公司在实行发展战略时所采用的具体方法往往是不同的，并且对于特定公司来说，其最佳的战略是最终反映公司所处具体情况的独特产物。著名的战略专家迈克尔·波特从最广泛的意义上归纳出三种具有内部一致性的基本竞争战略。

(1)总成本领先策略

这种策略就是希望成为低成本的生产者，然后成为该行业的低成本领导者。不同行业所具有的成本优势各不相同，这些优势可能包括规模经济、专利技术或者获得原材料的优先权。为了通过总成本领先策略来获益，公司必须把价格控制在行业平均水平附近，这就意味着公司必须在技术等方面领先于其他公司。20世纪90年代，沃尔玛被认为是这种策略的发起者，该公司通过批量购买商品和低成本运作降低了成本，结果收入减少了，但边际利润率和资本收益率仍然比许多竞争对手高。那些利用大型采购降低成本的连锁上市公司经常采用这种发展战略。

(2)差异化策略

这种策略是将公司提供的产品标新立异，形成一些在全行业范围中具有独特性的东西，这点对于追求个性化的消费者来说非常重要。实现差异化策略的方法有许多，如在品牌形象、技术特点、客户服务、经销网络等方面差异化。这种策略通过客户对品牌的忠诚以及由此产生对价格敏感性的下降，避开竞争获取收益。那些生产高档消费品(如珠宝、首饰等)的上市公司倾向于采用这种策略。

(3)目标集聚策略

这种策略就是主攻某个特定的顾客群、某产品系列的一个细分区段或某个地区市场。目标集聚策略同样可以有许多具体的形式，但其整体是围绕着很好地为某一特定目标服务这一中心建立的，所制定的每一项智能性方针都要考虑这一目标。投资者在评价这类策略时，关键是要考虑目标市场的购买力是否可以满足公司生存和发展的需要，以及公司是否有能力且有效地坚守该市场。

公司的发展战略可以从公司的公告、领导的讲话、公司的重组及资产收购等信息中得到，投资者应该认真分析公司的发展战略，这些发展战略能否给公司带来收益并增强市场的竞争力。上市公司为了自身长远的发展也会进行一些发展战略考虑，尤其是一些绩差公司希望通过重组等方式来改变发展战略。所以应该分析重组的效应,不要落入重组的题材炒作。

2.公司成长性分析

上市公司成长性是指公司在自身的发展过程中,其所在的产业和行业受国家政策扶持,具有发展性,产品前景广阔,公司规模呈逐年扩张、经营效益不断增长的趋势。成长性是衡量公司经营状况和发展前景的一项重要指标。上市公司的成长性可以从多个角度进行分析,如从公司的盈利状况、市场占有率、产品的市场前景、公司的经营管理等。这里对公司成长性的定义是公司创造财富的能力,只有能够创造财富的公司才具有成长性。我们引入经济增加值概念分析公司成长性。

EVA 就是经济增加值(economic value added,简称 EVA)。EVA 总额反映的是企业一定时期内股东从经营活动中获得的增值收入总额,它是扣除股东权益机会成本后的增值收益。虽然在利润的评价方面与传统的利润指标仅仅做了这样一个小小的变动,但是其意义却是很大的。如果上市公司只注意筹资而不注意用好募集来的资金,可能出现传统财务评价指标是盈利的,但是计算出来的经济增加值却是亏损的。例如,某上市股份有限公司当年年报数据显示,净利润为 54 376 万元,过去三年的复合增长率是 36.78%,每股收益达到 0.58 元,当前股价是 15.33 元。按照传统的利润分析方法可能会认为这是一家创造财富的企业,有一定的成长性。但是,我们应用 EVA 法分析判断,经计算这家公司当年的 EVA 为负(−25 697 万元),认为其成长性较差。从事后该公司的经营状况来看,验证了 EVA 法分析判断的准确性。通过 EVA 我们就能够发现谁是真正在创造财富,谁是在毁灭财富。通过对 EVA 评价指标的引进,对于判断公司成长性具有非常重大的意义。

$$EVA = 税后净营业利润 − 加权平均资本成本$$
$$= 税后净营业利润 − 计算的 EVA 资本 × 资本成本率$$

其中:

计算的 EVA 资本 = 债务资本 + 股本资本 − 在建工程 − 现金和银行存款

$$加权平均资本成本率 = 股本资本成本率 × \frac{股本资本}{总市值} + 债务资本成本率 × \frac{债务资本}{总市值} × (1 − 所得税率)$$

股本资本成本率 = 无风险收益率 + β × (市场风险溢价)

债务资本成本率 = 3~5 年期银行贷款基准利率

计算出的 EVA 值为正数说明公司具有成长性,为负数可以判定公司的成长性不强,而不仅仅依据公司的净利润来判断公司的成长性好坏。

(四)公司经营管理能力分析

1.公司治理结构分析

健全的公司治理结构应该包括以下几点:

(1)规范的股权结构。这包含三层含义:一是降低股权集中度,这可以避免大股东侵害小股东的权益;二是流通股股权的适度集中,发展机构投资者、战略投资者等,充分发挥他们在公司治理中的积极作用;三是股权的普遍流通性,各类股东享有平等的权利。

(2)完善的独立董事制度。独立董事应该是对该行业该公司比较了解的并且和公司之间没有直接利害关系的独立人士。

(3)监事会的独立性和监督责任。监事会应该增强监督制度的独立性和加强监督的力度。

(4)相关利益人的公共治理。相关利益人包括员工、债权人、供应商和客户等主要利益相关人。相关利益人共同参与的共同治理机制可以有效地建立公司外部治理机制,以弥补公司内部治理机制的不足。

2.各层管理人员素质及能力分析

各层管理人员主要包括三个层次:

(1)决策层。决策层主要指企业董事会,是最高的权力机构。他们应该是一个深谋远虑的智囊团,有明确的经营方向和经营理念,清晰的思维头脑和综合判断能力,具备较高的公司管理能力和丰富的工作经验。

(2)高级管理层。主要指经理层。应该是有专业、有技术、有实际工作经验,通晓现代化管理理论知识,具备组织指挥能力,有凝聚力的人士。

(3)部门负责层。主要指具体职能部门的负责人。他们应该精通本部门业务,有领导本部门员工高效工作的能力,工作积极认真并且有进取精神。

管理人员的素质及能力可以通过对其学历学识、工作经历、员工评价、业绩考评等方面进行综合分析,对于管理层经常变动的企业应该小心谨慎。

3.公司效率分析

主要从以下几个方面分析公司的效率:

(1)公司经营效率。对公司的经营效率的分析着重评价经营人员的整体观念、奉献精神;经营人员的开拓能力和应变能力;经营人员的业务精通程度和效益意识;经营人员的工作效率和工作业绩,以及经营人员的职业道德和进取精神。

(2)内部调控机构的效率。看公司内部各项规章制度是否健全,是否切实可行;员工是否遵守;各部门是否都有自己的办事程序,是否分工明确、责任清楚,权利是否享有,义务是否履行,是否都熟悉自己的业务,技术水平、文化素质是否优秀,操作是否熟练,能否妥善处理复杂问题、适应多变的环境等等。

(3)人事管理的效率评估。现代企业间的竞争归根结底是人才的竞争,人力资源管理的效率是公司效率的一个根本体现。公司是否合理利用人才,是否有合理的奖惩制度,是否有健全的员工利益保障机制,是否注重人才素质的培育与提高等,都是评价人事管理效率时应该考虑的因素。对于一个公司来说,人才流动过于频繁应该值得注意。

(4)生产调度的效率。生产调度要根据目标要求制订各项生产计划,合理安排生产任务,适时调节规模和产品品种、质量、规格、数量及产出时间;要严格按生产计划进度表办事,提高生产设备的利用率;要充分利用资源,节约能源降低单件成本,积极开发新产品提高产品市场竞争力。生产计划调度部门要有权威性,确保对生产线和车间的指挥权与调度权,确保职工安全生产,实现公司总体目标。

三、公司财务分析

(一)资产负债表

新会计准则更强化资产负债表的作用,追求真实资产、负债条件下净资产的增加,体现全面收益观念,更加强调对资产负债日的财务状况进行真实、公允的反映,更加重视盈利模式和资产的营运效率,不再仅仅关注其营运效果。

1.资产负债表基本内容

资产负债表是了解公司财务状况的最重要工具。理解公司的资产负债表,主要要理解公司资产负债下面内在的勾稽关系:资产=负债+所有者权益。资产方面,按照资产变现能力的强弱,以较强到较弱的排列顺序分为流动资产和非流动资产;负债方面,按负责偿还的先后顺序以流动负债和非流动负债分别列示;所有者权益列示在负债的下方。表6-8给出了A上市公司公布的某一年的合并资产负债表,从中我们可以看到资产负债表的结构和一些主要的常见报表项目。

表6-8 A股份有限公司资产负债表

编制单位:A股份有限公司　　　　20××年12月31日　　　　单位:人民币/元

项　目	当前年度	上一年度
流动资产:		
货币资金	8 093 721 891.16	4 722 706 300.02
结算备付金	—	—
拆出资金	—	—
交易性金融资产		
应收票据	170 612 609.00	101 046 222.00
应收账款	34 825 094.84	46 407 153.34
预付款项	741 638 536.34	639 762 311.82
应收保费	—	—
应收分保合同准备金	—	—
应收利息	2 783 550.00	3 584 400.00
应收股利	—	—
其他应收款	82 601 388.17	86 114 253.52
买入返售金融资产	—	—
存货	3 114 567 813.33	2 304 848 947.92

续表

项　目	当前年度	上一年度
一年内到期的非流动资产	—	—
其他流动资产	—	—
流动资产合计	12 240 750 882.84	7 904 439 590.62
非流动资产：		
发放贷款及垫款	—	—
可供出售金融资产	—	—
持有至到期投资	42 000 000.00	58 000 000.00
长期应收款	—	—
长期股权投资	4 000 000.00	4 000 000.00
投资性房地产		
固定资产	2 190 171 911.89	1 826 983 364.36
在建工程	582 860 996.70	361 516 478.52
固定资产清理	—	—
生产性生物资产	—	—
油气资产	—	—
无形资产	445 207 595.72	249 274 093.40
开发支出	—	—
商誉	—	—
长期待摊费用	10 146 520.77	12 477 325.46
递延所得税资产	176 680 977.54	52 849 560.43
其他非流动性资产	—	—
非流动性资产合计	3 513 436 953.51	2 577 032 249.83
资产总计	15 754 187 836.35	10 481 471 840.45
流动负债：	—	—
短期借款	—	—
向中央银行借款	—	—
吸收存款及同业存放	—	—
拆入资金	—	—
交易性金融负债	—	—
应付票据	—	—
应付账款	121 289 073.57	59 681 964.50

续表

项 目	当前年度	上一年度
预收款项	2 936 266 375.10	1 125 288 196.26
卖出回购金融资产款	—	—
应付手续费及佣金	—	—
应付职工薪酬	361 007 478.77	54 596 365.24
应交税费	256 300 257.23	407 747 376.15
应付利息	—	—
应付股利	—	41 806 958.04
其他应付款	575 906 355.73	423 495 209.82
应付分保账款	—	—
保险合同准备金	—	—
代理买卖证券款	—	—
代理承销证券款	—	—
一年内到期的非流动性负债	—	—
其他流动负债	—	—
流动负债合计	4 250 769 540.40	2 112 616 070.01
非流动负债:		
长期借款	—	—
应付债券	—	—
长期应付款	—	—
专项应付款	—	—
预计负债	—	—
递延所得税负债	—	—
其他非流动负债	—	—
非流动负债合计	—	—
负债合计	4 250 769 540.40	2 112 616 070.01
股东权益:		
股本	943 800 000.00	943 800 000.00
资本公积	1 374 964 415.72	1 374 964 415.72
减:库存股	—	—
盈余公积	1 001 133 829.72	838 320 965.63
一般风险准备	—	—

续表

项　目	当前年度	上一年度
未分配利润	7 924 671 271.03	5 077 020 374.58
外币报表折算差额	—	—
归属于母公司所有者权益合计	11 244 569 516.47	8 234 105 755.93
少数股东权益	258 848 779.48	134 750 014.51
股东权益合计	11 503 418 295.95	8 368 855 770.44
负债和股东权益合计	15 754 187 836.35	10 481 471 840.45

资料来源:A 股份有限公司当前年度年报

2.重点内容阅读

在资产负债表众多的各项科目分析时,除了异常会计科目要认真阅读外,应该重点阅读一级会计科目下一些主要的二级会计科目:

(1)资产项目阅读

上市公司的资产分为两大类。一类是经营性资产,即经营过程中运用和产生的资产,比较重要的是货币资金、应收账款、存货、其他应收款等科目,经营性资产是大部分上市公司的主要资产。另一类是投资性资产,即能够给公司带来额外损益的资产,主要包括交易性金融资产、可供出售的金融资产、投资性房地产等。投资性资产在新会计准则下可以按公允价值计量,由于市价的变动,可能给这类上市公司带来意想不到的收益或损失。

(2)负债项目阅读

负债项目的阅读要重点注意短期借款、长期借款和预收账款等科目。短期借款是偿还期限在一年以内的负债,是为了满足日常生产经营的短期需要而举借的,需要公司有充足的流动性来偿还即将到期的债务,一个公司的负债主要是短期借款。长期借款在一些生产经营周期较长的公司中比较常见,其随着时间的推移也要转变成短期借款,用流动资产来偿还。预收账款反映一个公司产品在市场的竞争力程度,预收账款呈增长趋势一般意味着公司产品有较强的市场竞争力,否则相反。

(3)所有者权益阅读

主要阅读公积金和未分配利润科目。公积金经常用来转增股本,尤其是一些新上市的中小企业公积金较多,经常用于转增股本,不断扩大总股本,同时通过不断地除权来降低绝对市价,无形中扩展了股价的上涨空间。未分配利润较多的公司可以用来送股增加股本外,但更多的是用来分红派息。

3.资产负债表财务比率分析

(1)偿债能力分析

公司的流动负债,即使是非流动负债也会随着时间的延续转变为流动负债,将用容易变现的流动资产来偿还。分析公司的负债与流动资产之间的关系,可以反映其偿债能力。

①流动比率。流动比率是反映公司短期偿债能力的指标,用于评价公司流动资产在短期债务到期前,可以变为现金用于偿还流动负债的能力。其计算公式:

$$流动比率 = \frac{流动资产}{流动负债}$$

例 6-4

A 公司 12 月 31 日的流动资产为 12 240 750 882.84 元,流动负债为 4 250 769 540.40 元,则其流动比率为:

$$流动比率 = \frac{12\ 240\ 750\ 882.84}{4\ 250\ 769\ 540.40} = 2.88$$

流动比率越大说明短期偿债能力越强,企业财务风险小,债权人有保障,安全程度高。一般认为流动比率为 2 倍比较合适。但我国很多公司的流动比率偏小,只有 1.5 倍左右。

②速动比率。流动资产中流动性较差的是存货。出于谨慎考虑,把存货从流动资产中剔除而计算出的速动比率更能反映短期偿债能力。其计算公式为:

$$速动比率 = \frac{流动资产 - 存货}{流动负债}$$

例 6-5

A 公司年 12 月 31 日的流动资产为 12 240 750 882.84 元,存货为 3 114 567 813.33 元,流动负债为 4 250 769 540.40 元,则其速动比率为:

$$速动比率 = \frac{12\ 240\ 750\ 882.84 - 3\ 114\ 567\ 813.33}{4\ 250\ 769\ 540.40}$$
$$= 2.15$$

通常认为正常的速动比率保持 1 倍以上为好,即无须动用存货的情况下也可以保证对流动负债的偿还。我国很多上市公司的流动比率也不到 1。

③现金比率。现金比率是指现金类资产对流动负债的比率。现金类资产包括现金及现金等价物,它反映能直接偿付流动负债的能力。其计算公式为:

$$现金比率 = \frac{货币资金}{流动负债}$$

例 6-6

A 公司 12 月 31 日货币资金为 8 093 721 891.16 元,流动负债为 4 250 769 540.40 元,则其现金比率为:

$$现金比率 = \frac{8\ 093\ 721\ 891.16}{4\ 250\ 769\ 540.40} = 1.90$$

现金比率是最严格、最稳健的短期偿债能力衡量指标。这个指标大于 1,则无需用其他流动资产偿还流动负债,公司没有短期偿债压力。

④非流动负债与营运资金比率。流动资产减去流动负债的差额就是营运资金,非流动负债与营运资金比率计算公式为:

$$非流动负债与营运资金比率 = \frac{非流动负债}{流动资产 - 流动负债}$$

例 6-7

A 公司 2 008 年的非流动负债总额为 2 000 万元,流动资产为 8 000 万元,流动负债为 6 000 万元,则其非流动负债与营运资金比率为:

$$非流动负债与营运资金比率 = \frac{2\ 000}{80\ 000 - 6\ 000} = 1$$

一般情况下,非流动负债不应超过营运资金,因为非流动负债会随时间延续不断转化为流动负债,并需要动用流动资产来偿还。非流动负债与营运资金比率越低,不仅表明公司的短期偿债能力越强,而且还预示着公司未来偿还非流动负债的保障程度也越强。

(2)资本结构比率分析

资产负债表的资产、负债和所有者权益构成能反映一个公司的资本结构是否稳定。

①资产负债率。资产负债率是负债总额与资产总额的比率,表明在公司的资产构成中有多大的比重是由债权人出资的。该指标用来衡量公司利用债权人资金进行财务活动的能力,以及在清算时公司资产对债权人权益的保障程度。其计算公式为:

$$资产负债率 = \frac{负债总额}{资产总额} \times 100\%$$

例 6-8

A 公司 12 月 31 日的资产总额为 15 754 187 836.35 元,负债总额为 4 250 769 540.40 元,则其资产负债率为:

$$资产负债率 = \frac{4\ 250\ 769\ 540.40}{15\ 754\ 187\ 836.35} \times 100\% = 27\%$$

资产负债率越低,一方面说明了公司以负债取得的资产越少,公司运用外部资金的能力较差;另一方面也说明了公司的财务风险程度也越低,有足够的资产用来偿还所有债务。资产负债率低于 50%,说明对债权人的权益保护程度高。对资产负债率的分析要根据不同公司的具体情况分析。

②股东权益率。股东权益率是股东权益总额与资产总额的比率。股东权益率和

资产负债率之和等于1。其计算公式为：

$$股东权益率 = \frac{股东权益}{资产总额} \times 100\%$$
$$= 1 - 资产负债率$$

例 6-9

A 公司 12 月 1 日的资产总额为 15 754 187 836.35 元,股东权益为 11 503 418 295.95 元,则其股东权益率为:

$$股东权益率 = \frac{11\ 503\ 418\ 295.95}{15\ 754\ 187\ 836.35} \times 100\% = 73\%$$

股东权益率越大,说明公司的风险主要由股东承担,但也说明公司经营管理人没有充分应用财务杠杆为股东创造收益。一般来说,股东权益率高是低风险低报酬的财务结构;股东权益率低是高风险高报酬的财务结构。

③股东权益与固定资产比率。该指标反映购买固定资产所需要的资金有多大比例来自股东权益。其计算公式为:

$$股东权益与固定资产比率 = \frac{股东权益}{固定资产} \times 100\%$$

例 6-10

A 公司 12 月 31 日的固定资产为 2 190 171 911.89 元,股东权益为 11 503 418 295.95 元,则其股东权益与固定资产比率为:

$$股东权益与固定资产比率 = \frac{11\ 503\ 418\ 295.95}{2\ 190\ 171\ 911.89} \times 100\% = 5.25$$

该比率一般大于 1 为好,说明购买固定资产的资金来源是没有偿还期限的所有者资本,即使有债务到期也不必通过变卖固定资产来偿还,以保证公司稳定经营的连续性。当然该比率不一定非大于 1 不可,因为非流动负债也可以用来购买固定资产。

(二)利润表

1.利润表基本内容

利润表是评价公司经营绩效最重要的武器,它是一个动态的报告,反映公司在两个资产负债表编制期间盈利或者亏损的变动情况。作为投资者,可能更关心利润表的构成,因为这是和股价关系最为密切的报表。利润表是根据"利润＝收入－费用"的基本关系编制而成的。结合利润表各会计科目的编制情况,其各个项目之间的联系可以用以下计算公式表达:

营业利润＝营业收入－营业成本－营业税金及附加－销售费用－管理费用－
财务费用－资产减值损失±公允价值变动损益＋投资收益

利润总额＝营业利润＋营业外收入－营业外支出

净利润＝利润总额－所得税费用

表 6-9 给出了 A 上市公司某一年的合并利润表,可以看到该公司利润表的基本构成及其盈利(亏损)的形成过程。

表 6-9　A 股份有限公司利润表

编制单位:A 股份有限公司　　　　　　　20××年　　　　　　　单位:人民币/元

项　　目	当前年度	上一年度
一、营业总收入	8 241 685 564.11	7 237 430 747.12
其中:营业收入	8 241 685 564.11	7 237 430 747.12
利息收入	—	—
已赚保费	—	—
手续费及佣金收入	—	—
二、营业总成本	2 852 622 959.08	2 713 904 695.32
其中:营业成本	799 713 319.24	871 643 568.33
利息支出	—	—
手续费及佣金支出	—	—
退保金	—	—
赔付支出净额	—	—
提取保险合同准备金净额	—	—
保单红利支出	—	—
分保费用	—	—
营业税金及附加	681 761 604.71	604 078 928.41
销售费用	532 024 659.80	560 385 186.98
管理费用	941 174 062.44	723 155 575.20
财务费用	－102 500 765.33	－44 743 824.95
资产减值损失	450 078.22	－614 738.65
加:公允价值变动收益(损失以"－"号填列)	—	—
投资收益(损失以"－"号填列)	1 322 250.00	1 814 950.00
其中:对联营企业和合营企业的投资受益	—	—
汇兑收益(损失以"－"号填列)	—	—
三、营业利润(亏损以"－"号填列)	5 390 384 855.03	4 525 341 001.80
加:营业外收入	6 282 035.79	2 917 186.44
减:营业外支出	11 366 252.66	6 233 172.31

续表

项 目	当前年度	上一年度
其中:非流动性资产处理净损失	—	—
四、利润总额(亏损以"—"号填列)	5 385 300 638.16	4 522 025 015.93
减:所得税费用	1 384 541 295.05	1 555 972 506.98
五、净利润(净亏损以"—"号填列)	4 000 759 343.11	2 966 052 508.95
归属于母公司所有者的净利润	3 799 480 558.51	2 830 831 594.36
少数股东权益	201 278 784.60	135 220 914.59
六、每股收益		
(一)基本每股收益	4.03	3.00
(二)稀释每股收益	4.03	3.00

资料来源:A 股份有限公司当前年度年报

2.重点内容阅读

(1)营业收入阅读

营业收入是指公司在销售商品、提供劳务及他人使用本企业资产等日常活动中形成的经济利益的总收入,分为主营业务收入和其他业务收入。营业收入分析中最重要的是主营业务收入的分析,这在利润表中没有直接体现,可以通过会计报表附注查看。占营业收入比重大的商品或者劳务收入就是公司的主营业务收入,分析主营业务收入构成可以让投资者清楚公司的产品情况:比如通过 A 公司年会计报表附注27(略)查看到公司的主营业务分行业为酒类,业务简单易懂;分品种为高度白酒、低度白酒和其他系列酒,主要为高度白酒,占到营业收入 81% 以上;分地区为国内和国外,主要为国内,占到营业收入的 96%。

(2)期间费用阅读

期间费用指不受企业产品质量或商品销量增减变动影响,不能直接或间接归属于某个特定对象的各种费用,在利润表中表现为销售费用、管理费用、财务费用以及资产减值准备等。期间费用主要通过同比或者环比的变化以及是否有大幅度变动来衡量公司的运营效率和治理是否完善。如有些公司前三个季度盈利状况还比较不错,但第四季度会突然增加一笔资产减值准备的计提,使得年报的表现较差,短期来看对投资的影响较大。

(3)投资性收益的阅读

投资性收益在利润表中以公允价值变动收益和投资收益两个会计科目体现,反映公司的理财能力。随着上市公司对外股权或债权投资的加大,投资性收益在上市公司的总收益中所占比重越来越大。那些对外投资较多的公司,其业绩的波动更可能受到证券市场波动的影响。

(4)每股收益阅读

每股收益以归属于母公司普通股股东的合并净利润除以母公司发行在外的普通

股加权平均股数计算,而不是以上市公司的净利润直接除以总股本来计算。这一点和旧会计准则有很大的不同。

3.利润表财务比率分析

(1)盈利能力分析

①毛利率。毛利率是公司净利润率的最初基础,没有足够大的毛利率,公司就很难有高的盈利水平。其计算公式为:

$$毛利率 = \frac{营业收入 - 营业成本}{营业收入} \times 100\%$$

例 6-11

A公司年营业收入为8 241 685 564.11元,营业成本为799 713 319.24元,则其毛利率为:

$$毛利率 = \frac{8\ 241\ 685\ 564.11 - 799\ 713\ 319.24}{8\ 241\ 685\ 564.11} \times 100\% = 90\%$$

毛利率表示每1元业务收入在扣除业务成本后,还有多少钱可以用于各项期间费用和形成盈利。毛利率的高低可以反映公司的产品生命周期或者产品市场的竞争程度,垄断型行业毛利率高,竞争激烈行业毛利率低。

②净利率。净利率是净利(一般用税后利润)与营业收入的比率。其计算公式为:

$$净利率 = \frac{净利}{营业收入} \times 100\%$$

例 6-12

A公司年营业收入为8 241 685 564.11元,净利润为4 000 759 343.11元,则净利率为:

$$净利率 = \frac{4\ 000\ 759\ 343.11}{8\ 241\ 685\ 564.11} = 48.5\%$$

净利率反映每1元的营业收入最终能创造多少净利,这是在毛利率计算基础上更进一步的深化。用毛利率与净利率进行比较可以说明如下问题:净利率一般要低于毛利率,但如果低太多的话说明有可能是期间费用支出太大,投资收益损失或者营业外支出太多;毛利率高于净利率,则要看公司的投资收益和营业外收入的情况。

③净资产收益率。净资产收益率反映股东的投资报酬率,是综合性最强、最具代表性的一个指标。其计算公式为:

$$净资产收益率 = \frac{净利润}{年末净资产} \times 100\%$$

例 6-13 ————————————

A 公司年净利润为 3 799 480 558.51元，净资产为11 244 569 516.47元，则其净资产收益率为：

$$净资产收益率 = \frac{3\ 799\ 480\ 558.51}{11\ 244\ 569\ 516.47} \times 100\% = 33.8\%$$

该指标越高越好，一方面反映企业的盈利能力，另一方面也可以用来说明企业经营者在为股东拥有的资产争取充分收益方面的能力。一般净资产收益率在10％以上就可以说明公司的盈利能力较强。

④净利润增长率

$$净利润增长率 = \frac{期末净利润 - 期初净利润}{期初净利润} \times 100\%$$

例 6-14 ————————————

A 公司年净利润为 4 000 759 343.11元，上一年的净利润为 2 966 052 508.95元，则其净利润增长率为：

$$净利润增长率 = \frac{4\ 000\ 759\ 343.11 - 2\ 966\ 052\ 508.95}{2\ 966\ 052\ 508.95} \times 100\% = 34.9\%$$

净利润增长率是一个公司收益增长的真实反映，可以用来对公司经营情况及业绩变化进行评价，比每股收益的变化更能体现公司收益的变化趋势。

(2)经营效率分析

①存货周转率。流动资产中存货所占的比重较大，对存货管理的效率将影响公司的流动性。存货流动性一般用存货周转速度指标来反映，即存货周转率或存货周转天数。

$$存货周转率 = \frac{营业成本}{平均存货}$$

$$存货周转天数 = \frac{360}{存货周转率}$$

$$= \frac{平均存货 \times 360}{营业成本}$$

$$其中：平均存货 = \frac{期初存货 + 期末存货}{2}。$$

例 6-15 ————————————

A 公司年营业成本为799 713 319.24元，平均存货为 2 709 693 380.63元，则：

$$存货周转率 = \frac{799\ 713\ 319.24}{2\ 709\ 693\ 380.63} = 0.295(次)$$

$$存货周转天数 = \frac{360}{0.295} = 1\ 220(天)$$

存货周转率是衡量和评价公司购入存货、投入生产、销售回收等各个环节管理状况的综合性指标。用时间表示的存货周转率就是存货周转天数。存货周转速度也就越快，存货的占用水平就越低，流动性越强，存货转为现金或应收账款的速度也就越快，反映公司存货管理水平越高。当然也要对公司的存货结构如原材料、在产品、产成品等各种存货的周转率情况进行分析。此外，分析企业存货周转率的高低应该结合同行业的存货平均水平和企业过去的存货周转率情况进行分析。

②应收账款周转率。应收账款和存货一样，在流动资产中有着举足轻重的地位。及时回收应收账款，不仅可以增强企业的短期偿债能力，也反映出企业管理应收账款方面的效率。反映应收账款速度的指标是应收账款周转率，用时间表示的应收账款周转速度就是应收账款周转天数，也叫平均应收账款回收期或平均收现期。其计算公式为：

$$应收账款周转率 = \frac{营业收入}{平均应收账款}$$

$$应收账款周转天数 = \frac{360}{应收账款周转率}$$

$$= \frac{平均应收账款 \times 360}{营业收入}$$

其中：$平均应收账款 = \dfrac{期初应收账款 + 期末应收账款}{2}$。

例 6-16

A 公司年营业收入为 8 241 685 564.11 元，平均应收账款为 40 616 123.50 元，则：

$$应收账款周转率 = \frac{8\ 241\ 685\ 564.11}{40\ 616\ 123.50} = 202.9(次)$$

$$应收账款周转天数 = \frac{360}{202.9} = 1.77(天)$$

应收账款周转率越高，平均收现期越短，说明公司收回应收账款的速度也越快，资产管理水平也越高。评价公司应收账款周转率要结合公司的经营特点，并与该公司前期指标、行业平均水平或其他类似公司的指标相比较，以得出比较准确的分析结论。

除此之外，固定资产周转率、总资产周转率、股东权益周转率也能用与存货周转率、应收账款周转率相同的分析方法来判断公司的经营效率。

③主营业务收入增长率。这是反映主营业务收入的指标。公司的持续发展依靠主营业务的持续增长能力，只有主营业务突出且稳定增长，公司才可能有稳定的现金

流收入,才能持续盈利。新会计准则没有把主营业务收入与其他业务收入区分,如果公司主力经营一项产品的话,可以用营业收入直接替代主营业务收入,否则需要从会计报表附注中获得主营业务收入的信息。其计算公式为:

$$主营业务收入增长率=\frac{本期主营业务收入-上期主营业务收入}{上期主营业务收入}\times100\%$$

例 6-17

A公司期主营业务收入为 8 241 631 163.54 元,2 007 期的主营业务收入为 7 237 302 489.18 元,则:

$$主营业务收入增长率=\frac{8\ 241\ 631\ 163.54-7\ 237\ 302\ 489.18}{7\ 237\ 302\ 489.18}\times100\%$$
$$=13.9\%$$

当公司的主营业务收入增长率在 20% 以上时,说明公司的业务增长较为稳定。可以从公司主营业务收入的变化中判断买卖机会:当主营业务收入增长率放缓,值得谨慎,可能就是减仓的时机;而当主营业务收入由慢增长或者负增长向快增长或者正增长转变时,可能就是一个买进的好时机。判断一个公司是否为行业龙头,其主营业务收入在行业中一般要排名前三。

(3)每股指标分析

①每股收益。每股收益可以直观判断一个公司收益的好坏,它是用归属于母公司所有者的净利润除以加权平均总股数获得。其计算公式为:

$$每股收益=\frac{净利润}{加权平均总股数}$$

例 6-18

A公司年归属于母公司所有者的净利润为 3 799 480 558.51 元,其总股数为 9 438 000 000.00 股,则其每股收益为:

$$每股收益=\frac{3\ 799\ 480\ 558.51}{9\ 438\ 000\ 000.00}=4.03(元)$$

每股收益越高,每股净利润越高,每一股可能分配的盈利也越高,说明企业盈利能力强。但要分析每股收益的构成,即每股收益主要是由主营业务收入贡献,还是由投资性收益、营业外收入,甚至是不涉及现金流的资产置换等获得收入。当上市公司有股本变动时,还要对每股收益进行修正,以具备可比性。

②市盈率。这是一个常用来判断股价是否高估或者低估的指标。其计算公式为:

$$市盈率=\frac{股价}{每股收益}$$

例 6-19

A 公司年每股收益为 4.03 元,目前市场股价为 120 元,那么其市盈率为:

$$市盈率 = \frac{120}{4.03} = 29.78$$

市盈率指标经常被用来反映资金投入上市公司多少年可以回收,可作为股票投资价值判断的投资依据。如 A、B 两公司目前的市价分别是 20 元和 10 元,每股收益分别是 2 元和 0.5 元,假设预期 A 公司和 B 公司未来每年的每股收益保持不变,那么 A 公司和 B 公司的市盈率分别为 10 倍和 20 倍,投资 A 公司 10 年能回收投资成本,投资 B 公司 20 年就可以回收投资成本,显然 A 公司更具有投资价值。

【知识拓展】

动态市盈率

动态市盈率是指还没有真正实现的下一年度的预测利润的市盈率。等于股票现价和未来每股收益的预测值的比值。比如下年的动态市盈率就是股票现价除以下一年度每股收益预测值,后年的动态市盈率就是现价除以后年每股收益。

$$动态市盈率 = 静态市盈率 \times 动态系数$$

式中动态系数为 $1/(1+k)^n$,k 为企业每股收益的增长性比率,n 为企业的可持续发展的存续期。比如说,上市公司当前股价为 50 元,每股收益为 0.5 元,静态市盈率为 100 倍,上年同期每股收益为 0.33 元,成长性为 50%,即 $k=50\%$,该企业未来保持该增长速度的时间可持续 3 年,即 $n=3$,则动态系数为 $1/(1+50\%)^3 = 29.6\%$。相应地,动态市盈率为 29.6 倍。可见静态市盈率和动态市盈率二者差异很大。

③股利支付率。该指标用来反映投资股票的股息回报率。其计算公式为:

$$股利支付率 = \frac{每股股利}{股票市价} \times 100\%$$

例 6-20

A 公司年每 10 股派 11.56 元,目前市场股价为 120 元,则其股利支付率为:

$$股利支付率 = \frac{1.156}{120} \times 100\% = 0.96\%$$

股利支付率用来衡量普通股当期股息收益率的指标。作为投资者可以用股价和股利支付率的关系以及市场调节机制预测股市的涨跌。当预期股息不变时,股利支付率与股票市场价格呈反向运动。当股利支付率偏低时,说明股票市场价格偏高;反之,如果股利支付率偏高,说明股价偏低。

(三)现金流量表

1.现金流量表基本内容

现金流量表是判断公司能否持续存活及竞争的最重要依据,它是反映公司一定期间内现金流入和现金支出情况的会计报表,表明公司获得现金和现金等价物的能力,并反映公司如何运用现金和现金等价物。它主要涉及经营活动、投资活动、筹资活动等三方面产生的现金流入和流出的情况。按新会计准则的要求,上市公司还要披露将净利润调节为经营活动现金流量的信息,这是通过会计报表附注中现金流量表补充资料来体现的。表 6-10 是 A 公司年度现金流量表,从中可以看出 A 公司年度现金及其等价物流入和流出的概况。

表 6-10　A 公司现金流量表

编制单位:A 股份有限公司　　　　　　　　20××年　　　　　　　　　单位:人民币/元

项　　目	当前年度	上一年度
一、经营活动产生的现金流量:		
销售商品、提供劳务收到的现金	11 275 230 701.85	7 437 754 281.34
客户存款和同业存款项净增加额	—	—
向中央银行借款净增加额	—	—
向其他金融机构拆入资金净增加额	—	—
收到原保险合同保费取得的现金	—	—
收到再保险业务现金净额	—	—
保户储金及投资款净增加额	—	—
处置交易性金融资产净增加额	—	—
收取利息、手续费及佣金的现金	—	—
拆入资金净增加额	—	—
回购业务资金净增加额	—	—
收到的税费返还	—	—
收到其他与经营活动有关的现金	242 355 759.12	95 681 682.11
经营活动现金流入小计	11 517 586 460.97	7 533 438 963.45
购买商品、接受劳务支付的现金	1 214 717 814.83	1 098 306 968.33
客户贷款及垫款净增加额	—	—
存放中央银行和同业款项净增加额	—	—
支付原保险合同赔付款项的现金	—	—
支付利息、手续费及佣金的现金	—	—
支付保单红利的现金	—	—

续表

项　目	当前年度	上一年度
支付给职工以及为职工支付的现金	809 386 845.15	623 333 896.62
支付的各项税费	3 666 868 792.10	3 602 532 438.23
支付其他与经营活动有关的现金	579 124 473.15	465 962 448.89
经营活动现金流出小计	6 270 097 925.23	5 790 135 752.07
经营活动产生的现金流量净额	5 247 488 535.74	1 743 303 211.38
二、投资活动产生的现金流量		
收回投资收到的现金	21 000 000.00	—
取得投资收益收到的现金	2 123 100.00	—
处置固定资产、无形资产和其他长期资产收回的现金净额	50 000.00	—
处置子公司及其他营业单位收到的现金净额	—	—
投资活动现金流入小计	23 173 100.00	—
购建固定资产、无形资产和其他长期资产支付的现金	1 010 735 786.04	772 456 652.49
投资支付的现金	5 000 000.00	17 000 000.00
质押贷款净增加额	—	—
取得子公司及其他营业单位支付的现金净额	—	—
支付其他与投资活动有关的现金	—	—
投资活动现金流出小计	1 015 735 786.04	789 456 652.49
投资活动产生的现金流量净额	−992 562 686.04	−789 456 652.49
三、筹资活动产生的现金流量		
吸收投资收到的现金	—	—
其中:子公司吸收少数股东投资收到的现金	—	—
取得借款收到的现金		
发行债券收到的现金		
收到其他与筹资活动有关的现金	761 176.07	1 504 621.00
筹资活动现金流入小计	761 176.07	1 504 621.00
偿还债务支付的现金	—	—
分配股利、利润或偿付利息支付的现金	884 671 434.63	706 866 028.20

续表

项　　目	当前年度	上一一年度
其中:子公司支付给少数股东的股利、利润	—	—
支付其他与筹资活动有关的现金		
筹资活动现金流出小计	884 671 434.63	706 866 028.20
筹资活动产生的现金流量净额	−883 910 258.56	−705 361 407.20
四、汇率变动对现金及现金等价物的影响	—	—
五、现金及现金等价物净增加额	3 371 015 591.14	248 485 151.69
加:期初现金及现金等价物余额	4 722 706 300.02	4 474 221 148.33
六、期末现金及现金等价物余额	8 093 721 891.16	4 722 706 300.02

资料来源:A 股份有限公司当前年度年报

2.重点内容阅读

(1)经营活动和筹资活动流入现金、投资活动流出现金

经营活动为现金流出,这会分流投资所需的现金,并要求投资日后有较高生现能力,即以投资收益掩盖主业亏损。

经营活动流入现金,投资活动和筹资活动流出现金,会对当前现金周转构成压力。

(2)经营活动的现金流量是最重要的

经营活动现金流最能体现公司的核心竞争力,良性发展的公司经营活动现金流远大于零,因为经营活动现金流除了维护经营活动的正常运转外,还应该有足够的补偿经营性长期资产折旧与摊销,以及支付利息和现金股利的能力,并能为公司的扩张提供资金支持。投资活动现金流取决于证券市场和被投资企业,被动性较大;筹资活动现金流大部分由于期限限制到期要偿还;只有经营活动现金流,公司可控性较强,可以持续,是公司最重要的现金流来源。

(3)经营活动现金流净额与净利润往往不相等

造成这种状况的原因是:一是影响利润的事项不一定同时发生现金流入、流出,如公司本期的营业收入 1 亿多元,但是本期新增应收账款却有 8 000 多万元,这种增加了利润但未发生现金流入的事项造成了二者的差异;二是净利润反映公司经营、投资及筹资大活动的财务成果,而现金流量表需要分别反映经营、投资及筹资活动的现金流量,如转让短期债券投资取得净收益,既增加利润又发生现金流入,但在现金流量表中将其作为投资活动中现金流列示,不作为经营活动现金流反映。为了反映上述二者之间的差异,现金流量表附注采用间接法披露,将净利润调节为经营活动产生的现金流量净额,有助于投资者分析出现差异的具体原因。

3.现金流量表财务比率分析

(1)每股经营活动现金流

每股经营活动现金流反映公司运用每股资本创造现金的能力,其计算公式为:

$$每股经营活动现金流 = \frac{经营活动现金流量净额}{加权平均总股数}$$

例 6-21

A 公司年经营活动创造的现金流量净额为 5 247 488 535.74 元,其总股数是 943 8000 000.00 股,则其每股经营活动现金流为:

$$每股经营活动现金流 = \frac{5\ 247\ 488\ 535.74}{9\ 438\ 000\ 000.00} = 5.56(元)$$

在"现金为王"已经成为公司重要经营理念的情况下,投资者应该格外注意现金流。每股经营活动现金流越大,说明上市公司进行资本支出和支付股利的能力越强,每股经营活动现金流应该和该公司不同时期的进行比较,还要和同行业其他公司进行比较。

(2)现金比率

现金比率是公司的现金余额与流动负债总额的比例,又称现金流动负债比率。现金余额是现金流量表中"期末现金及现金等价物余额",流动负债总额通过资产负债表得到。其计算公式为:

$$现金比率 = \frac{现金余额}{流动负债总额}$$

例 6-22

A 公司年现金及现金等价物余额为 8 093 721 891.16 元,年末流动负债总额为 4 250 769 540.40 元,则其现金比率为:

$$现金比率 = \frac{8\ 093\ 721\ 891.16}{4\ 250\ 769\ 540.40} = 1.90$$

现金比率是衡量公司偿债能力,特别是短期偿债能力的一个重要指标。对于债权人来说,现金比率总是越高越好,如果现金比率达到或者超过 1,即现金余额等于或者大于流动负债总额,就是说,即使公司不动用其他资产,如存货、应收账款等,仅靠手中的现金就足以偿还流动负债。

由现金比率可以扩展到经营现金流动负债比率、经营现金负债比率和现金负债比率等现金偿债能力比率指标,都可用来评价公司的偿债能力。

(3)全部资产现金回收比率

全部资产现金回收比率指的是经营活动现金净流量与全部资产的比率。它反映公司全部资产整体创造现金的能力。其计算公式为:

$$全部资产现金回收比率 = \frac{经营活动现金净流量}{资产总额}$$

例 6-23

A 公司年经营活动现金净流量为 5 247 488 535.74 元,年末资产总额为 15 754 187 836.35 元,则其全部资产现金回收比率为:

$$全部资产现金回收比率 = \frac{5\ 247\ 488\ 535.74}{15\ 754\ 187\ 836.35} = 0.33$$

与同行业平均数值相比,该数值越大,表明公司资产整体质量越好;该数值越小,表明公司资产整体质量越差。

四、公司重大事项分析

(一)上市公司重大事项

公司重大事项是指可能对上市公司的经营状况及股票价格产生较大影响的事件。一般投资者对于该重大事项是未知的,所以上市公司在公布此类重大事项之前,一般会将股票停牌并及时公告,尽量减少该类事件对市场的冲击。

公司重大事项包括但不限于以下事项:一是公司订立重大合同,该合同可能对公司的经营产生显著印象;二是公司重大投资行为;三是公司发生重大债务;四是公司重大资产损失;五是公司经营环境发生重大变化;六是公司高管发生变动;七是公司重大资产重组;八是公司涉及重大诉讼;九是公司更换会计师事务所;十是公司破产清算等。

(二)公司资产重组

公司资产重组是公司资产优化组合、社会资源优化配置的一种常规选择,公司的并购、股权转让、资产置换等形式的资产重组案例比比皆是。

资产重组有如下考虑:企业并购能在短时间内迅速实现生产集中和经营规模化;同行业的并购能减少行业内过度竞争,提高产业组织效率;有利于调整产品结构,优胜劣汰,促进产业结构调整;实现企业资本结构优化,实现国有资产的战略性重组,使国有资本的行业分布更为合理。

(三)公司增持与回购

公司增持与回购大多发生在市场比较低迷的时候,旨在稳定股价、提升信心。增持回购的主要目的是向市场传递一种信号,即向公众投资者表明公司的股票被低估。市场中增持回购的公司有以下特征:市盈率低于市场平均水平,ROE 比较高,公司现金流比较充足等。

如果公司增持回购的股份是注销的情况,那么增持回购后公司的每股收益、每股净资产等财务指标会提高,股东价值也会提高。

增持与回购短期会提升股票的价格,但从长期来看,公司股价的上涨与否仍取决于公司的经营情况。

本章小结

1.宏观经济是基本分析的主要分析方法,主要目的是把握证券市场的总体运行趋势。宏观经济环境主要关系着证券投资的环境。

2.评价宏观经济的相关变量有国内生产总值与经济增长率、失业率、通货膨胀率、利率、财政收支、国际收支、汇率等。

3.运用 GDP 增长率、利率与国家风险,可以对一国证券市场的价值中枢定价,帮助我们正确选择大的市场时机。根据经济周期的波动规律,可以选择相应的投资策略以及资产配置策略。

4.一般来说,轻微的通货膨胀有利于股市上升,而恶性的通货膨胀将不利于证券市场上升。

5.一般来说,扩张性的财政政策与货币政策会促进股市的上涨,但紧缩性的财政政策与货币政策不利于证券市场价格的上涨。

6.汇率变动对证券市场的影响也要区分对待。最重要的是必须分行业进行研究:某些受惠于汇率变动的行业证券价格会上涨;反之,受到汇率不利影响的行业,其证券价格会下降。在开放条件下,必须将利率变动与汇率变动结合起来分析,以此来判断影响市场的主要因素。

7.市场分析要注意分析市场货币供求关系、投资者心理预期以及市场热点。当流入市场的资金量大于流出量的时候,证券市场总体就会出现上升的势头。在分析供求关系时,必须高度重视长期投资者的比重以及筹码的锁定程度。

8.行业分析是介于宏观经济分析与公司分析之间的中观层次的分析,目前我国证券市场的行业分类是参照 1994 年的国家标准进行分类的。

9.行业有完全竞争、垄断竞争、寡头垄断、完全垄断四种类型。其中完全竞争型的行业厂商数量很多,产品同质,没有价格控制能力,竞争非常激烈,因此这样的行业也是不稳定的行业。完全垄断的行业,只有一家企业,产品具有独特性,企业对价格有相当大的控制力,因此也是经营比较稳定的行业。由于引入竞争,我国目前没有真正完全垄断的行业,但是自来水、电力等公用事业行业还是接近完全垄断的行业。其余行业介于两者之间。

10.从行业与经济周期的关系看,有增长性行业、周期性行业、防御性行业、增长/周期性行业。其中增长性行业与经济周期的波动关系不大,因此是一个值得高度重视的行业,特别是牛市时,这个行业的股票价格往往表现得比其他行业好。防御性行业收益稳定,由于经常有较丰厚的分红,因此在熊市时股价表现要好于其他行业。因此,我们可以在牛市时进入高增长行业,在熊市时进入防御性行业,根据不同行业在经济周期不同阶段盈利表现的不同,选择与经济周期性相关的行业。

11.影响行业兴衰的因素最主要的有技术进步、产业政策、社会习惯与市场需求、经济全球化,产业组织创新。这五个方面都对行业的兴衰起到重要的作用。其中技术进步与产业政策是最重要的因素。

12.在进行行业分析时我们可以采用质的预测法与量的预测法。在依据历史资料进行量的分析法中,我们介绍了转导法、回归分析法、时间序列分析法。此外本章还介绍了将质的分析方法与量的分析方法结合起来的综合方法,可以根据分析师的数量、分析师的素质、历史资料的多与少等方面来综合各方的预测。

13.行业分析的内容以及行业资产配置,将宏观经济分析与行业资产配置联系起来,可以根据经济周期进行行业轮动的资产配置方式,以提高投资收益率。在分析时,最关键的是要根据行业兴衰的影响因素来看这个行业是否有发展前景,是否值得投资。

14.公司基本素质分析中,首先要了解公司的产品,公司产品具有四个特性,即成本优势、技术优势、质量优势、品牌优势;接着分析公司所在的区位及所属的行业地位;再次分析公司的竞争力,主要从发展战略的选择以及成长性角度分析;最后分析公司的经营管理能力,即治理结构、管理层素质以及经营效率等。

15.财务分析,主要从三大财务报表入手。在掌握三大财务报表基本内容的基础上,学习者应学会对重点财务科目进行深入阅读,并运用比较分析法和比率分析法对公司的财务状况、经营成果以及现金流量进行全面而准确的评价。在阅读每一张财务报表时,都要从报表的一级科目入手,分析科目之间的比率关系,从而对公司某一方面的能力,比如偿债能力、盈利能力、获取现金的能力等进行综合比较。

思政目标

党的二十大报告提出了"全面建成社会主义现代化强国"的战略目标和"以人民为中心"的价值取向。本章旨在通过学习宏观经济分析方法,尤其是质因分析方法,使学生能够准确理解我国经济的波动和变化,理解党和政府制定宏观经济政策背后的经济机制,帮助学生把握我国经济发展的总体趋势和方向,增强对党的二十大提出的实现社会主义现代化的信心和支持,培养对祖国和人民的深厚情感。其中,行业分析部分可以帮助学生了解不同行业的特点和发展趋势,选择符合自身兴趣和能力的行业进行投资或就业。同时,要求学生遵守行业规范和职业道德,不从事违法违规或损害社会公益的活动,践行党的二十大强调的以人民为中心的价值取向。公司分析部分可以帮助学生深入了解企业的经营状况和发展潜力,选择有价值的投资对象。同时,要求学生运用科学的方法和技术,不断完善和优化自己的投资策略和决策,彰显党的二十大强调的守正创新的创新精神。此外,学生还应关注国家的发展战略和重点领域,支持国家的科技创新和产业转型,体现党的二十大提出的自信自立的自主精神。

基本概念

国内生产总值	经济增长率	失业率	通货膨胀
利率	财政收支	国际收支	汇率经济周期
财政政策	货币政策	行业	产业政策
经济全球化	产业组织	产品	区位市场占有率
公司发展战略	流动比率	速动比率	现金比率
资产负债率	股东权益率	毛利率	净利率
净资产收益率	存货周转率	应收账款周转率	主营业务收入增长率
每股收益	市盈率	股利支付率	现金比率
公司资产重组			

视频材料

练习与思考

一、判断题

1.增长性行业的股票价格不会随经济周期的变化而变化。

2.处于行业生命周期初创期的企业适合投资者投资,而不适合投机者。

3.食品业和公用事业在经济衰退时,其收入仍然相对稳定。

4.公用事业是政府实施管理的主要产业之一。

5.可以将市场划分为完全竞争、垄断竞争、寡头垄断和完全垄断四种类型。

6.轻工产品市场属于完全垄断市场。

7.寡头垄断的市场对价格的控制能力较小。

8.技术与政策是行业分析的重点。

9.稳定期的投资风险比成长期小。

10.在完全竞争的市场类型中,一部分企业能够控制市场的价格,使产品差异化。

11.初级产品的市场类型较相似于完全竞争。

12.制成品属于垄断竞争市场类型。

13.周期性行业的运动状态与经济周期呈正相关,即当经济处于上升时期,这些行业会紧随其扩张;当经济衰退时,这些行业也相应衰落。

14.防御性行业的运动状态不受经济周期处于衰退阶段的影响。

15.处于产品生命周期初创阶段的企业更适合投机者而非投资者。

16.在产品生命周期的成长阶段,企业的利润增长很快,竞争风险非常大,破产率与被兼并率相当高。

17.在产品生命周期的成熟阶段,少数大厂商垄断了整个行业的市场,每个厂商占有的市场份额发生变化的程度较小。

18.在产品生命周期的成熟阶段,厂商之间的竞争手段逐渐从提高质量、加强售后服务等非价格手段转向价格手段。

19.成熟期的行业盈利很大,投资风险相对也高。

20.在寡头垄断市场上,在某种产品的生产中占很大份额的少数生产者,对市场价格和交易具有一定的垄断能力。

21.钢铁、汽车及少数储量集中的矿产品如石油等资本密集型和技术密集型的产品,其市场多属于寡头垄断类型。

22.在产业周期的成长阶段,新行业出现了生产厂商和产品相互竞争的局面。

23.在产业周期的成长阶段,生产厂商不能单纯地依靠扩大产量、提高市场份额来增加收入,而必须依靠追加生产、提高生产技术水平、降低成本,以及研制和开发新产品的方法来争取竞争优势,维持企业生存。

24.投资者应选择增长性行业进行投资。

25.投资者在选择投资对象时应排斥增长速度与国民经济同步的行业,因为这些行业的投资回报不及增长性行业。

26.投资者应选择处于生命周期成长期和稳定期的行业进行投资。

27.投资者应避免投资于处于生命周期初创期的行业。

二、简答题

1.股市是宏观经济晴雨表吗?

2.简述利率和股市波动之间的关系。

3.简述通货膨胀率和股市波动之间的关系。

4.简述外汇和通货膨胀之间的关系。

5.行业的生命周期有哪几个阶段?各个阶段有什么特征?

6.影响行业兴衰的主要因素有哪些?

7.增长型行业与经济周期具有怎样的关系?

8.在分析公司的产品时应该注意产品的哪些特性?

9.资产负债表分析应该重点把握哪些内容?

10.三大报表分析中主要包括哪几个财务比率分析指标?

三、案例题

请学员们任意选取一家上市公司作为分析对象,从基本素质和财务分析两个方面入手对公司的具体情况进行评价。公司的资料来源主要通过公司的财务报告和其他公告获得,公司的公告可以从上海证券交易所网站(www.sse.com.cn/sseportal/ps/zhs/home.shtml)和深圳证券交易所网站(www.szse.cn/main/default.aspx)获得。分析格式按照本章第三节公司分析示例的格式进行。当然,不同的公司,分析的侧重点可能会不同。

学员们各自通过研究不同的上市公司后,要形成书面报告,并制作成 PPT 格式进行课堂讨论。

第七章　证券投资技术分析

　　证券投资分析的另一种方法是技术分析。它是运用一定的逻辑思维和数学方法，对市场过去和现在的行为进行归纳和总结，从而预测证券市场未来的变化趋势。常用的证券投资技术分析方法包括 K 线理论、切线理论、形态理论、波浪理论以及缺口理论等。通过证券投资技术分析，人们可以更有效地选择买入点和卖出点。

第一节　证券投资技术分析概述

一、技术分析的特点

　　技术分析是以证券市场为基础，专注于研究证券价格的变动规律，并结合证券交易数量、时间以及投资心理等因素的综合分析，旨在帮助投资者选择最佳的投资时机和方式，从而实现投资收益的方法。

　　基本分析和技术分析构成了证券投资分析体系的主体，但技术分析不同于基本分析。基本分析重点研究的是证券的内在投资价值，目的是获得投资的长远收益；技术分析侧重于研究股价和成交量的变动规律，目的是在价格的波动中获取短期收益。基本分析是从影响证券市场供求的外部因素入手，分析股价的长期趋势；技术分析是从证券市场本身入手，依据市场提供的价格、成交量等资料，分析股价的中短期走势。基本分析用来帮助投资者选股，即选择投资对象；技术分析用来帮助投资者选时，即选择买卖时机。

　　总体来讲，基本分析用来选择价格明显低于其价值的公司，买入其股票并长期持有，偏重于价值投资和长期投资，属于战略投资。技术分析用来判断市场趋势和运行方式，寻找相对确定的买卖点，侧重于趋势投资和短期投资，属于战术投资。

　　技术分析的重点是研究市场行为，通过对市场行为的研究，预测市场未来的价格变化趋势。市场行为包括三个方面的内容，即价格的变化和涨跌幅度、发生这些变化所伴随的成交量、完成这些变化所经历的时间。简单地讲，就是价、量、时三要素，其中，价格变化是最重要的因素。从不同的角度对市场行为进行分析，就组成了技术分析的各种方法。在这些方法中,根据市场行为得到的数据进而产生的各种图表是技术分析的基础。人们通过长期的实战总结,创造了许多从图表看未来的方法,这些方法构成了技术分析的主体。投资者要取得证券投资的成功,首先应该学习和掌握这些方法。

二、技术分析的理论基础

技术分析的理论基础基于三项合理的假设:市场行为涵盖一切信息;价格沿趋势运动,并保持趋势;历史会重演。

(一)市场行为涵盖一切信息

这一假设是进行技术分析的基础。人们认为影响证券价格波动的每一个因素,无论是内在的还是外在的,政策的还是心理的,都已经反映到市场行为中。作为技术分析者,只需关心这些因素对市场行为的影响效果,而不用关心导致价格变化的具体内容究竟是什么。

这一假设具有一定的合理性。任何因素对市场的影响最终都会体现在价格的变动上。如果某个因素出现以后,股价仍然同以前一样没有出现变化,则说明这个因素不是影响价格变动的因素。如果某一天股票价格出现跳空高开或低开,并且成交量大幅增加,这通常意味着有利好或利空的消息,而具体消息的内容则无须深究,因为它已经通过市场行为得到了反映。

(二)价格沿趋势运动,并保持趋势

这一假设是影响技术分析最重要的因素。只有价格的变动遵循一定的规律,才能找出这种规律,并对今后的投资活动进行指导。这一假设认为证券价格有保持原来方向运动的惯性,一段时间内价格持续上涨或下跌,今后如果不出现意外,价格仍会按同一方向继续上涨或下跌,没有理由改变既定的运动方向。"顺势而为、顺其自然""市场趋势高于一切",是证券市场中的名言。如果没有反转的内部或外部因素发生,投资者没有必要逆大势而动。

证券投资者选择卖出股票,通常是因为他们认为股价已经达到峰值,即将下跌,或者即使股价继续上涨,其涨幅也会有限,不会大幅上涨。他的这种悲观看法是不会立刻改变的。众多的悲观投资者行动一致,就会影响股价的趋势,使其继续下跌,直到发生质的改变。

(三)历史会重演

这一假设是从统计学和人的心理因素角度提出的。市场终究是由人来决定最终的交易行为的,而人又经常受到心理学上某些因素的制约。投资者经常认为,相同或相似的场合会得到相同的结果。如果人们之前按某种方法操作取得了成功,以后遇到相同或相似的情况,就会按同一方法进行操作;而如果前一次失败了,人们往往就

会改变操作方法。这就是所谓的"路径依赖":事物一旦进入某一路径,就可能对这种路径产生依赖。

市场的结果留在投资者头脑中的阴影和快乐是会始终影响投资者的。投资者在进行技术分析时,如果遇到与过去某一时期相同或相似的情况,往往会参考过去的结果进行预测。任何有用的东西都是经验的累积,是经过实践检验总结出来的。投资者应对重复出现的某些现象的结果进行统计分析,并计算其成功和失败的概率。

(四)三大假设的合理性和局限性

在三大假设出现之后,技术分析便有了自己的理论基础。第一条假设肯定了研究市场行为就必须全面考虑证券市场,第二条和第三条假设使人们找出的规律能够应用于证券市场的实际操作中。

但是,投资者对于三大假设自身的合理性一直存在着争论,提出了许多不同的看法。对于"市场行为涵盖一切信息"的假设,有人质疑,市场行为反映的信息只体现在证券价格的变动之中,同原始的信息毕竟有区别,信息损失是必然的。也正因为如此,投资者在进行技术分析的同时,还应该适当增加一些基本分析和其他方面的分析,以弥补其不足。又如"历史会重演",证券市场中的市场行为是千变万化的,不可能有完全相同的情况重复出现,差异总是或多或少地存在。在使用"历史会重演"的假设时,产生差异的大小和程度会对投资决策的结果产生影响。

三、技术分析的基本要素

技术分析的基本要素包括价格和成交量、时间和空间。这几个要素的内容和相互关系是技术分析的基础。

(一)价格和成交量

研究市场行为最重要的工作就是研究价格和成交量。市场过去与现在的成交价格和成交量涵盖了过去和现在的市场行为,技术分析者要做的工作就是利用过去和现在的成交量、成交价格资料推测市场未来的走势。

一般说来,买卖双方对价格走势的确认程度需要借助于成交量。价格与成交量之间的关系通常有两种:一种是量价一致,一种是量价背离。量价一致主要表现为价升量增、价跌量减,这种情况通常意味着多空双方对价格的认识一致,股价仍有继续上涨或下跌的空间;量价背离主要表现为价跌量增、价升量减,通常表示买卖双方对价格的认识出现分歧,股价的上涨或下跌已得不到成交量的配合和支持,股价运行的趋势有可能会发生改变。

(二)时间和空间

时间和空间体现了趋势的宽度和深度。江恩理论和循环周期理论重点关注的就是时间因素,是针对价格波动的时间跨度进行研究的理论。一方面,一个已经形成的趋势在短时间内不会发生根本转变,中途出现的反方向波动属于次级运动,对原有的趋势不会产生大的影响;另一方面,一个已经形成的趋势不可能永远不变,经过一段时间后会有新的趋势出现。时间因素分析对于投资者选择入市的时机具有重要的意义。

空间因素考虑的是趋势运行的幅度及价格波动的限度。一个涨势或跌势将会延续多大的幅度,个股的价格波动在空间上能够达到的上下限,无疑也是投资者在操作中需要提前想到的问题。

四、技术分析应注意的问题

(一)技术分析只有同基本分析结合使用,才能提高操作的成功率

在一个新兴的市场中,市场突发消息频繁,人为操纵的因素很多,所以仅靠过去和现在的数据、图表去预测未来变化是不可靠的,也很难把握整体市场的走势。但是,不能因为技术分析在突发事件来临时预测会受到干扰就否定其功效。任何一种工具的使用都有其适用范围,不能因为个别场合失效而去责怪工具本身,扔掉工具更是不可取。事实上在投资实践中,技术分析有着相当高的预测成功率,也有很高的使用价值。但投资者在交易中不能机械地照搬,片面地加以应用。除了应对技术分析本身进行不断探索和修正外,还应结合基本面分析来使用技术分析,这样才能提高操作的成功率。

(二)注意多种技术分析方法的综合研判,切忌片面单一地使用一种方法

技术分析的方法很多,有趋势分析、图形分析、指标分析等,有些方法在使用时会出现失灵的情况,也有时会出现骗线。当市场处于极度强势或极度低迷时,个别指标会出现钝化;当庄家诱空吸筹或诱多出货时,有时图形会出现"趋势陷阱"或假突破。投资者在操作时应尽量多地使用不同的技术方法进行预测,争取对行情变化有一个综合的、正确的判断。实践证明,单纯地使用一种技术分析方法具有较大的局限性和盲目性,容易以偏概全,而如果使用多种方法都得出相同的结论,那么这一结论出错的概率就很小。因此,为减少操作失误,投资者应多学习和掌握一些技术分析方法。

(三)技术分析的结论要经过自己的实践检验后再进行应用

技术分析方法种类繁多,内容各异,不同的人有不同的偏好和使用习惯,最终效果也有很大差异。另外,前人和别人得出的结论是在特定的环境与条件下获得的,随着环境的改变,同一种方法用到自己身上可能会产生不同的结果。因此,投资者在使用技术分析时,要注意结合市场情况灵活地加以应用,要在实践中不断探索、完善和提高。

第二节　证券投资技术分析主要理论

一、K 线理论

(一)K 线分析

K 线也称日本线,起源于日本的米市。K 线分析是将一段时间的 K 线按时间顺序进行排列,形成一张记录股票历史走势的 K 线图表。K 线图表分析法是技术分析的基础,当前该种方法依然在证券市场比较流行。

1.K 线的画法

一个单位 K 线图包含了开盘价、收盘价、最高价与最低价四个标值。开盘价指的是每个交易日的第一笔成交价格。在我国股票市场中,开盘价是通过集合竞价的方式产生的。最高价、最低价是每个交易日成交价格中曾经出现过的最高和最低的价格,能反映当天股票价格上下波动的幅度。收盘价是多空双方经过一天交易后达成的共识,代表了供需双方在当前交易日的暂时平衡点,具有指示当前价格走势的重要功能。以上四个标值中,收盘价是最重要的,技术分析方法中最关心的也是收盘价。

例 7-1

开盘价 4 元,最高价 4.37 元,最低价 3.9 元,收盘价 4.2 元。如图 7-1 所示。

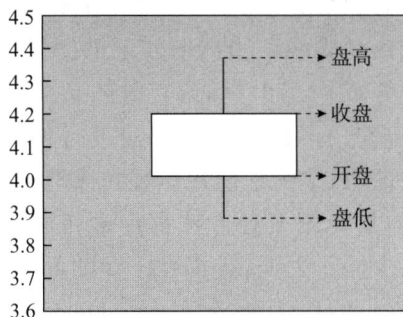

图 7-1　阳线

例 7-2

开盘价 4 元,最高价 4.37 元,最低价 3.9 元,收盘价 3.95 元。如图 7-2 所示。

图 7-2　阴线

例 7-3

开盘价 4 元,最高价 4.37 元,最低价 3.9 元,收盘价 4 元。如图 7-3 所示。

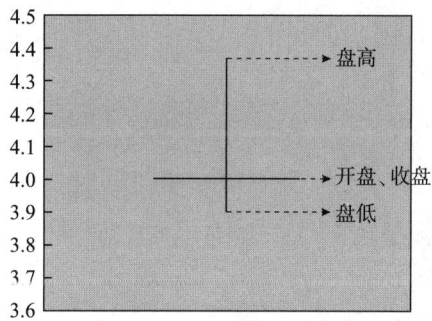

图 7-3　十字星

2.单根 K 线及其意义

看懂单根 K 线是 K 线分析的基本功,单根 K 线可以分为 12 种有意义的基本形态。如图 7-4 所示。

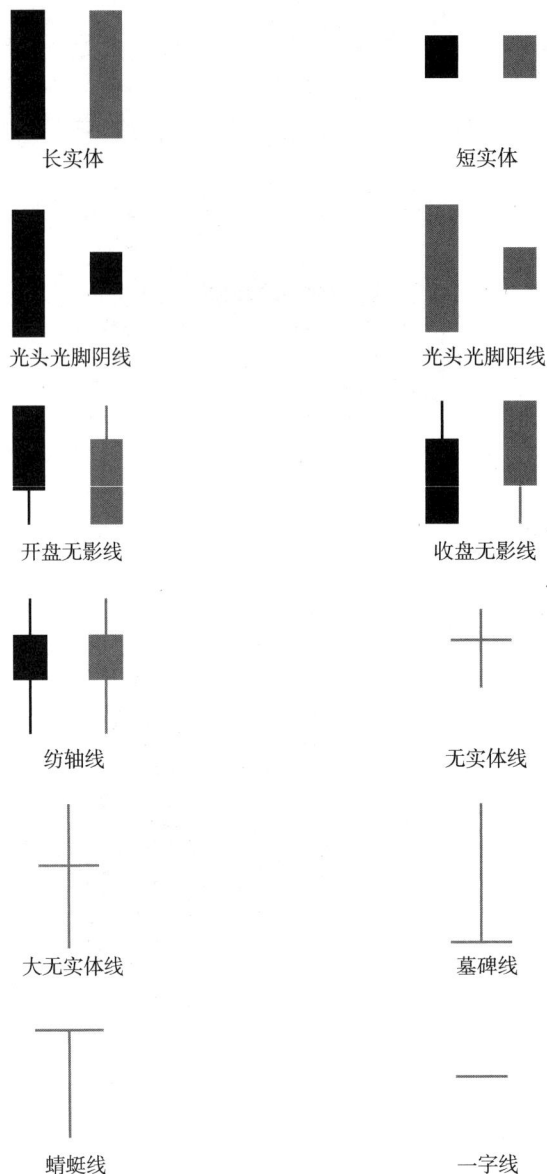

图 7-4 单根 K 线的基本形态

单根 K 线的判断意义:从单独一根 K 线对多空双方优势进行衡量,主要依靠实体的长度和上下影线的长度。一般来说,上影线越长,下影线越短,阳线实体越短,越有利于空方占优,不利于多方占优;上影线越短,下影线越长,阳线实体越长,越有利于多方占优,而不利于空方占优。上下影线的长短也影响多空双方的力量对比:上影线长于下影线,利于空方;下影线长于上影线,利于多方。

3.K 线组合及其判断

K 线组合可以是单根的,也可以是多根的,很少超过 5 根或 6 根的组合。组合分为反转组合形态和持续组合形态。这里,我们列举其中的 8 种反转组合形态和 2 种持续组合形态。下列(1)～(8)为反转突破形态,(9)和(10)为持续组合形态。

(1)锤形线和上吊线

具体特征如下:①小实体在交易区域的上方;②下影线的长度应该比实体的长度长得多;③上影线非常短,甚至没有。如图7-5所示。

图 7-5　锤形线和上吊线

锤形线处于下降趋势中。在疯狂卖出时被遏制,市场又回到或者接近当天的最高点,投资者担心踏空。如若收盘价高于开盘价,产生一根阳线,则情况甚至更有利于上升。第二天较高的开盘价和更高的收盘价将使得锤形线的牛市含义得到确认。

上吊线处于上升趋势中。当天的价格一定在低于开盘价的位置,之后反弹使收盘价几乎是在最高价的位置,产生出的长下影线显示一个疯狂卖出的开始。实体是阴线并且第二天开盘较低使得上吊线的熊市含义得到确认。

(2)包含型

包含型的特征如下:①本形态出现之前一定有相当明确的趋势;②第二天的实体必须完全包含前一天的实体;③前一天的颜色反映趋势如图7-6和图7-7所示(黑色是下降趋势,灰色是上升趋势);④包含型的第二根实体颜色与第一根的颜色相反。

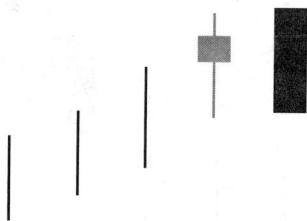

图 7-6　熊市包含型　　　　　图 7-7　牛市包含型

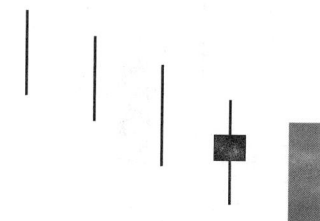

熊市包含型处于上升趋势中,只有小小的成交量配合和小阳实体发生。第二天,以新高开盘,然后迅速地卖出并伴随大的成交量。收盘比前一天的开盘更低,上升趋势已经被破坏。如果第三天的价格仍然保持在较低的位置,上升趋势将反转。牛市包含型的情况与熊市相反。

(3)被包含型

被包含型的特征如下:①长实体之前有趋势存在;②第一天的长实体的颜色反映市场的趋势方向;③长实体之后是小实体,它的实体被完全包含在长实体的实体区域之内;④小实体与长实体的颜色相反。

牛市被包含型　　　　　　　　　　　熊市被包含型

图 7-8　被包含型

牛市被包含型处于下降趋势进行了一段时间之后。一根伴随平均成交量的长阴线出现,维持了熊市的含义。第二天,价格高开,动摇空头,引起价格的上升。价格上升逐步加强,这一天的成交超过前一天,第三天将会反转。熊市情况刚好相反。

(4)倒锤线和射击之星

倒锤线的具体特征如下:①小实体在价格区域的较低部分形成;②不要求有缺口,只要在一个趋势之后下降;③上影线的长度一般比实体的长度的两倍长;④下影线短到可以认为没有。

射击之星的具体特征如下:①在上升趋势之后,以向上的价格缺口开盘;②小实体在价格区域的较低部分;③上影线的长度至少是实体的长度的 3 倍;④下影线短到可以认为不存在。

详见图 7-9。

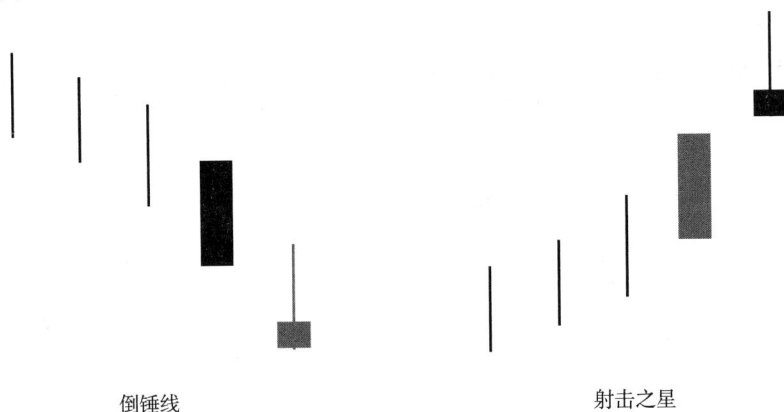

倒锤线　　　　　　　　　　　　　　　射击之星

图 7-9　倒锤线和射击之星

倒锤线:当市场以跳空开盘时,已经有了下降趋势。当天的上冲失败了,市场的收盘较低。第二天的开盘是判断趋势反转成败的关键。如果第二天的开盘高于倒锤线实体,趋势反转,并支持上升。

射击之星:射击之星处于上升趋势中,市场跳空向上开盘,出现新高,最后收盘在当天的较低位置。后面的跳空行为只能当成看跌的熊市信号。

（5）刺穿线和黑云盖顶

刺穿线的特征如下：①第一天是反映继续下降的长阴线实体；②第二天是阳线实体，开盘低于前一天的最低点；③阳线天的收盘在第一天的实体之内，但是高于第一天的实体的中点；④刺穿线的两根线都应该是长实体。

黑云盖顶的特征如下：①第一天是继续上升的长阳线；②第二天是开盘高于第一天最高点的阴线；③第二天阴线的收盘低于第一天阳线实体的中部。

详见图 7-10。

图 7-10 刺穿线和黑云盖顶

刺穿线：形成于下降趋势中的长阴线实体保持了下降的含义。第二天的跳空低开进一步加强了下降含义。然后，市场反弹了，且收盘高于长阴线实体的中点。阳线穿入阴线的幅度越大，反转的幅度越大。

黑云盖顶：市场处于上升趋势中，形成了一条长阳线。第二天市场跳高开盘，这是保持上升趋势的。收盘的时候价格下降到阳线实体的中间之下。阴线刺进前一根阳线的程度越深，顶部反转的机会越大。

（6）早晨之星和黄昏之星

早晨之星和黄昏之星的特征如下：①第一天的实体的颜色与趋势方向一致，早晨之星是阴线，黄昏之星是阳线；②第二天的星形线与第一天之间有缺口，颜色不重要；③第三天的颜色与第一天相反；④第一天是长实体，第三天基本上也是长实体。如图 7-11 所示。

图 7-11 早晨之星和黄昏之星

早晨之星开始是一根长阴线，加强了下降趋势。第二天价格向下跳空出现新低，交易发生在小的范围内，收盘同开盘接近持平。第三天价格跳空高开，收盘更高，反转趋势形成。

黄昏之星与早晨之星的状况正好相反,是上升趋势出现反转的组合形态。

(7)红三兵

红三兵的特征如下:①三根连续的长阳线,每天出现更高的收盘价;②每天的开盘价应该在前一天的实体之内;③每天的收盘价应该在当天最高点或接近最高点。如图 7-12 所示。

图 7-12　红三兵

在下降趋势中出现红三兵,这是强烈反转的代表信号。每天开盘较低,收盘价却是最近新高。这种价格运动行为非常看涨,不容忽视。

(8)三乌鸦

三乌鸦的具体特征如下:①连续三天长阴线;②每天的收盘出现新低;③每天的开盘在前一天的实体之内;④每天的收盘等于或接近当天最低。如图 7-13 所示。

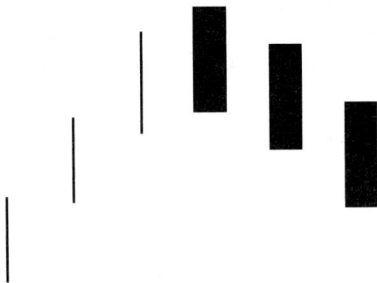

图 7-13　三乌鸦

三乌鸦与红三兵正好相反。上升趋势中,三乌鸦呈阶梯逐步下降,市场要么靠近顶部,要么已有一段时间处于一个较高位置。之后出现长阴线,明确下降趋势。后两天伴随着空头抛压,价格进一步下降。

(9)并排阳线

并排阳线的具体特征:①在趋势方向做出缺口;②第二天是阳线;③第三天也是阳线,其大小和开盘价与第二天阳线差不多。如图 7-14 所示。

牛市并排阳线   熊市并排阳线

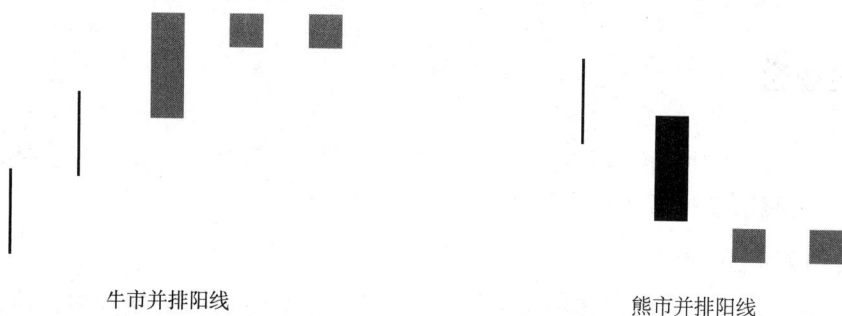

图 7-14 并排阳线

牛市并排阳线：市场处于上升趋势中，形成了加强牛市的长阳线。第二天，市场跳高开盘出现缺口，收盘价仍较高。第三天，市场开盘很低，基本上与昨日开盘等同，但空方力量迅速结束了，市场攀上较高位置，说明上升还将继续。

熊市并排阳线：当长阴线后的一天开盘是一个大的下降缺口的时候，下降趋势得到了加强。第二天市场交易在较高的位置，但没有封闭缺口。第三天开盘较低，与第二天的开盘持平。第三天价格上升并收盘较高，但还未封闭缺口，下降趋势将继续。

（10）上升和下降三法

上升三法和下降三法的具体特征：①长实体的形成表示了当前的趋势；②长实体被一组小实体所跟随，小实体的颜色最好与长实体相反；③小实体与当前趋势相反的方向或高或低排列，并保持在第一天实体的最高和最低所限定的范围之内；④最后一天应该是较强劲的一天，其收盘价高于或低于第一根长实体的收盘价。如图 7-15、7-16 所示。

图 7-15 上升三法   图 7-16 下降三法

上升三法：长阳线形成于上升趋势中，之后是一群抵抗原趋势的小实体。这些反向的 K 线一般是阴线，但更重要的是这些小实体都在长阳线的最高和最低范围内。最后一根 K 线的开盘高于前一根 K 线收盘价，且收盘价出现新高，维持了原来的趋势。

下降三法与上升三法含义正好相反，是下降趋势经过停顿后继续下降的组合形态。

二、切线理论

切线理论是针对股价运行趋势所提出的理论框架,其核心研究内容包括趋势线、支撑线、压力线以及轨道线等关键要素。

(一)趋势分析

趋势是指股票价格的总体波动方向,也即股票市场运动的主导方向。简而言之,趋势反映了股票价格在市场中的运动方向。通常情况下,市场的价格变动中间有曲折,每个折点处就形成一个峰或谷。由这些峰和谷的相对高度,我们可以看出趋势的方向。

如果基本确定了一段上升或下降的趋势,则股价的波动必然朝着这个方向运动。上升的行情里,虽然有时会下降,但不影响上升的大方向,不断出现的新高价会使投资者忽略偶尔出现的股价下降。下降行情里情况相反,不断出现的新低价会使投资者心情悲观。

趋势有三个方向:上升方向、下降方向和水平方向(见图 7-17)。

(1)上升方向。如果图形中每个后面的峰和谷都高于前面的峰和谷,则趋势就是上升方向。这就是常说的,一底比一底高或底部抬高。

(2)下降方向。如果图形中每个后面的峰和谷都低于前面的峰和谷,则趋势就是下降方向。这就是常说的,一顶比一顶低或顶部降低。

(3)水平方向。也被称为无趋势方向或横盘趋势方向。如果图形中后面的峰和谷与前面的峰和谷相比,没有明显的高低之分,几乎呈水平延伸,这时的趋势就是水平方向。水平方向趋势是被大多数人忽视的一种方向,这种方向在市场上出现的机会是相当多的。就水平方向本身而言,也是极为重要的。大多数的技术分析方法,在对处于水平方向的市场进行分析时,往往很难做出准确的判断。

上升   下降   水平

图 7-17   趋势分析

(二)支撑线与压力线

支撑线又称抵抗线,是指当股价跌到某个价位附近时,股价停止下跌,甚至回升。支撑线起阻止股价继续下跌的作用。支撑线是指图形上每一谷底最低点的直切线。通常如果价位在此线附近时,投资者具有相当高的买进意愿。

压力线又称阻力线,是指当股价上涨到某个价位附近时,股价停止上涨,甚至回落。压力线起阻止股价继续上升的作用。压力线是指图形上每一高峰最高点的直切线。这是由空方在此抛售所造成的走势。

支撑线和压力线图形如图 7-18 所示。

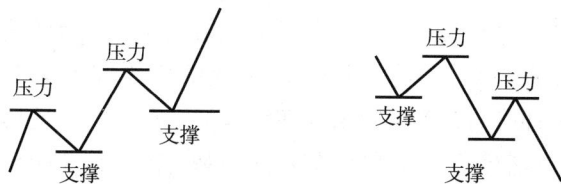

图 7-18 支撑线与压力线

1.支撑线与压力线的作用

支撑线和压力线能够阻止或暂时阻碍股价沿某一方向继续运动。鉴于股价的变动具有趋势性,为了维持这种趋势并保持原有的变动方向,股价必须克服阻止其继续前进的障碍。由此可见,支撑线和压力线迟早会有被突破的可能,它们不足以长久地阻止股价保持原来的变动方向,只不过是使之暂时停顿而已。

同时,支撑线和压力线又有彻底阻止股价按原方向变动的可能。当一个趋势终结或者说走到尽头了,它就不可能创出新的低价和新的高价,这样支撑线和压力线就显得异常重要。

在上升趋势中,如果下一次未创出新高,即未突破压力线,这个上升趋势就已经处在很关键的位置了,如果再往后的股价又向下突破了这个上升趋势的支撑线就会产生 个趋势有变的强烈警告信号,通常这意味着,这一轮上升趋势已经结束,下一步转为下跌的过程。

同样,在下降趋势中,如果下次未创新低,即未突破支撑线,这个下降趋势就已经处于很关键的位置,如果下一步股价向上突破了这个下降趋势的压力线,这就发出了下降趋势将要结束的强烈信号,股价的下一步将是上升的趋势。

2.支撑线和压力线的相互转化

支撑线和压力线主要是从人的心理因素方面考虑的,两者的相互转化也是从心理角度方面考虑的。支撑线和压力线之所以能起到支撑和压力作用,很大程度是因为心理因素方面的原因,这就是支撑线和压力线理论上的依据。当然,心理因素不是唯一的依据,还可以找到别的依据,如历史会重演等,但心理因素是主要的理论依据。

三、形态理论

形态分析是技术分析的重要组成部分,它通过对市场横向运动时形成的各种价格形态进行分析,并且配合成交量的变化,推断出市场现存的趋势将会延续或反转。

价格形态可分为反转形态和持续形态:反转形态表示市场经过一段时期的酝酿后,决定改变原有趋势,而采取相反的发展方向;持续形态则表示市场将顺着原有趋势的方向发展。

(一)反转形态

反转形态是指股票价格改变原有的运行趋势所形成的运动轨迹。反转形态存在的前提是市场原先确有趋势出现,而经过横向运动后改变了原有的方向。反转形态的规模,包括空间和时间跨度,决定了随之而来的市场动作的规模,也就是说,形态的规模越大,新趋势的市场动作也越大。在底部区域,市场形成反转形态需要较长的时间,而在顶部区域,则经历的时间较短,但其波动性远大于底部形态。交易量是确认反转形态的重要指标,而在向上突破时,交易量更具参考价值。反转形态主要包括头肩形、双重形、圆弧形、喇叭形以及 V 形等多种形态。

1.头肩形

头肩形是一种典型的反转形态,它将带来明显的大势反转。头肩形一般分为头肩顶、头肩底以及复合头肩形三种类型。

(1)头肩顶

头肩顶形态是最为常见的反转形态之一。顾名思义,图形以左肩、头、右肩及颈线组成。在股价上升过程中出现了 3 个峰顶,这 3 个峰顶分别称为左肩、头部和右肩。如图 7-19 所示,从图形上看左肩、右肩的最高点基本相同,而头部最高点比左肩、右肩最高点要高。另外,股价在上冲失败向下回落时形成的两个低点又基本上处在同一水平线上。这同一水平线,就是通常说的颈线,当股价第 3 次上冲失败回落时,这根颈线被击破,于是头肩顶正式宣告成立。在头肩顶形成过程中,左肩的成交量最大,头部的成交量略小,右肩的成交量最小。成交量呈递减现象,说明股价上升时追涨力量越来越弱,股价有涨到头的意味。

(2)头肩底

头肩底是跟随下跌市势而行,并发出市况逆转的信号。图形以左肩、头、右肩及颈线组成。如图 7-19 所示,3 个连续的谷底以中谷底(头)最深,第一个和最后一个谷底(分别为左、右肩)较浅及接近对称,因而形成头肩底形态。价格一旦升穿阻力线(颈线),则出现较大幅上升。成交量可为头肩底形态充当一个重要的指标,大多数例子中,左肩较右肩和头部为大,下降的成交量加上头部创新低可充当一个警号,警戒市势正在水平线上逆转。第二个警号是当价格由头部的顶峰上升时,即价格向上突破颈线后,再次回落至颈线支持位,然后才大涨。最后,逆转信号是在价格向上突破颈线后,把握时机入货。若未能跟进,则可等待出现后抽到颈线支持位时买入。

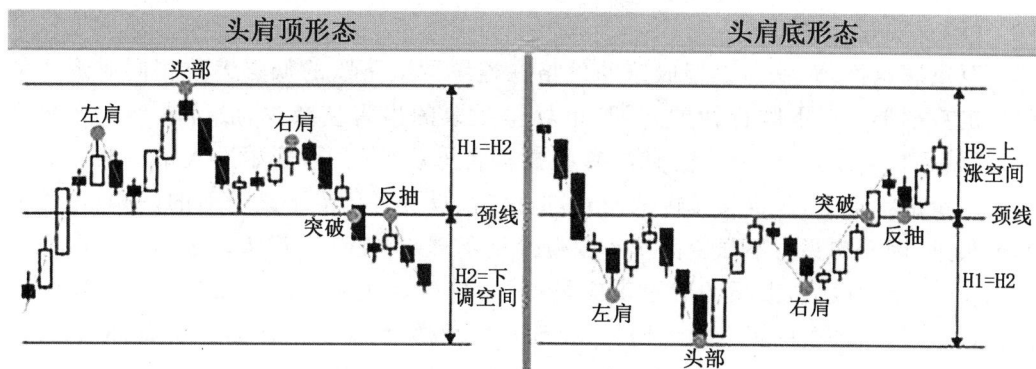

图 7-19　头肩形

（3）复合头肩形

由于股价变动是市场多种因素合力作用的结果，因此表现在股价演变的图形上，会出现激烈的多空争斗，来回拉锯式地波动，往往产生复合头肩的图形。这种形态与头肩形基本相似，只是左右肩或者头部出现多于一次，其分析意义也和普通的头肩形一样，往往出现在长期趋势的顶部或者底部。复合头肩形的出现通常就是一个买进或卖出的信号。

2.双重形

双重形也是一种比较重要的反转形态。它与头肩形相比，就是没有肩部，只是由两个等高的峰或谷组成。

（1）双重顶

双重顶是当某一种股票急速涨升至某一价位时，由于短线获利回吐的卖压出现，成交量扩大，股价自峰顶滑落，然后成交量随股价的下跌而逐渐萎缩，股价止跌回升后又开始往上升，涨升至前一峰顶附近价位时，成交量再增加，但却比前一峰顶所创造出的成交量少，上档卖压再现，股价再度下跌，且跌破颈线，形成一直往下走的弱势。颈线即是在双峰间的低点划一平行线，由于双重顶完成后突破颈线，从形态上看，它非常类似英文字母"M"，故双重顶又可称"M 头"。双重顶形态的出现预示着股价即将下跌，如图 7-20 所示。

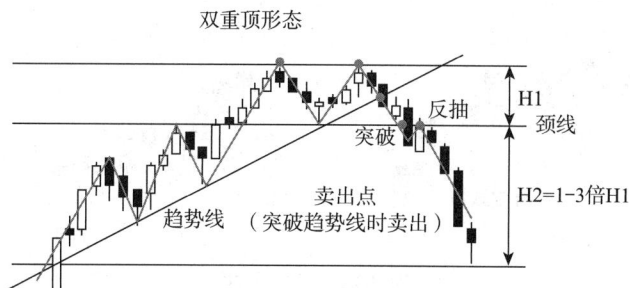

图 7-20　双重顶

（2）双重底

双重底也称"W 底"，是指股票的价格在连续两次下跌的低点大致相同时形成的股价走势图形。在下跌行情的末期，市场里股票的出售量减少，股价跌到一定程度后，开始不再继续下跌。与此同时，有些投资者见股价较低，开始进入市场买进。在买盘力量的推动下，股价又慢慢地回升，但这时，投资者仍受下跌局面的影响，不敢大胆地买进，因而购买力不强。而卖者觉得价格不理想，在一旁观望。于是股价时涨时停，到达一定阶段后，市场的股票供应量增加，价格再次回落。当回落到前一次下跌的低价位后，市场中的买盘力量增加，股价开始反弹，反弹到前次的高点后，便完成双重底图形。一旦双重底形态形成，投资者可抓紧时机，大量买进。如图 7-21 所示。

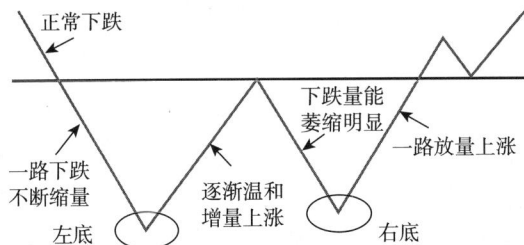

图 7-21　双重底

（3）多重顶（底）形

多重顶（底）形态是双重形的一种扩展形式，也是头肩形的变形。它由多个一样高或一样低的顶或底组成。多重顶（底）形态的出现，往往是由于缺乏耐心的投资者在形态尚未完全确定时便急于跟进或退出。当走势不如预期时，他们又会急于出货或抢进。然而，当大势已定、股价正式反转上升或下跌时，这些投资者往往犹豫不决，缺乏信心，从而导致股价走势变得复杂。

3.圆形顶底

将股价在一段时间的顶部高点用折线连起来，每一个局部的高点都考虑到，有时可能得到一条类似于圆弧的弧线；将每个局部的低点连在一起也能得到一条弧线。应该提醒大家的是，这里的曲线不是数学意义上的圆，也不是抛物线，而仅仅是一条曲线，如图 7-22 所示。

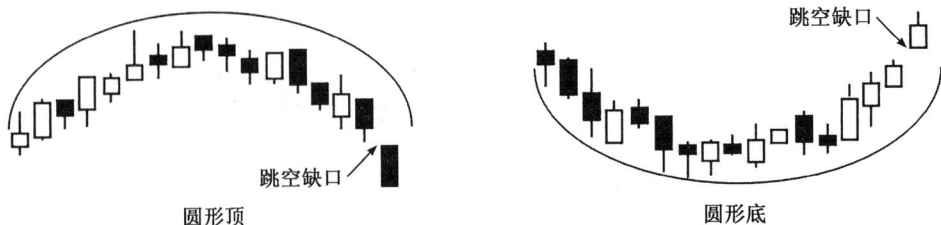

图 7-22　圆形顶底

在识别圆形形态时，成交量是很重要的。无论是圆形顶还是圆形底，在它们的形成过程中，成交量都是两头多，中间少。圆形顶的判断标准是向下突破颈线，圆形底则是向上突破颈线,其作用与其他反转形态类似。除了以上几种形态以外,还有比较常见的喇叭形、V形等反转形态,其原理与其他反转形态基本相似。

(二)持续形态

所谓持续形态,是指股票价格维持原有的运动轨迹。市场事先确有趋势存在是持续形态成立的前提。市场经过一段趋势运动后,积累了大量的获利筹码,随着获利盘纷纷套现,价格出现回落,但同时对后市继续看好的交易者大量入场,对市场价格构成支撑,因而价格在高价区小幅震荡,市场采用横向运动的方式消化获利筹码,重新积聚了能量,然后又恢复原先的趋势。持续形态即为市场的横向运动,它是市场原有趋势的暂时休止。

与反转形态相比,持续形态形成的时间较短,这可能是市场惯性的作用,保持原有趋势比扭转趋势更容易。持续形态形成的过程中,价格震荡幅度应当逐步收敛,同时,成交量也应逐步萎缩。最后在价格顺着原趋势方向突破时,会伴随较大的成交量。

1.三角形

(1)对称三角形

对称三角形又称等边三角形,是指在一个大趋势进行的过程中,原有的趋势暂时处于整理阶段,还要随着原来趋势的方向继续行动。对称三角形只是原有趋势运动途中的休整阶段,所以如果持续时间太长,保持原有趋势的能力就会下降。越靠近三角形的顶点,三角形的各种功能就越不明显,对买卖操作的指导意义就越弱。

对称三角形(图7-23)由一系列的价格变动组成,其变动幅度逐渐缩小,即每次变动的最高价低于前次的最高价,而最低价比前次最低价高,呈收敛趋势。如从横向看价格变动领域,其上限为向下斜线,下限为向上倾线,分别以直线把短期高点和低点连接起来,就可以得到一个对称三角形。

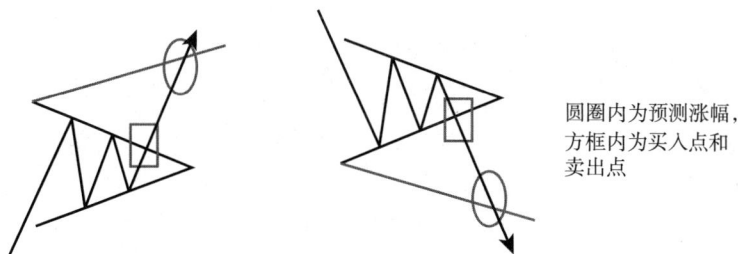

圆圈内为预测涨幅,
方框内为买入点和
卖出点

图 7-23 对称三角形

对称三角形的成交量,因越来越小幅度的价格变动而递减,恰好反映出多空力量对后市犹疑不决的观望态度。当价格突然跳出三角形时,成交量随之变大。若价格向上冲破阻力线(必须有大成交量的配合),便是一个短期买入信号;反之,若价格向下跌破(在低成交量之下跌破),便是一个短期卖出信号。

(2)上升三角形和下降三角形

上升三角形是对称三角形的变形体,如图 7-24(a)所示。对称三角形有上下两条直线,将上面的直线逐渐由向下倾斜变成水平方向就得到上升三角形。价格在某水平呈现强大的卖压,价格从低点回升到水平便告回落,但市场的购买力仍十分强劲,价格未回至上次低点便即时反弹,持续使价格随着阻力线的波动而日渐收窄。若我们把每一个短期波动高点连接起来,便可画出一条阻力线;而每一个短期波动低点则可连接出另一条向上倾斜的线,便形成上升三角形。

上升三角形的成交量在形态形成的过程中不断减少,显示买卖双方在该范围内的较量,但买方的力量在争持中已稍占上风。卖方在其特定的价格水平沽售,他们不急于出货,但却不看好后市,于是价格每升到理想的沽售水平便立即卖出,这样一来,在同一价格的沽售就形成了一条水平的供给线。然而,由于市场的购买力十分强劲,往往在价格尚未回落至上一次低点时,资金便迫不及待地介入市场,从而形成了一条向右上方倾斜的需求线。由此可见,上升三角形比对称三角形有更强烈的上升意识,多方比空方更为积极,通常以三角形的向上突破作为这一持续过程终止的标志。

下降三角形的基本内容和上升三角形基本相似,只是方向相反,如图 7-24(b)所示。其通常在回档低点的连线趋近于水平,而回升高点的连线则往下倾斜,代表卖方的力量逐渐增加,使高点随时间而演变,越盘越低;与此同时,下档支撑的买盘逐渐转弱,退居观望的卖压逐渐增加,在买盘力量转弱而卖压逐渐增强的情况下整理至末端,配合量能温和放大,价格同下跌破的机会较大。下降三角形在某个特定的价格水平会出现稳定的购买力,因此每回落至该水平便告回升,形成一条水平的需求线。然而市场的沽售力量却不断加强,价格每一次波动的高点都较前次低,于是形成一条向下倾斜的供给线。下降三角形同样是多空双方力量较量的结果,然而多空力量却与上升三角形所呈现的情形相反。

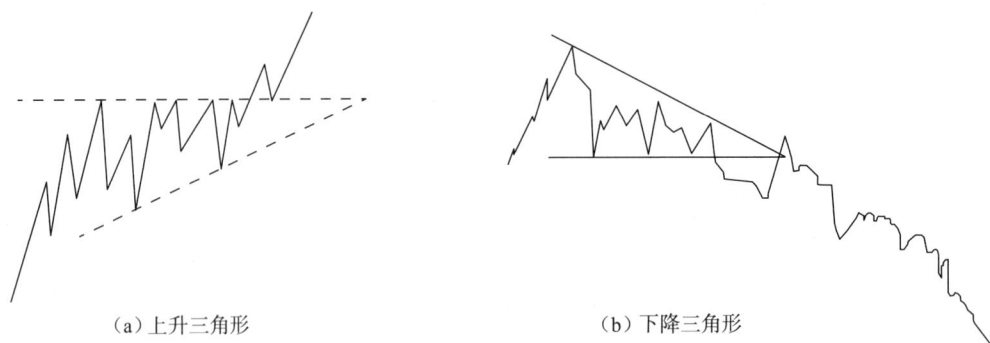

(a)上升三角形   (b)下降三角形

图 7-24　上升三角形和下降三角形

2.矩形

矩形又称箱形,也是一种典型的整理形态。当价格上升到某水平时遇到阻力,掉头回落,但很快便获得支持而回升,然而回升到前次相同高点时却再一次受阻,而挫落到上次低点时则再得到支持。这些短期高点和低点分别以直线连接起来,便可以绘出一条通道,这条通道既非上倾,亦非下降,而是平行发展,这就是矩形形态,如图7-25所示。

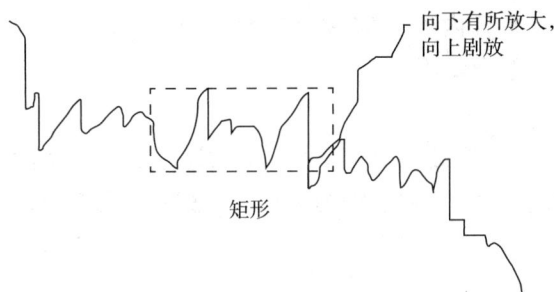

图 7-25　矩形

矩形在形成之初,多空双方互不相让。空方在价格高上去后的某个位置就卖出,多方在股价下跌后到某个价位就买入,时间一长就形成两条明显的支撑线和阻挡线。随着时间的推移,市场趋于平稳。在判断矩形形态时需要注意的是,在矩形形成过程中,向上突破上颈线通常需要较大的交易量配合,而向下突破下颈线则不一定需要大的交易量,且涨跌幅度通常与矩形的宽度大致相等。若股价在上升时伴随较大的交易量,而在下降时交易量较小,则通常被视为持续上升的形态;反之,若股价在下降时伴随较大的交易量,而在上升时交易量较小,则可能表明是持续下降的形态。通常,比较窄的矩形威力更大。

3.旗形

旗形形态就像一面挂在旗杆上的旗帜,通常在急速而又大幅波动的市场中出现。价格经过一连串紧密的短期波动后,形成一个稍微与原趋势呈相反方向倾斜的长方形,这就是旗形走势。旗形形态又分为上升旗形和下降旗形两种,如图7-26所示。

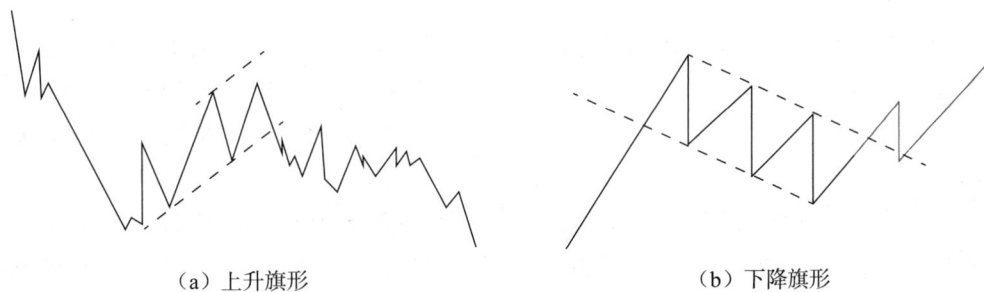

（a）上升旗形　　　　　　　　　　　（b）下降旗形

图 7-26　上升旗形和下降旗形

当价格经过陡峭的飙升后,接着形成一个紧密、狭窄和稍微向下倾斜的价格密集区,把这些密集区的高点和低点分别连接起来,便可划出两条平行而下倾的直线,这就是上升旗形。当价格出现急速或垂直的下跌后,接着形成一个波动狭窄而紧密、稍微上倾的价格密集区,像是一条上升通道,这就是下降旗形。

形态完成后价格便继续向原来的趋势移动,上升旗形将有向上突破,而下降旗形则向下跌破。上升旗形大多数在牛市末期出现,因此暗示升市可能进入尾声阶段;而下降旗形则大多数在熊市初期出现,显示大市可能作垂直式的下跌,因此形成的旗形细小,大约在三四个交易日内已经完成,但如果在熊市末期出现,那么形成的时间较长,且跌破后只可做有限度的下跌。

4.楔形

如果将旗形中上倾或下倾的平行四边形变成上倾或下倾的三角形,我们就会得到楔形。楔形可分为上升楔形和下降楔形两种,如图 7-27 所示。

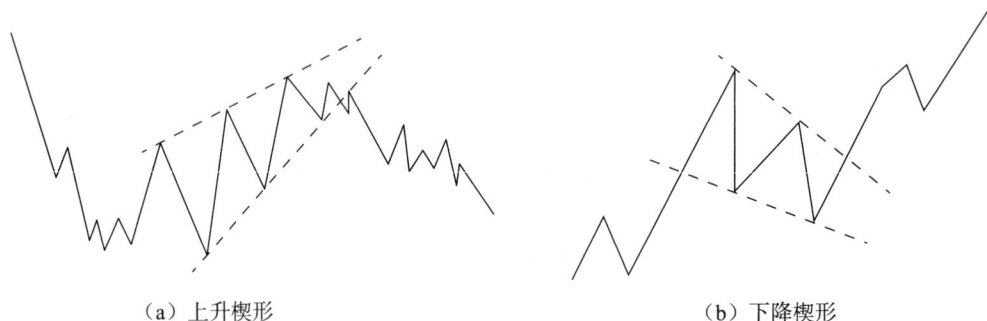

(a) 上升楔形　　　　　　　　　　　　　(b) 下降楔形

图 7-27　上升楔形和下降楔形

楔形形态与旗形形态相类似,都属于短期内的调整形态,其形成原因皆为股价前期有一段急速的变动,股价波动幅度大,且角度接近垂直,形成旗杆,多方或空方经过一段冲刺后,股价在短期内呈反向小幅回调,形成楔形。

从形态上看,旗形和楔形都像挂在旗杆上的旗子,只是旗形为平行四边形,而楔形则为上下两条颈线,会在短期内交叉,形成一扁长的三角形,形如三角旗。在上升趋势中,楔形为从左向右下方倾斜的三角形,在下跌趋势中,楔形为从左向右上方倾斜的三角形。

楔形的成交量同样呈现出由左向右递减的趋势,但与旗形不同的是,楔形的成交量萎缩速度较快,且其形态内的股价波动幅度相对较小。同样,楔形整理的时间不会太长,一般在 8～15 日内,如果时间太久,形态力道将消失,也可能造成股价反转的局面。

在上升趋势中出现楔形,预示后市看好。在股价向上突破颈线时成交量并不一定要放大,而是在未来的涨势中逐步增量,直至目标位。在下跌趋势中,股价在楔形整理后,向下突破时成交量也不需要放大,这是由于楔形整理时间较旗形整理时间长,多方或空方、情绪化操作减少造成的。

四、波浪理论

波浪理论是技术分析方法中最为神奇的一种方法,它是以美国人艾略特(R.N. Elliott)的名字命名的一种价格趋势分析理论,全称是艾略特波浪理论。它是根据大海的潮汐及波浪的变化规律,描述和预测股票价格变动规律及未来走势的方法。波浪理论是股市分析理论中使用最多,但又最难理解和精通的方法,需要投资者花大力气去掌握这把神奇的钥匙。

波浪理论主要研究三个方面的问题:价格走势所形成的形态、价格走势图中各个高点和低点所处的相对位置,以及完成某个形态所经历的时间长短。其中,价格的形态是最重要的,它是波浪理论存在的基础。高点和低点所处的相对位置是波浪理论中各个波浪开始和结束的位置,它可以用黄金分割加以推断。完成某个形态所经历的时间可以预测趋势的开始和结束,提示人们及时采取应变的措施。上述三方面内容也可以概括为:形态、比例和时间。

(一)波浪理论的基本形态

波浪理论认为,证券市场应该遵循一定的周期,周而复始、循环往复地向前发展。艾略特指出,股市的发展是依据着一组特殊且不断重复的规律进行的,这组规律即是以 5 个上升浪和 3 个下跌浪作为一次循环交替推进。其中 3 个下跌浪可以理解为对 5 个上升浪的调整,如图 7-28 所示。

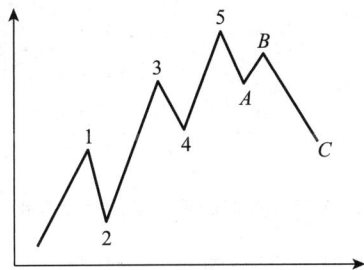

图 7-28　波浪理论的基本形态

在图 7-28 中,1~5 浪是上升浪,其中 1、3、5 浪是上升主浪,2、4 浪是调整浪,2 浪是对 1 浪的调整,4 浪是对 3 浪的调整。A、B、C 三浪是下跌浪,是对前 5 个上升浪的调整。

第一次的 8 浪形态完成之后,第二次相似的循环就会出现,然后是第三次循环,均是五升三跌,即 5 个向上为主导的大浪、3 个向下为主导的大浪。下跌浪的基本形态是五跌三升,与上升浪的形状相反,直至完成下跌的 3 个大浪。

(二)波浪的细分与周期

波浪理论考虑价格形态的跨度是不受限制的。在数浪时,会涉及将一个大浪分成很多小浪和将很多小浪合并成一个大浪的问题。通常,在 1 个升跌的基本浪之间,可以划分成 8 个较次一级的小浪,在这些小浪的基础上,又可以再划分成更低一级的小浪。波浪的细分与周期如图 7-29 所示。

从图 7-29 中可以看出,一个完整的波浪循环是由牛和熊两浪构成的。其中,牛市包含 5 个大浪、21 个中浪、89 个小浪,熊市包含 3 个大浪、13 个中浪、55 个小浪。所以,完整的波浪周期可分为 2 个、8 个、34 个、144 个浪。

波浪理论中,上升浪与下跌浪之间的关系为:

上升大浪 5,下跌大浪 3。

上升中浪 21,下跌中浪 13。

上升小浪 89,下跌小浪 55。

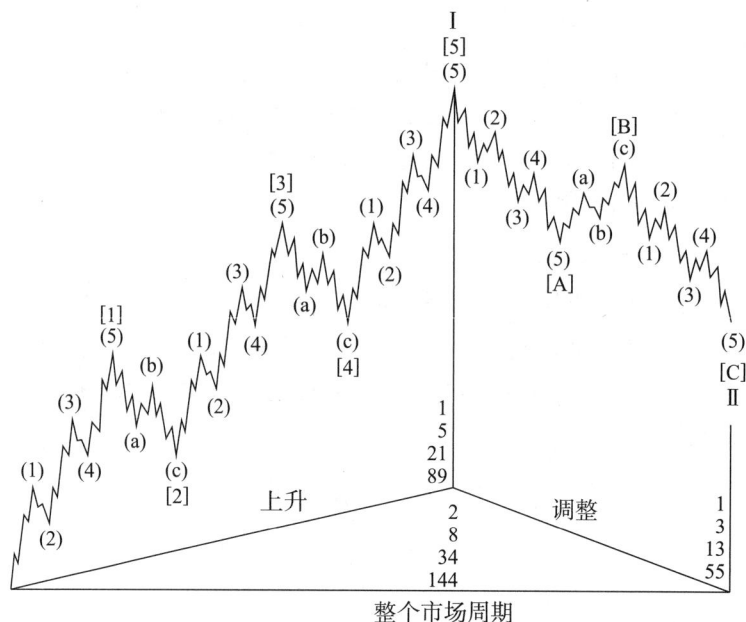

图 7-29　波浪的细分与周期示意图

实战中,一个最基本的上升与下跌单位是 34 浪,即上升单位是 21 浪,下跌单位是 13 浪。

(三)数浪规则

波浪运行会有多种形态,投资者可参照以下规则进行判断:

1.3 浪经常是最长的一浪

3 浪不能是 3 个上升浪中最短的一浪,而且经常是最长的一浪,具有较强的爆发力和推动力。

2.不可重叠

1 浪与 4 浪不可以重叠,即 4 浪的低点不能低于 1 浪的高点。

3.交替出现

所有的波浪形态几乎都是交替和轮流出现的,如 2 浪是简单的调整形态(单式、深),则 4 浪应是复杂的形态(复式、浅)。反之亦然。

4.平行通道

在调整浪中,4 浪回调的低点通常是在前一浪中的 4 小浪的范围内完成的,即 4 浪的低点与 3 浪中的 4 小浪的终点几乎平行。

(四)波浪的表现特征

第 1 浪多数属于营造底部形态的一部分。它是 8 浪循环的开始,由于这段行情的上升出现在空头市场跌势之后的反弹和反转,买方力量并不强大,加上空头继续存在卖压,因此,在 1 浪上升之后出现的调整回落走势,其回档的幅度往往较大。

2 浪是调整浪,许多市场人士误以为熊市尚未结束,故调整下跌的幅度较大。当行情在此浪中跌到接近底部时,市场会出现惜售心理,抛售压力减轻,成交量逐渐缩小,调整浪宣告结束。

3 浪涨势较大,属于最具爆炸性的一浪。市场中投资者信心恢复,成交量也大幅上升,运行的时间较长,上涨幅度很大。传统图表中的突破信号经常出现在此浪中。

4 浪是行情大幅上升后的调整浪,通常以比较复杂的形态出现,有时会出现平台型或三角形调整形态。

5 浪的涨幅一般比 3 浪小,此时股价达到了顶峰,市场乐观情绪高于一切,但有时也会出现失败浪形态。

A 浪:市场中大多数投资者认为上升行情尚未出现逆转,此时仅仅是一个短暂的回调,实际上该浪的下跌在 5 浪已经出现了警告信号。

B 浪:通常成交量不大,升势较为情绪化,一般可视为多头的逃命线。然而,由于这是一段上升行情,很容易让投资者误以为是另一波段的涨势,形成"多头陷阱",此时投资者买入即遭套牢。

C 浪:杀伤力最强的浪,其跌势凶猛,跌幅巨大,持续时间较长,此浪开始即出现全面性下跌,没有撤离的投资者将损失惨重。当然,C 浪的结束或许又是一个新浪的开始。

(五)波浪的涨跌比例与时间分析

1.斐波那契数列

波浪理论的数学基础是斐波那契数列。公元 1202 年,意大利数学家斐波那契发现了一组数字,即 1,2,3,5,8,13,21,34,55,89,144,…,这组数字有以下几个特点:

(1)任意相邻的两个数字之和等于两者之后的那个数字,如 5+8=13。

(2)除了最初的四个数字外,任意一个数字与后面的数字的比值都接近 0.618,如 13÷21=0.619。

(3)任意一个数字与前面的数字的比值都趋近 1.618,如 34÷21=1.619。

(4)任意一个数字与其前第二个数字的比值都趋近 2.618,如 21÷8=2.625。

(5)任何一个数字与其后第二个数字的比值都趋近 0.382,如 8÷21=0.381。

在波浪理论中,波浪形态与周期的划分、浪与浪之间的比例以及波浪运行的时间,均可以用斐波那契数列加以印证。

2.黄金分割与波浪比例

黄金分割是指运用斐波那契数列中的黄金分割率分析股价走势,即将 1 分为 0.618 和 0.382,来判断股价的涨跌幅度及股价的阻力位和支撑位。

涨跌幅度的判断可以参考以下两个原则：当股市从低位开始爬升时，上涨幅度通常是最低位的1.382、1.5、1.618等位置，据此可判断股价的阻力位；当股市从高位开始回调时，调整幅度通常是最高点的0.382、0.5、0.618等位置，投资者据此可寻找股价的支撑位。计算方法如下：

支撑位1＝最高价－(最高价－最低价)×0.382

支撑位2＝最高价－(最高价－最低价)×0.5

支撑位3＝最高价－(最高价－最低价)×0.618

同样：

压力位＝前低点＋(前高点－前低点)×黄金分割率

或者：

支撑位：最高价÷1.382

最高价÷1.382÷1.382

最高价÷1.618

最高价÷1.618÷1.618

压力位：最低价×1.382

最低价×1.382×1.382

最低价×1.618

最低价×1.618×1.618

在牛市中，上升波浪的比例通常为1.618、2.618，获利回升时的比例通常为0.382、0.5；在熊市中下跌的比例为0.618、1，反弹的比例为0.382、0.5。当波浪以0.382回吐、1.618上升的节奏向上运行时，一旦达到某一水平，又突然失去了此节奏，可能是该浪即将结束或即将"转势"，再有可能就是数浪出现了错误。

3.时间之窗

斐波那契数列在分析波浪运行的时间方面也有奇妙之处，即它可以发现市场转折点。当股价从头部或底部算起，往后数到13个、21个、34个、55个、89个、144个交易日(或周、月)时，在这些交易日发生转向的概率极大，这些交易日即为股价的时间之窗。

时间之窗通常有趋势转折和趋势加速两层含义，其中转折常见，加速并不常见。

时间之窗的应用难点在于判断大盘运行的节奏及大盘会在哪一时间点发生转折或加速，是8、13、21、34，还是55、89、144。投资者如果判断失误，出现了踏空或被套，要注意及时进行回补(回踩均线时)或进行止损(反抽均线时)。

时间之窗的另一个难点是判断大周期与小周期的关系。通常大的时间结构要相对准确，才能判断小的结构，即大周期约束小周期，小周期要服从大周期。

另外，各个时间周期价格的同向叠加会形成共振，使股市上涨或下跌的力度增加；而各个时间周期价格的反向运行会抵消上涨或下跌的力量，会削弱股价涨跌的强度。

时间之窗的操作方法如下：

(1)预测交易。当时间先于空间到达时，即时间在空间到达之前就已实现对价格的拦截，投资者一般可选择左侧交易，提前抄底逃顶。

(2)确认交易。当时间落后于空间到达时，即股市价格涨跌到位但时间未到，时空出现不和谐时，投资者应尊重市场的选择，采取右侧交易，等顶底确认后再跟随趋势进行买卖。

(3)时间共振交易。时间共振交易即利用大周期中的周线和日线图形进行趋势判断。根据小周期中的60分钟和30分钟图形制订交易计划，在更小的周期15分钟或5分钟图形上寻找买卖点。如果判断正确，则在高一层次的时间结构上出现买卖信号时进行加码。

在运用波浪理论时，要注意奇异数字在波浪的形态、涨跌比例及时间之窗三个方面的综合分析。如果发现某波浪的基本形态已经走完，涨跌幅度已经到位，各种尺度的时间之窗又交织在一起，那么在此时间段发生转折的机会相当大，重视技术分析的投资者应把握住这重要的市场机遇。

五、缺口理论

在 K 线理论的一些组合形态中会涉及缺口、跳空、岛形反转等形态，所以缺口理论在实际分析中作用较大。

(一)缺口的含义

缺口是指相邻两根 K 线之间出现的未成交的价格区间，在 K 线图上表现为连续两个交易日的 K 线上影线与下影线之间存在的明显间隔，如图 7-30 所示。

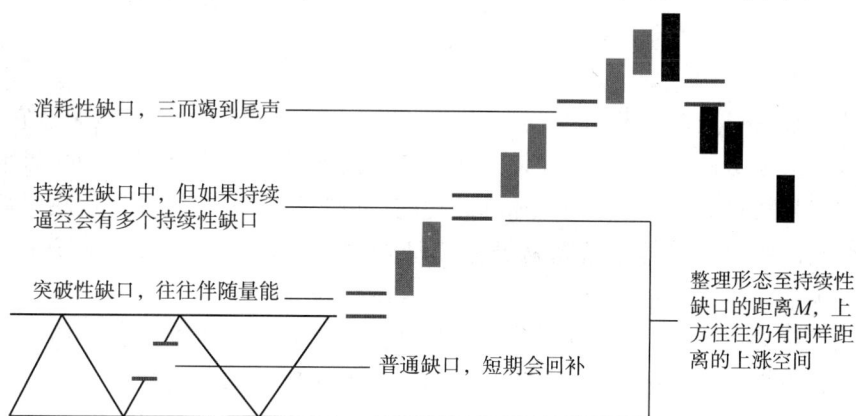

消耗性缺口，三而竭到尾声

持续性缺口中，但如果持续逼空会有多个持续性缺口

突破性缺口，往往伴随量能

普通缺口，短期会回补

整理形态至持续性缺口的距离M，上方往往仍有同样距离的上涨空间

图 7-30　缺口

当某日的交易价格形成了缺口，若后续价格发生反转并重新在缺口所在的价格区间内形成交易，则称为缺口的回补。缺口可能被完全回补，也可能仅被部分回补。事实证明，部分缺口可能在短期内被迅速回补，有些缺口则需要经过较长时间才能被

回补,而有些缺口甚至可能永远无法被回补。

缺口对后续的市场发展趋势具有显著影响。通过对不同类型缺口的分析,投资者可以更有效地把握投资机会。

(二)缺口的种类与应用

缺口分为有分析意义的缺口和无分析意义的缺口。无分析意义的缺口是指跳空幅度小、出现频率大的缺口,以及非市场因素的除息、除权缺口;有分析意义的缺口是指对市场操作有指导意义的缺口,分别是普通缺口、突破缺口、中继缺口、竭尽缺口。

1.普通缺口(区域缺口)

普通缺口是出现在一个交易区域或价格持续形态之内的缺口,持续形态的特点之一是成交量逐渐减少,交易集中在形态的顶线和底线,中间区域无成交,从而形成区域缺口,缺口通常会被回补。在持续形态接近突破时,价格最后一次在该形态中波动,此时的缺口不被回补,预示持续形态将被突破。普通缺口的认定在于帮助人们识别一个正在形成的持续整理形态。

2.突破缺口

突破缺口通常在价格突破持续整理形态后出现。在对水平持续形态边界的突破口处,几乎都会出现突破缺口;在价格脱离反转形态的时候也会产生突破缺口,它对是否反转具有预测功能。

当存在缺口时,买方(卖方)的上升(下降)动力通常比没有缺口时更强,从而导致价格迅速大幅上涨(下跌)。在这两种情况下,买方(卖方)均占据优势地位。股价上升形成突破缺口要有大成交量配合。出现突破缺口是股价进入急速上升或下降阶段的信号,投资者此时可坚定信心,加大买卖数量。

在多数情况下,突破缺口不易被回补,但如果离开缺口后成交量比突破前逐渐减少,则有一半的机会价格会在未来的局部回落中回到缺口位置。

3.中继缺口

虽然中继缺口出现的机会相对较小,但其技术预测价值却相当显著。它通常出现在一段完整走势的中途,即股价某一剧烈变动的开始与结束之间,因此也被称为持续缺口或度量缺口。投资者可根据缺口测量股价涨跌幅度,即股价到达缺口后,其可以继续变动的幅度一般等于价格从开始变动到这一缺口的距离。在日线图中,当收盘价为当天最高价或接近最高价时,可能发生中继缺口。

由于这种缺口通常出现在股价上升过程的中途,且随后价格将出现回落,表明部分投资者在卖出股票以规避风险,因此这种缺口也被称为逃逸缺口。

4.竭尽缺口

竭尽缺口标志着股价在经历大幅上升或下跌的变动趋势后,其上涨或下跌的力量逐渐减弱,即将达到顶点,预示着股价将进入整理阶段或反转形态前的最后一次价格跳跃。因此,竭尽缺口是股价上涨或下跌行情结束前的信号,是卖出点或买入点的标志。

竭尽缺口的特征有:缺口形成后成交量显著放大,而缺口形成前成交量并未出现明显配合;缺口已达到某一技术预测的关键位置,或触及某个重要的支撑或阻力位。

5.除息、除权缺口

当公司发放股息或进行红股派发时,通常会规定一个除息日或除权日。因此,在除息日或除权日后,每种股票的股价下方会出现一段没有成交记录的价格区间,从而形成除息或除权缺口。它是由非市场的因素引起的,技术分析价值不大。

除了除息、除权缺口外,其他缺口的分析都是很重要的。普通缺口通常出现在价格密集的区域内部,形成持续的盘局;突破缺口表示原有形态的突破,价格要开始变动;中继缺口是快速变动的中点位置的信号;竭尽缺口的出现表示股价已走到了终点。当然,对这些缺口的判断还要结合对成交量的分析。

(三)岛形反转

岛形反转是重要的顶部和底部反转形态。以岛形顶部为例,在它的左边,由一个竭尽缺口与之前的上升趋势所"隔离";在它的右边,一个突破缺口使其与前面上升方向相反的下降趋势所"隔离";岛形持续时间可长可短,其间的成交量总是比较大的。岛形反转示意图如图 7-31 所示。

通常,岛形反转右边的突破缺口是不被回补的,只在个别情况下才可能在几天内被一次短暂的反弹或回落所回补。岛形反转将使价格完全回复到竭尽缺口之前的小幅度运动的出发点。

缺口和岛形反转示意图如图 7-32 所示。

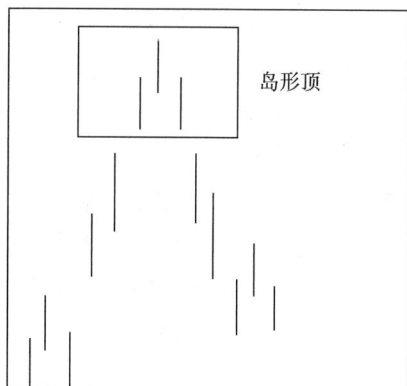

图 7-31 岛形反转示意图

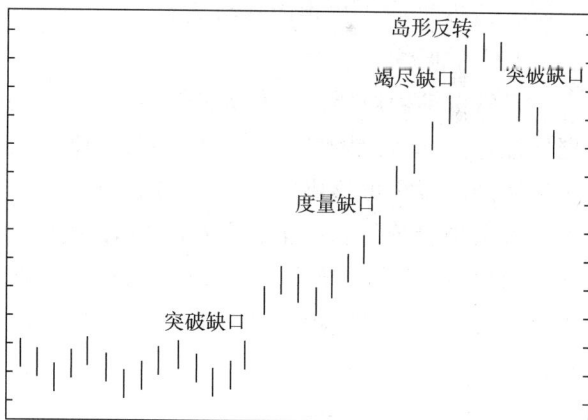

图 7-32 缺口和岛形反转示意图

六、道氏理论

道氏理论是最古老也是最常见的一种技术分析理论,由美国道琼斯公司的创办人查尔斯·亨利·道(Charles H. Dow)创立,又称道·琼斯理论。这一理论是依据纽约证券交易所工业股票价格指数和铁路股票价格指数来预测股价变动趋势的方法。

道氏理论是股市技术分析的起源,是各种技术分析方法的基础。

(一)平均指数包容消化一切因素

这是技术分析理论的基本前提之一,只是这里使用了平均指数代替个股价格。这个原理表明,所有可能影响供求关系的因素最终都会通过平均指数来表现,平均指数反映了无数投资者的综合市场行为。平均指数在其每日的波动中已包容消化了各种已知的、可预见的事情,以及各种可能影响供求关系的因素。即便是天灾人祸,当其发生后,也能被市场迅速消化,并包容其可能的后果。

(二)市场波动可划分为三种类型

道氏理论认为,证券市场的价格波动主要有三类,即长期趋势、次级运动和日常波动。三种波动同时存在,相辅相成。

1.长期趋势

长期趋势是指股价出现长期上升或长期下跌的情况。长期趋势持续上升形成了买空或多头市场,即牛市行情,持续时间通常为1～4年;长期趋势持续下降形成了卖空或空头市场,即熊市行情,持续时间也为1～4年,其间股价会增值或贬值30%以上,成为牛、熊市分界的标志。

2.次级运动

次级活动是指在股价上升趋势中出现急速的下跌(回档)或在股价下降趋势中出现迅速回升(反弹)的现象。次级运动持续的时间约为两周到几个月,调整幅度一般为原有趋势的1/3,出现的次数约为2～3次。

3.日常波动

日常波动即股票价格每天的变动。它会受市场上技术因素或传言、消息的影响,偶然性很大,通常是无法预测的,也无规律可循。日常波动对次级运动有一定影响,日常波动的累积可形成次级运动,次级运动的叠加则构成长期趋势。

如果把股价的变动比做海水的运动,则股价的长期趋势犹如海潮,次级运动好比海浪,日常波动则像微波。大海有潮涨也有潮落,海浪寄于海潮之中,虽有排天大浪也不能抗逆海潮,微波则又寄于海浪之中,有时微波相互结合也可以形成海浪,但是规模较小。

(三)长期趋势分析

道氏理论的核心内容是对长期趋势进行分析。

1.长期上涨趋势

长期上涨趋势(牛市)通常包括以下三个阶段:

第一阶段,投资者对证券发行企业的盈利前景看好,开始买进被悲观者抛售的股票,或卖方由于种种原因使卖出量减少,引起股价的缓慢上升。在此阶段,企业公布的财务报表显示企业的财务状况尚属一般,大部分投资者仍然比较谨慎,股票交易不是很活跃,但证券交易量已经开始增加。

第二阶段,股价已经上升,企业盈利逐渐好转,经济前景也相当乐观,股票交易量开始持续稳定地增长,市场普涨,许多投资者在此阶段都可以获利。

第三阶段,股价已上升至一个高峰,投资者争相入市购买股票,市场出现亢奋,交易量很大。企业收益良好的情况已被广大投资者熟悉和知晓,企业新股发行量也大量增加,市场投机活动开始泛滥。

2.长期下跌趋势

长期下跌趋势(熊市)也包括三个阶段:

第一阶段,上升趋势已经结束,股价接近峰值,成交量增长缓慢,股价涨幅日趋缩小。投资者参与交易的热情仍然很高,但所获得的差价收益已经大大降低,盈利越来越困难。敏感的投资者开始卖出股票以保障自己的胜利果实。

第二阶段,这是一个恐慌阶段,市场趋淡,买方数量减少,而卖方数量增多,股价急剧下跌,成交量也大幅度减少,投资者参与交易的活跃程度已大幅度下降。恐慌阶段过后,一般要经过较长时间的喘息或停滞才进入第三阶段。

第三阶段,到处是坏消息,股票价格继续下降,但速度逐渐减缓。在此阶段,由于股价过低,股票持有者开始惜售,成交量日趋低迷。当股价下跌到很低的水平时,股票投资价值开始凸显,一些投资者又重新入场购买股票。这样,上述市场循环又重新开始。

(四)交易量必须验证趋势

道氏理论认为交易量是第二位的,但可以作为验证股价走势图表信号的背景资料和旁证。当价格沿着大趋势发展的时候,交易量也应相应变化。如果大趋势向上,那么在价格上涨的同时,交易量应不断增加;当价格下跌时,交易量应不断减少。而在一个下降趋势中,情况正好相反:当价格下跌时,交易量会随之增加;当价格上涨时,交易量则萎缩。

(五)两种平均指数必须相互验证

道氏理论认为,主要趋势和次级运动的变化可通过道·琼斯工业指数和铁路指数的互证来判断。当两种平均指数朝同一方向变动时,若一种指数的变化被另一种指数所验证,则表明次级运动或主要趋势正在形成;而当两种平均指数朝相反方向变动时,则无法确认上述趋势的出现。

互证现象可以通过以下两种方式得以体现:一是当两种平均指数在经历一段牛市波动后,突然出现显著的上升或下降,这标志着一种中期趋势的开始;二是当两种指数同时创下新高或新低,即超越或跌破前一轮趋势的峰值或谷底时,这预示着长期趋势已经发生转变,从而确立了牛市或熊市的观点。

(六)支撑区和阻力区的判断

道氏理论认为,股票价格变动具有一种惯性,即股价一开始沿着某个方向移动,这种惯性会使股价沿着同方向继续移动,从而形成主要趋势。但支撑区和阻力区有可能使这种惯性终止。

1.阻力区是股价的前一个高峰

一般而言,在价格高峰时没有出售股票而失去机会的投资者将在价格下次达到这个高峰时出售股票,从而阻碍了股票价格超过原来的高峰。如果股价超过了这个价格高峰,那么这个阻力区就被冲破,价格将在买方力量的推动下继续上涨。

2.支撑区是股价的前一个谷底

同样,在股价谷底时没有买进股票而失去机会的投资者一般会在股价下一次达到这个谷底时买进股票,从而对股价起到支撑作用,使之不低于原来的价格谷底。如果股价低于了前一个谷底,那么这个支撑区就被冲破,股价将会继续下跌。

因此,技术分析专家通常建议投资者在股价超越前一个波峰时购入股票,而在股价低于前一个谷底时卖出股票。

在实际操作中,投资者在股价达到阻力位时可以选择不立即抛售,但也应避免盲目追涨,因为后市股价往往会出现回落,从而给予投资者以更低价位买入的机会。同样,在股价触及支撑位时,投资者可以选择不立即买入,但也不应盲目杀跌,因为后市股价通常会反弹,从而出现更高的卖出价位。

七、相反理论

从严格的意义上讲,相反理论还不能被称为理论,只能被称为一种交易方法或交易理念。相反理论的叙述非常简单,不需要高"学历"就可以明白。但是,这个似乎人人都明白的理论却没有得到足够的重视。

相反理论认为,只有与大多数参与交易的投资者采取相反的行动才可能获得更大的收益。很显然,如果交易行动与大多数投资者相同,一定不是获利最大的。因为市场本身不是产生利润的地方,市场中某些投资者的收益一定来自其他投资者的亏损。如果大多数投资者都能获利,则利润的来源就成了问题。

要获得大的利益,一定要同大多数人的行动不一致。在市场内人员爆满的时候,首先想到的应该是不买入,其次想到的是退出市场;在人员稀落的时候,首先想到的应该是不卖出,其次想到的是入场。这就是相反理论在交易操作上的具体体现。

有个在市场上广为流传的故事。股票营业部门前有一位卖报纸的小贩,当出现大行情的时候,每天去营业部的人很多,人人都愿意买一份报纸看,报纸的销售量很大,小贩靠卖报纸挣了不少钱。这个时候,小贩就专心卖报纸。当行情低迷的时候,每天靠卖报纸已经不能满足需要了,此时小贩就进入"人烟稀少"的营业部买股票。没过多久,股票价格涨了,小贩同样挣了不少钱。

这个故事是对相反理论的一个生动诠释。相较于那些长期沉浸在股市中的人,从这个故事中,他们应该领悟到,他们的做法未必是明智之举。在股票市场中,并不是所花费的精力和时间越多,所得到的收益就越多。收益的高低与时机的把握关系最大。

相反理论提出,买卖的决策取决于大众的行为。无论在什么投资市场,投资者冲动的热情在多方面的"帮助"下空前高涨,是行情暴跌的前兆。因为当所有的人都看涨而失去风险意识的时候,就意味着牛市已经到了顶,成为最危险的时候。相反,当所有的人都唉声叹气,对市场失去信心而认为天就要塌下来的时候,就是熊市接近尾声的时候。只要熬过黎明前的这一小段黑暗,曙光就将来临。

当然,在实施"与大多数人采取不同的行动"的时候,也有时机把握的问题,并不是人数刚一少就入市。如果市场的熊市刚开始,广大投资者正在抛售股票,而现在就使用相反理论而贸然入场,就会招致很大的失败。此外,对营业部里"人烟稀少"的判断也有定量的问题。究竟人数少到何种程度才能称为"人烟稀少",也需要统计和比较才能得出正确的结论。

事物的发展绝非其表面所直接表现的那样,不断地打破常规是成功者应该具备的素质。要超越同辈"正常"的思维观念,才能取得不凡的成功。从某种意义上讲,相反理论告诉投资者,要具备独树一帜的观念和逆风行船的勇气,不被眼前的现象所迷惑。

第三节　证券投资技术分析主要技术指标

技术指标分析理论是技术分析理论中极为重要的分支,且是一种较为常用的分析理论。目前各种各样的技术指标有千种以上,并在实际应用中取得了一定的效果。

一、技术指标法的含义

所谓技术指标法,是指应用一定的数学公式,对原始数据进行加工处理,计算出指标值,并将指标值绘成图表,从定量的角度对股市的变化趋势进行预测的方法。这里的原始数据是指开盘价、收盘价、最高价、最低价、成交量和成交金额,有时还包括成交笔数。

技术指标法的本质是在原始数据的基础上,通过数学公式产生有别于原始数据的指标值。这个指标值反映了股市某方面深层次的内涵,而这些内涵从原始数据上是很难看出的。技术指标法是一种定量分析方法,它克服了定性分析方法的不足,极大地提高了具体操作的精确度。尽管这种分析不是完全准确,但至少能使我们在采取行动前从数量方面得到帮助。

利用数学方法对原始数据进行处理,就是将这些数据的部分或全部进行变形、加工,使之成为我们希望得到的东西。不同的处理方法会产生不同的技术指标。从这个意义上讲,有多少处理原始数据的方法就会产生多少种技术指标,每一个指标都是从一个特定的方面对市场所进行的观察。尽管技术指标众多,但可以从不同的角度对其进行分类。以技术指标的功能为标准,可以将证券市场流行的技术指标分为趋势型指标、超买超卖型指标、量价型指标、人气型指标、路径型指标、图表型指标和大势型指标等。

二、技术指标的应用法则

无论什么样的技术指标,其应用法则基本上是相同的,技术指标就是根据这些法则向投资者发出买卖信号。

概括来说,技术指标的应用法则主要有:

(1)指标的取值,也就是根据指标值的大小,反映市场所处的状态,指出市场处于超买区还是超卖区,以此向投资者发出买卖信号。

(2)指标曲线的交叉,是指同种指标中不同参数形成的指标曲线之间发生的相交现象,它可以向投资者发出买卖操作的信号。

(3)指标与股价的背离,即指标曲线走向与股价曲线走向出现了不一致,这往往是技术指标向投资者发出的较为强烈的买卖信号。

(4)指标曲线的形态,是指标曲线的图形所呈现的反转突破形态,它通常预示着股价趋势即将发生反转。

(5)指标的转折,即指标曲线发生了调头现象,这种调头有时是一个趋势的结束和另一个趋势的开始,它一般先于股价趋势的转折。指标出现转折能够为投资者发出买卖操作的信号。

(6)指标的盲点,也就是每个指标都有失效的时候,此时应考虑使用其他技术指标。

三、技术指标法与其他技术分析方法的关系

其他技术分析方法均有一个共同点,那就是过分重视价格,而对成交量不够重视。如果单纯从技术的角度看,没有成交量的信息,很多技术分析方法照样能够对股价的趋势进行分析与预测。然而,没有成交量信息,无疑是丢掉了一类十分重要的信息,从而分析预测的结果的可靠性将降低。

由于技术指标种类繁多,因而考虑的方面也就很多,凡是人们能够想到的,几乎都能在技术指标中得到体现。在进行技术指标研判时,也经常使用其他技术分析方法的基本结论,如形态理论、切线理论的分析方法在技术指标分析方法中就得到了广泛运用。比如,在使用 KDJ 等指标时,指标曲线所形成的反转突破形态(头肩形、双重顶或底)以及重要的支撑线(或压力线)被突破,都能够为投资者提供买卖操作的信号。因此,全面学习技术分析的各种方法至关重要。

四、应用技术指标时需注意的问题

(一)技术指标的适用范围和应用条件

任何技术指标都有自己的适用范围和应用条件,得出的结论也都有成立的前提和可能发生的意外。因此,在使用技术指标时,如果盲目机械地照搬结论,而不问这些结论成立的条件和可能发生的意外,极易发生预测失误。但从另一个角度看,也不能因技术指标有可能出错而完全否定技术指标的预测作用。

(二)多种指标的组合运用

每种指标都存在盲点,即指标失效。我们在实践中应不断总结,并找出盲点所在,这对应用技术指标时少犯错误很有益处。鉴于技术指标盲点的存在,单独使用一种指标进行预测容易导致失误,因此应综合运用多种指标以提高股价趋势预测的精确度。然而,全面了解众多技术指标的精要并熟练运用又存在相当大的难度,因此,在实际应用技术指标时,通常是以四五个具有互补性的指标为主,辅之以其他的技术指标,以提高预测的精确度,提升决策的水平。技术指标的选择并非固定不变,而是需要根据实际运用效果的好坏,灵活地调整指标组合,以达到最佳预测效果。

五、主要技术指标

技术指标法是指通过考察市场行为的各个方面,建立一个数学模型,给出数学上的处理方法,得到一个体现股票市场的某个方面内在实质的数据。这个数据叫作指标值,指标值的具体数值和相互间的关系、直接反映股市所处的状态,为操作行为提供指导的方向。指标反映的东西大多是无法从行情报表中直接看到的。

(一)平滑移动平均线(MACD)

1.理论依据

平滑移动平均线是指在一段上涨或下跌行情中,运用两条移动平均线相互背离、相互印证的交易法则来研判买卖时机的方法。该指标在股市中具有重大实践意义。

MACD 在应用上应该先行计算出快速(一般选 12 日)移动平均数值(CEMA)和慢速(一般选 26 日)移动平均数值。以这两个数值作为测量两者(快速线与慢速线)间的差离值依据。所谓"差离值"(DIF),即 12 日 EMA 数值减去 26 日 EMA 数值。因此,在持续的涨势中,12 日 EMA 在 26 日 EMA 之上,其间的正差离值(DIF)会愈来愈大。反之在跌势中,差离值可能变负(−DIF),也愈来愈大。至于行情开始回转,正或负差离值要缩小到怎样的程度,才真正是行情反转的信号。我们将 MACD 的反转信号界定为"差离值"的 9 日移动平均值(9 日 EMA)。

在 MACD 的指数平滑移动平均线计算公式中,都分别加重最近一日的权值,以

现在流行的参数 12 日 EMA 和 26 日 EMA 为例,其公式如下:

$$EMA12 = 前一日\ EMA12 \times \frac{11}{13} 今日收盘 \times \frac{2}{13}$$

$$EMA26 = 前一日\ EMA26 \times \frac{25}{27} 今日收盘 \times \frac{2}{27}$$

差离值 $DIF = EMA12 - EMA26$

然后再根据差离值计算其 9 日的 EMA,即"差离平均值"。"差离平均值"用 DEA 来表示。

$$DEA = 前一日\ DEA \times \frac{8}{10} + 今日\ DIF \times \frac{2}{10}$$

2.MACD 在股市中的运用

(1)DIF 向上突破 DEA 为买进信号,但在 0 轴以下交叉时,仅适宜空头补仓。

(2)DIF 向下跌破 DEA 为卖出信号,但在 0 轴以上交叉时,则仅适宜多头平仓。

(3)DIF 与 DEA 在 0 轴线之上,市场趋向为多头市场;两者在 0 轴之下,则为空头市场。当 DIF 与 DEA 位于 0 轴线之上时,投资者应采取以买入为主的策略。若 DIF 向上突破 DEA,则可大胆买进;若向下突破,则宜暂时获利了结,保持观望态度。DIF 与 DEA 在 0 轴线以下时,一切的新入市策略都以卖为主,DIF 若向下跌破 DEA,则可以大胆卖出;如果向上突破,空头只宜暂时补空。

(4)价格处于上升的多头走势,当 DIF 慢慢远离 DEA 时,会造成两线之间乖离加大,多头应分批获利了结,可行短空。

(5)价格线呈盘局走势时,会出现多次 DIF 与 DEA 交错,可不必理会,但须观察扇形的乖离程度,一旦加大,可视为盘局的突破。

(二)相对强弱指标(RSI)

1.RSI 的理论依据

相对强弱指标(RSI)是证券市场中最为著名的摆动指标。它是韦尔斯·王尔德首创的。其原理就是通过计算股价涨跌的幅度来推测市场运动趋势的强弱度,并据此预测趋势的持续或者转向。实际上它显示的是股价向上波动的幅度占总的波动幅度的百分比,如果其数值大,就表示市场处于强势状态;如果数值小,则表示市场处于弱势。这是一个测市的重要指标。

2.RSI 的计算公式

$$RSI(n) = \frac{A}{A+B} \times 100\%$$

式中:A 为 n 天中股价上涨幅度之和;B 为 n 天中股价下跌幅度之和;$A+B$ 为 n 天中股价波动总幅度大小。

RSI 的计算只涉及收盘价,并且可以选择不同的参数。参数是天数,即考虑的时间长度一般有 5 日、9 日、14 日等。RSI 的取值为 0~100。

3.RSI 在股市中的运用

(1)不同参数的两条或多条 RSI 曲线的联合使用

同 MACD 一样,天数越多的 RSI 考虑的时间范围越大,结论越可靠,但速度慢,这是无法避免的。参数小的 RSI 我们称之为短期 RSI,参数大的我们称之为长期 RSI。这样,两条不同参数的 RSI 曲线的联合使用法则可以借鉴两条 MACD 线的使用法则。

(2)根据 RSI 取值的大小判断行情

将 100 分成 4 个区域,根据 RSI 取值的大小及落入的区域判断行情并进行操作。如表 7-1 所示。

表 7-1　根据 RSI 取值的大小判断行情

RSI 值	市场特征	投资操作
80～100	极强	卖出
50～80	强	买入
20～50	弱	卖出
0～20	极弱	买入

(3)从 RSI 的曲线形状判断行情

当 RSI 在较高或较低的位置形成头肩形和多重项(底)时,是采取行动的信号。这些形态一定要出现在较高位置和较低位置,离 50 越远越好,越远结论越可信,出错的可能性就越小。形态学中有关这类形状的操作原则,这里都适用。

(三)随机指数(KDJ)

1.KDJ 的理论依据

随机指标综合了动量观念、相对强弱指标与移动平均线的优点。它是通过一段时期内出现过的最高价、最低价从收盘价计算出 K 和 D 的值。KDJ 指标多用于中、短期买卖时机的判断。

随机指标以今日收盘价(也即 N 日以来多空双方的最终成交价格)作为买力与卖力的平衡点,收盘价以下至最低价的价格距离表示买力的大小,而最高价以下至最低价的价格距离表示买卖力的总力。这样,RSV 的买力与总力之比,正是用以表示 N 日以来市场买力的大小比例,反映了市场的多空形势。

2.KDJ 的计算公式

$$n \text{ 日 } RSV = \frac{C_n - L_n}{H_n - L_n} \times 100$$

式中:C_n 为第 n 日收盘价;L_n 为 n 日内的最低价;H_n 为 n 日内的最高价。RSV 值始终在 $1 \sim 100$ 间波动。

其次,计算 K 值与 D 值:

当日 K 值 $= 2/3 \times$ 前一日 K 值 $+ 1/3 \times$ 当日 RSV

$$当日 D 值 = 2/3 \times 前一日 D 值 + 1/3 \times 当日 K 值$$

若无前一日 K 值与 D 值,则可分别用 50 来代替。

以 9 日为周期的 KD 线为例。首先须计算出最近 9 日的 RSV 值,即未成熟的随机值,计算公式为:

$$9 \text{ 日 RSV} = \frac{(C - L_9)}{(H_9 - L_9)} \times 100$$

式中:C 为第 9 日的收盘价;L_9 为 9 日内的最低价;H_9 为 9 日内的最高价。

$$K 值 = 2/3 \times 前一日 K 值 + 1/3 \times 当日 RSV$$
$$D 值 = 2/3 \times 前一日 K 值 + 1/3 \times 当日 RSV$$

若无前一日 K 值与 D 值,则可以分别用 50 代替。

3.KDJ 在股市中的运用

K 值和 D 值小于 20,属超卖,是买入信号;在低位 K 线从下方向上穿过 D 线,形成金叉,是买入信号;K、D 线在低位二次金叉时,是最佳买入信号;股价创新低,而 K、D 值却不创新低,称为底背离,是买入信号。K 值和 D 值大于 80,属超买,是卖出信号;在高位 K 线从上方向下穿过 D 线,形成死叉,是卖出信号;K、D 线在高位二次死叉时,是最佳卖出信号;股价创新高,而 K、D 值却不创新高,称为顶背离,是卖出信号。

(四)威廉指数(W%R)

1.W%R 的计算公式

威廉指标 W%R 是利用摆动点来衡量股市的超买、超卖现象,预测股价周期变化的高点与低点,并提供买卖信号。威廉指标主要用于短期行情趋势的分析。其计算公式为:

$$W\%R = 100 - \frac{C - L_n}{H_n - L_n} \times 100$$

其中:C 为当日收市价,L_n 为 N 日内最低价;H_n 为 N 日内最高价。公式中 N 日为选设参数,一般设为 14 日或 20 日。

2.W%R 在股市的运用

(1)W%R 80 以上为超卖区,20 以下为超买区。通常,为适应观察者的视觉感受,在图表的区间坐标上,将向下的方向处理为数值增大的方向。

(2)由于其随机性强的缘故,其进入超买区时,并不表示价格会马上回落,只要仍在其间波动,则仍为强势。当高出超买线(W%R = 20)时,才发出卖出信号;当低过超卖线(W%R = 80)时,才发出买入信号。

(3)W%R = 50 是多空平衡线,升破或跌破此线,是稳健投资者的买卖信号。

(五)BOLL 线指标

1.BOLL 线指标的计算公式

BOLL 指标又叫布林线指标,由约翰·布林创造,利用统计原理,求出股价的标准差及其信赖区间,从而确定股价的波动范围及未来走势,利用波带显示股价的安全高低价位,因而也被称为布林带。其上下限范围不固定,随股价的滚动而变化。其公式为:

中轨线＝N 日的移动平均线

上轨线＝中轨线＋两倍的标准差

下轨线＝中轨线—两倍的标准差

2.BOLL 线在股市中的运用

在股市分析软件中,BOLL 指标一共由 4 条线组成,即上轨线 UP、中轨线 MB、下轨线 DN 和价格线。其中,上轨线 UP 是 UP 数值的连线,用黄色线表示;中轨线 MB 是 MB 数值的连线,用白色线表示;下轨线 DN 是 DN 数值的连线,用紫色线表示;价格线是以美国线表示,颜色为浅蓝色。和其他技术指标一样,在实际操作中,投资者不需要进行 BOLL 指标的计算,主要是了解 BOLL 的计算方法和过程,以便更加深入地掌握 BOLL 指标的实质,为运用指标打下基础。

BOLL 指标中的上、中与下轨线所形成的股价信道的移动范围是不确定的,信道的上下限随着股价的上下波动而变化。在正常情况下,股价应始终处于股价信道内运行。如果股价脱离股价信道运行,则意味着行情处于极端的状态下。

在 BOLL 指标中,股价信道的上下轨是显示股价安全运行的最高价位和最低价位。上轨线、中轨线和下轨线都可以对股价的运行起到支撑作用,而上轨线和中轨线有时则会对股价的运行起到压力作用。

一般而言,当股价在布林线的中轨线上方运行时,表明股价处于强势趋势;当股价在布林线的中轨线下方运行时,表明股价处于弱势趋势。

(六)乖离率(BIAS)

乖离率(BIAS)是测量股价偏离均线大小程度的指标。当股价偏离市场平均成本太大时,都有一个回归的过程,即所谓的"物极必反"。乖离率一般与随机指标和布林线结合使用。其公式如下:

$$BIAS = \frac{收盘价 - 收盘价的 \ N \ 日简单平均数}{收盘价的 \ N \ 日简单平均数} \times 100$$

BIAS 指标表示收盘价与移动平均线之间的差距。当股价的正乖离扩大到一定极限时,表示短期获利越大,则获利回吐的可能性越高;当股价的负乖离扩大到一定极限时,则空头回补的可能性越高。

乖离率可分为正乖离率与负乖离率。若股价大于平均线,则为正乖离;股价小于平均线,则为负乖离;当股价与平均线相等时,则乖离率为零。正乖离率越大,表示短期超买越大,则越有可能见顶;负乖离率越大,表示短期超卖越大,则越有可能见底。

股价与 BIAS 指标究竟达到何种程度的百分比才算是买进或卖出时机? 不同市场、不同时期、不同周期即不同移动平均线算法所得出的 BIAS 值是不同的。在多头行情中,会出现许多高价,太早卖出会错失一段行情,可于先前高价的正乖离率点卖出;在空头市场时,亦会使负乖离率加大,可于先前低价的负乖离点买进。

(七)心理线(PSY)

心理线(PSY)建立在研究投资人心理趋势基础上,将某段时间内投资者倾向买方还是卖方的心理与事实转化为数值,形成人气指标,作为买卖股票的参数。其公式如下:

$$PSY = \frac{N \text{ 日内的上涨天数}}{N} \times 100$$

PSY 为 25 左右或低于 25 时表明卖方心理浓重,股价已进入谷底,投资者可适时买入;PSY 为 50 左右时,表明多空双方正在观望,买卖人气均衡,投资者应伺机而动;PSY 为 75 左右或高于 75 时,表明股价已到顶,投资者应考虑卖出。

(八)动向指标(DMI)

动向指标(DMI)是通过分析股票价格在涨跌过程中买卖双方力量均衡点的变化情况,即多空双方的力量的变化受价格波动的影响而发生由均衡到失衡的循环过程,从而提供对趋势判断依据的一种技术指标。

动向指标(DMI)曲线由上升动向指标(+DI)和下降动向指标(-DI),以及平均动向指数、ADX 和它的缓动线 ADXR 4 条曲线组成 6+DI、-DI、ADX 与 ADXR,都在 0~100 区间波动(负号仅表示方向,不表示负值)。+DI 曲线在 -DI 曲线上方表示上升动向强于下降动向,所以 +DI 曲线上升并穿过 -DI 曲线是买入信号;-DI 曲线在 +DI 曲线上方表示下降动向强于上升动向,所以 -DI 曲线上升并穿过 +DI 曲线是卖出信号。

📖 阅读材料

程峰兵法:炒股需要技术分析

技术分析似乎有快人一步的敏锐。当大众的看法与市场运动的方向牛头不对马嘴之时,技术分析师们常常能做到"众人皆醉我独醒",他们相信技术分析通常能抄基本分析的近路,而且相对于基本分析,技术分析更像一只会抓耗子的"好猫"。不过,见仁见智,不同的人有不同的"好猫"标准,最紧要是赚钱!

股票投资分析是股市投资过程中不可或缺的一个组成部分,在投资过程中占有极其重要的地位。选择恰当的分析方法对股市或个股进行认真分析,是降低投资风险、获取投资收益的关键。我们买卖股票,追求的是投资收益最大化和投资风险最小化。但是,影响股票投资收益率和风险的因素很多,其作用机制也相当复杂。只有通过认真、有效和科学的专业分析,才能客观地把握住这些因素及其作用机制,尽可能做出准确的走势预测。任何忽视股市分析预测的人最终都会付出惨痛的代价。

中国股市兴起的历史比较短暂,无论是股票市场本身还是沉浮其中的股民,都仍处于探索阶段,目前预测股市的方法大多是从国外引进的,国内的股市分析师也创造了许多具有中国特色的分析工具。

中国股市中存在一个有趣的现象:许多在股市中经历了一段时间的投资者,往往会形成自己独特的市场分析方法。尽管这些方法的准确率大致在50%左右,但他们仍会以专业的口吻预测股市的涨跌。无论你是否愿意听取,他们都会向你推荐几只所谓的"牛股"。如果偶尔预测准确,他们定会询问你是否已购买。然而,大多数情况下,他们会"遗忘"这些"牛股",因为它们大多已沦为"熊股"或"蜗股"。

你要么从诸多种分析工具中选一种,要么就干脆准备一枚硬币(正面看涨,反面看跌)。

本章小结

1.掌握形态理论的两种具体形态,反转形态和持续形态的形成过程,反转形态和持续形态的各种具体形态,学会用这些形态来判断具体的后市走势。注意缺口在形态理论中的具体实践操作,熟练掌握形态理论的具体应用法则及注意的知识点。

2.技术指标的内容较多,应了解分析技术指标应用时须注意的问题。各种技术指标都有自己的产生原理以及判断法则,不同的技术指标应用也有自己的盲点,应学会正确对待这些应用缺陷。

思政目标

党的二十大报告中强调了"坚持守正创新""坚持系统观念"等世界观和方法论。本章旨在培养学生运用多学科知识和技巧,如数学、统计、计算机等,掌握K线理论、切线理论、形态理论、波浪理论、缺口理论、道氏理论、相反理论等主要技术分析理论,以及技术指标法等主要技术分析技术指标,对证券市场价格走势和规律进行评估,提高投资收益和效率,同时培养学生独立思考、辩证分析问题的能力和理性思维。同时,通过对学生实践应用成效进行教师点评、学生自评及互评相结合的课程设计,激发学生学习兴趣,培养学生乐学善学的学习习惯和能力。

基本概念

技术分析	K线	切线理论	支撑线
压力线	形态理论	反转形态	持续形态
波浪理论	缺口	道氏理论	技术指标法

视频材料

练习与思考

1.试述技术分析与基础分析的差异。

2.K 线图形在实际运用中应该注意哪些问题?

3.道氏理论的主要观点有哪些?

4.试说明波浪理论的三重重要概念。

5.试述支撑线与压力线相互转化的理论依据。

6.简述移动平均线的运用法则。

7.简述相对强弱指标(RSI)的运用法则。

8.随机指数(KDJ)如何计算? 在实际中是如何运用的?

9.BOLL 线指标在分析时如何运用?

10.在运用技术指标时要注意哪些问题?

第八章　证券投资组合分析

在前面各章,我们主要介绍了证券投资的价值分析、基本面分析与技术分析,但尚未涉及证券投资的风险和收益的分析。本章将从证券投资组合的角度切入,通过对证券的收益和风险的衡量,引出投资组合领域的几个经典理论:均值—方差理论、资本资产定价模型、套利定价理论。并对投资组合业绩评估加以简要介绍。

第一节　证券与证券组合的收益衡量

投资者的投资收益,是体现其投资成功与否的重要指标。证券投资收益就是初始投资的价值增值量,来源于三个方面:利息或股息收益、资本损益、利息或股息的再投资收益。但是投资收益是绝对指标,使得投资规模不同的两个项目的投资业绩无法直接衡量和比较,因而需要使用剔除投资规模因素的相对指标,这就是收益率。

衡量证券与证券组合的收益率有多个相关指标,分别是:持有期收益率、平均法收益率以及期望收益率。

一、持有期收益率

持有期收益率(holding period rate,HPR)往往用于投资期限较短的某投资项目收益的计算,因此在计算中并未考虑到利息的再投资问题。其计算公式为:

$$HPR = \frac{期末价格 - 期初价格 + 利息收入}{期初价格}$$

例 8-1

投资者小王在 2024 年 1 月购买 A 公司股票,买入价格为 10 元/股,该公司在 5 月进行了 0.5 元/股(税后)的分红。小王在当年的 7 月卖出股票,卖出价为 12 元/股。问:投资者小王的持有期收益率是多少?

解答：

$$\text{HPR} = \frac{\text{期末价格} - \text{期初价格} + \text{利息收入}}{\text{期初价格}}$$

$$= \frac{12 - 10 + 0.5}{10} \times 100\% = 25\%$$

即小王的持有期收益率是 25%，包含了资本利得以及利息收入。

二、平均法收益率

对于投资期为多期的投资项目，其收益的衡量多采用平均法收益率。常用的平均法收益率有算术平均法和几何平均法两种。

(一)算术平均法

算术平均法(arithmetic mean)是将各历史时期已经实现了的收益率 r_i（通常采用历史持有期收益率）加起来，然后除以期间数 n。其计算公式如下：

$$\bar{r} = \frac{1}{n} \sum_{i=1}^{n} r_i$$

(二)几何平均法

几何平均法(geometric mean)则考虑到了货币的时间价值。其计算公式如下：

$$\bar{r}_G = \left[\prod_{i=1}^{n} (1 + r_i) \right]^{1/n} - 1$$

几何平均法较适合作为收益的衡量指标，因为算术平均收益率有偏差，容易得出错误的结论。

例 8-2 ————————————

某投资者初始投资 5 万元，第一年末该投资价值为 20 万元，第二年末投资价值只有 5 万元。在算术平均法下，投资者的平均收益率为：

$$\bar{r} = \frac{1}{2} \times \left[\frac{20 - 5}{5} + \frac{5 - 20}{20} \right] = \frac{1}{2} \times (300\% - 75\%) = 112.5\%$$

而在几何平均法下，投资者的平均收益率为：

$$\bar{r}_G = \sqrt{\frac{20}{5} \times \frac{5}{20}} - 1 = 0\%$$

我们注意到，投资者经过两年的投资，期初的投资到期末依然不变，最终的投资收益应当为 0。在算术平均法下，投资者的平均收益达到 112.5%，这显然不符合实际情况；而在几何平均法下，投资者的平均收益是 0，与实际情况一致。

例 8-3

某投资者三年投资的年投资收益率如下：

年份	r	$1+r$
1	8.0%	1.08
2	−5.0%	0.95
3	20.0%	1.20

求其算术平均收益率和几何平均收益率。

解答：

算术平均收益率 $\bar{r} = \dfrac{1}{3}(8.0\% - 5.0\% + 20.0\%) = 7.67\%$

几何平均收益率 $\bar{r}_G = [1.08 \times 0.95 \times 1.20]^{1/3} - 1 = 7.18\%$

从这里可以看出：几何平均收益率总是小于或等于算术平均收益率，尤其是对于波动性证券，两者的差距更为明显。

三、期望收益率

一般说来，由于投资的未来收益具有不确定性，人们在衡量收益时，只能是对收益进行估算，所以得到的收益率往往是一个期望收益率（expected rate of return）。期望收益率也称预期收益率，就是各种情况下收益率的加权平均，权数即各种情况出现的概率（以历史数据或预测数据为依据）。其计算公式如下：

$$E(r) = \sum_{i=1}^{n} p_i r_i$$

要计算期望收益率，需要知道概率分布，以及各概率 p_i 下的收益率 r_i。

例 8-4

假定有证券 A 和 B，各自在不同经济状况下的概率及其相应收益率如下：

经济状况	概率	A 的收益率	B 的收益率
繁荣	0.3	0.15	0.25
正常	0.5	0.10	0.20
衰退	0.2	0.02	0.01

求 A 和 B 的期望收益率。

解答：根据期望收益率的计算公式，可得：

$E(r_A) = 0.3 \times 0.15 + 0.5 \times 0.10 + 0.2 \times 0.02 = 9.9\%$

$E(r_B) = 0.3 \times 0.25 + 0.5 \times 0.20 + 0.2 \times 0.01 = 17.7\%$

第二节　证券风险的衡量

一、单一证券风险的衡量

对于证券的风险大小,我们常常使用其价格波动的高低来衡量。在统计学中,衡量一组序列波动大小的重要指标便是标准差。因此,我们在对单一证券进行研究中,可以使用标准差度量其风险,计算公式如下:

$$\sigma = \sqrt{\sum_{i=1}^{n} p_i \times [r_i - E(r)]^2}$$

其中:$E(r)$表示证券收益率的均值;r_i表示状态i下的证券收益率;p_i是状态i发生的概率,并且满足$\sum_i p_i = 1$。标准差σ的平方项就是方差,计算公式如下:

$$\sigma^2 = \sum_{i=1}^{n} p_i \times [r_i - E(r)]^2$$

如前所述,标准差或方差的数值越大,说明该证券的风险越大。

例 8-5

接例 8-4 的数据,求证券 A 和 B 收益率的标准差。

解答:

经济状况	概率	A 的收益率	B 的收益率
繁荣	0.3	0.15	0.25
正常	0.5	0.10	0.20
衰退	0.2	0.02	0.01
期望收益率	—	9.9%	17.7%

$$
\begin{aligned}
\sigma_A^2 &= \sum_{i=1}^{n} p_i \times [r_i - E(r)]^2 \\
&= 0.3 \times (0.15 - 0.099)^2 + 0.5 \times (0.10 - 0.099)^2 + 0.2 \times (0.02 - 0.099)^2 \\
&= 0.203\% \\
\sigma_B^2 &= 0.3 \times (0.25 - 0.177)^2 + 0.5 \times (0.20 - 0.177)^2 + 0.2 \times (0.01 - 0.177)^2 \\
&= 0.744\%
\end{aligned}
$$

相应的:$\sigma_A = 4.5\%$,$\sigma_B = 8.6\%$

由此可见,证券 B 的收益率标准差大于证券 A,因此证券 B 的投资风险较大。

二、证券组合风险的衡量

(一)两个证券构成的组合风险

对于任何由两个证券组成的投资组合,其组合的风险由标准差和方差刻画。其中组合方差的计算公式如下:

$$\sigma_P^2 = w_1^2\sigma_1^2 + w_2^2\sigma_2^2 + 2w_1w_2\rho_{12}\sigma_1\sigma_2 \qquad (8\text{-}1)$$

其中:w_1 和 w_2 分别表示两个证券所占的价值权重(weight);σ_1 和 σ_2 分别表示两个证券各自的风险(标准差);ρ_{12} 则表示两个证券之间收益率的相关系数(correlation coefficient)。根据统计学知识,由于 $\text{Cov}(r_1, r_2) = \rho_{12}\sigma_1\sigma_2$,因而上式也可以写成如下形式:

$$\sigma_P^2 = w_1^2\sigma_1^2 + w_2^2\sigma_2^2 + 2w_1w_2\text{Cov}(r_1, r_2) \qquad (8\text{-}2)$$

其中:$\text{Cov}(r_1, r_2)$ 表示两个证券收益率的协方差。

例 8-6

假设某投资者持有 A 公司股票 4 000 股,B 公司股票 6 000 股,两公司股票的当前价值分别为 15 元/股和 10 元/股。已知两公司股票的期望收益率分别为 5% 和 4.5%,标准差分别为 0.15 和 0.1,相关系数为 0.6。

求:投资者持有资产组合的期望收益和方差。

解答:

A 公司股票价值＝4 000×15＝60 000(元)

B 公司股票价值＝6 000×10＝60 000(元)

可知,两只股票在组合中所占权重均为 50%,则资产组合的方差计算如下:

$$\begin{aligned}\sigma_P^2 &= w_1^2\sigma_1^2 + w_2^2\sigma_2^2 + 2w_1w_2\rho_{12}\sigma_1\sigma_2 \\ &= 0.25 \times 0.15^2 + 0.25 \times 0.1^2 + 2 \times 0.25 \times 0.6 \times 0.15 \times 0.1 \\ &= 0.012625\end{aligned}$$

这里需要注意的是:股票在资产中所占权重,是以股票价值为确定依据,而不是以股票数量为依据,在进行相关计算时不能混淆。

(二)三个以上证券构成的组合风险

参照前面介绍的两个证券构成的组合风险的计算方法,不难得出三个以上证券构成的组合风险的计算公式如下:

$$\sigma_P^2 = \sum_{i=1}^{n} w_i^2\sigma_i^2 + \sum_{i=1}^{n}\sum_{j\neq i} w_iw_j\text{Cov}(r_i, r_j) \qquad (8\text{-}3)$$

由于方差是协方差的特殊形式,因此 $\text{Cov}(r_i, r_i) = \sigma_i^2$。根据统计学知识,又有 $\text{Cov}(r_i, r_j) = \rho_{ij}\sigma_i\sigma_j$,于是上式还可以进一步简化为:

$$\sigma_P^2 = \sum_{i=1}^{n}\sum_{j=1}^{n} w_i w_j \mathrm{Cov}(r_i, r_j) = \sum_{i=1}^{n}\sum_{j=1}^{n} w_i w_j \rho_{ij}\sigma_i\sigma_j \tag{8-4}$$

其中：ρ_{ij} 是证券 i 和 j 收益率的相关系数，并且当 $i=j$ 时，$\rho_{ij}=1$。

从上式中可以看出，证券组合的风险取决于三个因素：(1)各种证券所占的比例；(2)各种证券的风险；(3)各种证券收益之间的关系。

投资者无法改变证券的风险，所以投资者能够主动降低风险的途径便只有第 1 项和第 3 项，也就是分散化投资（降低各证券所占比例），并且选择相关程度低的证券（降低证券间的相关系数）。

从计算风险的角度看，三个证券的组合风险的计算公式为：

$$\begin{aligned}\sigma_P^2 &= w_1^2\sigma_1^2 + w_2^2\sigma_2^2 + w_3^2\sigma_3^2 + 2w_1 w_2 \mathrm{Cov}(r_1, r_2) + 2w_1 w_3 \mathrm{Cov}(r_1, r_3) + \\ &\quad 2w_2 w_3 \mathrm{Cov}(r_2, r_3) \\ &= w_1^2\sigma_1^2 + w_2^2\sigma_2^2 + w_3^2\sigma_3^2 + 2w_1 w_2 \rho_{12}\sigma_1\sigma_2 + 2w_1 w_3 \rho_{13}\sigma_1\sigma_3 + 2w_2 w_3 \rho_{23}\sigma_2\sigma_3\end{aligned}$$
$$\tag{8-5}$$

📖 阅读材料

使用计算机进行组合风险计算的思路

从式(8-5)中不难看出，计算组合风险是一件非常繁杂的事情。以三个证券的组合为例，包含的连加算式有 6 个；如果组合中证券数量有 4 个，则连加算式将达到 10 个；如果组合中的证券数量更多，这样的计算更容易出错。

在实践中，对于这种组合中资产数量较多的情形，往往要使用计算机，利用矩阵的相关知识进行运算。基本的流程如下：

1.构造权重列向量 w，其中的各元素对应着每个证券所占的权重；

2.构造证券收益率的方差—协方差矩阵 C，常见的统计软件包（如 Matlab、R、Python 等）均可生成相应的矩阵；

3.将这些向量和矩阵进行乘法运算，便可得出最终结果。相应的向量和矩阵表示如下：

$$\sigma_P^2 = w^T C w$$

$$\text{其中}: w = \begin{bmatrix} w_1 \\ w_2 \\ \vdots \\ w_n \end{bmatrix}, \quad C = \begin{bmatrix} \mathrm{Cov}_{1,1} & \mathrm{Cov}_{1,2} & \cdots & \mathrm{Cov}_{1,n} \\ \mathrm{Cov}_{2,1} & \mathrm{Cov}_{2,2} & \cdots & \mathrm{Cov}_{2,n} \\ \vdots & \vdots & \ddots & \vdots \\ \mathrm{Cov}_{n,1} & \mathrm{Cov}_{n,2} & \cdots & \mathrm{Cov}_{n,n} \end{bmatrix}$$

如果我们是从相关系数矩阵 R 出发进行计算，则相应的向量和矩阵表示如下：

$$\sigma_P^2 = (\Sigma w)^T R (\Sigma w) = w^T (\Sigma R \Sigma) w = w^T C w$$

$$其中: w = \begin{bmatrix} w_1 \\ w_2 \\ \vdots \\ w_n \end{bmatrix}, R = \begin{bmatrix} \rho(1,1) & \rho(1,2) & \cdots & \rho(1,n) \\ \rho(2,1) & \rho(2,2) & \cdots & \rho(2,n) \\ \vdots & \vdots & \ddots & \vdots \\ \rho(n,1) & \rho(n,2) & \cdots & \rho(n,n) \end{bmatrix}, \Sigma = \begin{bmatrix} \sigma_1 & 0 & \cdots & 0 \\ 0 & \sigma_2 & \cdots & 0 \\ \vdots & \vdots & \ddots & \vdots \\ 0 & 0 & \cdots & \sigma_n \end{bmatrix}$$

Σ 是由各证券收益率标准差所构成的对角阵。

三、系统性风险的衡量

所谓系统性风险(nonsystematic risk),指的是由于错综复杂的各类因素对市场上所有的证券带来损失的风险,也是整个证券市场上的投资者所普遍面临的风险,它与一国的总体经济状况和指标等因素密切相关;而非系统性风险(nonsystematic risk)指的是某些因素给某种或某类证券带来损失的风险,它与证券发行方所处的行业状况和经营状况有关。

我们通常使用 β 系数衡量系统性风险,该指标的比较对象是市场收益率。其绝对值越大,显示其收益变化幅度相对于市场总体的变化幅度越大;绝对值越小,显示其变化幅度相对于市场总体越小。如果是负值,则显示其变化的方向与大盘的变化方向相反:市场涨的时候它跌,市场跌的时候它涨。由于投资者投资于基金的目的是通过专家理财的服务,以取得优于市场总体的表现情况,因此这一指标也可以作为考察基金经理降低投资波动性风险的能力。β 系数的计算公式如下:

$$\beta = \frac{\mathrm{Cov}(r_p, r_m)}{\sigma_m^2}$$

其中: r_p 是证券组合的收益率, r_m 是市场总体的收益率, σ_m^2 是市场总体收益的方差, $\mathrm{Cov}(r_p, r_m)$ 是证券组合收益率与市场总体收益率的协方差。

由统计学知识,我们可知 $\mathrm{Cov}(r_p, r_m) = \rho_{pm}\sigma_p\sigma_m$,其中 ρ_{pm} 是证券组合收益率与市场总体收益率的相关系数。这样,上式还可以写成:

$$\beta = \rho_{pm} \cdot \frac{\sigma_p}{\sigma_m}$$

由上式,我们可知:无风险证券(比如国债),由于其收益率是固定的,相应的 $\sigma_p = 0$,因而无风险证券 $\beta = 0$;对于市场组合而言, $\sigma_p = \sigma_m$, $\rho_{pm} = 1$,因而市场组合 $\beta = 1$。

📖 **阅读材料**

衡量证券投资风险的其他指标

一、VaR

VaR(value at risk),也称风险价值或在险价值,是指在一定概率水平(置信度)下,某一金融资产或证券组合价值在未来特定时期内的最大可能损失。用公式表示如下：

$$P(\text{loss} \leqslant \text{VaR}) = \alpha$$

其中 α 是置信度，通常取 95% 或 99%。例如，某一投资公司持有的证券组合在未来 24 小时内，置信度为 95%，在证券市场正常波动的情况下，VaR 值为 520 万元，其含义是指，该公司的证券组合在一天内（24 小时），由于市场价格变化而带来的最大损失超过 520 万元的概率为 5%。

VaR 方法最早由 J.P.摩根公司于 20 世纪 90 年代提出。由于其结果简单易懂，该方法成为许多银行、保险公司、投资基金、养老金基金及非金融公司进行风险控制的重要工具和指标，在金融风险管理中具有重要的作用。但是该方法只关注于大概率情形下金融风险造成的潜在损失，而忽视了小概率事件引发的尾部风险所造成的巨额损失。为了解决这一缺陷，学界又引入了条件风险价值（conditional value-at-risk，CVaR），以度量尾部损失的均值。

二、半方差

半方差（semi-variance，SV）侧重于衡量证券组合的下行风险（downside risk），该指标关注收益率低于均值或目标收益率的部分，用公式表示如下：

$$\text{SV} = \frac{1}{n} \cdot \sum_{i=1,\ r_i < r}^{n} (r_i - r)^2$$

其中：r 表示均值或目标收益率。由于半方差只关注到证券波动的部分风险，因此其数值比方差要小。

三、变异系数

变异系数（coefficient of variation，CV）是一种风险的相对计量指标，用来计量每单位期望收益率的风险，其计算公式如下：

$$\text{CV} = \frac{\sigma}{E(r)}$$

例 8-7

假设有两个投资方案 A 和 B。A 的期望收益率为 10%，标准差为 2%；B 的期望收益率为 11%，标准差为 3%。问：哪个方案风险小？

解答：使用变异系数来衡量，结果如下

$$\text{CV}_A = \frac{\sigma_A}{E(r_A)} = \frac{2\%}{10\%} = 0.2$$

$$\text{CV}_B = \frac{\sigma_B}{E(r_B)} = \frac{3\%}{11\%} = 0.273$$

A 的每单位收益承担的风险要小于 B。因此，投资者可能更倾向于选择方案 A。

第三节　马科维茨均值—方差理论

一、马科维茨学说的基本观点及其贡献

证券及其他风险资产的投资首先需要解决的是两个核心问题：即预期收益与风险。那么如何测定组合投资的风险与收益，以及如何平衡这两项指标进行资产分配，是市场投资者迫切需要解决的问题。正是在这样的背景下，美国著名经济学家哈里·马科维茨（Harry Markowitz）在 1952 年 3 月《金融学杂志》发表的题为《资产组合的选择》的论文中阐述了证券收益和风险水平确定的主要原理和方法，建立了均值—方差证券组合模型的基本框架，提出了解决投资决策中投资资金在投资对象中的最优化分配问题，开创了对投资进行整体管理的先河，奠定了现代投资理论发展的基石。马科维茨的学说为分散化投资提供了重要的理论基础，引发了"第一次华尔街革命"。正因如此，马科维茨也被誉为"现代投资组合理论之父"。

在马科维茨的均值—方差理论中，对于证券投资组合有如下假设前提：

1.证券市场是完善的，无交易成本，而且证券可以无限细分（即证券可以按任一单位进行交易）；

2.投资者是风险厌恶者（risk averse），即在收益相等的条件下，投资者会选择风险最低的投资组合；

3.投资组合中所有证券收益率的均值、方差以及协方差均已知；

4.投资者将根据证券收益率的均值、方差以及协方差来选择最佳投资组合；

5.投资期限为一期。

二、可行集和有效边界

投资组合的可行集（feasible set）又称可行区域（feasible region），是由所有可行证券组合的期望收益率与标准差构成的集合，或在坐标平面中形成的区域。

(一)两个证券构成的组合可行集及有效边界

证券组合的可行集绘制，我们以实例来说明。假设证券 A 和 B 组成一个组合，它们的预期收益、标准差数值如表所示。

证券	预期收益	标准差
A	12%	0.15
B	8%	0.1

假定 A、B 证券的相关系数是 0.5,运用式(8-1),我们可以根据两个证券的不同权重计算出组合的相应预期收益和标准差,结果见下表:

A 的权重	B 的权重	组合预期收益	组合标准差
0	1.0	0.08	0.100
0.1	0.9	0.084	0.098
0.2	0.8	0.088	0.098
0.3	0.7	0.092	0.100
0.4	0.6	0.096	0.104
0.5	0.5	0.1	0.109
0.6	0.4	0.104	0.115
0.7	0.3	0.108	0.123
0.8	0.2	0.112	0.131
0.9	0.1	0.116	0.140
1.0	0	0.12	0.150

接下来,将计算出的组合预期收益和标准差的数据点,绘入横轴为标准差,纵轴为预期收益的坐标系中,描点连线后,绘制出的可行集见图 8-1。该图反映了 A、B 证券不同的组合方式所构成的风险—收益的各种可能配比。

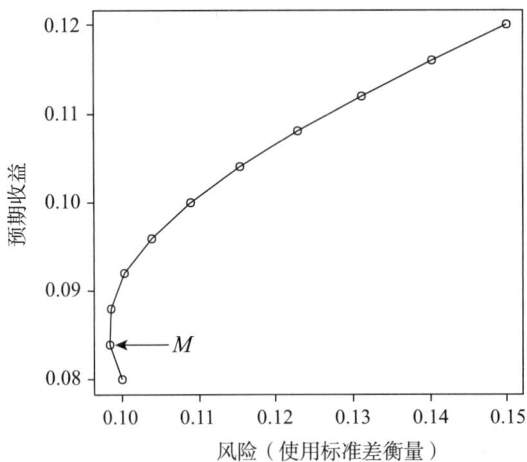

图 8-1 两个证券构成的组合的可行集

从图 8-1 中可以看出,当证券 A 的权重在 0.15 附近时(图中 M 所在位置),上述可行集的曲线达到了最小标准差,此时证券组合的风险最小,这样的组合称作最小方差组合(minimum variance portfolio,MVP)。在 M 点上方的曲线称作有效边界(efficient frontier),在这段曲线上,风险越高,预期收益也随之增加;而在 M 点下方的曲线是不会被投资者所青睐的,因为风险越高,预期收益反而下降,这样的组合是非有效的(inefficient)。有效边界上的点所代表的投资组合称为有效组合(efficient portfolio)。

两个证券的相关系数对可行集的形态会产生影响。图 8-2 反映了不同相关系数的取值下,可行集的不同形态。从中可以看出,若两个证券完全正相关(相关系数为1),可行集是一条直线段,其两端分别是证券 A 和 B 的风险—收益点;随着相关系数的下降,可行集呈现曲线形状,且随着相关系数由 1 变为－1,曲线向左变得愈来愈弯曲,但曲线的两端仍然不变;当两个证券完全负相关(相关系数为－1),此时可行集退化成两条折线,且与经过原点的纵轴交于一点。

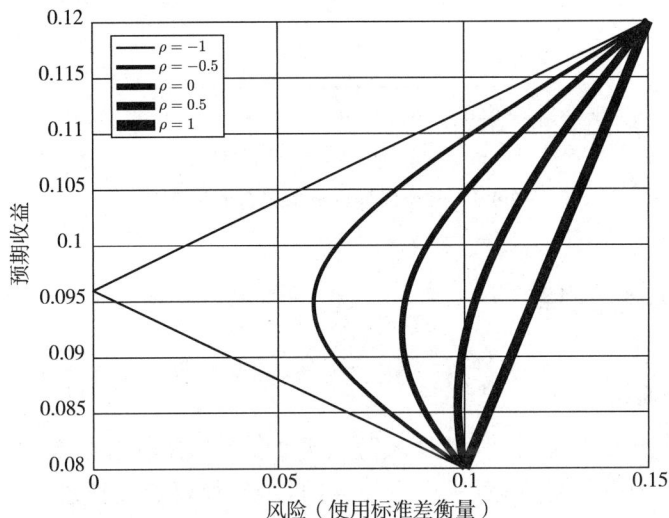

图 8-2　不同相关系数的取值对组合可行集形态的影响

(二)三个以上证券构成的组合可行集及有效边界

为了说明问题的方便,我们假设证券 A、B、C 构成一个组合,它们的预期收益、标准差、相关系数如表所示。

证券	预期收益	标准差	相关系数
A	12%	0.15	$\rho_{AB}=0.5$
B	8%	0.1	$\rho_{AC}=0.8$
C	18%	0.15	$\rho_{BC}=0.6$

通过生成的 1 万组随机数作为证券组合的权重,结合式(8-4)绘制出的可行集见图 8-3。此时组合的可行集由原先的曲线变为了一块区域,这块区域中有一点 M,是该区域中所有可能资产组合中风险最小的点,这样的组合称作全局最小方差组合(global minimum variance portfolio)。在该点上方区域的边沿部分,构成有效边界(efficient frontier),其上的点所代表的组合比区域内部的点代表的组合,具有同等风险下收益最高、同等收益下风险最小的特征,我们所关注的有效组合,只能取自有效边界之上。与前面所述类似,M 点下方区域的可能组合是不会受投资者青睐的。

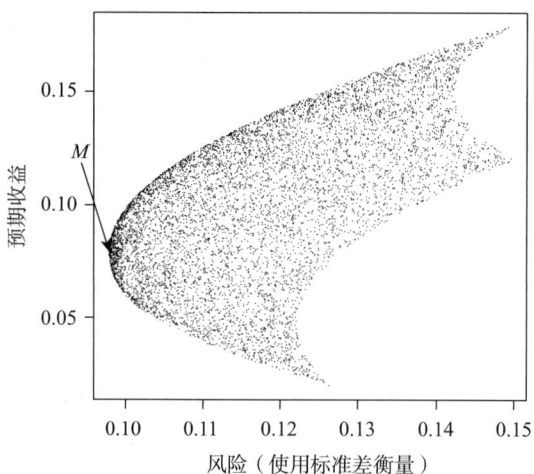

图 8-3　三个证券构成的组合的可行集

三、最优证券组合选择

(一)无差异曲线

根据均值—方差理论,投资者是风险厌恶的,因此在收益相等的条件下,投资者会选择风险最低的投资组合;对于风险较大的投资,投资者会要求有更高的预期收益率。为了刻画投资者对风险和收益的权衡关系,我们引入无差异曲线的概念。

无差异曲线,也称等效用曲线,该曲线以风险为横轴、收益为纵轴,曲线上任意两点的投资效用(即满意程度)一样。如果将满意程度相同的点连接成线,则会形成无穷多条无差异曲线,从而构成无差异曲线族,其中不同的无差异曲线之间互不相交。

不同的投资者有不同类型的无差异曲线,在均值—方差理论中,我们只考虑风险厌恶型投资者的无差异曲线。风险厌恶型无差异曲线向右上方倾斜,随风险水平的增加越来越陡,并且无差异曲线之间互不相交。典型的风险厌恶型投资者的无差异曲线如图 8-4 所示。

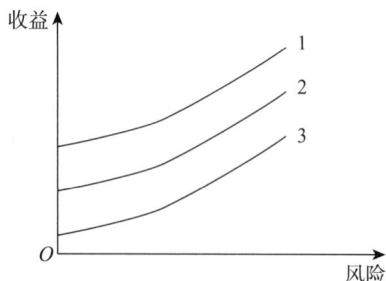

图 8-4　风险厌恶型投资者的无差异曲线

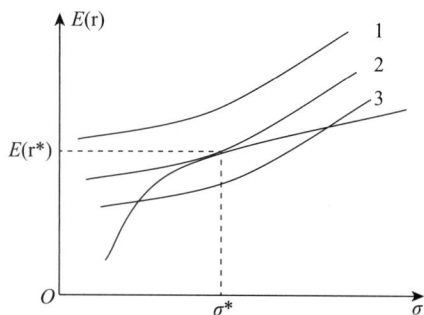

图 8-5　最优证券组合

(二)最优证券组合

最优证券组合(optimal portfolio)就是位于有效边界上,与无差异曲线相切的点对应的投资组合。由于有效边界向左上方凸的特性,以及无差异曲线向右下方凸的特征,决定了两者之间的切点只有一个,因此最优证券组合有且只有一个。最优证券组合如图 8-5 所示,其中的三条相互平行的无差异曲线 1~3 中,只有曲线 2 与有效边界相切于一点 $[\sigma^*, E(r^*)]$,该点所代表的组合即是最优证券组合。

由于每个投资者对风险厌恶的程度不同,这就决定了无差异曲线的形态各异,因此需要根据投资者的无差异曲线选择最优证券组合。

四、均值—方差理论的扩展——无风险借贷

马科维茨的均值—方差模型并未考虑到无风险借贷的情形,在此基础上,詹姆士·托宾(James Tobin)将均值—方差模型扩展至无风险借贷领域,将无风险资产引入投资组合优化的研究。

托宾模型中,有如下假设前提:

(1)所有资产的均值、方差和协方差均已知;

(2)投资者是风险厌恶的;

(3)组合中至少有一个资产是无风险的;

(4)投资者可以用无风险利率进行资金的借贷。

所谓的无风险资产,是指投资于该资产的收益率是确定的、没有风险的。比如国债就是无风险资产。资产的收益率是确定的,其标准差一定为零。由此不难得出,一项无风险资产的收益率与一个风险资产的收益率之间的协方差为零。由于无风险资产的收益率是确定的,与任何风险资产的收益率无关,因此它们之间的相关系数也为零。

(一)包含无风险证券与一个风险证券组合的情形

为了叙述的方便,假定无风险资产 A 的收益率 $r_A = 8\%$,风险资产的收益率 $r_B = 12\%$,风险资产的标准差 $\sigma_B = 0.15$。根据式(8-1),资产组合的方差计算公式可改写为:

$$\sigma_P^2 = w_B^2 \sigma_B^2$$

相应地,

$$E(r) = w_A r_A + w_B r_B = (1 - w_B) \times 8\% + w_B \times 12\% = 0.08 + 0.04 w_B$$

$$\sigma_P = w_B \sigma_B = 0.15 w_B \tag{8-6}$$

因此:

$$E(r) = 0.08 + \frac{4}{15}\sigma_P$$

相应组合的可行集见图 8-6,此时的可行集是一条斜向上的直线,且与纵轴的截距就是无风险收益率(本例中是 8%)。这条直线也称资本配置线(capital allocation line,CAL),其上各点反映了无风险资产与风险资产组合所有可能的风险-收益的组合,同时从中可以看出:资产组合的风险-收益的变化呈现出线性关系。CAL 的斜率(本例中是 4/15)衡量的是每单位风险的增加所带来的预期收益的增加额。

这里要说明的是:若投资者对无风险资产的投资,投资者将一部分资金贷出,即买入无风险资产,此时在无风险资产的投资比例为正;若投资者以无风险利率借入一部分资金,或者卖空无风险资产,此时投资在无风险资产上的比例为负。

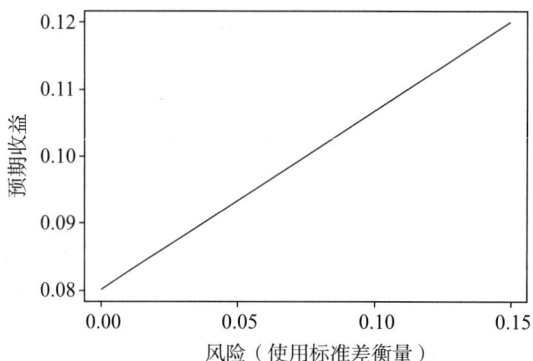

图 8-6　包含无风险证券与一个风险证券组合的可行集

同前所述,最优证券组合就是无差异曲线与该直线相切处的投资组合,相应的无风险证券和风险证券的权重,可以通过式(8-6)计算得到。

(二)包含无风险证券与多个风险证券组合的情形

上面的例子中分析的投资组合包含无风险证券和一个风险证券,如果组合投资于无风险证券和多个风险证券,则可将多个风险证券看成一个组合,然后再与无风险证券进行组合后分析。

以无风险证券和两个风险证券的组合为例,可将两个风险证券看作一个组合,并绘制出有效边界(图 8-7 中的虚线曲线),其上各点就是风险证券的可能组合(图 8-7 中的 A、B、E 三点)。以无风险收益作为纵轴的截距,可做该点与有效边界的连线(图 8-7 中的 RF—A,RF—B),这些连线就是相应的 CAL,其上的各点,就是无风险证券和风险证券的可能组合。由于 CAL 的斜率衡量的是每单位风险的增加所带来的预期收益的增加额,故斜率应越大越好,随着 CAL 斜率取值的增加,最后可以找到能与此可行集刚好相切的直线(图 8-7 中的 RF—E),其切点(point of tangency)就是最优风险证券组合(图 8-7 的 E 点)。此时 CAL 的斜率达到最大,相应各证券的权重,可以通过式(8-3)和式(8-4)计算得到。

最优风险证券组合(optimal risky portfolio)与最优证券组合(optimal portfolio)的不同之处在于:前者是 CAL 与风险证券的有效边界相切的切点对应的组合;后者是有效边界与投资者的无差异曲线相切的切点对应的组合。

如果只允许无风险贷出,则无风险证券权重为正,此时 CAL 从纵轴截距到 E 点间的线段反映出无风险证券与风险证券的可能组合,由上面的分析,这些组合都是有效的,即满足相同风险下收益最大,相同收益下风险最小的性质。而在 E 点之后,组合中不再包含无风险证券,此时的有效边界与虚线部分风险证券的有效边界重合。如图 8-8 所示。

如果只允许无风险借入,则无风险证券权重为负,投资者通过在市场上借入资金或卖空无风险证券,将得到的资金用于风险资产的投资,以图更高的收益。此时 CAL 在 E 点右侧的线段反映出空头无风险证券与多头风险证券的可能组合,这些组合比原先的风险证券有效边界更加有效。而在 E 点左侧,组合中不再包含无风险证券的空头头寸,此时的有效边界与虚线部分风险证券的有效边界重合。如图 8-8 所示。

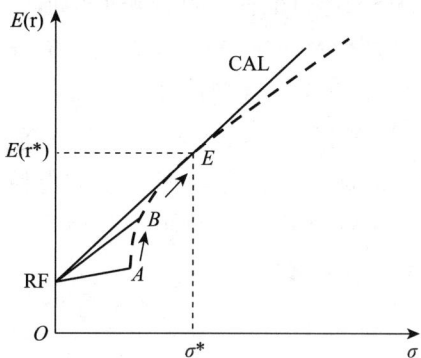

图 8-7　包含无风险证券与多个风险证券
组合的有效边界及最优证券组合

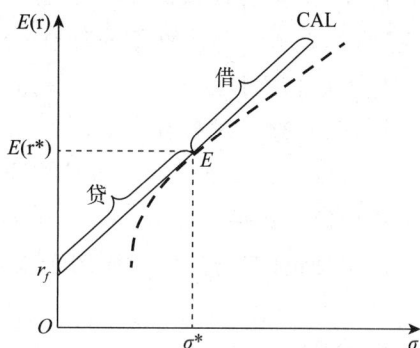

图 8-8　CAL 对应的无风险借/贷

因此,对于只允许无风险贷出的情形,无风险证券的权重为正,此时的有效边界以 E 点为界,左侧部分与 CAL 重合,右侧部分与风险资产组合的有效边界重合[图 8-9(a)]。对于只允许无风险借入的情形,有效边界以 E 点为界,左侧部分与风险资产组合的有效边界重合,右侧部分与 CAL 重合[图 8-9(b)]。在允许无风险借贷的情形下,有效边界就是与风险资产组合有效边界相切于 CAL(见图 8-7),此时可行集上的风险—收益组合是完全的线性关系。

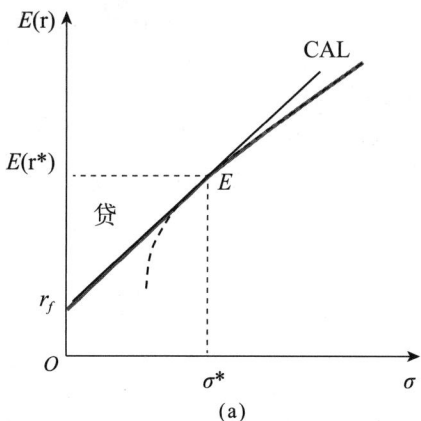

(a)

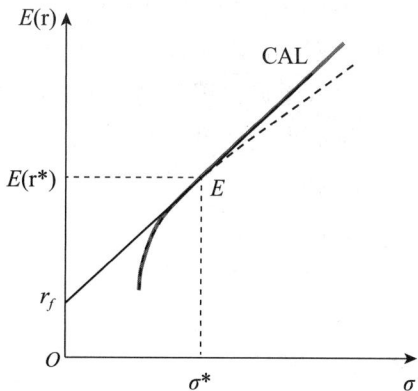

(b)

图 8-9　只允许无风险借/贷情形下的有效边界

需要说明的是,与风险资产组合有效边界相切的 CAL 方程表示如下:

$$E(r_p) = r_f + \frac{E(r^*) - r_f}{\sigma^*} \cdot \sigma_p \tag{8-7}$$

其斜率 $\dfrac{E(r^*) - r_f}{\sigma^*}$ 就是 Sharpe 比率,可用于投资组合的业绩评估。

第四节　资本资产定价模型(CAPM)

1963 年,马科维茨的学生威廉・夏普(William Sharpe)根据马科维茨的均值—方差模型,建立了一个计算相对简化的模型——单一指数模型。这一模型假设资产收益只与市场总体收益有关,使计算量大大降低,打开了当代投资理论应用于实践的大门。夏普、约翰・林特纳(John Lintner)、杰克・特雷诺(Jack Treynor)、简・莫辛(Jan Mossin)等人分别研究马科维茨的模型是如何影响证券的估值,这一研究促使了资本资产定价模型(capital asset pricing model,CAPM)的产生。该模型是现代金融市场价格理论的支柱,广泛应用于投资决策和公司理财领域。

一、理论假设

资本资产定价模型(CAPM)遵循如下假设前提:

(1)所有的投资者均是市场价格的接受者(price-takers);

(2)所有的投资者均依据期望收益率与标准差选择证券组合,即投资者使用马科维茨的均值—方差理论选择投资组合;

(3)投资者都厌恶风险,即其他条件相同时,他们将选择标准差较小的投资组合;

(4)所有的投资者对证券的期望收益率、标准差及证券间的相关性有相同的预期(homogeneous expectations);

(5)所有资产都可以无限细分;

(6)投资者可以用相同的无风险利率贷出或借入资金;

(7)证券市场上没有摩擦(frictionless)。所谓摩擦是指对整个市场上的资本和信息的自由流通的阻碍。该假设意味着不考虑交易成本及对红利、股息和资本收益的征税,并且假定信息在市场中自由流动、在证券借贷和卖空上没有限制,市场参与者以无风险利率借贷。

二、资本市场线

上一节我们介绍了资本配置线(CAL),并且在允许无风险借贷的情形下,投资组合的有效边界就是 CAL。CAPM 的假设(2)意味着对于所有的投资者而言,他们对所有风险证券构成的组合具有相同的有效边界,此时的 CAL 对所有的投资者均相同。CAL 与风险证券的有效边界相切于 M 点,此处是整个市场上所有风险证券所构成的最优风险证券组合。相应的,CAL 的方程由式(8-7)变为:

$$E(r_p) = r_f + \frac{E(r_M) - r_f}{\sigma_M} \cdot \sigma_p \tag{8-8}$$

其中:σ_M 是市场风险;$E(r_M)$ 是市场预期收益;r_f 是无风险收益。我们将此时的资本配置线称为资本市场线(capital market line,CML)。因此 CML 可看作 CAL 的特殊形式,其针对的最优风险证券组合是由市场上所有风险证券所构成的。

(一)资本市场线的意义

资本配置线在与风险组合有效边界相切时,其上的点代表的是有效证券组合,而资本市场线(CML)是资本配置线(CAL)的特殊形式,故 CML 表示有效组合的期望收益率与风险之间的线性关系。其中有效组合的期望收益率由两部分构成:一部分是无风险收益率,它反映出货币的时间价值,是对投资者放弃即期消费的补偿;另一部分是风险溢价(risk premium),它与承担风险的大小成正比,是对投资者承担风险的补偿。在式(8-8)中的斜率 $\frac{E(r_M) - r_f}{\sigma_M}$ 则代表单位风险的市场价格。

(二)分离定理

如图 8-10,投资者的融资决策(financing decision)与风险偏好有关,无差异曲线与 CML 的切点 A、B 分别决定了不同投资者的相关融资决策的偏好,而投资决策(investment decision)中确定的最优风险组合(图 8-10 中的点 M)是由市场的风险组合与 CML 的切点所决定的,与无差异曲线无关。托宾将这种投资决策与融资决策的分离称作分离定理(separation theorem),即最优风险组合的确定与个别投资者的风险偏好无关。

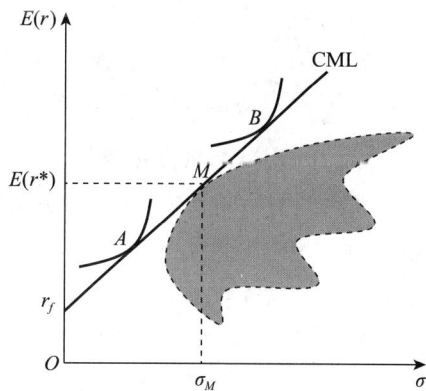

图 8-10 资本市场线与分离定理

分离定理充分说明了被动投资是有效的。只要投资者根据其风险偏好,合理安排无风险借贷和市场组合投资之间的比例,其组合就一定在资本市场线上,也就意味着这样的投资一定是有效的。虽然每位投资者的最优资产组合各不相同,但是在有效边界相同的情况下,投资者的最优风险资产组合是一样的。

如果每位投资者都以相同的方式投资,则市场中所有投资者的集体投资行为将会使市场处于均衡状态。在均衡状态下,切点组合中所含各项风险资产的比例应该与整个市场中风险资产的市值比例一致。任何一个与市场中各风险资产市值比例相同的风险资产组合被称为市场组合。换句话说,在均衡状态下的最优风险资产组合就是市场组合(market portfolio)。

三、证券市场线

(一)β 系数

在本章的第二节,我们曾介绍过 β 系数,它表示某一证券的收益率对市场收益率的敏感程度,是用于测量某一证券风险相对于市场风险的比率,其计算公式为:

$$\beta_i = \frac{Cov(r_i, r_M)}{\sigma_M^2} = \frac{\rho_{iM}\sigma_i\sigma_M}{\sigma_M^2} = \rho_{iM}\frac{\sigma_i}{\sigma_M}$$

其中:ρ_{iM} 是市场组合与证券 i 的相关系数;σ_i 和 σ_M 分别是证券 i 与市场组合的标准差。

从另一个角度看,市场组合的风险是由各单个证券的风险构成,市场组合的方差可分解为各单个证券与市场组合的协方差,用公式表示如下:

$$\sigma_M^2 = \sum_{i=1}^{n} w_i \text{Cov}(r_i, r_M) = \sum_{i=1}^{n} w_i \rho_{iM}\sigma_i\sigma_M \Rightarrow \sum_{i=1}^{n} w_i \frac{\text{Cov}(r_i, r_M)}{\sigma_M^2} = \sum_{i=1}^{n} w_i \frac{\rho_{iM}\sigma_i}{\sigma_M} = 1$$

其中:w_i 是第 i 个证券市值占市场总市值的比重。由此我们可以得到:

$$\sum_{i=1}^{n} w_i\beta_i = 1$$

即市场上所有风险证券 β 系数的加权平均等于市场组合的 β 系数。β 系数可看作单个证券对市场风险(市场组合方差)的贡献度。

(二)CAPM 与证券市场线

资本资产定价模型是决定单个资产及证券组合的期望收益率与风险之间均衡关系的定价模型,其公式如下:

$$E(r_i) = r_f + \beta_i [E(r_M) - r_f] \tag{8-9}$$

该公式说明,在均衡条件下,单个证券的期望收益率与其对市场组合方差的贡献率(即 β 系数)之间存在线性关系,而不像有效组合那样与标准差有线性关系。

证券市场线(security market line, SML)则是在以 β 系数为横轴、预期收益率为纵轴的坐标中,使用 CAPM 方程表示的线性关系。如图 8-11 所示,当 $\beta=1$ 时,对应的收益即是市场组合的收益,它与无风险收益率的差额就是市场组合的风险溢价(risk premium)。

将式(8-9)进行变形,可得:

$$\beta_i = \frac{E(r_i) - r_f}{E(r_M) - r_f}$$

其中:$E(r_i) - r_f$ 是证券 i 的风险溢价;$E(r_M) - r_f$ 是市场组合的风险溢价。因此,从 CAPM 模型中我们可以看出,β_i 衡量了某证券/组合对市场组合风险溢价的比率。

1.当 $\beta_i > 1$ 时,该证券/组合属于攻击型(aggressive),在市场上升时其涨幅较大。

2.当 $\beta_i < 1$ 时,该证券/组合属于防御型(defensive),在市场下降时其跌幅较小。

3.当 $\beta_i = 1$ 时,该证券/组合属于中立型(neutral),与市场波动一致,适于指数型基金的选择。

另外,基于市场组合的 β 系数等于 1 的结论(即 $\beta_M = 1$),我们可以对式(8-9)重新整理如下:

$$\frac{E(r_i) - r_f}{\beta_i} = \frac{E(r_M) - r_f}{\beta_M}$$

这说明,在市场均衡时,从每项风险资产所获得的每单位系统风险的风险溢价应该相等。

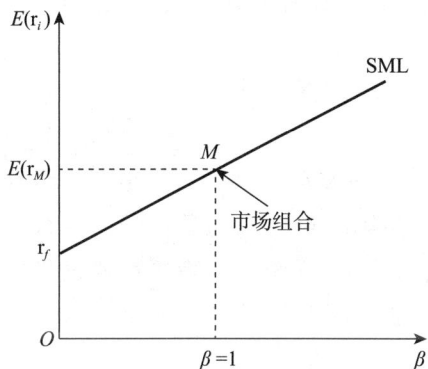

图 8-11　证券市场线

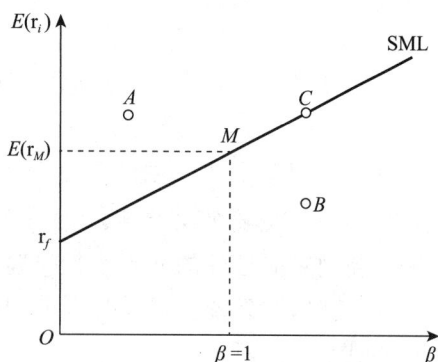

图 8-12　资产估值的判断

(三)使用证券市场线识别高估和低估的证券

证券市场线的一个重要应用便是识别高估和低估的证券。在进行判断之前,首先要根据证券的基本面和技术面分析的方法,估计证券的要求收益率和风险,然后将收益—风险情况列入 SML 的坐标平面中。如图 8-12 所示,证券 A 的坐标点位于 SML 的上方,证券 B 位于 SML 的下方,证券 C 刚好在 SML 上。这说明证券 A 的收益被高估,相应其价格被低估;证券 B 的收益被低估,相应其价格被高估;证券 C 的收益和价格的估计与理论收益和价格一致。

(四)资本市场线(CML)与证券市场线(SML)之间的区别

首先,两者的描述对象不同。CML 描述的是有效组合的收益与风险之间的关系;SML 描述的是单项资产或某个资产组合的收益与风险之间的关系,既包括有效组合也包括非有效组合。

其次,两者的风险指标不同。CML 中采用标准差作为风险度量指标,是有效组合收益率的标准差,反映的是资产的全部风险;SML 中采用 β 系数作为风险度量指标,是单项资产或某个资产组合的 β 系数,反映的是资产所面临的系统风险。

因此,对于有效组合来说,可以用两种指标来度量其风险,而对于非有效组合来说,只能用 β 系数来度量其风险,标准差可能是一种错误的度量方法。

四、证券特征线

特征线(characteristic line)模型是单项资产收益率与市场组合收益的经验回归方程,方程的形式如下:

$$r_i(t) = \alpha_i + \beta_i \cdot r_M(t) + \varepsilon_i(t) \tag{8-10}$$

其中:α_i 是回归方程的截距项;ε_i 是回归方程的随机误差项。针对已获得的证券和市场组合收益率数据的散点图,通过线性回归的方式估计出特征线模型中的 α_i 和 β_i。若回归方程当中的 α_i 显著不为零,则意味着市场没有处于均衡状态;若该现象长期存在,表明市场无效。在投资策略上,应该投资于 α 值大于零的股票,这样可以获得超过市场组合的超额收益率。

另外,通过(8-10)式,我们对等式两端进行方差的运算,可得:

$$\sigma_i^2 = \beta_i^2 \cdot \sigma_M^2 + \sigma_{\varepsilon i}^2 \tag{8-11}$$

其中:σ_i^2 是证券收益率的方差,反映证券收益率的波动(风险);σ_M^2 是市场组合收益率的方差;$\sigma_{\varepsilon i}^2$ 是随机误差项 ε_i 的方差。等式右侧第一项对应的是证券的系统性风险,第二项则对应证券的非系统性风险。这两类风险中,系统性风险无法通过投资分散化予以消除,非系统性风险则可以通过投资分散化降低。投资分散化与两类风险的关系如图 8-13 所示。

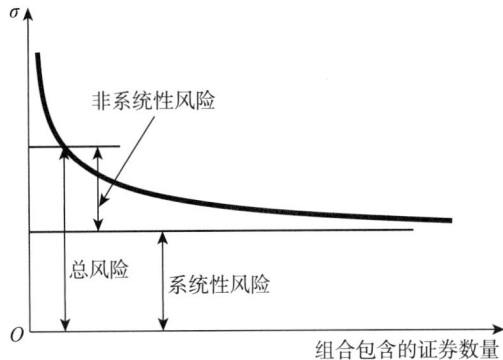

图 8-13　投资分散化与风险

需要说明的是,早在 20 世纪 70 年代,研究人员使用美国普通股的历史收益,对证券市场线的有效性进行了实证研究,发现资本资产定价模型似乎无法很好地拟合数据以完全解释资产预期收益的结构。

造成这一结果的可能解释有三类:首先,用于检验 CAPM 所使用的市场组合并不完备,以至于无法代表真实的市场组合;其次,真实的市场存在卖空限制和交易成本,这些与 CAPM 的理论前提存在冲突;最后,在 CAPM 原有假设的前提下,加入其他复杂因素,以研究最优投资组合选择问题,其中最具代表性的是多因素跨期资本资产定价模型(intertemporal CAPM,ICAPM)。

除此以外,另一种方式则是发展 CAPM 的替代理论,其中最突出的便是罗斯(Stephen Ross)所提出套利定价理论(arbitrage pricing theory,APT)。在该理论下,即使投资者不是根据均值—方差进行组合的优化,也可能存在类似于证券市场线的关系。

第五节　套利定价理论(APT)

一、因素模型

单指数模型和多因素模型是对资本资产定价模型的拓展。单指数模型将系统性风险界定为某个有代表性的股价指数,研究股票收益率受该指数的具体影响。多因素模型则进一步将系统性风险分解为多个风险因素,研究股票收益率受多个风险因素的影响。

(一)单指数模型

单指数模型(single-index model)的基础是单因素模型,是由单因素模型中系统性风险因素的量化需要而产生的。单指数模型在投资实践中已获得广泛应用。

我们知道,股票收益率受到系统性风险和非系统性风险的影响,系统性风险可以概括为宏观经济因素,非系统性风险是公司层面的偶发因素,据此可以得到单因素模型(single-factor model),公式如下:

$$r_i = E(r_i) + \beta_i m + \varepsilon_i \tag{8-12}$$

其中:m 是宏观经济因素,用于度量未预期的宏观经济变动(比如 GDP、利率等)对股票收益率的影响;ε_i 代表公司层面的突发事件对股票收益率的影响;β_i 反映了股票收益率对未预期宏观经济变动的敏感程度。

单因素模型中未预期的宏观经济变动往往在投资的期初无法获知,因而在实践中不具有可操作性。相比之下,市场上的股票价格指数易于观察,其波动性以及单个证券对其敏感度易于估计等特点使其成为理想的宏观经济有效代理指标,由此得到的模型称作单指数模型(single-index model)。

用 M 表示市场指数,其超额收益率为 $r_M - r_f$;用证券的超额收益率($r_i - r_f$)对市场指数的超额收益率回归,得到的单指数模型的回归方程如下:

$$r_i(t) - r_f = \alpha_i + \beta_i [r_M(t) - r_f] + \varepsilon_i(t) \tag{8-13}$$

式(8-13)中的截距项 α_i 表示当市场指数的超额收益率为零时,该证券的期望超额收益率;斜率 β_i 是证券对指数的敏感度;$\varepsilon_i(t)$ 是 t 时刻公司层面对收益率的冲击,其均值为零。对式(8-13)的两端同时取期望,可得:

$$E[r_i - r_f] = \alpha_i + \beta_i \cdot E[r_M - r_f] \tag{8-14}$$

该式与均衡条件下证券市场线的公式相似。

通常为了表述的方便,我们将证券和市场指数的超额收益分别记作 R_i 和 R_M,即:

$$R_i = r_i - r_f, \quad R_M = r_M - r_f$$

于是式(8-13)和式(8-14)可以分别记作:

$$R_i(t) = \alpha_i + \beta_i \cdot R_M(t) + \varepsilon_i(t) \tag{8-15}$$

$$E(R_i) = \alpha_i + \beta_i \cdot E(R_M) \tag{8-16}$$

(二)多因素模型

多因素模型(multifactor models)将股票实际收益率 r 的变动解释为三个部分:股票预期收益率 $E(r)$;各种风险因素 $F_1, F_2, \cdots, F_n$ 非预期变化导致的股票的收益率变动;一个误差项 ε。具体公式为:

$$r = E(r) + \beta_1 F_1 + \beta_2 F_2 + \cdots + \beta_n F_n + \varepsilon \tag{8-17}$$

其中:β_i 是证券收益率 r 对风险因素 F_i 的敏感度($i = 1, 2, \cdots, n$);误差项 ε 与风险因素 F_i 无关,并且 $E(\varepsilon) = 0$。

多因素模型当中最具代表性的是 Fama-French 三因素模型,该模型基于特征线方程的思路,运用公司的相关特征作为系统性风险的代理变量,具体公式为:

$$r - r_f = \alpha_1 + \beta_1(r_M - r_f) + \beta_2 \cdot SMB + \beta_3 \cdot HML + \varepsilon \tag{8-18}$$

其中:SMB 表示小盘股与大盘股的收益率之差(small minus big, SMB),反映了小盘股风险溢价;HML 表示价值型股票与成长型股票收益率之差(high minus low, HML),反映了价值型股票的风险溢价。

二、资产的套利定价理论

当满足多因素模型的证券存在套利机会时,套利者会不断买入被低估证券、卖出高估证券以持续套利,直到套利所获额外利润达到最大时,市场达到均衡。

套利定价理论(arbitrage pricing theory, APT)认为,市场均衡时证券的期望收益率等于无风险收益率加上 n 种风险因素的风险报酬 $\beta_k \lambda_k$,$k = 1, 2, \cdots, n$,即:

$$E(r) = r_f + \beta_1 \lambda_1 + \beta_2 \lambda_2 + \cdots + \beta_n \lambda_n \tag{8-19}$$

其中,λ_k 称作因素风险溢价(factor risk premium)。从式(8-19)可以看出,当假设影响证券收益率的因素只有市场风险时,该公式就是资本资产定价模型。因此,资本资产定价模型可看作是套利定价理论的一个特例。从直观上看,在资本资产定价模型中,证券的期望收益率与系统性风险(β 系数)构成的是证券市场线(如图 8-11 所示);而对于包含两个风险因素的套利定价模型,证券的期望收益率与两个风险因素构成的则是一个"证券市场平面"(如图 8-14 所示)。

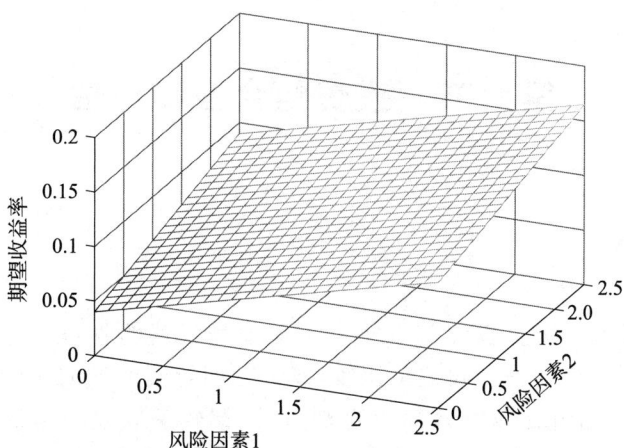

图 8-14　期望收益率与风险因素的关系图

例 8-8

一只股票和多种风险因素的关系如下表所示：

风险因素	β 值	因素风险溢价
A	1.2	6％
B	0.5	8％
C	0.3	3％

问：(1)如果国债收益率为 3％,则合理定价下该股票的预期收益率是多少？

(2)假定三个风险因素的市场预测值分别是 5％、3％和 2％,而实际值是 4％、6％和 0％,则该股票修正后的收益率是多少？

解答:根据式(8-17),该股票的预期收益率为：

$$E(r) = r_f + \beta_1\lambda_1 + \beta_2\lambda_2 + \beta_3\lambda_3$$
$$= 3\% + 1.2 \times 6\% + 0.5 \times 8\% + 0.3 \times 3\%$$
$$= 15.1\%$$

各个因素的预测值与实际值不相等,这些非预期变化对资产收益率的影响为：

$1.2 \times (4\% - 5\%) + 0.5 \times (6\% - 3\%) + 0.3 \times (0\% - 2\%) = -0.3\%$

因此,该股票修正后的收益率为 $= 15.1\% - 0.3\% = 14.8\%$

第六节　投资组合业绩评估

一、绩效测评原则

提到投资的绩效,很多投资者的第一反应便是投资的收益。这种直接计算实际的期间收益率,再与市场平均收益率比较,或进行同行间的横向比较的绩效测评方法称作直接比较法。这种比较方式简单直观,但是比较期间收益率的方法不是一个恰当的绩效测评方法,原因在于期间收益可能来源于三个方面:

1.市场收益,这种收益属于市场整体上涨所带来的收益,属于被动收益;

2.风险收益,这是由投资者(或管理者)冒险所带来的收益;

3.管理收益,这是由于投资者(或管理者)的投资水平和管理能力所带来的收益,属于主动收益。

由于收益的来源不同,造成了期间收益率具有很大的主观性,并且会因为市场风险的变化而出现较大的波动,无法真实客观地反映投资绩效。另外,这种直接比较法只关注于收益而忽视了风险,对于基金管理者而言,会诱发道德风险,对投资者的利益造成损害。

正因如此,随着投资组合相关理论的发展,关于风险的度量方法不断涌现,直接比较法逐渐被风险调整后的绩效测评方法所取代。上面的三个收益来源各自有相应的解决办法:

1.对于市场收益,可通过与市场收益率进行比较的方法来解决;

2.对于风险收益,可通过使用风险调整后的收益率指标加以解决;

3.管理收益是最合理的业绩评价项目,通常的做法是,对实际收益率进行风险调整,然后再与市场绩效比较,或进行同行间的横向比较。

需要注意的是,在风险调整时要对收益与风险之间的关系做出假设,即假定收益—风险组合符合某一定价模型(如资本资产定价模型、套利模型等)。

二、绩效测评指数

下面将介绍三种业绩指数(performance index),它们均是基于资产定价模型,并经风险调整后的业绩指标。

(一)Treynor 业绩指数

Treynor 业绩指数是由特雷诺(Jack L. Treynor)于 1965 年提出的,这是最早的关于组合绩效的指标。该指数以证券市场线(SML)为基准,与 SML 的斜率($r_M - r_f$)进行比较。其计算公式为:

$$T_P = \frac{r_P - r_F}{\beta_P}$$

Treynor 业绩指数反映的是单位风险溢价,其中的风险是用 β 系数衡量的,大于 SML 斜率的业绩较好。如图 8-15 所示,组合 A 的斜率大于 SML 的斜率,组合 B 的斜率小于 SML 的斜率。因此,组合 A 单位风险溢价高于组合 B,组合 A 的业绩好于组合 B,并且组合 A 战胜了市场。

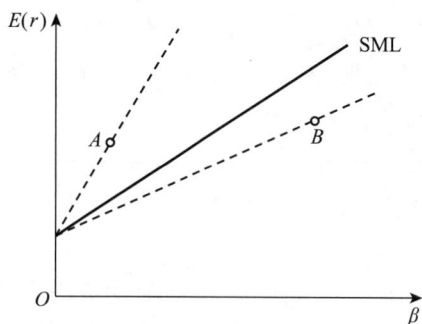

图 8-15　Treynor 业绩指数举例

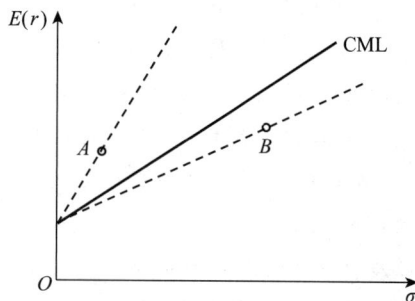

图 8-16　Sharpe 业绩指数举例

(二)Sharpe 业绩指数

Sharpe 业绩指数是由夏普(William F. Sharpe)于 1966 年提出的。该指数以资本市场线(CML)为基准,与 CML 的斜率 $(r_M - r_f)/\sigma_M$ 进行比较。其计算公式为:

$$S_P = \frac{r_P - r_F}{\sigma_P}$$

Sharpe 业绩指数反映的是单位风险溢价,其中的风险是用 β 系数衡量的,大于 CML 斜率的业绩较好。如图 8-16 所示,组合 A 的斜率大于 CML 的斜率,组合 B 的斜率小于 CML 的斜率。因此,组合 A 单位风险溢价高于组合 B,组合 A 的业绩好于组合 B,并且组合 A 战胜了市场。

(三)Jensen 业绩指数

Jensen 业绩指数是由詹森(Michael C. Jensen)于 1968 年提出的。该指数基于 CAPM 模型,以证券市场线(SML)为基准直接进行比较。Jensen 业绩指数的计算公式为:

$$J_P = r_P - [r_F + (r_M - r_F)\beta_P]$$

Jensen 业绩指数反映的实际上是特征线的截距项 α,大于零表明业绩好,说明组合获得了超过市场的业绩。如图 8-17 所示,组合 A 在 SML 上方,组合 B 在 SML 下方。组合 A 获得了超过市场的业绩($\alpha > 0$),而组合 B 的业绩则逊于市场($\alpha < 0$)。因此组合 A 的业绩好于组合 B,并且组合 A 战胜了市场。

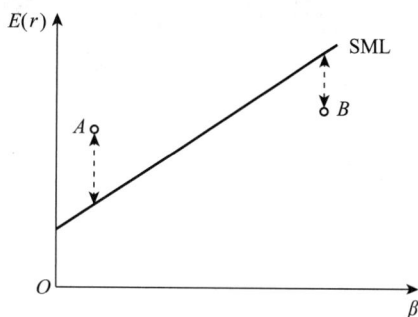

图 8-17　Jensen 业绩指数举例

📖 阅读材料

与投资组合理论有关的诺贝尔奖获得者简介

哈里·马科维茨（Harry Markowitz，1927—2023），1990 年诺贝尔经济学奖获得者之一，他的研究在今天被认为是金融经济学理论前驱工作，被誉为"华尔街的第一次革命"。1952 年马科维茨在《金融学杂志》上发表的论文——《资产组合的选择》中，第一次给出了风险和收益的精确定义。通过把收益和风险定义为均值和方差，马科维茨将强有力的数理统计方法引入资产组合选择的研究中，从而发展了一个概念明确、可操作的用于不确定条件下投资组合选择的理论，该理论进一步演变成为现代金融投资理论的基础。

威廉·夏普（William Sharpe，1934— ），1990 年诺贝尔经济学奖获得者之一，他在 20 世纪 60 年代将马科维茨的分析方法进一步发展为著名的"资本资产定价模型"。在模型中，夏普把马科维茨的证券组合选择理论中的资产风险进一步分为资产的"系统性"（市场）风险和"非系统性"风险两部分。该模型在金融经济学中的重要性不容忽视。

詹姆斯·托宾（James Tobin，1918—2002），1981 年诺贝尔经济学奖获得者。托宾早期的研究为凯恩斯主义的宏观经济学说提供了理论基础，并最终发展成为当代的投资组合选择和资产定价理论。该理论用他自己的语言概括起来只有简单的一句话："不要将你的鸡蛋全都放在一只篮子里。"

图 8-18 马科维茨（左）、夏普（中）、托宾（右）

本章附录

投资组合可行集的绘制

本附录使用 Python 软件，基于相关的软件包，利用市场数据绘制多个股票所组成资产组合的可行集，软件代码如下。其中♯后面的文字是对应代码的注释。

＃%%%所对应的是代码块，可以在 Spyder 等开发环境中分块运行。

```python
import baostock as bsk        ＃调取股票市场行情数据的软件包
import numpy as np
import matplotlib.pyplot as mpl    ＃绘图软件包
import pandas as pd


code_list = ['sz.002074', 'sh.600259', 'sh.600660']
＃ 此处将三只股票的数据用于资产组合可行集的绘制
DTA = ['STK1', 'STK2', 'STK3']
n = len(code_list)


＃ 以下命令用于调取股票市场的数据
bsk.login()
for data, code in zip(DTA, code_list):
    result = bsk.query_history_k_data_plus(code, fields='date, close',
            start_date='2020-01-01', end_date='2023-07-08',
            frequency='d', adjustflag="3")
    globals()[data] = pd.DataFrame(result.data, columns=['时间', code])
bsk.logout()


＃%%%   股价的相关数据处理
df1 = pd.merge(STK1, STK2, on='时间')   ＃ 三只股票的数据合并,下同
DF = pd.merge(df1, STK3, on='时间')
＃ 股价的原始数据(这里要进行数据类型的转换,baostock 导出的原数据类型是
字符型)
data_raw = DF.iloc[:, 1:n+1].astype(float)
data_cov = data_raw.cov(min_periods=1)  ＃ 股价的协方差矩阵
data_corr = data_raw.corr()   ＃ 股价的相关系数矩阵
data_diff = np.log(data_raw).diff(1).dropna()   ＃ 股价的对数差分数据
data_return = data_diff.mean() * 252   ＃ 股票的年化收益率


＃%%%   绘制资产组合的可行集
N = 20000   ＃ 模拟的次数
return_weight = np.zeros(N)
vol_weight = np.zeros(N)
```

```
for i in range(N)：
    x = np.random.uniform(0,1,n)
    weight = x/sum(x)        ♯ 股票持有的权重
    return_weight[i] = sum (weight * data_return)
    vol_weight[i] = np.sqrt(np.dot(np.matmul(weight，data_cov)，weight))
mpl.scatter(vol_weight，return_weight)
mpl.rcParams['font.sans-serif']=['SimHei']        ♯ 显示中文
mpl.xlabel('风险(组合的标准差)')
mpl.ylabel('组合的收益率')
mpl.title('资产组合的可行集')
```

需要说明的是，上述代码当中的 baostock 软件包需要单独安装，安装命令如下：
pip install baostock

本章小结

1.持有期收益率、平均法收益率以及期望收益率是衡量投资收益的三个指标，在理论上，我们通过期望收益率进行风险的衡量。

2.平均法收益率分为算术平均法和几何平均法两类，其中的几何平均法考虑到货币的时间价值，对收益率的衡量与实际一致。

3.投资风险的衡量有多种指标，理论上使用较多的是标准差(方差)法和 β 系数法，前者用于对投资整体风险的度量，后者主要用于度量市场风险(系统性风险)。

4.将两个或两个以上风险证券所有可能组合的风险(标准差)和收益(预期收益率)绘成图形，构成组合风险—收益的可行集。其中可行集中风险最小的点称为最小方差(标准差)点，以此为界，其上方的可行集边界称为有效边界。

5.有效边界与无差异曲线的切点所代表的组合就是最优证券组合。

6.托宾扩展了马科维茨的均值—方差理论，将无风险证券的借贷纳入投资组合，从而改变了投资组合的有效边界。

7.以无风险收益率为纵轴截距，画出的直线当中，与风险证券组合有边界相交的线就是资本分配线(CAL)，其中与风险证券组合有效边界相切的线称为资本市场线(CML)，切线对应的组合是最优风险证券组合。

8.投资决策由有效边界与资本市场线决定，融资决策由无差异曲线与有效边界决定，投资决策与融资决策的分离称作分离定理。

9.资本资产定价模型(CAPM)是决定单个资产及证券组合的期望收益率与风险之间均衡关系的定价模型。

10.特征线模型是单项资产收益率与市场组合收益的经验回归方程，其与纵轴的

截距就是 α 系数。

11.套利定价理论认为,市场均衡时投资组合的预期收益率等于无风险收益率加上 n 种风险因素的风险报酬。

12.投资组合业绩评估主要有三个业绩指数:Treynor 业绩指数、Sharpe 业绩指数和 Jensen 业绩指数。

思政目标

党的二十大报告提出了贯彻新发展理念、推动高质量发展、构建新发展格局以及实施供给侧结构性改革的重要任务。本章内容涵盖了证券与证券组合收益和风险的衡量、马科维茨均值—方差理论、资本资产定价模型(CAPM)和套利定价理论(APT)等重要理论工具,以及它们对证券市场的影响。通过学习本章内容,可以帮助学生了解不同类型和组合方式的证券的收益特征和风险特征,选择符合自身预期和偏好的投资方案。同时,也要求学生关注国家的供给侧结构性改革、经济高质量发展、国家安全形势、国际金融市场等对证券市场的影响,支持国家的产业升级和技术创新,体现党的二十大提出的"全面建成社会主义现代化强国"的战略目标和"以人民为中心"的价值取向。此外,学生还应运用科学的方法和技术,不断完善和优化自己的投资策略和决策,彰显党的二十大强调的"守正创新"的创新精神和"自信自立"的自主精神。

基本概念

持有期收益率	期望收益率	β 系数	系统性风险
非系统性风险	可行集	有效边界	最优证券组合
均值—方差理论	资本分配线	资本市场线	证券市场线
无差异曲线	资本资产定价模型	特征线模型	套利定价理论
Treynor 业绩指数	Sharpe 业绩指数	Jensen 业绩指数	分离定理

视频材料

练习与思考

一、简答题

1.解释最优风险证券组合和最优证券组合的不同之处。

2.解释分离定理的意义。

3.简述资本市场线与证券市场线的区别。

二、论述题

1.马科维茨均值—方差模型的前提假设是什么？

2.使用马科维茨均值—方差模型进行投资分析的基本步骤是什么？

3.解释可行集与有效边界。在允许无风险借贷的情况下,可行集与有效边界如何变化？

三、计算说明题

1.有两个证券构成的组合,它们的期望收益率分别为 10% 与 15%,标准差分别为 20% 与 25%,其权数分别为 0.35 与 0.65,当相关系数分别为 0.5、0 和 -0.5 时。问:投资组合标准差分别是多少？(最终结果保留小数点后两位)

2.假定三种股票组合的有关数据如下表所示:

股票	甲	乙	丙
收益率期望值	0.08	0.16	0.06
标准差	10	14	6
相关系数	甲和乙 0.5	乙和丙 0.2	甲和丙 0.3
所占比例	0.3	0.3	0.4

问:其组合的收益和风险为多少？

3.给定如下两种证券的信息:

经济状态	概率	证券 I 的收益率	证券 II 的收益率
低增长	0.4	-2%	-10%
中等程度的增长	0.5	28%	40
高增长	0.1	48%	60

要求:

(1)计算两种证券的期望收益率。

(2)计算两种证券收益率的方差和标准差。

(3)计算以下两种情形下,证券组合的期望收益率和标准差。

情形一:90% 投资于证券 I,10% 投资于证券 II;

情形二:10% 投资于证券 I,90% 投资于证券 II。

4.如果一个证券组合在每一种证券上的投资其收益率都为正,那么:

(1)组合的期望收益率是否可能高于每一种证券的期望收益率？是否可能低于每一种证券的期望收益？请解释。

(2)组合的标准差是否可能高于每一种证券的标准差？是否可能低于每一种证券的标准差？请解释。

5.假设无风险收益率为 3%,市场已处于 CAPM 所描述的均衡状态。如果已知市场上有一种风险证券,其期望收益率为 6%,β 系数为 0.5,那么 β 系数为 1.5 的证券的期望收益率为多少？

6.假设经实验测定后得知证券市场在某一时期的证券市场线近似于 $E(r_P) =$

$0.06+0.19\beta_P$，基金 A 和 B 在该期间的经营结果为：

A 实际收益率＝10％，β 系数＝0.8

B 实际收益率＝15％，β 系数＝1.2

要求：分别使用 Treynor、Sharpe 和 Jensen 业绩指数评价基金 A 和 B 的绩效。

7.假设市场组合由两个证券 A 和 B 组成，它们的投资比例分别是 40％和 60％。已知这两个证券的期望收益率分别是 10％、15％，标准差分别是 20％、28％，其相关系数为 0.3。假设无风险收益率为 5％。要求：写出资本市场线方程。

8.假设某证券的 β 值为 1.5，无风险收益率为 3％，市场期望收益率为 9％，则该证券的预期收益率为多少？根据资本资产定价模型，该证券是被低估还是被高估或者是公平定价？

9.假定两个资产组合 A、B 都已经充分分散化，预期收益率分别为 12％和 9％，如果影响经济的因素只有一个，并且 β 值分别为 1.2 和 0.8。问：无风险利率是多少？

第九章 投资行为分析

前一章的最优风险投资组合,实际上是建立在投资者都是理性人的假设基础上对现实投资市场的复制。但在现实中,我们仍然会做出一些非理性的投资决策。本章通过梳理各心理学分析流派基本思想,力图揭示金融市场的非理性行为和决策规律,以便更好地指导投资者进行投资。

第一节 各类心理学分析流派

在证券投资过程中,信息的收集依赖于人的参与,证券的分析与决策则由人做出。人的心理状态对资金的流向以及股票价格的运动方向具有决定性影响。若缺乏人的参与和资金的流动,证券市场将失去波动,进而失去生命力。由于人是有感情的,在认知上面也会出现心理偏差,这样也就使得证券的市场价格经常偏离证券的内在价值,从而出现机会。因此,了解各心理分析流派的方法非常有必要。

一、凯恩斯的"空中楼阁理论"

"空中楼阁理论"是股票投资理论的一大流派,它认为股票市场完全是由人气所左右的,股票行情的涨跌由投资大众主体心理所驱动。因此,股票的价格是难以确定的,股票的内涵基础价值也似乎是"海市蜃楼",股票只要被投资主体看好,其价格就可以随意上涨。股市决胜的法宝就在于如何准确地研究、把握投资者的心态,预测投资大众的行为。世界著名经济学家约翰·梅纳德·凯恩斯就是"空中楼阁理论"的代表人物。

凯恩斯认为无人能够确定什么将影响股票的未来收益和股息支付前景。他说:"(多数人)主要关心的不是对一笔投资在其投资期间的可能收益作出准确的长期预测,而是抢在公众之前预测到价格常规基础的变化。"可见凯恩斯是运用心理原则而不是金融估计来预测股票市场的。

他认为专业投资者并不愿意把精力花在估算内在价值上,而愿意分析大众投资者未来可能的投资行为,以及在景气时期他们如何在空中楼阁上寄托希望。

怎样才能够选到赢利的股票? 凯恩斯运用报纸选美竞赛的例子来说明如何选股。比如参赛者要从 100 张照片中选 6 张最美的小姐。参赛者明白自己个人的审美标准和参赛输赢无关,不能够按照自己的个人审美情趣来进行选择,而是要预测大多数参赛者最可能喜欢的美人标准来决定投谁的票。股票和选美类似,是一个博傻行为,一个投资者买进股票的目的是因为他认为明天有一个比他傻的傻瓜愿意出更高的价钱买他的股票,而第二个买进股票的人认为虽然自己是傻瓜,但是后天还会有一个比自己更傻的傻瓜愿意出更高的价钱买进股票,以此类推,股票似乎没有内在价值,只要有人出钱买,什么价格都行。因此,股市成功者必须要有推测大众心理冲动的能力,按大众的好恶决定自己的选股方针,并抢在最好的交易时机买卖。

二、索罗斯的反射理论

索罗斯于 1969 年创立了量子基金,在接下来的 26 年里,该基金不断发展壮大,为股东带来了近 35% 的年均收益率。这一成就显然不能简单地归因于运气,而应更多地归因于索罗斯所具备的、其他投机者所缺乏的独特金融理论。

(一)索罗斯的方法论

索罗斯认为,研究自然现象的方法与标准与研究社会现象的方法与标准存在根本性差异。具体而言,社会科学在研究社会现象时,往往涉及一个额外的因素,即思维的参与者,而自然科学则不包含这一因素。也就是说,在自然科学的研究中,由于有了自然现象与科学认识的严格分离,自然现象具有对人思维的独立性,自然现象这一研究对象才能成为判断科学认识的真实性和有效性的客观标准,自然科学因此具备了形成科学体系的条件。而在社会科学的研究中,由于人的思维已经成为社会现象这一研究对象的一部分,形成了研究对象与研究者密不可分的混合状态,因此社会科学不具备形成科学体系的条件。

传统经济学理论用理性行为的假设对此进行了忽略处理。假设要求参与者拥有完备的知识,从而产生资源最优配置的均衡理论。但在真实世界中,往往存在的只是不完备认知和无法达到的均衡。

(二)索罗斯的反射理论

传统观念认为,市场总是正确的,市场价格能够精确反映对未来发展的预期。然而,索罗斯则认为,市场总是存在偏差,市场所反映的实际上是一种对未来的偏见。而且扭曲具有双向影响:不仅市场参与者基于偏颇的观点进行决策,而且这种偏颇也会影响事件的发展。由于参与者的认知本质上便是错误的,而错误的认知与事件的实际发展过程,两者之间存在着双向关系,这种关系也导致两者之间缺乏对应(correspondence),索罗斯称这种双向关联为"反射"。

索罗斯通过构造两个函数——认知函数与参与函数,并把它们表述成一对递归函数来阐述他的反射性理论。

认知函数:$Y = f(x)$

参与函数:$X = \Phi(y)$

X:事态;Y:认知或思维

推出:$Y = f[\Phi(y)]$;$X = \Phi[f(x)]$

参与者对事态的认知称为认知函数,参与者思维对现实世界的影响称为参与函数。在认知函数中,参与者所认知的事态是自变量;在参与函数中,参与者的思维是自变量。在研究社会现象时,两个函数同时发挥作用,相互影响,相互作用,一个函数的自变量是另一个函数的因变量,这样研究将不再产生确定的结果。由于事态和思维两者均为因变量,所以一个初始变化会同时引起事态和参与者思维的进一步变化,而这两个递归函数将不可能产生均衡点,存在的只是一个无限运动的过程,索罗斯称这种相互作用为"反射性"。

索罗斯在他的投资活动中,则发现金融市场运作原则类似科学方法,做投资决策如同拟定科学假设,而实际状况则是测试。两者的差异只在于:投资决策假设其目的是赚钱,而非建立一项普遍有效的结论。同样的,这两种活动都牵涉了重大的风险,成功则能带来相应的报酬,投资决策是金钱的报酬,而科学研究则是研究成果的报酬。索罗斯将金融市场视为测试假设的实验室,而且他非常了解金融市场的运作并非严格的科学假设,理论水平充其量能够达到炼金术的水平,所以他称成功投资是一种"金融炼金术"。

三、行为金融学理论

现代金融理论是建立在套利定价理论、资产组合理论、资本资产定价模型(CAPM)和期权定价理论基石之上的。这些经典理论承袭经济学的分析方法与技术,其模型与范式局限在"理性"的分析框架中,忽视了对投资者实际决策行为的分析。随着金融市场上各种异常现象的累积,模型和实际的背离使得现代金融理论的理性分析范式陷入了尴尬境地。在此基础上,20世纪80年代行为金融理论悄然兴起,并开始动摇了 CAPM 和 EMH 的权威地位。尽管行为金融学目前还未形成完整的理论体系,但是它通过心理与决策行为等因素的引入,已经成功地对证券市场的异象进行了解释。尤为重要的是,行为金融学以其独特的理念,为投资者提供了不少有价值的投资理念和策略。

(一)资本市场的异象表现

"异象"即异常现象,其实证结果很难得到合理解释,或是必须通过一些难以置信的假设前提才能对其加以解释。"异象"主要包括以下几个方面:

1.公司规模效应

公司规模效应是指市场价值总额小的公司,其股票平均收益率明显大于市场价值大的公司股票的平均收益率的现象。

2.季节效应

季节效应是指在某些特定时间内进行股票交易可以获得超额收益的现象。比如French(1980)和 Hess(1981)的研究显示,股票在星期一的收益率明显为负值,星期五的收益率明显高于一周内的其他交易日;一年中一月的股票收益率最高。

3.价值异象

一些研究显示,选择那些不被市场看好的股票投资,可以明显地获得高额收益。如选择低市盈率的股票(Fama 和 French,1992),选择股票市场价值与账面价值比值低的股票(Debondt 和 Thaler,1985),往往可以得到比预期收益率高很多的收益。

4.动量效应与反转效应

动量效应是指在一定的持有期内,如果某只股票或某个股票组合在前一阶段表现优异,那么下一阶段该股票或股票投资组合仍有望继续保持良好的表现,而表现不佳的股票则可能持续其低迷状态。

然而,Ritter(1992)等学者也发现,在一段较长的时间内,表现不佳的股票在其后的一段时间内往往会有强烈的趋势经历显著的逆转,而在给定的时间段内,表现最佳的股票则倾向于在其后的时间内表现不佳,这就是所谓的反转效应。

5.股权溢价之谜

股票市场投资与债券市场投资历史平均水平回报率存在巨大的差额。根据美国学者 Sigel 的研究,美国在 1926 年至 1992 年期间,公司股票的总收益与无风险收益之差约为 6.1%,而同期公司长期债券的这一差额仅为 1%。

6.期权微笑

期权微笑是指对股票期权的研究发现,有利期权与无利期权的定价都显得高估了。各种执行价格的期权价格波动与 Black-Scholes 公式所得价格之间的偏差所形成的曲线,在低价协议和高价协议处均比在中等价格协议范围内的坐标点要高,呈现出一种类似“微笑”的形状。

7.红利之谜

1974 年纽约城市电力公司(CEC)准备取消红利支付,在该公司的股东大会上,许多中小股东为此闹事。这一事件是主流金融学所无法解释的。根据套利定价理论,1美元的红利与 1 美元的资本利得并没有什么差异;而在美国的税收体制下,股利要比资本利得支付更高的所得税,减少股利支付会对股东的境况更好。按照主流金融学的框架,CEC 的股东只会对能源危机对公司股价的影响敏感,而绝不会对公司暂停红利的支付如此激动。

8.封闭式基金之谜

封闭式基金的每股价格不等于每股净资产价值,总是折价进行交易,且折价程度不一。在创立时每股价格高于每股净资产价值;在结束时,价格和净资产价值持平。

9.公告效应

在一项具有正面效应的公告公布后,公司股票倾向于上扬,而负面效应的公告则会带来股票的下挫。但当某个公司有意外盈利时,市场或多或少又似乎都不能立即消化这一消息,会产生一定的时滞,然后又做出过度反应。

10.价格对非基础信息的反应

大量事实表明,股票价格除了对影响基础价值的信息做出反应以外,一些非基础信息也会导致价格显著波动和调整。1987 年 10 月 19 日,星期一,道·琼斯工业平均指数下降了 22.6%,这是截至当时历史上指数下跌得最厉害的一天,而事前没有任何明显的信息。虽然市场各方人士都寻找导致暴跌的原因,但相关的证据都缺乏说服力。

(二)产生异象的原因

对于上述异象产生的原因,行为金融学从投资者在投资决策时的认知和行为偏差的角度进行分析,从而得到一些满意的答案。投资者某一项投资行为是多种认知和行为偏差共同作用的结果。下面是在金融市场中常见的认知和行为偏差。

1.过度自信

心理学家通过实验观察和实证研究发现,人们往往过于相信自己的判断能力,高估自己成功的机会,把成功归功于自己的能力,而低估运气和机会在其中的作用。过分自信一般有两种形式:第一,人们对可能性做出估计时缺乏准确性,例如,他们认为肯定会发生的事可能只有 80% 发生了,而认为不太可能发生的事却有 20% 发生了;第二,人们对数量估计的置信区间太狭窄,例如,人们 98% 的置信区间只包含了当时 60% 的真实数量。因为过度自信,投资者常常会对公告信息和投资结果感到惊奇,从而导致过于频繁的交易。另外,过度自信还是投资者过早地抛售盈利股,迟迟不愿意出售亏损股的原因。

2.过度反应和反应不足

股票市场中存在对信息的"过度反应"和"反应不足"等现象。如果近期的收益朝相反方向转变,投资者会错误地相信公司是处于均值回归状态,并且会对近期的消息反应不足。如果投资者得到收益增长的信息,那么他们会倾向于得出结论——公司正处于一种增长的状态,并且会过度地推导趋势,导致过度反应。

3.锚定和保守

它指的是人们趋向于把对将来的估计和过去已有的估计相联系,即使有新的信息出现,也顽固地保有原来的估计或者不能做出有效的调整,以至于出现估计过于保守的现象。人们倾向于过高估计连续事件的概率,而过低估计不连续事件的概率。锚定与保守是证券市场上盈余公告效应和动量效应的原因之一。

4.损失厌恶

实验表明,人们在面对收益和损失的决策时表现出不对称性。人们并非厌恶风险,当他们认为时机合适时,他们会选择赌一把。人们的动机主要是躲避损失,而不是那么厌恶不确定性;人们厌恶的是损失,损失总显得比收获更突出,感受更强烈。

人们面对同量损失带来的负效应为同量收益的正效应的 2.5 倍。损失厌恶是投资者过早地抛售盈利股、迟迟不愿意出售亏损股的原因,也是投资者过于频繁交易的原因之一。

5.后悔厌恶

后悔厌恶是指当人们做出错误的决策时,对自己的行为感到痛苦。后悔比损失更为痛苦,为了避免后悔,人们常常做出一些非理性行为。比如,人们常常因循守旧,不愿尝试多样化。投资者趋向于等待一定的信息来到后,才做出决策,即便这些信息对决策来讲并不重要。

6.心理账户

人们根据资金的来源、资金所在和资金的用途等因素对资金进行归类,这种现象被称为"心理账户"。由于人们对形式的偏好,导致他们会将同样的风险(或收益)记入不同的心理账户。因此他们在不同的形式(情况)下面对相同风险(收益)时,就会有不同的表现。这较好地解释了红利之谜。

7.证实偏差

一旦形成一个信念较强的假设或设想,人们有时会把一些附加证据错误地解释得对该设想有利,不再关注那些支持或否定该设想的新信息。人们有一种寻找支持某个假设的证据的倾向,这种证实而不是证伪的倾向叫"证实偏差"。

8.时间偏好

传统经济学假定效用是随时间以指数的方式贴现的。这就意味着人的偏好在时间变量上是一致的,无论何时,他对效用的权衡都是一样的。但心理学的证据表明,时间折现率会随环境而改变,折现率有时会变得异常高,对收益的折现大于对损失的贴现。迈克尔·拉宾(Michael Rabin)认为,人们倾向于推迟执行那些需要立即投入而报酬滞后的任务,而马上执行那些能立即带来报酬而投入滞后的任务。比如,你要做一件不喜欢做的事,即使知道拖到明天也许会更费劲一点,你可能仍然出于本能把它拖到明天;但如果是一件你乐意的事情,你可能就倾向于今天做完。这就是所谓的时间偏好。大量的心理学实验研究指出,个人是按照双曲线而不是指数曲线来贴现未来的效用值的。

9.羊群行为

金融市场的"羊群行为"是一种特殊的非理性行为,是指投资者在信息环境不确定的情况下,行为受到其他投资者的影响,模仿他人决策,或者过度依赖于舆论,而不考虑自己的信息的行为。由于羊群行为涉及多个投资主体的相关行为,对于市场的稳定性、效率有很大影响,也与金融危机有密切的关系。

10.反馈机制

投资过程反映了投资者的心理过程,由于认知偏差、情绪偏差等各种偏差的存在,最终导致不同资产的定价偏差,而资产的定价偏差会反过来影响投资者对这种资产的认识与判断,这一过程就是反馈机制。这种股价与投资者反应的相互作用称为"反馈环"(feed back loop)。

(三)行为金融学基础理论:有限套利理论与噪音交易者理论

行为金融学在基础理论方面的主要成果是套利交易消除错误定价有限性理论和噪音交易者理论。套利行为能够有效消除市场中的错误定价,这是有效市场理论的一个重要基础。但是,Harberis 和 Thaler(2001)认为,由于在实际的市场中套利交易并不是无风险的,套利交易在消除市场错误定价方面的作用是有限的。一是基本面风险,即由于替代证券并非完美无缺,其基本面存在的差异为套利交易带来的潜在风险。二是噪音交易风险,即错误定价在短期内可能进一步加剧市场的不确定性,从而增加风险。三是执行费用,指的是与买卖限制等相关的一系列操作难题和成本。四是模型风险,是指即使错误定价已经实际存在,套利交易者仍无法确定其准确性,因为任何定价都是基于特定模型的,套利者完全有理由对模型的可靠性产生怀疑。由于以上四种风险的存在,并且由于套利交易者的时间尺度较短,使套利交易消除错误定价的作用是有限的。对证券市场而言,有必要引入非理性交易者。Delong、Sheifer、Summers 和 Waldmann(1990s)建立了一个包括噪音交易者和套利交易者的模型来研究这一问题。

(四)行为金融学核心理论:展望理论

展望理论是行为金融学的核心理论。Kahneman 和 Tversky(1979)通过实验对比发现,大多数投资者并非标准金融投资者,而是行为投资者,他们的行为不总是理性的,也并不总是风险回避的。展望理论认为投资者对收益的效用函数是凹函数,而对损失的效用函数是凸函数,表现为投资者在投资账面损失时更加厌恶风险,而在投资账面盈利时,随着收益的增加,其满足速度减缓。展望理论成为行为金融研究中的代表学说,利用展望理论解释了不少金融市场中的异常现象,如股权溢价之谜(equity premium puzzle)以及期权微笑(option smile)等。

行为金融学在以上理论基础上建立了行为组合理论(behavioral portfolio theory,bpt)和行为资产定价模型(behavioral asset pricing model,BAPM),同时建立了统一理论、羊群效应等一系列的决策模型。

第二节 心理学在证券投资实战中的运用

一、利用心理学规律进行证券投资

(一)运用行为金融学理论进行证券投资

行为金融学理论的意义在于确立市场参与者的心理因素在投资决策行为以及市

场定价中的作用和地位。行为金融学的实践指导意义在于投资者可以针对非理性市场行为的投资策略来实现投资赢利目标。考察我国投资者的行为特点，可以总结出以下投资策略：

1.针对过度反应的反向投资策略

反向投资策略就是买进过去表现差的股票而卖出过去表现好的股票来进行套利的投资方法。其主要论据是投资者的心理锚定和过度自信特征。行为金融理论认为，由于投资者在实际投资决策中，往往过分注重上市公司近期表现的结果，通过简单外推的方法，根据公司的近期表现对其未来进行预测，从而导致对公司近期业绩情况做出持续过度反应，形成对绩差公司股价的过分低估和对绩优公司股价过分高估的现象，最终为反向投资策略提供了套利机会。反向策略适用于长期的投资策略。

2.动量交易策略

动量交易策略是指分析股票在过去的相对短时期的时间内（一般指一个月至一年内）的表现，事先对股票收益和交易量设定"筛选"条件，只有当条件满足时才买入或卖出股票的投资策略。动量策略与反转策略正好相反，即购买过去几个月表现好的股票，卖出过去几个月中表现糟糕的股票。该策略是针对股票中期市场中反应不足和保守性心理偏差而设计的。华伟荣、金德环等人以我国上海证券交易所 2000 年 1 月 1 日至 2002 年 7 月 31 日期间所有上市股票（ST、PT 除外）为样本，对动量策略的可行性进行了研究。研究结果表明，在中国股票市场中存在强者恒强、弱者恒弱的现象，时间周期在 3～24 周之间，这期间主要表现为反应不足的特点。因此，在短期内可以采取买入强势股票、卖出弱势股票的策略。

3.成本平均策略

成本平均策略是指在一个相对完整的股价波浪运动中，投资者将投资资金分为不同的份额，在投资期限内根据不同的价格分批投资同一股票，并且在股票价格较高时投资资金数额较少，当股票价格较低时投资资金数额较多，从而降低投资成本，以规避一次性投入带来的风险，实现较高收益的策略。1996 年菲利普斯等人对美国纽约股票市场 1977—1988 年的交易情况进行实证研究发现，运用成本平均策略的投资者在股票价格较高时投资资金数额较少，当股票价格较低时投资资金数额较多，当股指运行到高位时抛出股票，获得了非常好的收益。

4.时间分散化策略

时间分散化是指在一个长波投资周期中，如 50 年，投资者在年轻时将资产组合中的较大比例投入股市中，而随着年龄的增长将此比例逐步减少的投资策略。时间分散化策略是基于行为金融学的一个重要结论，即时间会分散股票的风险，也就是说，股市的风险会随着投资期限的增加而有所降低。迈哈维和普雷斯科特的实证研究发现，1926—1992 年美国股票对短期政府债券的资产溢价每年平均 6.1%，也就是说，在一个长波投资周期中，股票的历史回报率远高于债券的历史回报率。但在短期内，股票的价格走势常常出现非理性的上涨或下跌，具有极大的风险。成本平均策略与时间分散化策略可以用于克服悔恨厌恶等认知偏差。

5.捕捉并集中投资策略

行为金融学理论指导下的投资者追求的是努力超越市场,采取有别于传统型投资者的投资策略从而获取超额收益。要达到这一目的,投资者可以通过三种途径来实现:(1)尽力获取相对于市场来说超前的优势信息,尤其是未公开的信息。投资者可以通过对行业、产业以及政策、法规、相关事件等多种因素的分析、权衡与判断,综合各种信息来形成自己的独特信息优势;(2)选择利用较其他投资者更加有效的模型来处理信息;(3)利用其他投资者的认识偏差或锚定效应等心理特点来实施成本集中策略。一般的投资者受传统均值方差投资理念的影响,注重投资选择的多样化和时间间隔化来分散风险,从而不会在机会到来时集中资金进行投资,导致收益随着风险的分散也同时分散。而行为金融投资者则在捕捉到市场价格错误定价的股票后,率先集中资金进行集中投资,赢取更大的收益。巴菲特就是通过相对集中持股、长期持股,在相当长的一段时间内获得了超越市场的投资收益。

6.小盘股策略

20世纪70年代,芝加哥大学的两位博士R.班尼和M.瑞格曼提出了小盘股的高回报效应来挑战有效市场理论。他们的论文验证了小盘股票收益长期优于市场的平均水平。法玛(Fama)、法兰奇(French)等人1993年的研究表明,小盘股效应很可能是由小盘价值股引起的。投资小盘股的策略为:选择流通股本数量较小的价值型股票进行投资。由于小盘股流通盘子小,股价极易波动,投资者极易采取波段操作方法获得收益。

7.针对羊群行为的相反策略

由于市场中广泛存在着羊群行为,证券价格的过度反应将是不可避免的,以致出现"涨过了头"或者"跌过了头"。投资者可以利用预期的股市价格反转,采取相反的投资策略进行套利。

8.购买并持有策略

个人和机构投资于股票应执行几种能够帮助控制认识错误和心理障碍的安全措施。控制这些心理障碍的关键方法是所有类型的投资者都要实施一种严格的交易策略——"购买并持有"策略。投资者在为组合购进一只股票时,应详细地记录购买理由,而且要制定一定标准以利于进行投资决策。

9.利用行为偏差

当投资者出现系统性判断错误时,这些行为偏差将导致证券定价的错误,合理利用这些偏差将给投资者带来超额收益。行为型投资人则尽力寻找由于行为因素而被市场错误定价的证券从而获取超额利润。

(二)其他心理学规律在证券市场的运用

1.预期收益引导规律

一般来说,在证券投资过程中,当某一证券的预期收益增加时,证券投资者的资金会倾向于流向该证券；当某一证券的预期收益递减时，不但新的投资者不会把资金投向此证券，原有的投资者也会逐渐把资金从这一证券转移出去；当某一证券的预期收益低于银行利率时，该证券可以被视为"呆滞"证券。此时投资者就会把资金存入银行而不会把它投向这一证券。根据预期收益引导规律，我们可以推导出以下投资经验：

（1）年报公司盈利，盈利增长高于或者等于市场预期，如果事先股价没有大幅度上升，则股价上涨的概率较大。反之，如果股价事先大幅度上涨，则股价下跌的可能性很大。

（2）年报公司盈利，盈利增长高于或者等于市场预期，但是公司在发布年报的同时发布增发等筹资计划，如果市场预计这会摊薄公司的未来盈利，负面影响大于正面影响，则股价下跌的可能性较大。

（3）公司业绩不好，股价大幅度下跌，年报出现亏损，但是亏损额在市场预计之中，如果年报中还披露公司开辟的新业务，市场预期未来可能盈利，扭亏增盈，则股价会上升。

（4）整个市场大幅度上升，当市场的整体平均市盈率远远高于银行利率的倒数时，如果对国家经济未来成长不乐观，则市场出现反转调整的可能性大；反之，如果市场大幅度下跌，市场平均市盈率远远低于银行利率的倒数，预计国家经济仍然将保持高速增长，则市场反转上升的可能性高。

2.持股心态规律

一般来说，当持有股票的人心情不安时，通常反映出他们担心股票价格会继续下跌，从而导致自己所持有的股票出现进一步的浮动亏损，因此他们中间的许多人会抛售股票，致使股票市场下跌的可能性进一步增大。当持有现金的人感到不安时，通常反映出他们担心市场会出现重大利好消息，从而导致股票价格大幅度上升，这样他们就得用更高的成本买进股票，因此就会有人采取买进股票的策略，股票市场上升的可能性较大。

将持股心态规律与市场持股持币的比例结合起来进行判断，可以更加准确地预测市场走势。当市场新增资金不大时，市场整体持币的比例大于持股的比例时，市场整体向上的概率较大。反之，市场整体持股比例大于持币比例，特别是都接近满仓的时候，市场下跌的可能性较大。

二、运用兵法

证券投资是一种人与人之间的博弈，中国古代一些著名兵法中大量介绍如何运筹计谋，如何选择战机、战术，这些都和证券投资具有共性的地方。下面介绍一些兵法在证券投资过程中的运用。

(一)明修栈道,暗度陈仓

例如,主力机构打算在某些绩优股票市场建仓,但是由于投资者很坚定地持有股票,难以吸纳到足够的股票。这时就可以选择这种计谋,运用少量资金在严重超跌的极差股票上面做出非常活跃的态势,并且通过舆论制造一些绩差股票似是而非的利好消息,而对绩优股票采取往下吸纳的方法。这样,手中持有绩优股票的中小投资者禁不住诱惑,最后将自己的绩优股票换成了目前表现活跃的绩差股票,主力机构成功地完成建仓。

(二)兵贵神速——把握股市先机

证券投资过程中经常会由于人们的认识偏见,出现很好的投资机会,这时就必须敢冒风险,采取兵贵神速的策略,趁别人还没有认识到证券价值之前,及时买下潜力证券,把握投资先机。

(三)半济而击——抓住对手弱点

该语出自《孙子兵法·行军篇》:"客绝水而来,勿迎之于水内,令半济而击之,利。"意思是:敌人渡河而来,不应在水中迎击敌人,而应趁敌人部分已渡,部分未渡时,予以攻击,因为从军事上讲,这时敌方首尾不接,行列混乱,阵容不整,抵御攻击能力较弱。所以,这时攻击敌人最有利。例如 1992 年,索罗斯发现欧洲货币汇率连环保的弱点,由于各国经济发展不均衡,货币受到当事国利率和通货膨胀的影响或强或弱,连环保的安排将迫使各国中央银行买进疲软的货币,卖出强劲的货币以遏制外汇买卖活动造成的不稳定。索罗斯认识到这种货币汇率机制无法维持多久。1992 年 9 月当英镑对马克的汇率降到中央汇率的下限时,索罗斯预见到这次德国中央银行不会再出面支持英镑了,因此抓住这个机会,运用保证金杠杆作用,重锤出击,买进马克,卖空英镑,最后英国政府支撑不住,只得退出欧洲货币机制,英镑大跌,索罗斯获利 15 亿美元。

运用兵法进行投资博弈的方法很多,可以通过以上例子举一反三,融会贯通。

本章小结

1.凯恩斯的"空中楼阁理论"主要观点是:股票买卖,应当将主要精力花在仔细研究其他投资主体的心态上,按多数投资者认同的原则操作。要恰到好处地抢占买卖时机。

2.由于参与者的认知本质上是错误的,而错误的认知与事件的实际发展过程,两者之间存在着双向关系,这种关系导致两者之间缺乏对应(correspondence),索罗斯称这种双向关联为"反射"。

3.行为金融学发现了许多金融异象,这些金融异象是由认知行为偏差引起的。行为金融学假设投资者是有限理性或者非理性的,因此其决策是按照期望理论进行的。

由于市场存在理性套利者和噪音交易者,这就导致套利的有限性,市场并非效率市场。我们可以利用人们在金融投资方面的认识偏差,采取反向投资、动量交易投资等投资策略。

4.证券投资是一种人与人之间的博弈,因此将《兵法》引入证券投资有助于投资者提高投资收益。

思政目标

党的二十大提出"坚持以人民为中心的发展思想""坚持自信自立""坚持问题导向"等方面的战略部署。本章旨在培养学生独立思考、遵纪守法,掌握投资行为分析的基本理论和方法。学生能综合运用心理学、兵法等多学科知识和技巧,对证券市场中投资者的心理和行为特征及其影响因素进行评估和分析,提高投资决策的效率和质量。同时,重视培养学生崇高的道德品质和深厚的爱国主义情怀,将金融投资与为国家、为社会作贡献紧密结合,确保学生在实践中不产生思想和行为上的偏差。此外,强调学生应具备良好的身心素质,并了解国家金融、证券法规及相关制度规范。

基本概念

反射理论　　　行为金融学理论　　季节效应　　　价值异象
期权微笑　　　公告效应　　　　　期望理论　　　羊群行为
动量交易策略

视频材料

练习与思考

一、简答题

1.哪些因素会影响人们的自信程度?投资者的过度自信会导致什么后果?

2.何谓过度反应和反应不足?

3.个人投资者一般通过哪些方式来实施自我控制?

4.控制不足会导致什么后果?

5.机构投资者与个人投资者有何联系与区别?

6.导致我国机构投资者行为偏差的原因有哪些?

7.从众行为产生的原因有哪些?

8.人的行为分析在证券投资分析中应当占据怎样的地位?

9.如何将行为分析、基本分析以及技术分析有机地结合起来,取得更好的投资绩效?

二、综合训练

1.选 10 只股票,收集最近三年季报资料,统计人均持股数量的变化以及关于每只股票的重要消息,结合股价运动看看能够发现什么规律。写一篇研究心得。

2.选 10 只股票,统计十大股东中基金的持股变化,结合消息与股票价格运动,看看有什么规律。写出研究心得。

3.到证券公司询问投资者,统计持股比例较大的投资者对后市的看法以及心理状态,根据研究资料预测后市,看看有什么规律。

第十章　量化投资分析

量化投资在国内外投资界引发了诸多关注,也给传统的投资理论和实践带来了机遇和挑战。量化投资貌似神秘,具有某些"黑箱"的特征,但它不过是信息技术和金融理论发展的产物,切合了时代的需要。量化投资功能强大,在投资的多个维度弥补了人类的固有缺陷,但它终究无法完全取代人类,只是对人类能力的延伸和拓展。让我们在以下的内容中揭开它神秘的面纱吧。

第一节　量化投资概述

一、量化投资的定义

随着金融理论和电子信息技术的发展,一种不同于传统交易技术的新的投资系统已经水到渠成地出现并快速发展,这就是量化投资系统。简要地说,量化投资是指利用计算机技术及一定的数学模型去实现投资理念、投资策略的过程。与传统定性的投资方法不同,量化投资不是依靠个人直觉和经验来管理资产,而是将适当的投资思想、投资经验甚至直觉,反映到量化模型中,利用电脑帮助人脑处理海量数据,总结归纳市场规律,建立可以重复使用并反复优化的投资策略,并指导我们的投资决策过程。

一个完整的量化投资过程,实际上是一个自动化的交易流程,由计算机来执行投资操作。当然,计算机仅仅是实现投资目标的工具,在此之前,需要人类大脑来设计基于计算机的交易系统。该系统的输入端是数据,涵盖资讯数据、历史数据和实时数据,随后这些数据进入预先设定的计算机决策模块和执行模块,即所谓的"黑箱"。这个"黑箱"能够实现复杂、快速的计算,其决策具有客观一致性,不受人为因素的干扰,且监测和计算范围近乎无限。其运行原理如图 10-1 所示。

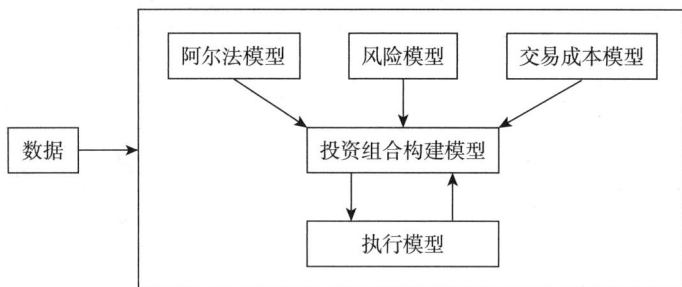

图 10-1　量化投资的"黑箱"示意图

对量化投资的正确理解,要注意以下几点:

(一)量化投资不是基本分析和技术分析的对立

量化投资的很多模型是基于基本面因素,同时考虑市场因素、技术因素等多种因素,是对市场深入理解而形成的合乎逻辑的投资理念和投资方法。

量化投资是一种主动型投资策略,而该策略的理论基础是市场非有效或弱有效,基金经理可以通过对个股、行业和市场的驱动因素进行分析研究,建立最优的投资组合,试图战胜市场获得超额收益。与海外成熟市场相比,我国 A 股市场的发展历史较短,投资理念还不够成熟,相应的,留给投资者主动发掘市场潜力和空间的机会就更多。量化主动投资策略以正确的投资理念为根本,通过多种因素的分析,以全市场的广度、多维度的深度视角监测投资机会,在中国市场的应用将更具优势。

不少投资者误认为量化投资基金既然依靠量化模型完成决策和执行,那么基金经理包括投资团队所发挥的作用就不大。而实际上在市场出现转折或小概率事件的时候,计算机是无法代替基金经理的经验判断的。此外,在一个波动剧烈的非单边市场环境下,量化模型对新数据的反应并不敏感,结果也并不理想。因此,在量化基金的运作中,仍需要经验丰富的基金经理和投资团队来把握一些更加宏观的和大的趋势,而量化模型的作用是在市场正常情况下,极大地减少基金经理的工作量,以及避免由于人的情绪波动带来的失误。

总之,量化投资不仅可以与定性的投资理念相结合,还可以将量化投资模型与基金经理的个人判断相融合,从而使量化投资方案更加完善。这种结合能够在一定程度上解放基金经理,使其从琐碎的日常信息分析和操作中抽身出来,有更多精力来关注市场的趋势变化、市场拐点的状况、市场结构的变化以及市场的"黑天鹅"事件等,同时向量化模型添加新信息、改进新变量,进一步提升量化投资的有效性。

(二)量化投资是主动而非被动投资

有人认为,量化投资是依循预先设定好的模型来决策和执行,因此与指数化投资类似,是一种被动投资。但实际上,量化投资是一种显然的主动投资,其理论基础是市场无效或弱有效,投资者通过对市场、行业、个股基本面和技术面的分析,主动构建一个可以战胜市场获取超额收益的投资组合。而指数化投资的理论基础是市场完全有效,任何企图战胜市场的努力都是徒劳的,只能被动地复制指数,取得与市场一样的收益。

(三)量化投资不是神秘主义的产物

量化投资不是战无不胜的神秘宝典,不能靠一个投资模型永远赚钱,也不能用一个模型解决一切问题。在量化投资中,需要建立多种模型,如选股模型、择时模型、行业配置模型、交易模型、风险管理模型、套利模型、对冲模型等,不同的模型只能解决某一方面和某一时的问题。量化投资只是一种工具、一种方法、一种手段,其内核是一种有效的投资理念,而且是一种开放性的系统,可以根据投资理念的变化、市场状况的变化进行修正、改善和优化。

(四)量化投资只能捕获大概率获利机会

任何投资都不可能百分之百地获胜,量化投资也不例外。量化投资本质上是为了获取大概率获胜机会,为此,量化投资模型需要着重考虑对资产未来收益看法的估计和辨别,主要包括对个股的看法、行业的看法、市场的看法等估计的准确性。量化投资模型也更看重相对收益水平,主要是寻找最佳阿尔法模型。

在确定投资品种后,量化投资需要考虑具体的交易策略和风险控制策略。交易策略的目的是最大限度地降低交易成本,交易成本对投资业绩有重要影响。因此,量化投资需要综合考虑资产的辨别(个股选择、行业配置、市场配置)、交易的方式和时机、风险控制等多方面因素,寻找到成功概率最大的投资组合,达到收益最大化。

二、量化投资的理论基础

量化投资的产生和发展有两个基本前提:一是电子交易系统的产生和发展;二是金融理论和相关理论的产生和发展。

(一)电子交易系统的产生和发展

电子交易系统最早是在美国产生和发展的。1971 年,电子报价和场外交易系统(NASDQ)正式运营。1975 年,美国股市允许专业投资经理和经纪人直接通过计算机与股票交易所联机,并实现股票组合的一次性交易,这种制度是指令处理电脑化的重要里程碑,后来进一步演变成市场直联机制(direct market access,DMA),即投资者可以利用经纪人的网络直接进入交易所完成交易,而无须借助经纪人下达交易指令。1976 年,纽约股票交易所(NYSE)引入主要执行小额指令的电子自动对盘系统 DOT(designated order turnaround)。1978 年,美国证券交易委员会(SEC)以法令催生了市场间交易系统 ITS(inter-market trading system),该系统以电子网络为基础,让证券交易下单在全美各交易市场之间互联,NASDQ 立即响应,为 ITS 提供与其互联的计算机辅助执行系统。到了 20 世纪 90 年代,世界主要证券交易平台都已经大量采用电子交易系统完成指令撮合,包括中国在内的新兴市场更是全部采用电子撮合成交。1997 年,SEC 允许一种新的竞价系统电子通信网络(electronic communication network,ECN)建立运营。ECN 允许交易指令直接且匿名地挂在该网络上,交易价格由参与网络的所有交易者竞价产生。随着互联网技术的发展,服务于个人投资者、小型银行、投资机构、对冲基金的 ECN 交易商开始出现。ECN 的商业运营模式被美国证券业普遍认为是一种典型的全自动化的电子证券交易所。随后几年,新的交易形式出现,其中最著名的是为大宗交易提供服务的 ATS(alternative trading systems)。以上所有这些交易系统构成了电子交易系统。这些电子交易系统起初只是为了降低交易成本,但随着投资理论的发展,这些交易系统深刻改变了投资决策机制和执行机制。

(二)金融理论和相关理论的产生和发展

与量化投资相关的金融理论主要是数量金融学理论,该理论是最近几十年来兴起的新学科,有一个清晰的发展脉络。

1.20 世纪 50 至 60 年代

Markowitz 于 1952 年建立均值—方差模型,量化了投资的收益和风险,第一次把数理工具引入投资研究。在 Markowitz 工作的基础上,Sharpe(1964)、Lintner(1965)、Mossin(1966)研究了资产价格的均衡结构,导出了资本资产定价模型(CAPM),该模型成为度量投资风险和投资绩效的基本模型。

20 世纪 60 年代对投资有重要影响的理论是由 Samuelson(1965)和 Fama(1965)提出的有效市场假说(EMH),对该假说的不同理解,引导着主动投资和被动投资的行为方式。

2.20 世纪 70 至 80 年代

20 世纪 70 年代,全球性的金融创新不断兴起,金融衍生工具的定价成为金融理论研究的重点。1973 年,Black 和 Scholes 建立了期权定价模型,实现了金融理论的一大突破。该模型迅速运用于金融实践,使金融创新工具的品种和数量迅速增加,金融市场得到空前规模的发展。此后,Ross(1976)建立了套利定价理论(APT)。在投资实务中,多因素定价模型在量化投资的选股中具有代表性。

3.20 世纪 80 至 90 年代

20 世纪 80 年代,现代金融创新进入鼎盛时期。在此期间诞生了所谓国际金融四大发明,即票据发行便利(NIFs)、互换交易、期权交易、远期利率协议。一个嵌入工程理念的金融概念——金融工程也诞生了,金融工程作为一个新的学科从金融学独立出来。

对期权定价理论的进一步研究刺激了对随机微分方程求解的发展,从而为期权定价理论的研究开启了新的动力。同时,对随机微分方程的理论和数值计算理论的研究兴趣又促进了期权定价理论数学模型的新研究。

到了 20 世纪 90 年代,金融学更加注重金融风险管理的研究,可以说,风险管理成为该时期金融机构管理的中心论题。在风险管理的诸多模型中,最著名的要数

VaR 模型,其中以 J.P.摩根的风险矩阵为主要代表。目前,这种方法已被全球各主要银行、公司及金融监管机构所接受,并成为最重要的金融风险管理方法之一。

同时,这时期还形成了另一具有重要影响的学术流派——行为金融学。有效市场理论在 20 世纪 70 年代达到了学术影响的高峰。但是,进入 20 世纪 80 年代以后,对股票市场一系列的经验研究发现了与有效市场理论不相符合的异常现象,如日历效应、股权溢价现象、期权微笑、封闭式基金折价之谜、小盘股效应等。面对这些异常现象,研究者对传统金融理论的完全理性假设进行了放宽,引入投资者心理因素作为变量,并借鉴了心理学的研究成果来分析投资者的行为模式。这些新的突破为投资实践提供了新的视角和切入点,并催生了新的金融理论——行为金融学。

4.20 世纪 90 年代末至今

20 世纪末,非线性科学的研究方法和理论在金融理论和实践上得到了广泛的运用,这极大地丰富了金融量化手段和方法论的研究。这些非线性的理论和方法包括了混沌理论、模糊逻辑、神经网络、遗传算法、支持向量机、小波分析等,这些理论和方法尚未进入主流金融学,但为人们探索金融科学的数量化提供了强有力的手段。

三、量化投资与传统投资的比较

投资策略一般分为主动型投资策略和被动型投资策略。被动型投资策略即指数化投资,而主动型投资策略又分为传统型投资策略和量化投资策略。

所有主动型投资策略的目标都是试图战胜市场,以获取超过市场基准的超额收益。然而,传统的主动型投资策略往往难以达到这一目标,这在一定程度上可能验证了有效市场假说的观点。但从另一个角度来看,传统主动型投资策略难以战胜市场,也可能表明这一投资策略存在内在的局限性。

1.传统主动型投资策略受人类思维可处理信息量的限制。人类思维在任何时候都只能考虑有限数量的变量,而金融市场是一个典型的复杂系统,变量之间相互影响,关系错综复杂,数据处理繁杂。这些问题都很难在短期内由人的思维解决。人的思维不能解决问题,但并不意味着就没有解决问题的其他方法。

2.传统主动型投资策略容易受认知偏差的影响。人是生物进化的产物,进化过程中会产生有利于生存竞争的思维习惯和认知偏差,从而使人们的认知偏离客观事实。如夸大失败的情绪、选择性记忆和识别、过度自信等行为金融学揭示的心理偏差。

3.传统主动型投资策略更强调收益而不是风险控制,更加偏重个股发掘而不是投资组合的构建。由于传统主动型基金的业绩衡量基准缺乏明确定义,相应的,基金经理的投资资产配置也缺乏严格限制,使得基金经理存在追求高收益而忽略风险控制的趋势。这种失去客观基准的投资,其绩效往往并不理想。

量化投资与传统定性投资都是基于市场的非有效或弱有效性,都试图战胜市场。不同的是,传统的定性投资较依赖于对上市公司的调研,并加以基金经理的个人经验和主观判断。而量化投资则是将定性的投资思想融入量化模型,采用电脑自动执行的过程。量化投资借助于信息技术和金融理论的进步,是对传统定性投资的重大修正,具有五大优势:

(1)纪律性。严格按量化模型来决策和执行,不随投资者情绪波动而随意改动。这种纪律性的好处是可以克服人性的弱点,也可以克服认知偏差,整个投资过程可以跟踪和修正。

(2)系统性。量化投资的系统性特征主要体现在多层次的量化模型、多角度的观测和海量数据的处理和运用等方面。多层次模型主要包括大类资产配置模型、行业选择模型、精选个股模型等。多角度观测主要包括对宏观周期、市场结构、估值、成长、盈利质量、盈利预测、市场情绪等多角度的观测。海量数据的处理和运用,则可以捕捉更多的投资机会,拓展投资领域。

(3)及时性。量化投资运用了数据处理能力超强的电脑,能够及时快速地跟踪市场变化,不断发现能够提供超额收益的新的统计模型,寻找新的投资机会。

(4)准确性。量化投资能准确客观评价交易机会,克服主观情绪偏差,妥善运用套利方法。量化投资关注的焦点是寻找估值洼地,通过全面、系统性的扫描,捕捉错误定价、错误估值带来的投资机会。

(5)分散化。量化投资注重投资风险控制,依靠量化模型筛选出的资产构建充分分散的投资组合,来实现大概率获胜的投资。

从一些历史数据的比较来看,量化基金的信息比率最高,投资业绩优于传统的主动型投资策略,量化投资基金能够取得更高、更稳定的超额收益。

四、量化投资与行为金融学

有效市场假说对投资实践产生了重要影响,引申出被动型投资策略。但这一假说是以人们行为的理性为前提的,理性的人总能够最大化其预期效用,并能掌握处理所有可得信息,形成均衡预期收益。然而,大量的实证研究和观察结果表明股票市场存在收益异常现象,为了解释这些金融异象,人们试图放松有效市场假说的完全理性人的假设,结合心理学的理论成果,力图揭示金融市场的非理性行为和决策规律,由此形成了一门具有重要影响力的学术流派——行为金融学。

行为金融学是经济学、金融学和心理学交叉融合的一门学科。传统经济学或金融学一般是不把心理因素作为解释变量的。但经济实践和金融实践是人参与的活动,必然会受人的认知和情感因素的影响。心理学研究的主题就是人的认知心理和情感心理。投资者的决策过程与人的认知密切相关。当人们在决策时无法获取完全信息时,决策过程往往借助于启发式的推理方法。启发式推理方法常表现为利用非常简单的方法简化复杂问题,形成单一决策过程,如代表性法则、可利用性法则、锚定与调整法则等。情感心理的一些人性特点将直接影响人们的投资行为,如过度自信、保守主义、厌恶后悔、忽略偏见等。总之,认知偏差和情感波动都会导致人们的投资行为偏离理性的预期最大化。

对行为金融学只是停留在定性研究是不够的,量化行为金融学是一个迫切的任务,也是行为金融学运用于量化投资的前提。国内外研究者的相关研究展示了量化行为金融学在股票和 ETF 市场中的显著作用。

量化行为金融学的研究大体可分为几个方面:(1)传统金融学理论有明显偏差的实证分析;(2)利用行为金融学理论建模;(3)基于量化行为金融学的预测方法;(4)资本市场行为实证研究及预测模型的研究。

20 世纪末的全球网络泡沫充分证实了市场存在一种"非理性繁荣"。当时,在美国信息技术的引导下,催生了新一代的高科技公司,这些高科技公司多数没有产生任何利润就已经上市,而市值已经飙升到数十亿美元。泡沫持续到 2000 年,随之而来的萧条使得许多网络公司股票只保持了最高位百分之几的市场价值,甚至一些大型并且盈利的高科技公司在 2000—2003 年也损失了 80% 的价值。

对于此类非理性泡沫现象,传统的金融理论难以给出合理的解释。然而,从社会心理、社会文化以及公众舆论等角度,可以很好地解释这种推波助澜的'非理性繁荣'现象的形成原因。Robert Shiller 所著的《非理性繁荣》一书对此就给出了很好的解释。

另外,实验经济学也为行为金融学提供了很好的证据。该领域由弗农·史密斯开创,他与合作者做的实验中显示,交易者交易资产的行为可以定义为一系列计算机模拟实验。这些实验中涉及的单个资产,前 15 年的时间支付一个固定的股息,最后变得一文不值。与古典经济学的预期相反,交易价格飙升的水平往往远高于预期的支付。

市场的异常价格现象自然加剧了投资的风险,但是,如果认识了这些异象的形成机理,也是可以在投资实践中加以运用的。下面就投资者过度反应和反应不足的表现和机理进行分析,可以窥探行为金融学在量化投资中的应用。

(一)过度反应和反应不足的表现

过度反应是指人们对某一信息或事件的发生做出了比正常反应更加强烈的反应。引申到股市中,由于投资者对可能影响股价的某种信息或事件的影响存在认识偏差,股价会出现过度涨跌。股价会因利好而过度上涨,或因利空过度下跌,从而偏离其基础价值。在随后的一段时间内,这种偏离将被反向修复。

反应不足是指投资者低估了最近获得的信息,处于保守状态,对某些信息反应冷淡。本来是大的利好或利空,在消息公布后,却得不到市场的回应或市场反应微弱。反应不足意味着价格在一定时期内将沿原方向继续运动,形成趋势。

(二)过度反应和反应不足的机理

从投资者心理来看,导致过度反应的原因主要有两个方面:过度自信和自我归因偏差。过度自信是指人们倾向于过度相信自己的判断,而低估这种判断可能存在的偏差。自我归因则是指投资者过于高估或认可与自己意见一致的信息,而忽视意见相左的信息,若成功则归因于自己的努力,若失败则归因于运气不好,这种意识会随着投资收益的增加而不断加强,导致股价会因某一利好或利差信息上涨再上涨或下跌再下跌。

反应不足的心理原因是保守偏差。保守被证实偏离贝叶斯估计,即对基础判断给予过多权重,而对新的信息重视不足。保守易导致反应不足。固执是保守的极端,人们一旦形成某种看法,往往不愿放弃。

过度反应和反应不足还可以用心理账户来解释。在进行决策时,人们往往倾向于不权衡全局,而是无意识地把它分成几个部分(心理账户)来看,对每个账户采取不同决策。在股市上,投资者的投资组合按风险被分成多个心理账户,在考虑决策时,投资者往往每次只考虑一个账户。不考虑全局结果,就容易导致反应过度或反应不足。

(三)量化投资的相应策略

过度反应的规避策略主要是反转策略,反应不足的规避策略主要是动量策略。

反转策略是指买进过去表现差的股票,卖出过去表现好的股票,以此进行套利的投资方法。反转一般分为价格反转和收益反转。价格反转是指一种统计现象,如果以证券市场上过去 3~5 年的回报为基础将股票分为"输家"和"赢家"组合,则在随后的 3~5 年可以观察到,过去的"输家"战胜了过去的"赢家"。收益反转是指以近期的各类财务比率,如收益价格比、账面价值与市场价值比等,将股票分为收益型股票和成长型股票,则在随后的 3~5 年可以发现,收益型股票战胜了成长型股票。如果买进过去的收益型股票、卖空过去的成长型股票,就可以获取高于市场的超额回报。因为收益型股票往往是过去表现差的股票,成长型股票一般是过去表现较好的股票,随后发生了反转。

动量策略是指投资者发现市场反应不足,股价在未来仍可能延续时,买进已经上涨的股票,卖出已经下跌的股票,当股价接近尾端时,再在高位抛出或低位吸进,从而实现盈利。

近年来,量化投资模型也广泛采用市场的恐慌指数和情绪指数来预测市场变化的拐点,甚至可以量化文化习俗和政治变量,使人们的投资决策的视野更广。人毕竟无法实现完全的理性,但可以理性地认识到自身的不足,并尽可能地弥补不足。

第二节 量化投资的分类

我们从量化投资的使用方向对其进行分类,以便了解各个使用方向的基本含义。量化投资拥有广泛的使用方向,主要包括量化选股、量化择时、股指期货套利、商品期货套利、统计套利、算法交易、资产配置、风险控制等。

一、量化选股

量化选股是指采用数量的方法判断某个公司股票是否值得买入的行为。根据某种方法,如果该公司满足了此方法的条件,则放入待选股票池;如果不满足,则从股票池中剔除。量化选股的方法有多种,总的来说,可分为公司估值法、趋势法和资金法三大类。

公司估值法是公司基本面分析的重要方法。在"基本面决定价值,价值决定价格"的基本逻辑下,先用量化模型估算出公司的理论价值,再比较公司理论价值与市场价格的差异,判断股票的市场价格是否被高估或低估,从而寻找出价值被低估或高估的股票,指导投资者买入、卖出或继续持有。

趋势法就是根据市场表现,判断强势、弱势、盘整的不同形态,做出对应的投资行为,具体可以追随趋势,也可以进行反向操作。

资金法的本质思想是追随市场主力资金方向,如果主力资金流入,应伴随着股票价格上涨;如果主力资金流出,则股票价格应相应下跌;也可以通过持仓筹码的分布来判断未来一段时间股价上涨或下跌情况。资金法是一种跟风策略,追随主流热点,从而期望在短时间内获得超额收益。

二、量化择时

量化择时就是用量化模型捕捉价格趋势变化的拐点,找到最合适的买入或卖出的时点。这种方法显然是否定了市场的有效性,认为价格变化是有规律的,是可预测的。实证研究也表明,一些新兴市场包括中国市场的有效性还很弱,对市场历史信息的分析是能预测价格的。

随着计算机技术、混沌理论、分形理论的发展,人们开始将股票的市场行为纳入非线性动力学的研究范畴中。众多的研究发现我国的股市指数收益中,存在经典线性相关之外的非线性相关,证实了股价貌似随机,却内在隐藏着确定性机制,因此存在可预测成分。当然,可预测并不意味着可以100%地准确预见,而是指可以使用预测方法,建立起能在一定误差要求下预测股价变动的预测模型。这些模型在投资实践中有着较高的成功率和稳定性。

三、股指期货套利

股指期货套利是指利用股指期货市场存在不合理的价格,同时参与股指期货与股票现货市场交易,或者同时进行不同期限、不同(但相近)类别的股票指数期货合约交易,以赚取差价的投资行为。股指期货套利主要包括期现套利和跨期套利两种。

目前,我国已经推出了沪深 300 股指期货、上证 50 股指期货、中证 500 股指期货,这为我国的机构投资者提供了便利的金融创新工具,创造了新的盈利模式。同时,股指期货套利能够发挥多重市场功能,包括纠正市场价格扭曲、遏制过度投机行为以及提升市场流动性等。

股指期货套利的量化模型主要关注现货构建、套利定价、保证金管理、冲击成本、成份股调整等内容。

四、商品期货套利

商品期货套利的基本逻辑是:相关商品在不同地点、不同时间都有对应的一个合理差价,由于价格的波动性,价格差价经常出现不合理,不合理的差价必然会回归合理,由不合理回到合理的这部分价格区间就是套利的盈利区间。

对商品期货合约间价差数据变化规律的科学统计分析,是商品期货套利成功的关键前提。通过综合运用统计分析工具、基本面分析和技术分析,可以预测未来一段时间内相关合约价差数据的变化趋势,进而精准把握最佳的套利时机。

此外,对套利交易中资金成本的考量也至关重要,套利者通过对历史数据变化规律的分析,可以决定何时平仓了结套利头寸。

五、统计套利

有别于无风险套利,统计套利是利用证券价格的历史统计规律进行套利,是一种风险套利,其风险在于这种历史统计规律在未来一段时间内是否继续存在。

统计套利在方法上可分为两类:一类是利用股票的收益率序列建模,目标是在组合的 β 指数等于零的前提下实现 α 收益,可称之为 β 中性策略;另一类是利用股票的价格序列的协整关系建模,可称之为协整策略。β 中性策略是基于日收益率对均衡关系的偏离,协整策略是基于累积收益率对均衡关系的偏离。β 中性策略是一种超短线策略,只要日偏离在短期内不修复,策略就会失效。并且,如果日偏离呈现出缓慢修复,这种策略就很难搜索到合适的平仓时机。而协整策略直接利用原始变量——股价进行建模,当累积收益率偏离到一定程度时建仓,在偏离修复到一定程度或反向时平仓。

六、期权套利

期权套利交易是指同时买进和卖出同一相关期权合约,但有不同的敲定价格或不同的到期月份,希望在日后对冲交易头寸或履约时获利的交易。期权套利交易的交易策略和方式多种多样,是多种相关期权交易的组合,具体包括水平套利、垂直套利、转换套利、反向套利、跨式套利、蝶式套利等。

期权具有杠杆高、损失有限的特点,利用期权套利,比期货套利的效率更高,收益率更大。期权套利需要量化解决的问题有高低损益平衡点的确定、套利空间计算、交易成本、市场容量等。

七、算法交易

算法交易又称为自动交易、黑箱交易或机器交易,是指通过使用计算机程序来发出交易指令。在交易中,程序可以决定的范围包括交易时间的选择、交易价格和交易数量。

根据算法交易中算法的主动程度的不同,可以把不同的算法交易分为被动型算法交易、主动型算法交易、综合型算法交易三大类。

八、资产配置

资产配置是指资产类别的选择,即投资组合中各类资产的适当配置及对这些混合资产进行实时管理。量化投资将传统投资组合理论与量化分析技术相结合,极大地丰富了资产配置的内涵,形成了现代资产配置理论的基本框架。它突破了传统积极型投资和指数型投资的局限,将投资方法建立在对各种资产类公开数据的统计分析上,通过比较不同资产类的统计特征,建立数学模型,进而确定组合资产的配置目标和分配比例。

资产配置一般包括两大类、三个层次:两大类分别为战略资产配置和战术资产配置;三大层次分别为全球资产配置、大类资产配置和行业风格配置。

九、风险管理

风险管理通常被误认为是降低风险的操作流程,实际上是在给定的风险水平下通过选择敞口并控制其规模而实现最大化收益。毕竟,降低风险通常是以减少收益为代价的。所以,风险管理主要关注于消除或减少不必要的风险敞口,但也承担可能带来可观收益的风险。量化投资者主要使用电脑软件管理风险,而主观判断型交易者,即便他们在风险管理过程中使用了软件,也仅仅是使用某种方式度量风险,而不是使用系统性的方法调整仓位。

无论量化投资者使用理论型还是经验型风险模型或者二者的混合,目标都是一样的:量化投资者需要识别面临哪些系统性敞口,度量投资组合中各种敞口的大小,然后对哪些风险是可承受的做出判断。量化投资者需要具有承担风险的主观意识,并且或多或少地忽略这些交易可能出现的偶发风险。

风险管理模型允许量化投资者发现风险敞口并对是否需要采取应对方案做出判断。通过判断并度量哪种敞口在驱动投资组合,使基金经理可以据此做出理性而慎重的决策。

第三节　量化投资流程

一、投资组合的构建

投资组合的构建是由量化模型来决定的。这个模型扮演着裁决者的角色,在听取了乐观主义者(阿尔法模型)、悲观主义者(风险模型)和具有成本核算意识的会计(交易成本模型)的说辞之后,决定该进行怎样的投资组合。决定如何分配投资组合中各资产的比例,需要考虑期望收益、风险和交易成本三者之间的平滑。过于强调交易机会将因为忽略风险而带来损失;过于强调风险会因为忽略交易机会而造成收益不足;过于强调交易成本会使系统陷入瘫痪,因为容易导致交易者因不愿承担更新投资组合的成本而持仓时间过长。详见图 10-2 所示。

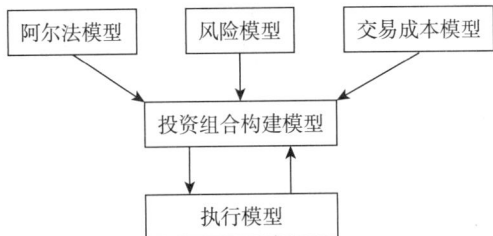

图 10-2　投资组合构建的流程图

量化投资组合构成模型主要分为两类:一类是基于规则的模型,主要依赖于量化投资者的直觉,可以很简单也可以很复杂,这些直觉一般是根据经验得到的规律。另一类是基于优化模型,优化程序使用算法去寻找投资者所定义目标的最优路径。优化程序的目标函数是寻找投资组合,使得承担每一份风险可能得到的收益最大化。

(一)基于规则的投资组合构建模型

常见的基于规则的投资组合构建模型有四类:相等头寸加权、相等风险加权、阿尔法驱动型加权、决策树加权。前两类模型最为简单,核心概念是等权重,只是在如何给出同等权重的方式上有所不同。阿尔法驱动型投资组合构建模型主要依赖阿尔法模型来进行头寸规模选择和投资组合构建。决策树加权法主要是以某种顺序使用一系列规则来决定头寸规模,可以很简单,也可以很复杂。

1.相等头寸加权

相等头寸加权模型极其普遍,使用者认为如果某一头寸好到值得拥有,就不再需要其他信息来决定其规模。深层隐含的假设是:金融产品具有同质性,不需要根据其风险或其他指标加以区分。使用等权重模型是因为非等权重模型有很多缺陷。

非等权重模型的第一个潜在问题是,它总是默认模型具有统计学意义上的能力和功效,对头寸方向、波动幅度和相对于投资组合中其他预测值变动的概率进行准确的预测。相反,使用等权重模型的投资者认为,只有在方向性预测上才可以充分信任阿尔法模型,并且只要在方向性预测上有足够的置信度认为值得交易,就值得进行相同头寸的交易。

非等权重方法的第二个潜在问题是,它一般倾向于在"最好"的几个预测头寸上进行大的投注,而在其他预测上投注很少。但是,这种权重的差异会使策略在看似很有吸引力的头寸上承担一些例外事件的风险,而不管进行预测时使用的是何种阿尔法模型。例如,在动量型策略中,最强的信号中很多是那些价格已经发生了最大幅度移动的资产,这意味着交易者已经错过了时机,在趋势的峰值处得到最强信号所承担的正是趋势可能会反转的风险。

等权重模型的另一个优势在其他一些模型中也是存在的。当交易者对他们在交易中所用的数据进行清理时,会出现不良数据混入交易策略的情形。如果不良数据有很多,等权重头寸策略可以保证因显然有误的数据导致的预测所带来的损失风险在可控范围内。

2.相等风险加权

相等风险加权方法根据头寸的波动性(或风险的其他度量指标,如下降幅度)来反向调整头寸规模。波动性越大(或小)的头寸,分配的权重就越小(或大)。这样的分配实现的是不同的头寸在整个投资组合的风险贡献度相同。表 10-1 展示了一个含有两只股票的投资组合的例子:相比于埃克森美孚公司的股票,波动性大的谷歌的股票在投资组合中被分配的权重就小一些。

表 10-1 一个简单的相等风险加权投资组合

股份公司	相等权重	波动率	基于波动率调整权重
谷歌公司	50%	2.5%	39%
埃克森美孚公司	50%	2.0%	61%

这种做法的理论基础直接明了,波动性大的小盘股不应该和波动性小的大盘股被分配同样的权重。如果在两个头寸上投入相同的资金,相当于在小盘股上投入了更多的注。因为小盘股的波动性更大一些,因此相对于分配到大盘股的资金,分配到小盘股的每一美元造成投资组合的波动性要更大一些。所以,认为相等风险加权模型是合适方法的量化投资者,为了提高投资组合真实的多样化程度,都会采用该方法。

相等风险加权方法也有缺点。无论使用何种方法对风险进行度量,通常都是一种回顾型度量,例如波动率。过去波动率低的资产可能突然变得波动剧烈,这在现实中是存在的。例如很多年以来,银行股都是很稳定的,但在 2008 年,银行股的波动性突然增大,甚至比科技公司的股价波动性还要大。

3.阿尔法驱动型加权

阿尔法模型可以决定头寸可能具有的吸引力,这个信号的强度是合理决定头寸规模的最佳途径。此外,使用这一方法的绝大部分量化投资者并不会让最大头寸的规模趋于无限。投资者会使用风险模型来给出单个头寸的最大规模上限。给定上限后,可以使用信号强度来决定实际头寸与头寸最大可能值的接近程度。在投资组合构建中,这种方法所使用的约束类型还包括对某一组资产(如板块或资产种类)的投注总额设置上限。

例如,可以限制单个头寸不能超过投资组合的 3%,每个板块的头寸不能超过投资组合的 20%。还需要建立预测收益大小与头寸规模之间的函数关系。一般来说,预测收益越高,头寸规模就越大。投资者使用阿尔法加权方法,是因为它强调盈利,这也是整个投资活动的目的所在。但是,有些量化交易策略,如趋势跟随策略,使用阿尔法加权方法会相对频繁地遇到收益锐减的情形。这是因为在价格趋势已经形成时,这些模型通常会具有最强的信号。随着趋势延续和头寸规模不断增加,导致在趋势反转时交易者仍持有最多头寸。因此,在使用阿尔法驱动型方法构建投资组合时一定要谨慎,因为此种方法严重依赖于所使用的阿尔法模型能做出正确的预测,不仅仅对价格方向性的预测,还包括对价格波动规模的预测。

总之,无论使用哪种基于规则的投资组合构建模型,在投资组合构建过程中都可以综合使用阿尔法模型、风险控制模型、交易成本模型。例如,在相等权重模型中,根据交易成本模型,某些资产的交易成本过高而无法进行交易,所以需要对相等权重加以限制。这些内容也可以在阿尔法模型内部加以考虑,例如添加一个控制变量,如果期望收益小于预期交易成本的阈值,就将期望收益设置为 0,从而使阿尔法模型发出的任何信号可以被赋予相同的权重。

(二)投资组合最优化

在量化投资中,投资组合最优化是很重要的一个主题。这一主题也受到了学术界的关注,哈里·马科维兹在他著名的论文《投资组合选择》中发明了至今已被广泛使用的均值—方差优化技术,以此为核心的许多复杂方法也纷纷涌现。

投资组合优化工具主要是基于资产管理行业的经典理论——现代投资组合理论的基本原理。这一理论的核心原理是:投资者一贯是风险厌恶型的,这意味着如果两种资产收益相同但风险水平不同,投资者会偏好低风险资产。据此可以得到一个推论:只有存在额外收益作为补偿,投资者才愿意承担额外风险。由此引入了风险调整收益的概念。均值—方差优化技术是基于现代投资组合理论的一种常用方法。均值和方差是传向优化器的两个输入变量,输出变量是在各个风险水平上具有最高收益的一系列投资组合。传向优化器的第三个输入变量是这些资产的期望相关系数矩阵。优化器使用这些输入变量，可以输出在不同风险水平下达到最高可能收益的一系列投资组合，称为有效边界。量化投资策略在运用阿尔法模型、风险控制模型及交易成本模型的同时，还需明确这些模型所涵盖的信息及与之相关的约束条件。例如，投资组合优化工具可能被用来解决最优投资组合问题，说明各种可能持有资产的期望收益、持有资产收益的波动性、持有资产相互之间的相关性以及最小化对应于风险模型中的各种风险因素的风险敞口。在真实的交易环境中，投资者还会引入其他几个额外的输入变量，如投资组合规模的货币表示、期望的风险水平（通常以波动率或预期下跌幅度来衡量），以及会限制优化工具可行域的约束条件（例如经纪商提供的卖空限制列表）等。这些额外的输入变量并不是优化工具必须使用的，但这些变量可以帮助投资者构建切合实际和更加有利的投资组合。

构建投资组合的优化工具运用算法在各种可行的资产组合中进行有针对性的搜索，旨在实现投资组合的最优化。对于给定组合，优化工具检验其收益和风险特征，并与之前的组合进行比较，检测出导致投资组合改进或退步的原因所在。通过这种方法，优化工具可以很快定位一系列最优投资组合。那些投资组合是现实允许的或不允许的，都由阿尔法模型、风险模型和交易成本模型来决定。

投资组合优化的一个有趣副产品是，根据阿尔法模型预测资产在未来的收益为正，但在最终的投资组合中却作为空头头寸（反之亦然）。为什么会出现此种情形呢？假设我们要交易一组股票，风险模型加在优化工具上的一个约束条件是，投资组合对各个门类呈风险中性，即对投资组合中某一门类的多头头寸的每1元，都会有针对该行业的每1元的空头头寸。但如果这一行业的每一只股票的期望收益均为正，优化工具可能会对具有最高期望收益的公司股票建立多头头寸，而对期望收益最低的公司股票建立空头头寸。

（三）量化投资者如何选择投资组合构建模型

使用基于规则的权重分配系统的绝大部分量化投资者貌似都采用"绝对型"阿尔法模型（他们对单个金融产品加以预测，而不是对金融产品之间的相关关系进行预测）。这些量化投资者，即便不是全部，也是绝大部分从事期货交易。而使用优化工具的量化投资者倾向于"相对型"阿尔法方法，绝大部分从事股票的中性交易。虽然并不存在充足的理由可以解释这种偏好。但是，使用相对阿尔法方法的交易者可能隐含着相信金融产品之间的相关关系具有稳定性。

如果投资者采用了绝对型阿尔法方法，相当于他隐含了其投资组合主要由一系列独立的投注构成，所以依赖相关关系矩阵可能就没有什么用。反过来，此类投资者将根据交易成本把精力更直接放在单个金融产品的风险控制和阿尔法收益预测上。

二、执行模型

(一)寻找切实可行的交易策略

量化投资是建立在某种交易策略之上的,因此,找到切合自己的交易策略是第一步的工作。交易策略比较容易获得,可以从金融投资方面的相关书籍、报纸杂志、主流媒体网站、图书馆的学术论文、交易员论坛、博客等处获得。不过,从学术领域发现的交易策略可能过于复杂,已经过时,或是在进行回测时所需数据过于昂贵。也可能只对小盘股有效,而小盘股较差的流动性,会导致实际交易盈利远不如回测结果那么好。

也许,投资者可以轻松地从交易员的论坛或博客中发现一些更简单且同样可以盈利的策略。但这些策略往往经不起严格的回测,也可能只在有限时间内有效,或只对特定种类股票有效,或只在忽略交易成本条件下有效。实际上,真正的窍门是:对基础策略进行变形,并用于赚钱。

对于投资者而言,真正困难的地方并不是缺乏交易理念,而是缺乏甄别策略的能力。这种甄别能力需要投资者判断一项策略是否适合自己的实际情况和交易目标,需要在花费大量时间进行回测之前就能判断出策略是否可行。一项策略可行与否通常并不取决于策略本身,而是取决于使用策略的人。下面是一些需要考虑的因素:

1.工作时间

如果交易只是兼职的工作,那么只能考虑那些隔夜持仓的策略,而不是频繁进行日内交易的策略。否则,投资者应考虑采用完全自动化的交易策略,这些策略能够在大多数情况下自动执行交易,并在遇到问题时及时发出警报。

2.编程水平

如果投资者具备出色的编程能力,能够熟练掌握 VB、Java、C♯、C++等编程语言,那么他们就有能力开发高频交易策略,从而进行大规模的证券交易。否则,就应该选取那些每天只交易一次或只交易少数股票、期货或外汇的策略。

3.交易成本

对于资本规模较小的账户而言,关键在于寻找能够最大化杠杆效应的交易策略。交易期货、外汇和期权的杠杆要比股票高,日内头寸的交易可用杠杆要高于日间头寸交易。可用资本也决定了投资者应该进行单向交易(纯多头或纯空头)还是货币中性交易(对冲交易或配对交易)。一个货币中性组合(多头头寸的市场价值等于空头头寸的市场价值)或市场中性组合(投资组合的 β 值接近于 0),需要的资本或杠杆是单向组合的两倍。

可得资本也会带来一些间接约束。它会制约投资者在设备、数据库和软件上的花费。例如,交易资本少,经纪商可能不愿意向投资者提供实时市场数据,投资者就无法采用需要覆盖众多实时市场数据的策略。同样,准确的高频历史数据比日历数据昂贵,所以,高频交易策略对于资本小的账号并不适用。

4.投资目标

大部分投资者更希望能够获得稳定(最好是增长)的月度收益或季度收益。但如果财富充裕,长期资本收益才是最重要的。有一种错误的观念认为,如果投资者的目标是实现长期资本增长的最大化,那么最佳策略就是买入并长期持有。然而,这一观点在数学上已被证明是不成立的。实际上,只要能够获得足够高的杠杆,最大化长期资本增长可以通过最大化夏普比率的策略来实现。

(二)回测

传统投资与量化投资的一个重要区别在于:量化策略可以通过回测来判断其过去的业绩。即便投资者找到了一个可以提供详尽历史业绩数据的策略,但仍需亲自对其进行回测。这样做可以达到几个目的,最基本的是对策略的重复研究将确保投资者完整地理解该策略,并在交易系统中对其准确复制并加以实施。复制他人的研究结果能有助于交易者确认,原始研究中没有犯那些常见错误。回测不仅仅是做到应有的谨慎,更重要的是在回测中可以尝试修改原始策略,从而优化并改进策略。

1.常用的回测平台

先介绍一些经济实惠、运用广泛的平台:

(1)Excel

无论是对零售交易员还是机构交易员,Excel 都是最基本、最常用的工具。如果能编写 VBA 宏语言,Excel 的功能就更强大。Excel 能够实现"所见即所得"。由于数据和程序都在同一个界面上使用,所以没有任何隐蔽的内容。另外,在回测中常见的"前视偏差"几乎很少在 Exccl 中出现。Excel 的另一个优势是,能在同一张电子表格中同时进行回测和交易,从而避免重复编写程序。Excel 的主要缺点是,它只能对相对简单的模型进行回测。

(2)MATLAB

MATLAB 是大型机构进行量化研究和交易的常用回测平台之一,是测试大型股票投资组合策略的理想工具。首先,MATLAB 集成了众多高级的统计和数学模块,如果交易员的交易算法涉及复杂且常用的数学概念,那么他们就可以避免重复编写程序,从而节省时间和精力。例如统计套利中的因子模型中常用的主成分分析,如果用其他编程语言来实现会相当麻烦。其次,投资者还可以从网上免费下载大量的MATLAB 第三方插件,这些插件中的许多都对量化交易具有极高的实用价值。最后,MATLAB 可以很方便地在网上检索金融信息,并将其转换成有用的格式。

(3)TradeStation

TradeStation 是零售交易员很熟悉的一个经纪商交易平台,该平台能够与经纪商服务器直接相连,既支持回测功能,又能够执行交易操作。该平台的主要优势有:平台自身就有进行回测所需的几乎全部历史数据;在对程序进行回测后,就能立即使用同一程序下单,并将指令传给经纪商。该平台的不足之处在于,一旦使用这个软件为策略编写量化程序,就自动默认 TradeStation 为经纪商。另外,TradeStation 的专有语言并不能被 MATLAB 所兼容。

如果有足够的财力,可以购买某些机构所使用的高端回测平台。目前,国内常用的回测平台主要有几大数据提供商,它们的数据各有特点,也提供量化投资研究及投资服务,如 Wind 资讯、巨潮数据库、巨灵数据库、恒生聚源数据服务有限公司等。

2.查找和使用历史数据库

用于回测的历史数据有些是可以在互联网上免费或非常便宜地得到,但高质量的数据库可能需要昂贵的费用,如彭博、道琼斯、FactSet、路透社和 TrackData 等。见表 10-2。

表 10-2 美国可用于回测的历史数据库

来 源	优 点	缺 点
Finance.yahoo.com	提供股票日数据,免费,分拆及股息调整	有存活偏差,一次只能下载一只股票
HQuotes.com	提供股票日数据,便宜,与 Fiance.yahoo.com 数据相同,可下载多只股票	有存活偏差,只有分拆调整,无股息调整
CSIdata.com	提供股票日数据和外汇日数据,便宜,如 Yahoo 和 Google 的源数据,可下载多只股票	有存活偏差
TrackData.com	提供股票日数据,便宜,分拆及股息调整,可下载多只股票,提供基本面数据	有存活偏差
Quotes-plus.com	提供期货日数据,便宜,可下载多种期货	—
Oanda.com	提供期货日内数据,免费	日内数据的历史不长

在使用数据时要注意一些问题。一是所用的股票数据最好是分拆和股息调整后的历史数据库,否则就必须找到一个单独包含分拆和股息信息的历史数据库,然后自己做调整,这会非常烦琐和容易出错。二是要注意数据有无存活偏差,无存活偏差的数据库一般都比较昂贵,克服这个困难的方法是,自己去收集将来可用于做回测的带时刻标签的数据。如果每天都保存了所有关注的股票的价格,就有了可供将来使用的带时刻标签或无存活偏差的数据库。另一种可以降低存活偏差影响的方法,是只用近期数据对策略进行回测,这样就不会因为有太多消失的股票而影响结果。三是要注意股票日数据中,最高价、最低价的噪声远远大于开盘价和收盘价。所以,使用最高价、最低价做回测不如使用开盘价和收盘价可靠。

3.业绩度量

量化交易员的投资业绩的度量指标很多,使用什么样的指标,很大程度上取决于个人偏好。常用的指标是平均年化收益率,但使用该指标会有很多计算上的麻烦。例如,在多空策略中,分母是用一个方向的资本还是两个方向的资本呢?收益率是杠杆收益率(分母用账户净值)还是无杠杆收益率(分母用投资组合的市场价值)呢?如果净值或市场价值每日都在变化,分母是用移动平均值还是每天或每月末的数值呢?总之,结果是不唯一的。如果使用夏普比率和挫跌来度量业绩,在对不同策略进行比较时,就可以避免多数上述的问题。

4.避免常见的回测陷阱

由计算机算法产生交易的回测看似简单,但实际上很容易出错。历史业绩高估(相对于已发生的现实交易)是回测的常见错误。我们已经知道,使用有存活偏差的数据会导致回测业绩高估。还有一些与如何编写回测程序以及如何构造交易策略相关的常见回测陷阱。

(1)前视偏差

前视偏差是指使用交易完成之后的信息。例如,"在日最低价的1%之内买入股票"的交易规则,就有前视偏差,因为在当日市场收盘前,是不可能知道日最低价的。又如,使用全部数据回购得来的系数,来产生一个基于前后两段价格序列的线性回归模型的交易信号,同样有前视偏差。

如何避免前视偏差呢? 使用"滞后"的历史数据来计算策略信号,就可以避免前视偏差。滞后数据系列意味着,在计算移动平均值、最高价、最低价、成交量等指标时,只使用"上一"交易期限的收盘数据。

(2)数据迁就偏差

因迁就历史数据的噪声而过度优化模型参数,造成策略的回测业绩高于未来业绩,就是数据迁就偏差。在基于历史数据的统计预测模型中,数据迁就偏差非常普遍,而在金融中,因为独立数据的量非常有限,所以这个问题就更为严重。

降低数据迁就偏差的最基本方法是,按照要优化的自由参数个数,使用足够多的回测数据。根据经验规则,通常假定优化参数所需的数据点个数是模型中自由参数个数的252倍。例如,回测三个参数的日交易模型,至少要用三年的日价格数据。如果是分钟交易模型,则至少需要12个月(252/240年)以上的分钟数据(每天交易分钟数 $4 \times 60 = 240$)。

还有一种解决方法是,将历史数据根据时间先后分为两段,两段的数据要大致相等,后一段数据用于样本外测试。构建模型时,参数优化和定性选择使用前一段数据(称为训练集),所得模型的测试使用后一段数据(称为测试集)。在理想情况下,基于训练集的最优参数和策略,对于测试集也是最优的。不过实际情况很难做到。但测试集上的业绩起码要合理,否则,模型就存在数据迁就偏差,需要进一步简化并减少参数。

5.要考虑交易成本

没有考虑交易成本的回测业绩是不真实的。佣金、流动性成本、机会成本、市场冲击及滑价等交易成本,都可能导致量化模型的无效。例如,一项高夏普比率的策略,在考虑交易成本后变得无利可图,这完全可能。

6.策略的改进

对于回测业绩不佳的策略,还可以加以改进。如何在改进策略时不引进数据迁就偏差,并保持较少参数的简单模型,更像艺术而非科学。一个指导原则是,任何策略改进要同时提高训练集合测试集的业绩。

策略的改进应基于经济学的基本原理或经过深入研究的市场现象,而非依赖于主观的试错方法,否则,就有可能导致数据迁就偏差的产生。

(三)交易执行系统的构建

在完成了策略回测,选定了经纪商,配置了操作环境(电脑、高速网络、实时新闻来源)之后,构建生成和传送指令给经纪商的自动交易系统就是必要的环节。

自动交易系统从经纪商或其他数据提供商那里获得最新的市场数据,运行交易算法生成指令,传送指令给经纪商以执行。有时,所有这些步骤都是自动的;有时,只有部分过程是自动的,有些步骤需要手工操作。

全自动交易系统的优势是可将人为错误和延迟的概率降到最低。对于高频交易系统,全自动交易系统是必不可少的,因为任何人工操作都会产生足以严重影响业绩的延迟。然而,全自动交易系统具有高度的复杂性和成本,且通常需要专业的程序员掌握如 Java、C♯或 C++等高性能编程语言,以实现与经纪商的应用程序接口(API)的有效对接。而对于低频量化交易策略,半自动交易系统即可,如用 Excel 或 MAT-LAB 等程序生产指令,然后用经纪商提供的现成工具(如组合交易器或差价交易器)来传送指令。若经纪商提供与 Excel 连接的动态数据交换(DDE)功能,则可以在 Excel 中编写宏,然后通过运行该宏将指令发送给经纪商,这样就无须使用复杂的编程语言来开发应用程序了。然而,这也意味着不得不完成一些手工操作,以备传送指令。

无论是半自动交易系统还是全自动交易系统,通常都需要输入一些经纪商或其他数据提供商不提供的数据。例如,实时数据流通常不提供盈利预测或分红数据。很多网站会免费提供这些非价格数据,通常是 HTML 格式,不能直接使用。因此,自动交易系统必须能够在这些网页上检索、读取数据,并将其转换为策略可以使用的格式。

1.建立半自动交易系统

半自动交易系统中(如图 10-3)一般用 Excel 或 MATLAB 等好用的软件生成指令。生成指令的程序通常就是回测程序,毕竟,所执行的量化交易策略就是回测的策略。当然,要更新输入的数据文件,以反映最新数据。这项工作要么由能够直接进入网站检索所需数据的 MATLAB 来完成,要么由一个独立的程序来完成,如HQuote。

若最新数据是前一天的收盘数据,数据更新比较容易,若是当天最新数据就比较困难。如果所需数据是最新成交价,经纪商或数据提供商就必须提供一个能够自动更新 Excel 输入文件的动态数据交换(DDE)链接。绝大多数为交易员提供服务的经纪商都会提供这种动态数据交换链接,如 Interactive Brokers、Genesis Securities 或高盛的 REDIPlus 等。

2.建立全自动交易系统

全自动交易系统(如图 10-4)可以在整个交易日不间断地反复运行交易算法,持续监控最新价格并不断生成指令。指令通过应用程序接口(API)自动传送到经纪商账户,因此,无须在组合交易器或差价交易器中完成交易,也无须手动运行 Excel 电子表格的宏。要做的工作就是在每天早上点击"开始"按钮,并在每天收市时点击"关闭"按钮,程序会自动完成全部交易。

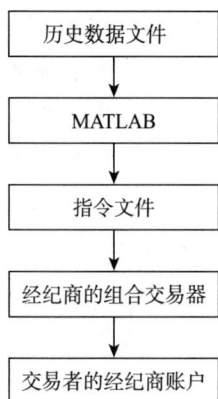

图 10-3 半自动交易系统　　　图 10-4 全自动交易系统

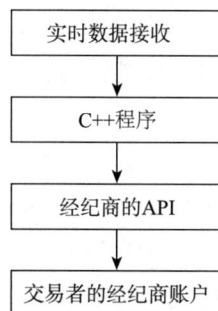

(四)仿真交易

建成自动交易系统后,用经纪商提供的仿真交易账户来测试一下是个必要的步骤。仿真交易有许多好处,最主要的好处是,这事实上是在不亏钱的情况下能够查找自动交易系统软件漏洞的唯一办法。

通常,在一开始进行仿真交易时,就能发现策略中的前视偏差,在输入一条指令之前,可能没有办法去获取本应获得的一些关键数据。如果发现了前视偏差,只能从头再来了。

执行仿真交易后,把仿真交易的盈亏与用最新数据进行回测的理论盈亏进行比较。如果两者之差不是由交易成本引起的(包括执行仿真交易时的预期延迟),很有可能就是软件有漏洞。

仿真交易的另一个好处是,可以使你对策略有更好的直观理解,包括盈亏波动、所用资本量、每天交易次数和包括数据在内的各种操作难题。你能够在回测中对策略的这些特征进行理论上的了解,但只有在每天持续不断的交易中才能获得直观感受。回测也反映不出操作上的问题,如在每日开盘前下载全部所需数据的速度,以及如何优化真实交易中的操作流程。

(五)实盘交易

经过测试和准备之后,投资者输入了第一条指令并被执行。不管是赚钱还是亏损,要判断交易业绩是否与预期吻合,仍为时过早。如果一个月、两个月或一个季度后,策略业绩仍然表现不佳甚至亏损,就有必要找出是什么原因导致了实际业绩与预期的偏差。先从最简单的诊断开始:(1)自动交易系统软件是否有漏洞?(2)自动交易系统生成的交易与回测程序生成的交易是否匹配?(3)执行成本是否远高于预期?(4)是否交易了流动性差的股票从而导致了市场冲击?

如果是执行成本过高,就需要改进成本控制模型,实现最小化交易成本。

在完成简答诊断后,就要面对造成偏差的两个令人头疼的原因:数据迁就偏差和状态转换。

为了观察数据迁就偏差是否造成真实交易的糟糕业绩,可以尝试尽可能地减少策略中的规则和参数。如果减少后回测业绩完全崩溃,这种偏差是存在的,就要放弃这个策略。如果回测业绩仍然合理,交易业绩不佳很有可能是由于运气不佳。

状态转换是指金融市场结构或宏观经济环境发生了巨变,从而使得原本盈利的策略现在无法盈利了。

三、策略案例分析

(一)商品期货跨期套利策略

跨期套利是指在同一市场(即同一交易所)买入(或卖出)某一交割月份期货合约的同时,卖出(或买入)另一交割月份的同种商品期货合约,以期在两个不同月份的期货合约价差出现有利变化时对冲平仓获利。

1.交易策略原理

理论上,不同月份合约间的正常价差应该小于或等于持有成本,否则就会出现套利机会。因为对于不同月份合约间的套利来说,随着交割日的临近,基差逐渐趋向于零;且同一商品不同月份合约之间的最大月间差价由持有成本来决定,即:

理论期货价格＝现货价格＋运输费用＋持有成本

远期合约期货价格≤近期合约期货价格＋持有成本

持有成本＝交易费用＋增值税＋仓储费＋存货资金占用成本＋其他费用

具体来说,商品期货跨期套利策略包括以下三种:

(1)事件冲击型套利

事件冲击型套利主要是由于某一事件的发生对近月和远月的价格波动影响不同,从而出现月间价差变化。依据事件的发生建立买近卖远或买远卖近的跨期套利交易就是事件冲击型套利。事件冲击型套利可以细分为以下几种:

a.挤仓。发生挤仓的合约一般情况下为近期合约,包括多头挤仓和空头挤仓两种情况。多头挤仓一般情况下产生资金性溢价,空头挤仓一般情况下产生仓单压力贴水。当某个月份的多头或空头受较大的资金推动或仓单压力的影响,会导致这个月份的期货合约的价格相对其他月份的期货价格产生资金性溢价或者仓单压力的贴水,这就会出现跨期套利机会。

对于投资者来说,当辨识出潜在的挤仓行为时,可以买进或卖出挤仓合约并在其他合约上进行对冲。如果是多头挤仓,可以进行买近卖远的正向套利;如果是空头挤仓,可以进行卖近买远的反向套利。

b.库存变化。库存的变化对于近远期合约的价差影响比较明显。一般情况下库存紧张能够导致近期合约相对于远期合约的价格快速走强,而库存压力更多的是导致价差的逐步变化。关注库存因素对于市场的影响需要重点了解的是一个品种的正常库存波动区间,只有当库存超过了正常的库存波动区间时才能够影响合约的价差变化。

c.进出口问题。进出口问题影响的是市场中短期的供求关系,与市场本身的库存变化也有密切的关系。对于国内商品期货系列来说,包括豆类油脂进出口问题、金属进出口问题。

以大豆进口为例,2007年大豆进口量已经占国内大豆消费总量的60%以上,大豆进口量的变化对国内大豆价格变化影响巨大。当大豆出现进口受阻甚至中断时,将使国内后期的大豆供求关系发生明显变化,从而导致对应月份期货合约价格的大幅度变化。尤其是当库存处在相对低位区间,没有可以用来缓冲的库存,大豆进口问题对于对应合约月份的价格影响将更为明显。

(2)结构性跨期套利

结构性跨期套利一部分反映的是供求关系的影响,但更多是反映市场中的参与者,尤其是投机者的偏好对价差的影响。当市场处于一个明显的投机性看涨氛围,由于投机者一般都喜欢参与远期合约,因此容易在远期合约上形成投机性溢价。

比较明显的一种情况是,当国际市场大幅度上涨时,国内市场受其影响会形成比较浓厚的看涨氛围,但国内市场的基本面很多情况下有其独特性,这样容易导致国内近期合约和远期合约的差异。近期合约受国内现实供求关系的影响表现疲弱,而远期合约却受整体看涨气氛的影响,投机性多头大量参与,从而有利于反向跨期套利。价差大于其持仓成本时,出现了买近期抛远期的套利机会。由于远期合约与近期合约的价差不可能偏离持有成本太远,正向可交割跨期套利交易的风险相对较小。进行交割的正向跨期套利也是一种期现套利,到期把注册仓单进行交割,从而获取价差收益。

(3)正向可交割跨期套利

进行正向可交割跨期套利的核心在于持有成本的计算。当某一期货品种月间价差大于持有成本时,就可考虑进行正向可交割跨期套利交易。

在进行正向可交割跨期套利中,可能面临以下风险:

a.财务风险。在交割套利中,仓单要持有到交割日,随着交割日的临近,保证金比率将大幅度提高,交易保证金将占用大量资金。

b.交割规则风险。注销仓单不能交割到下一月份。如螺纹钢期货仓单的有效期为3个月,过了有效期,仓单就会注销。

c.增值税风险。期货交割由交割的卖方向对应的买方开具增值税专用发票。增值税专用发票由双方会员转交、领取并协助核实。由于交割价格不能提前确定,在开始建立头寸之前增值税是无法准确计量的,交割价格的变动会带来增值税变动的风险。

(二)交易流程

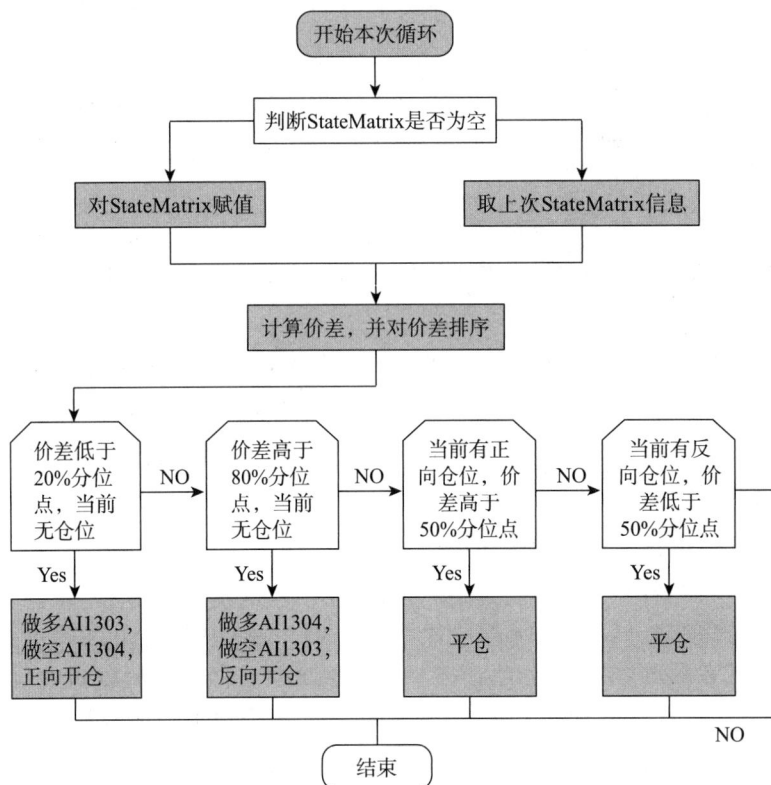

图 10-5 商品期货跨期套利策略流程图

图 10-5 的实证对象为商品期货合约 AI1303 和 AI1304,交易策略以 2012 年 4 月 17 日至 2013 年 3 月 8 日为回测期,利用过去 100 分钟内 1 分钟频率交易标的的收盘价作为决策依据,每分钟交易一次。

首先,订阅 100 分钟交易标的的收盘价数据,计算价差序列 Spreads。

其次,对价差序列进行由大到小排序,设置 100 分钟内排序序列的第 20 个为做空开仓阈值,第 80 个为做多开仓阈值,对未开仓的交易标的进行判断,如满足开仓条件,则开仓。

最后,当空仓且价差序列小于零时,对空仓进行平仓;当多仓且价差序列大于零时,对多仓进行平仓。

(三)股票的多因子策略

多因子模型是目前应用最广的选股模型,其基本思想为选出一系列有效因子来作为选股标准,买入因子看多的股票组合,同时卖出因子看空的股票组合,从而获得组合收益。国内常用的多因子选股方法有打分法与回归法两种。

1.多因子策略原理

从最终目标来看,传统的基本面投资方法与量化因子投资方法都是要得到股票组合。但从投资过程来看,量化方法与传统方法在诸多方面存在显著不同。首先是关注点不同。量化方法关注因子,通过有效的因子选择股票组合;传统方法关注股票,通过对每只股票的各个方面信息深入研究,确定股票组合。其次是持仓结构不同。量化方法持仓的集中度比较低,其通过在大量股票上"下注"以达到统计上的有效性;传统方法定性分析的股票数量有限,因此往往集中持仓。最后是分析侧重点不同。量化方法建立在严格的统计分析的基础上,强调分析的广度;传统方法建立在案例研究的基础上,强调分析的深度。总之,正是因为思考的出发点和着眼点不同,传统的选股方法关注股票本身,更加强调深度,全方位地分析一只股票,力图解决"哪一只股票有投资机会"的问题。而量化方法的选股是关注股票特征,用模型的因子来表征,更加强调分析的广度,力图解决"什么特征的股票有投资机会"的问题。

多因子策略思想由套利定价理论(APT)而来。套利定价理论是在马科维茨的现代资产组合理论和资本资产定价模型基础上提出的,它是现代资产定价理论的又一个发展。套利定价理论主要从套利驱动机制来探讨资产的均衡价格是如何形成的,其与现代资产组合理论、资本资产定价理论以及期权定价模型共同构成了现代西方证券投资学的理论基础。

2.多因子策略的优点

从理论上讲,市场上几乎不存在具有稳定预测能力的长期有效的驱动因子,这可以从以下两方面理解:

(1)单个因子往往侧重于展示股票基本面或技术面的一个局部特性,由于股票市场的高度动态性,市场参与者在不同的市场阶段和投资环境中的关注点差异很大,行为模式也有所不同,因此,单个因子不可能在每个阶段都捕捉到市场的"热点",长期来看,稳定性必然受到很大影响。例如,A股市场的盈利调整因子总体来看是有效性和稳定性都位居前列的阿尔法因子,但是,在大的宏观经济拐点附近,这一因子失效严重,甚至发生方向性反转。另一个例子是估值因子,估值因子也是比较稳定有效的阿尔法因子,但是在宏观经济景气下行的大趋势中,估值因子的有效性也开始逐渐衰减。

(2)阿尔法因子本质上是对市场异象的挖掘,市场异象是根植于投资者的行为偏差,本质上是存在于市场的套利机会。虽然市场的有效性并不是时时都成立的,但市场无疑是具有高度竞争性的。因此,随着阿尔法因子在市场参与者中的普及和广泛使用,其有效性必然大打折扣,随之而来的套利机会也会消失。

总之,仅仅依靠单因子构造投资策略和阿尔法模型很难获得稳定的收益,解决问题的方法无疑是要寻找最合理的多因子合成方法。从增强因子有效性和稳定性的角度考虑,多因子组合也具有分散波动性的作用。因此,与其费力寻找并不存在的"超强"的预测因子,不如巧妙地把多个因子合成"超强"的模型。

3.打分法多因子策略

传统的打分方法是在精选出多个有效因子(如表 10-3 所示)的基础上,利用每个因子对股票池每只股票进行排名打分,最后根据每个因子的权重比率来综合每只股票的总分并进行排名。但是,传统的打分方法对于因子之间组合方式的处理过于粗糙,大多是加权求和的形式。我们对此进行了改进,引入加法原理与乘法原理。其中,同质的因子遵循加法原理,不同质的因子则遵循乘法原理。在加法原理中,子类的作用力不受其他子类的影响;而在乘法原理中,子类的作用力则依赖于其他子类来实现。多因子打分法策略流程如图 10-6 所示。

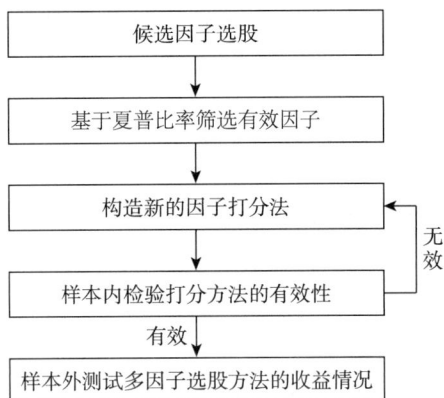

图 10-6 多因子打分法策略流程图

基本面因子、技术因子、行为因子和分析师预测因子作为四个因子大类,其内的子因子服从加法原理,而四个因子大类之间服从乘法原理,公式如下:

总分=基本面因子得分×技术面因子得分×行为因子得分×分析师预测因子得分

其中:基本面因子得分$=\sum\alpha\times$基本面子类因子得分(α 为因子权重);技术面得分$=\sum\beta\times$技术面子类因子得分(β 为因子权重);行为面因子得分$=\sum\zeta\times$行为子类因子得分(ζ 为因子权重);分析师预测因子得分$=\sum\eta\times$分析师预测子类因子得分(η 为因子权重)。

该策略的实证对象为沪深 300 所有成份股,以 2013 年 1 月 1 日至 2013 年 5 月 20 日为回测周期,利用过去 1 天内的有效因子作为决策依据,每 5 天进行交易。

首先,选择候选因子。市场上用于股票分析的因子成千上万,但并非所有因子对股票的影响都是显著的,本策略所选因子分类和数量如表 10-3 所示。

表 10-3　多因子打分法的候选因子表

因子分类		因子名称
基本面因子	规模因子	总市值
		流通股本
		股票总股本
	估值因子	市盈率（TTM）
		市净率（上年年报）
		市销率（TTM）
	成长因子	营业收入增长率
		净利润增长率
		经营活动产生的现金流量净额增长率
	盈利因子	净资产收益率（扣除非经常性损益、摊薄）
		总资产报酬率
		销售毛利率
		销售净利率
	偿债能力因子	资产负债率
		利息保障倍数
		每股自由现金流
技术因子	动量因子	1 个月动量因子
		3 个月动量因子
		6 个月动量因子
	换手因子	月换手率
		周换手率
		资金流量指标
行为因子		反应程度
		分析师预测一致性
		风险偏好
市场预测因子		分析师预测市盈率
		分析师预测 EPS 增长率

其次，判断因子的有效性。本策略利用夏普比率进行有效因子的筛选。具体步骤如下：

第一步，以沪深 300 成份股作为研究对象，时间段选取 2011 年 1 月 1 日至 2011 年 7 月 1 日，利用每个因子进行选股，同时买入因子看多的前 20％作为股票组合，卖出因子看空的前 20％的股票组合，跟踪收益情况。

第二步，根据每个因子选股的收益情况，可以达到两个目标：判断因子属于正向因子还是负向因子；基于收益的夏普比率判断因子选股是否有效。

第三步，通过分析判断，精选出夏普比率大于 0.5 的 14 个因子进行多因子深度分析。

第四步，依据加法乘法原理构建新的因子，并在样本内判断新因子的有效性。

第五步,在样本外实证。

4.回归法多因子策略

回归法多因子策略是用过去的股票收益率对多因子进行回归,得到一个回归方程,然后把新的因子值代入回归方程得到一个对未来股票收益的预判,最后以此为依据进行选股(如图10-7所示)。回归法的优点在于能够较为及时地调整股票对各因子的敏感性,并且不同的股票对不同因子的敏感性可以存在差异。然而,回归法也有缺点,即容易受到极端值的影响,在股票对因子敏感度变化较大的市场环境下,其效果可能相对较差。

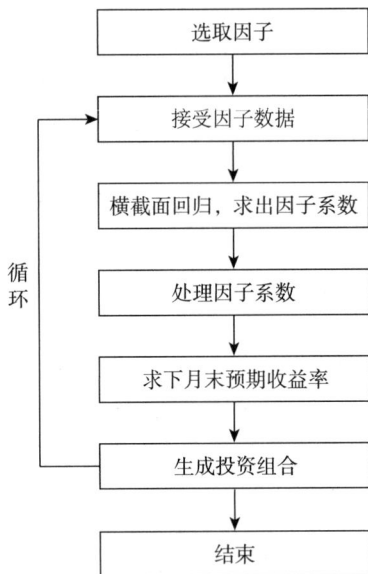

图 10-7　横截面回归流程图

该策略的实证对象为所有沪深 300 成份股,以 2013 年 2 月 22 日至 2013 年 5 月 20 日为回测周期,利用过去 22 天内所有风险因子和收益率作为决策依据,根据预期收益率大小对前 50 组最大的做多,后 50 组最小的做空。

首先,用上月末的因子与本月末的收益率进行横截面回归得到因子回报系数,若因子回报系数绝对值大于 2 则认为是极端值,剔除该因子。

其次,利用得到的因子回报系数与本月末的因子进行回归,得到下月末的预期收益率,根据预期收益率大小排序,前 50 组最大的做多,后 50 组最小的做空。

最后,得出投资组合收益率。

候选因子有:月个股持有期回报率;分析师预测主营业务收入;每股收益;每股净资产;每股自由现金流;总负债;营业总收入;净利润;净利润增长率;每股负债;日收盘价;月换手率;制造业采购经理指数;无风险利率;营业毛利率;分析师预测每股收益。

📖 **阅读材料**

主要量化平台介绍

一、同花顺 SuperMind 量化交易平台

SuperMind 量化交易平台是同花顺旗下的人工智能投资平台,拥有高质、海量的金融数据,零延迟的回测引擎,最接近真实市场环境的仿真交易平台,干净、完整的 API 文档,同时支持目前广泛使用的脚本语言——Python 语言,致力于打造国内一流的专业在线量化交易平台,帮助广大投资者和高校师生实现量化策略,开启 AI 时代,让投资变得更简单。

SuperMind 提供以下服务:

1.数据:SuperMind 数据基于 2014 年至今完整的 Level-2 数据,包括完整的停牌、复权数据,且会在第二日早晨更新。除此之外,SuperMind 还提供上市公司财务数据、场外基金数据、行业指数数据、股指期货数据等。

2.回测引擎:SuperMind 提供了高效快捷的回测环境和简洁的 API 文档,支持对沪深 A 股、ETF 的日级或分钟级回测,自测结果实时显示,快速响应,数据全面,方便用户随时检验和优化策略。

3.模拟交易:SuperMind 提供实时的沪深 A 股和 ETF 模拟交易工具,并支持分钟和日级运行,策略表现实时呈现,为量化交易爱好者提供全面、及时、专业、个性的一站式服务。

4.研究平台:SuperMind 提供 IPython Notebook 研究平台,初学者可在研究平台上学习 Python 语言,专业研究者可获取数据,进行研究,最终研究结果支持文件导出和策略应用。

5.量化交流社区:SuperMind 提供线上交流社区,便于量化爱好者交流量化策略,学习量化知识,一起成长。

二、东方财富 Choice 数据量化接口

Choice 数据量化接口能够以函数调用的形式提供丰富的基本面、财务、估值等数据内容,可支持用户进行数据分析及策略挖掘。

Choice 数据量化接口的特色表现为以下三个方面:首先,拥有 Choice 金融终端提供的数百亿条权威数据支持,全面涵盖了包括股票、债券、期货、期权、基金等多个金融市场的数据。其次,贴合用户需求,提供多个操作环境下的多种编程语言接口,从公司到个人用户均可选择符合公司程序、个人编程习惯的语言来提取数据。最后,量化接口对数据进行了有效封装,作为专业工具,其接口体积小,安装简便。

Choice 数据量化接口提供的语言环境如下：

Windows	Linux	Mac
Python、C++、Java、MATLAB、R、C#	Python、C++、Java	Python、C++、Java

三、点宽 AT-edu 量化研究教学实践平台

AT-edu 量化研究教学实践平台（以下简称"AT-edu"）是深圳点宽网络科技有限公司打造的专业量化投资研究实践工具，为量化投研团队和量化教研团队提供平台支持。AT-edu 支持 Python 和 MATLAB 等策略编程语言，对接真实金融二级市场数据，具备数据处理、策略模型构建、验证回测、自动化交易、交割单分析、因子研究等功能。除传统量化投资的功能以外，AT-edu 还配套量化教学资源库和教学管理功能，为机构和高校开展量化投资方向的人才培养提供支持。

AT-edu 提供数据提取、回测功能、交易支持、绩效报告展示、交割单分析、因子研究、量化教学资源库和教学管理等功能。

1. 数据提取：AT-edu 平台支持八大交易所的全部品种数据，包括各频率的分钟、日线数据与 tick 数据，以及各公司财务报表，市场舆情等基本面数据。

2. 回测功能：AT-edu 的回测结构考虑到了用户使用的灵活性、多样性、快速上手等因素，对多品种、多周期、多账户、多交易市场、多策略等复杂系统架构都有支持，方便用户组合管理、风险控制和资产配置。其使用完全自主研发的回测结构，能实现并行运算，外部数据导入等高效个性化的操作。

3. 交易支持：AT-edu 提供模拟交易所，支持全品种统一账户处理，更方便用户研究复杂策略，用户可通过模拟交易账户进行模拟交易，与实盘交易环境相仿。

4. 绩效报告展示：平台可生成全方位的策略回测报告，从收益风险分析、调仓效果分析、持续性分析、归因分析等维度客观展示交易特点和评估绩效。其具有的"策略池"功能可供用户随时查看策略思路说明、策略源代码和业绩报告。

5. 交割单分析功能：可快速对自己或他人的交易风格和策略思路进行专业的评价和绩效分析。

6. 因子研究功能：AT-edu 提供因子分析引擎，支持自定义的因子检验，包括从因子编写、回测、分析的整个过程，能帮助用户检测因子的表现情况。

7. 教学资源库：平台配套期货量化、股票因子挖掘、多因子分析、技术指标量化选股、人工智能量化研究等包含初级、中级、高级由浅入深的量化投资编程学习。

8. 教学管理功能：平台支持全功能数字化教学，包括代码与讲义同屏同步展示，学生端课程安排、日程管理和作业布置功能。此外，平台内置自动策略评分系统，策略代码无须人工校验，由系统自动评分。

四、天择掘金量化交易系统

天择掘金量化投资交易系统是一款解决学术、主流投资机构及高端个人投资者量化投资问题，并提供策略开发、历史数据回测、仿真交易、实盘交易、风险控制和资

产管理等一体化功能的量化投资交易终端。系统多种语言的 SDK 和策略示例方便快速上手自动化交易策略程序，支持包括 C++、C♯、Python、Matlab。实时对接交易数据，策略自动交易，并支持手动下单交易。支持国内股票期货六大交易所，支持跨市场跨品种套利交易，支持多账户交易管理、信号分析、实时风控。

产品具有以下功能特点：

1. 多维度巨量数据支撑

支持国内六大交易所以及上海能源交易所交易，提供 A 股公司近十年的财务数据，支持近十年日线/分钟线/Tick 行情数据，及分红送配、行业、板块等数据，支持本地化接口自由集成第三方数据。

2. 高度仿真交易规则

后台系统设计完全参照交易所规则，包含清算模块，撮合模块以及委托交易模块。能够实现分红送配、仓位结转、保证金追缴、到期交割等清算功能，能够实现盘口五档＋时间/价格优先队列撮合功能，能够支持价量区分、价量逐档撮合、挂单冻结等委托功能，支持同步交易所费率和自定义费率。

3. 多语言 API 策略实现

策略设计以事件方式调度，集成数据事件、交易事件、时间事件、回测事件等，支持 Python、Matlab、C++、C♯语言，实现标准化模块化的策略编写。通过底层 C++支持，实现数据和各交易通道标准化对接，具有完整的教学文档和策略模板库，帮助实现教学研究功能。

4. 多样化快速回测机制

支持多语言回测，包括 Matlab、C++、C♯、Python，能够实现颗粒化的 Tick 级别回测，也支持分钟、日频和自定义频度级别的回测设置。能够实现数据缓存，提升策略回测速率，最后进行多维度绩效分析报告和数据导出。

本章小结

1. 量化投资是指利用计算机技术及一定的数学模型去实现投资理念、投资策略的过程。它是一种主动型投资策略，其理论基础是市场非有效或弱有效。它需要综合考虑资产的辨别（个股选择、行业配置、市场配置）、交易的方式和时机、风险控制等多方面因素，寻找到成功概率最大的投资组合，达到收益最大化。

2. 量化投资拥有广泛的使用方向，主要包括：量化选股、量化择时、股指期货套利、商品期货套利、统计套利、期权套利、算法交易、资产配置、风险控制等。

3. 量化投资组合构成模型主要分为两类：一类是基于规则的模型，主要依赖于量化投资者的直觉，可以很简单也可以很复杂，这些直觉一般是根据经验得到的规律；另一类是基于优化模型，优化程序使用算法去寻找投资者所定义目标的最优路径。投资者找到切合自己的交易策略是量化投资的第一步，可通过回测来判断其过去的业绩,并利用自动交易系统构建生成和传送指令给经纪商。

思政目标

　　党的二十大强调了"坚持守正创新"和"坚持系统观念"等世界观和方法论。量化投资分析作为一门不断创新和发展的学科,综合运用数学、统计学和计算机等多学科知识与方法,研究证券市场价格的变化和规律,以提高投资收益和效率。本章旨在阐述量化投资的基本概念与策略,培养学生尊重事实与证据、运用理性思维分析问题,并客观研究证券投资市场的博弈过程,树立运用科学手段解决金融问题的理念。同时,通过介绍大数据技术在分析投资者情绪方面的应用,引导学生理解证券分析师在执业过程中应遵守诚信、谨慎、客观的原则,注重维护其社会声誉。此外,还要求学生保持正直、诚实,在不利用职务便利且不利用内幕信息为个人或他人谋取私利的前提下行事。

基本概念

量化投资	过度反应	反应不足	反转策略
动量策略	量化选股	量化择时	股指期货套利
商品期货套利	统计套利	期权套利	算法交易
资产配置	风险管理	投资组合最优化	

视频材料

练习与思考

　　1.如何正确理解量化投资?

　　2.简要说明传统主动型投资策略与量化投资的区别及各自的优缺点。

　　3.简要说明量化投资与行为金融学的关系。

　　4.量化投资的使用方向有哪些?各自的特点是什么?

　　5.简要说明量化投资的流程。

专业术语中英对照

备兑认股权证
covered warrants

标准普尔 500 股票价格指数
Standard & Poor's 500 index

场内经纪商
floor broker

场外交易市场
over the counter market，OTC

超额配售选择权
over-allotment option

程序化交易
program trading

创业板/一板市场
second-board market

道·琼斯工业平均数
Dow Jones industrial average

第三市场
third market

第四市场
fourth market

电子通信网
electronic communication network，
ECN

动量策略
momentum strategy

对冲
hedge

对冲基金
hedge fund

二级市场
secondary market

费雪理想公式
Fisher's index formula

分值股票市场
penny stock market

粉单市场
pink sheet market

封闭式投资基金
closed-end fund

浮动利率债券
floating rate bonds

复息
compound interest

高频交易
high frequency trading

公募发行
public issue

公司型投资基金
corporate investment fund

公司债券
corporate bond

股票
stock

股票基金
equity fund

票面息率
coupon rate

票息
coupon

平价债券
par bond

普通股
common stock

期货
futures

期权
options

契约型投资基金
contract investment fund

日经 225 股价指数
Nikkei 225 index

商人银行
merchant bank

上市公司增资发行
seasoned offering

上市型开放式基金
listed open-ended fund, LOF

市净率
price-to-book ratio, P/B

市盈率
price earnings ratio, P/E

首次公开发行
initial public offering, IPO

算法交易
algorithm trading

随机漫步理论
random walk theory

套利
arbitrage

套期保值
hedging

通货膨胀率
inflation

统计套利
statistical arbitrage

投机
speculation

投资
investment

投资银行
investment bank

现代资产组合理论
modern portfolio theory, MPT

现值
present value, PV

信用评级
credit rating

一级市场
primary market

溢价债券
premium bond

佣金经纪商
commission broker

永续债券
perpetual bonds

优先股
preferred stock

有效市场假说
efficient markets hypothesis, EMH

债券
bond

债券基金
bond fund

展望理论
prospect theory

折价债券
discount bond

证券
　securities

证券发行人
　securities issuer

证券发行市场
　securities issuing market

证券公司
　securities corporation

证券经纪商
　broker

证券投资
　securities investment

证券投资基金
　investment funds

直接发行
　direct issue

直接投资
　direct investment

指数基金
　index fund

中国金融期货交易所
　China Financial Futures Exchange,
　CFFEX

终值
　final value

主板
　main-board market

专业经纪商
　specialist

资本市场
　capital markets

参考文献

1.Harry Markowitz. Portfolio Selection[J]. Journal of Finance,1952,7(1)：77-91.

2.Jack L. Treynor. How to Rate Management Investment Funds[J]. Harvard Business Review,1965,43：63-75.

3.James Tobin. Liquidity Preference as Behavior Towards Risk[J]. Review of Economic Studies,1958,25(2)：65-85.

4.Jan Mossin. Equilibrium in a Capital Asset Market[J]. Econometrica,1966,34(4)：768-783.

5.John Lintner. The Valuation of Risk Assets and the Selection of Risky Investments in Stock Portfolios and Capital Budgets[J]. Review of Economics and Statistics,1965,47(1)：13-37.

6.Keith C. Brown, Frank K. Reilly. Analysis of Investments and Management of Portfolios [M]. 9th ed. South-Western,2008.

7.Michael C. Jensen. The Performance of Mutual Funds in the Period 1945－1964[J]. Journal of Finance,1968,23(2)：389-416.

8.William Sharpe. Mutual Fund Performance[J]. Journal of Business,1966,39(1)：119-138.

9.William Sharpe. Capital Asset Prices：A Theory of Market Equilibrium under Conditions of Risk [J]. Journal of Finance,1964,19(3)：425-442.

10.Zvi Bodie,Alex Kane, Alan Marcus. Investments[M]. 8th ed. McGraw Hill,2009.

11.赖利,诺顿.投资学:第6版[M].李月平,译.北京:机械工业出版社,2005.

12.博迪.投资学[M].汪昌云,张永冀,译.北京:机械工业出版社,2012.

13.曹凤歧,刘力,姚长辉.证券投资学[M].北京:北京大学出版社,2003.

14.陈工孟.量化投资分析[M].北京:经济管理出版社,2015.

15.陈容.股市操练大全[M].北京:企业管理出版社,2007.

16.陈收,杨宽,黄果.行为金融理论及其评述[J].管理评论,2003(10).

17.程翼.对冲基金[M].北京:中华工商联合出版社,2001.

18.丁鹏.量化投资——策略与技术[M].北京:电子工业出版社,2012.

19.谷祺,于东智.EVA财务管理系统的理论分析[J].会计研究,2002(11).

20.郭美英.证券投资学[M].3版.大连:化学工业出版社,2015.

21.韩德宗,朱晋.证券投资学原理[M].机械工业出版社,2011.

22.韩德宗.证券投资学原理[M].北京:机械工业出版社,2008.

23.贺显南.投资学原理及应用[M].3版.北京:机械工业出版社,2019.

24.黄磊,姚铮.证券投资学[M].中国财政经济出版社,2005.

25.霍文文.金融市场学教程[M].2版.上海:复旦大学出版社,2015.

26.霍文文.证券投资案例分析[M].北京:高等教育出版社,2003.

27.霍文文.证券投资学[M].5版.北京:高等教育出版社,2017.

28.柯原,李杰辉.证券投资学[M].厦门:厦门大学出版社,2015.

29.李国强,李雯.证券投资技术分析[M].北京:机械工业出版社,2013.

30.李国意.证券投资学[M].高等教育出版社,2011.

31.李建新.股市聪明人——中外股票市场成功者之个例分析[M].广州:广东人民出版社,1996.

32.李向科.证券投资技术分析[M].北京:中国人民大学,2000.

33.李心丹.行为金融学——理论及中国的证据[M].上海:上海三联书店,2004.

34.里什·纳兰.打开量化投资的黑箱[M].北京:机械工业出版社,2016.

35.刘德红.证券投资教程[M].北京:经济管理出版社,2009.

36.欧内斯特·陈.量化交易——如何建立自己的算法交易事业[M].大连:东北财经大学出版社,2014.

37.普林格.技术分析[M].任若恩,译.北京:中国财政经济出版社,2003.

38.乔华,张双全.公司价值与经济附加值的相关性:中国上市公司的经验研究[J].世界经济,2001(8).

39.乔治·索罗斯.金融炼金术[M].吉林:吉林人民出版社,1998.

40.青木.战胜庄家[M].广州:广东经济出版社,1996.

41.饶育蕾,刘达锋.行为金融学[M].上海:上海财经大学出版社,2003.

42.沈强.证券投资理论与实务[M].杭州:浙江大学出版社,2002.

43.王超群.解构索罗斯——索罗斯的金融市场思维[M].石家庄:河北人民出版社,2001.

44.王玉霞.投资学[M].4版.大连:东北财经大学出版社,2016.

45.王玉霞.证券投资学[M].大连:东北财经大学出版社,2011.

46.温媛偌.权证市场创设制度绩效研究[N].证券市场导报,2007(02).

47.吴晓求.证券投资学[M].5版.北京:中国人民大学出版社,2020.

48.吴晓求.证券投资学[M].北京:中国人民大学出版社,2014.

49.夏普,等.投资学[M].北京:中国人民大学出版社,2013.

50.谢志强,吴雅杰,满福玺.孙子兵法与炒股实战 100 计[M].北京:中国大百科全书出版社,1993.

51.邢天才,王玉霞.证券投资学[M].2 版.大连:东北财经大学出版社,2007.

52.邢天才.证券投资分析[M].北京:中国财政经济出版社,2005.

53.张峰.证券投资原理与实务[M].北京:清华大学出版社,2008.

54.张玉明.证券投资学[M].2 版.上海:上海财经大学出版社,2017.

55.张玉明.证券投资学[M].北京:清华大学出版社,2007.

56.珍妮特·洛.价值投资胜经——本杰明·格雷厄姆经典投资战略[M].简丰敏,译.北京:华夏出版社,2002.

57.中国证券会证券从业人员资格考试委员会办公室.证券投资分析[M].北京:中国金融出版社,2013.

58.中国证券业协会.证券投资分析[M].北京:中国财政经济出版社,2006.

59.中国证券业协会.证券市场基础知识[M].北京:中国金融出版社,2013.

60.中国证券业协会.证券交易[M].北京:中国财政经济出版社,2012.